"十四五"职业教育国家规划教材

高等职业教育新形态一体化教材

U0771860

职业实用体育

（第二版）

主编 陈 磊 杨 刚 谭丽清 李 斌

中国教育出版传媒集团

高等教育出版社·北京

内容提要

本书为"十四五"职业教育国家规划教材、高等职业教育新形态一体化教材,配以二维码链接的数字化资源,将文字、图片、视频有机结合,使各部分内容更加生动、形象,丰富学生的学习体验。

全书分为四篇十四章。第一篇职业体育与社会适应篇,包括职业实用体育基础理论、生产建设型职业体育、管理服务型职业体育、职业心理和社会适应;第二篇基础知识与身体素质篇,包括体育文化与学校体育竞赛、身体素质锻炼的原理与方法;第三篇通用项目篇,包括大球运动、小球运动、健身健美运动、民族传统体育与防身术、冰雪与水上运动、休闲运动;第四篇体质健康篇,包括体质评价与运动损伤、运动营养与锻炼计划的制订。

本书可作为高职院校体育公共课教材和各类职业岗位从业者锻炼身体的指导用书。

图书在版编目(CIP)数据

职业实用体育 / 陈磊等主编. -- 2 版. -- 北京:
高等教育出版社,2025.8. --ISBN 978-7-04-064523-1

Ⅰ. G807.4

中国国家版本馆 CIP 数据核字第 20255WH428 号

ZHIYE SHIYONG TIYU

策划编辑	陈 海	责任编辑	陈 海	封面设计	王 琰	版式设计	曹鑫怡
责任绘图	邓 超	责任校对	刁丽丽	责任印制	高 峰		

出版发行	高等教育出版社	网　　址	http://www.hep.edu.cn
社　　址	北京市西城区德外大街 4 号		http://www.hep.com.cn
邮政编码	100120	网上订购	http://www.hepmall.com.cn
印　　刷	固安县铭成印刷有限公司		http://www.hepmall.com
开　　本	787mm×1092mm 1/16		http://www.hepmall.cn
印　　张	21	版　　次	2021 年 9 月第 1 版
字　　数	480 千字		2025 年 8 月第 2 版
购书热线	010-58581118	印　　次	2025 年 8 月第 1 次印刷
咨询电话	400-810-0598	定　　价	49.80 元

编委会名单

前　言

　　为了贯彻落实党的二十大精神,贯彻 2022 年新修订的《中华人民共和国职业教育法》《中华人民共和国体育法》,贯彻落实 2020 年中共中央办公厅、国务院办公厅印发的《关于全面加强和改进新时代学校体育工作的意见》文件精神,以立德树人为根本任务,坚持健康第一的教育理念,积极培养德智体美劳全面发展的社会主义建设者和接班人,帮助学生在体育锻炼中享受乐趣、增强体质、健全人格、锤炼意志,突出体育教育对生产、建设、管理、服务等一线高素质技能型专门人才培养的针对性,我们联合全国多所高职院校,聘请多位具有丰富教学经验和较高教材编写水平的教师,编写了《职业实用体育》教材。本教材属于"高职学生核心素养培育系列教材""体育类高等职业教育新形态一体化教材",第一版被评为"十四五"职业教育国家规划教材。2024 年,教育部发布《高等职业体育专科与健康课程标准(征求意见稿)》,编写团队贯彻其精神,围绕高职体育核心素养,对第一版教材进行修订。本次修订增加了体育与健康基本知识、身体素质锻炼的原理与方法、体能评价、职业心理与社会适应等方面的内容,教材具有以下特点:

　　1. 突出职业性。在对企业调研的基础上,根据企业对一线从业人员体育素养的基本要求,分析相关职业岗位的体育素养要素,按照学校体育教育认知规律与体育素养培养相结合的原则开发教材,力求突出职业教育特点。通过"职业类型体育模块"的教学,培养学生与所学专业对应的身体素质,提升职业岗位体育素养,预防常见职业病,实现可持续发展,最终成为企业需要的合格的高素质技能型专门人才。

　　2. 力求实用性。根据学生身心健康发展的需求和职业岗位对学生身心适应能力的需要,选取职业实用体育课程内容,力求体现实用性特点。通过"通用项目"的学习,使学生掌握 1~2 项运动技能,培养学生积极向上的体育精神和团队协作意识,以及顽强的抗压抗挫能力,为胜任未来职业岗位打下良好的身心基础。

　　3. 体现知识性。本教材介绍了体育与健康基本知识、身体素质锻炼的原理与方法、体能的评价与锻炼计划、各体育运动项目竞赛规则及裁判法、常见运动损伤的预防措施与处理方法,力求体现体育的知识性特点。

　　4. 体现开放性。本教材根据学生兴趣爱好及专业特点采用模块式教学,运用灵活多样的教学方法和手段,体现了开放性的教学理念。各类高等职业院校可立足学校实际,依据各自的结构、特点、人才培养目标,同时兼顾学生的兴趣爱好等实际情况,选择适合本校发展需要的体育教学模块。

　　5. 体现时代性。本教材以纸质教材为核心,遵循数字化资源、数字课程应用相结合的原则,围绕职业岗位人员应该具备的体育素养,配有二维码承载的微课程资源,将文字、图片、

视频有机结合,直观展示相关运动项目技战术的练习方法与手段,以及部分素质拓展内容,构建新形态一体化教材。

本教材由全国高等学校体育教学指导委员会委员和国家精品课程、国家精品资源共享课程"职业实用体育"主持人陈磊教授及课程团队主要成员杨刚、谭丽清、李斌担任主编,由刘昊、翁优、高桂贤、刘恋、周有斌、梁丽萍、李力、王敏武、何灿、韩鹏担任副主编。具体编写作者如下:第一章,陈磊、翁优;第二章,谭丽清、高桂贤;第三章,李斌、吕辉、何灿;第四章,杨刚;第五章,严雪姣、谭永胜、陈羽;第六章,杨刚、韩鹏;第七章,李力、王恒、杨泽武、韩飞、贺晨哲;第八章,刘昊、周有斌、李明、田进;第九章,梁丽萍、孙通、周姣、罗仙子、尹柏丰;第十章,罗铁华、伏雄风、蔡映、宁晃贤、卢李琴;第十一章,王敏武、吕胜、刘锋、文亚群、王华;第十二章,刘恋、张誉、廖优妮、黄子纯、张佳华、陈怀宇;第十三章,严雪姣、谭永胜、陈羽;第十四章,陈瀚宇、曾铮。书中以二维码形式承载的视频、图片资源由杨高平、罗铁华制作。

本书在编写过程中,参考了部分文献资料。参与合作设计、开发、推广的有:长沙凌鹰体育文化有限公司、长沙山水行户外运动有限公司、长沙湘贵实业有限公司、湖南农业大学食品学院、湖南财政经济学院、长沙民政职业技术学院、四川铁道职业学院等多家企业和单位。谨此对参与和帮助本书成稿、编审、出版的单位和个人致以真诚的感谢!

由于编写人员水平有限,本书不妥之处望广大读者批评指正!

编者

2025 年 3 月

目　　录

第一篇　职业体育与社会适应篇

第二篇　基础知识与身体素质篇

第四篇　体质健康篇

职业体育与社会适应篇

导言

职业体能是指与职业相关的身体素质及身体在不同劳动环境中的耐受力和适应能力。职业心理和社会适应是指通过体育活动得到锻炼并体现在各种身体活动中的正确的心理认知和良好的行动能力。本篇根据本专业学生面向的主要职业岗位和典型工作任务的需求,构建教学模块,设计教学内容。通过对职业体能、职业心理、社会适应的训练,丰富职业体能的训练方法与形式,培养学生的职业体能和综合职业素养。

· 教体之窗 ·

钟南山的体育情结

钟南山在年轻时,就对各类体育运动有着浓厚的兴趣,如游泳、跑步、踢足球、打篮球等运动,尤其在跑步方面具有很强的天赋。在大学期间,钟南山作为非职业运动员参加了首届全国运动会,并在 400 米栏项目中创造了当时的全国纪录。

钟南山一直把体育锻炼视为生活中不可或缺的一部分,甚至将"体育锻炼跟吃饭睡觉一样重要"当作自己的座右铭。他认为体育锻炼对人的健康和事业发展都起到了关键作用。

钟南山曾表示,坚持锻炼使他的思维和身体状态都保持良好,使他能够胜任日常工作。他认为运动能培养人的竞争精神、团队精神和高效完成任务的能力。即使在繁忙的工作之余,钟南山也会保持每周 3~4 次的锻炼频率,每次锻炼 40~50 分钟。他的锻炼方式多样,包括在跑步机上快走和跑步、做杠上撑起、引体向上以及仰卧起坐等。

有时,钟南山还会和全家一起出去游泳。在工作出差时,他也会带上拉力器,在房间做拉力运动,徒手做俯卧撑、仰卧起坐等。

钟南山院士不仅自己热爱体育,还积极推广体育运动。他曾在多个场合分享自己的体育经历和锻炼心得,鼓励大家参与体育锻炼。在担任广州医科大学名誉院长的同时,钟南山也积极参与学校体育活动,与师生们分享体育锻炼的重要性和乐趣。

第一章　职业实用体育基础理论

第一节　职业实用体育与职业工种

一、社会分工

古代社会由于生产力低下,社会分工不明显。随着科技的进步和社会经济文化的飞速发展,社会分工越来越精细。

(一)社会分工的概念

社会分工是指社会经济活动中的劳动分工,是对社会经济活动中的不同部门以及生产中的不同工序配置不同的劳动力,实行分工协作,提高劳动生产率的行为。

分工分为两大类:一是自然分工,是根据生理特点中性别、年龄的差别实行的劳动分工,如最早在原始社会氏族内部出现的妇女和儿童负责采集、壮年男子负责打猎的分工。二是社会分工,是根据大规模的社会生产活动需要进行的分工,如把社会生产划分为农业部门、工业部门(或称第一次产业部门、第二次产业部门)等不同的产业部门称为一般分工;把工业再分为轻工业、重工业,以及把农业分为种植业、畜牧业等产业部门称为特殊分工。

(二)社会分工的发展过程

在人类的生产活动中,随着生产力的发展,社会分工形式也在不断地发展和变化。人类历史上经历了三次社会大分工:第一次是游牧业同农业分离,提高了劳动生产率,出现了私有制;第二次是手工业同农业分离,出现了城市和乡村;第三次是生产者同经营者分离,出现了商人这一阶层。社会分工极大地推动了生产和社会的发展,生产和社会的发展又使社会分工形式发生了改变。

二、职业的概念与内涵

职业是社会分工的产物。在分工体系的每一个环节上,劳动对象、劳动工具以及劳动的支出形式都各有特点,这种特点决定了各种职业之间的区别。随着社会分工越来越细,职业兴替的周期也越来越短。据统计,目前我国已经有了 2 000 多种职业,其中不少是新兴的职业,并且职业种类的数量还有逐年增加的趋势。

(一)职业的概念

职业是参与社会分工,利用专门的知识和技能,为社会创造物质财富和精神财富,获取合理报酬,使之成为物质生活来源,并满足精神需求的工作。

（二）职业的分类

目前,国内外尚没有较为统一的职业分类方法。

1. 国外职业的分类

根据西方国家一些学者提出的理论,常见的职业分类方法有两种。

（1）按脑力劳动和体力劳动的性质、层次进行分类:这种分类方法把工作人员划分为白领工作人员和蓝领工作人员两大类。白领工作人员包括:专业性和技术性的工作人员,农场以外的经理和行政管理人员、销售人员、办公室人员等;蓝领工作人员包括:手工艺及类似的工人、非运输性的技工、运输装置机工人、农场以外的工人、服务性行业工人等。

（2）依据各个职业的主要职责或"从事的工作"进行分类:国际劳工组织通过的《国际标准职业分类（2008）》把职业分为10大类,即:管理者,专业人员,技术和辅助专业人员,办事人员,服务与销售人员,农业、林业和渔业技工,工艺和相关行业工人,工厂、机械操作与装配工,初级职业,武装军人职业。

2. 我国职业的分类

（1）我国第一部《中华人民共和国职业分类大典》颁布于1999年。近年来,随着经济社会的不断发展,我国社会职业构成发生了很大变化。为适应发展需要,2022年9月,人力资源社会保障部向社会公示了新修订的2022年版《中华人民共和国职业分类大典》（以下简称《大典》）。《大典》全面客观地反映了现阶段我国社会的职业构成、内涵、特点和发展规律。《大典》职业分类结构为8个大类、79个中类、449个小类、1 636个细类（职业）。

（2）《国民经济行业分类》于1984年首次发布,1994年、2002年、2011年、2017年多次修订。现行的《国民经济行业分类》（GB/T 4754—2011）从2017年10月1日起实施。总的行业分类代码如下:A 农、林、牧、渔业;B 采矿业;C 制造业;D 电力、热力、燃气及水生产和供应业;E 建筑业;F 批发和零售业;G 交通运输、仓储和邮政业;H 住宿和餐饮业;I 信息传输、软件和信息技术服务业;J 金融业;K 房地产业;L 租赁和商务服务业;M 科学研究和技术服务业;N 水利、环境和公共设施管理业;O 居民服务、修理和其他服务业;P 教育;Q 卫生和社会工作;R 文化、体育和娱乐业;S 公共管理、社会保障和社会组织;T 国际组织。

三、职业体能

（一）体能的概念

"体能"一词早期被国人关注是在全国足球甲级联赛开始后不久,联赛规定运动员体能测试不达标者,将不能参加当年的联赛。后来,政法系统公务员招考与培训中也出现了"体能测试"的环节。但是直至今日,体能一词尚没有一个公认的定义。上海辞书出版社在《体育词典》中这样定义体能:体能是指人体各器官系统的机能在体育活动中表现出来的能力,包括力量、速度、灵敏、耐力和柔韧等基本的身体素质以及人体的基本活动能力,如走、跑、跳、投掷、攀登、爬越、悬垂和支撑等。

还有学者认为,体能是指人体通过先天遗传和后天训练获得的在形态结构、功能与调节方面及其在物资能量的存储与转移方面所具有的潜在能力,以及与外界环境相结合所表现出来的综合运动能力。

综上所述,我们将体能分为两大类:与健康有关的体能(称之为基本体能)和与动作(劳动)技能有关的体能(称之为职业体能,包括运动员体能)。

(二)与职业有关的体能

人体是不可分割的有机整体,可分为运动、消化、呼吸、泌尿、生殖、循环、内分泌、感觉及神经九个系统。各系统在神经系统的支配和调节下,既分工又合作,实现各种复杂的生命活动,使人体成为一个完整统一的有机体。不同个体的人体系统受先天因素和后天因素的影响,功能水平有高低之分,外在表现为身体素质的差异。

1. 身体组成

人体是由脂肪及非脂肪组织(如肌肉、骨骼、水和其他脏器等)组成,保持理想体重对维持适当的身体组成有着十分重要的意义。一般体重过重可能是体内囤积过多的脂肪造成的,脂肪过多易导致一些慢性疾病的发生,如糖尿病、高血压、动脉硬化及心肌梗死等。

2. 肌肉力量

肌肉力量是一块肌肉或肌肉群一次竭尽全力从事抵抗阻力的活动能力。所有的身体活动均需要使用力量。肌肉强壮有助于预防关节的扭伤、肌肉的疼痛和身体的疲劳。需注意的是,不应在强调某一肌肉群发展的同时而忽视另一肌肉群的发展,否则会影响身体的结构和形态。

3. 肌肉耐力

肌肉耐力是指一块肌肉或肌肉群在一段时间内重复进行肌肉收缩的能力,与肌肉力量密切相关。肌力是肌肉所能产生的最大力量,肌耐力是肌力持续收缩的能力。良好的肌力与肌耐力可以维持正确的身体姿态,提高工作效率。肌力和肌耐力不好的人较容易产生肌肉疲劳与酸痛的现象。

4. 柔韧素质

柔韧素质是指四肢和躯干充分伸展而不会感到疼痛的一种能力。柔韧素质的影响因素有骨骼、关节结构与关节周围的肌肉、脂肪、皮肤与结缔组织等。

具有良好柔韧素质的人,肢体的活动范围较大,肌肉不易拉伤,关节也较不易扭伤。关节柔韧素质不好的人,往往会出现姿势不良、后背疼及肩颈疼痛等问题。

5. 心肺功能

心肺功能即心肺耐力,是指人体的心脏、肺脏、血管、血液等组织的功能,与氧气和营养物质的输送以及代谢物的排出有关。心肺功能是国民体质测量中最重要的一项,是反映全身性运动持久能力的指标。

心肺耐力良好的人,能比别人更有效地完成日常活动,且不容易感到疲劳。

6. 灵敏素质

灵敏素质是指在各种条件下,精确而协调地完成复杂动作的能力,亦指快速的应变能力。它是速度、力量和柔韧等各种身体素质在特定条件下的综合反映。

灵敏素质良好的人,在面对纷繁复杂的局面时,能保持冷静的头脑,清晰的思维。在知识经济时代,各种新的挑战、刺激接踵而来,灵敏素质好的人更能适应这样的时代。

知识拓展

为什么要谈体适能

体适能可视为身体适应生活、运动与环境(如温度、气候变化或病毒等因素)的综合能力。体适能较好的人在从事体力劳动或运动时皆有较佳的活力及适应能力,不会轻易产生疲劳或力不从心的感觉。在科技进步的现代社会中,人类身体活动的机会越来越少,营养摄取越来越高,工作与生活压力相对增加,每个人更加感受到拥有良好体适能和规律运动的重要性。因此,将体适能引入职业实用体育基础理论中,能够很好地提醒学生,自己的身体能力是否符合未来的职业和生活要求。

四、职业心理素质

职业心理素质是职业素质的一种,职业素质是指劳动者对社会职业的了解程度与适应能力的一种综合体现,主要表现在职业兴趣、职业能力、职业个性及职业情况等方面。职业心理素质是指从业者在认知、感知、记忆、想象、情感、意志、个性特征(兴趣、能力、气质、性格、习惯)等方面的素质。

随着社会的不断发展,生活节奏加快,竞争日益激烈,每一个人都必须要保持平稳的心态去应对工作。具有较强的职业心理素质,能使工作顺利进行,保证个人的职业发展,获得行业认同。同时,具有较强的职业心理素质,也是保证个人心理健康,维护个人职业幸福感和成就感的重要因素。

知识拓展

如何培养自己的心理素质

(1) 树立正确的人生观,始终保持开阔的心胸,提高对心理冲突和挫折的忍受能力,热爱生活,热爱学习。

(2) 充分认识自己,正确评价自己,有自知之明,不自卑、不自负。

(3) 积极交友,宽容待人,善于与他人交流思想、感情,相互帮助,相互学习。

(4) 积极培养自己的各种兴趣爱好,如琴棋书画,参加有益的娱乐活动,积极参加各种体育活动。

(5) 多读优秀的文学、艺术作品,陶冶情操,树立远大的理想。

(6) 学会思考,爱动脑筋,学会全面分析复杂问题,要有遭受挫折的思想准备。

(7) 要积极参加劳动和体育锻炼,通过艰苦的磨炼,培养自己坚定的意志品质。

(8) 尊敬师长,懂得尊重他人的劳动成果,爱护财物,养成勤俭节约的品质。

 思考题

1. 简述职业的概念与内涵。
2. 与职业有关的体能主要有哪些？

▶▶ 第二节　职业实用体育与学科专业

一、职业的分类特点

各高职院校的学科专业设置有所不同，从学校专业设置的角度去分析各专业的特点难免失之偏颇。本书在分析学科专业的特点的基础上，对各专业的职业特点进行介绍。

（一）不同职业的工作状态特点

不同职业由于工作性质的不同，从事人群的工作状态也有所区别。从脑力和体力的分配比例来看，可分为以脑力劳动为主的职业和以体力劳动为主的职业两种；从工作时的肢体活动特征来看，可分为坐姿类职业、站姿类职业、变姿类职业等。

（二）不同职业的工作内容特点

不同职业按工作内容进行划分，可以分为生产建设类和管理服务类两个大类。生产建设类是以生产为主的职业，是从业者经过脑力劳动或体力劳动，生产制造出产品的职业。管理服务类是以服务和管理为主的职业，是从业者按照职业的性质和规定进行管理或服务的职业。

二、职业实用体育与学科专业（表 1-2-1）

表 1-2-1　职业实用体育与学科专业

职业类型	子模块	对应学科专业
生产建设型	设计类体育模块	计算机应用、艺术设计、服装设计、动漫设计、装潢设计、园林设计、建筑工程设计、艺术设计、通信工程设计、工程造价、软件开发等
	制造类体育模块	应用电子技术、制冷与空调技术、机电一体化技术、电气自动化技术、模具设计与制造、机械制造、汽车制造与维修、工程机械运用与维护等
	工程类体育模块	土木建筑、地质勘探、道路桥梁工程技术、市政工程、工程测量技术、建筑装饰工程技术、供用电技术等
管理服务型	办公类体育模块	文秘、会计、电子商务、法律事务、民政管理、证券投资与管理、计算机信息管理等
	社交类体育模块	国际经济与贸易、酒店管理、旅游管理、涉外事务管理、商务英语、应用英语、旅游英语、保险、物流管理、市场营销、社会工作、信息传播与策划、表演类专业等
	医疗类体育模块	护理、戒毒康复、康复治疗技术、老年服务与管理、社区康复等

 思考题

1. 生产建设型职业一般对应哪些学科专业？
2. 管理服务型职业一般对应哪些学科专业？

▶▶ ### 第三节　职业实用体育模块设置

职业实用体育是高职院校为了适应社会需求，根据企业发展需要，有针对性地培养学生通用体育素养和职业体育素养而开设的公共体育课程，正确处理了大众体育和职业体能训练之间的关系。按照大众体育和职业体育的关系，职业实用体育分为通用基础体育模块和职业类型体育模块（图 1-3-1）。

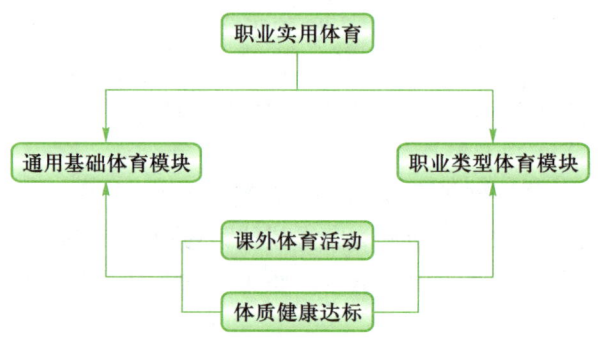

图 1-3-1　"职业实用体育"课程教学内容结构图

一、通用体育模块

（一）组成

通用体育模块由主修项目和辅选项目组成。根据最新课程标准要求，将篮球、排球、足球、乒乓球、羽毛球、网球、武术、跆拳道、健美操、体育舞蹈等体育运动项目设为主修项目。根据不同学校的需求选取形体、交谊舞、素质拓展、体育保健等内容为辅选项目（图 1-3-2）。

（二）目的

通过主修、辅修两个部分的配合，在保证学生熟练掌握 1~2 项运动技能的基础上，同时满足学生兴趣与爱好，从而解决体育课程因材施教和统一要求之间的矛盾。

同时，内容的选取兼顾集体运动和个人运动，对培养学生的个人能力、礼仪形态和团队协作等素质具有很好的促进作用，为学生适应职业岗位的需求提供有针对性的锻炼指导，也为进一步学习职业类体育模块奠定运动基础。

二、职业体育模块

（一）组成

职业体育模块是在通用体育模块的基础上，针对学生所学专业、企业需求和职业的分类特点设置的体育内容。职业体育模块从职业的工作状态、工作内容两方面的特点出发，结合高职院校对应的专业，分为生产建设型和管理服务型两大类。生产建设型根据职业特点和工作的性质又分为设计类、制造类和工程类三小类，管理服务型根据职业特点和工作的性质也分为办公类、社交类和医疗类三小类（图1-3-3）。

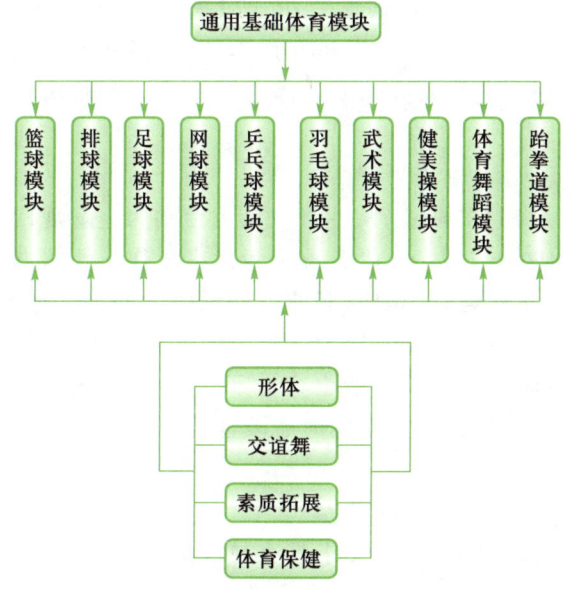

图1-3-2　通用体育模块教学内容结构图

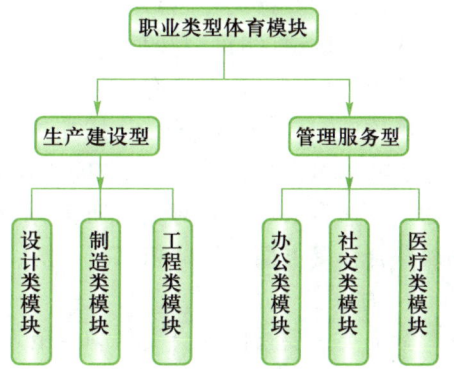

图1-3-3　职业类型体育模块教学内容结构图

1. 设计类

设计类职业从业者从事设计研究类型的工作，以脑力劳动为主，对创造能力和思维能力要求较高。职业者要求根据理论和经验，通过绘制、实验或检测等方式将自己的想法付诸实践，要求从业者以平静的心态参与工作，工作时的身体姿态以坐姿为主。

设计类职业主要包括计算机应用、艺术设计、服装设计、动漫设计、装潢设计、园林设计等。从事这类职业的人群由于长时间静态伏案，容易患肩周炎、腰肌劳损等疾病。因此，这类人群的体育锻炼要针对颈椎、躯干及关节的保健进行。同时，由于长时间静态工作，设计类职业从业者的肌肉运动能力和心肺功能也会受到不同程度的影响，在职业体能训练中也要注意肌肉力量和有氧运动能力的提高。

2. 制造类

制造类职业从业者从事机械零部件、电子元件、模具等产品的生产和加工工作，以体力劳动为主，工作时间较长，要配合机器运作，对身体耐力、灵活性和协调、反应能力要求较高。从业者要长时间站在流水线旁或机器边，按照一定的技术要求，加工或生产符合规格的产品。

制造类职业主要包括汽车制造与维修、模具加工、机械制造等。这类职业由于要求从业者长时间在流水线或车床旁劳作,因此从业者身体容易出现局部肌肉的劳损、下肢静脉曲张等职业病。因此,这类人群的体育锻炼要针对肌肉力量、耐力、灵敏性和协调、反应能力进行。

3. 工程类

工程类职业者从事建筑、勘探、架设等工作,以体力劳动为主,常常需要器材和设备的辅助,工作时间长,工作地点一般在室外,要求从业者力量和耐力要好,具备较强的本体感知能力、空间感知能力和判断力。

工程类职业主要包括土木建筑、环境工程、地质勘探、桥梁施工、市政工程、工程测量等。这类职业要求职业者能长时间在室外工作,配合器材、设备的搬运和操作使用,因此容易出现局部肌肉劳损、关节炎,易产生工伤事故。因此,这类人群的职业体育锻炼要针对肌肉力量、耐力、身体的本体感知觉能力、反应能力等。

4. 办公类

办公类主要指文秘、会计、电子商务、法律事务这类职业,从业者以脑力劳动为主。现代办公依靠电脑、打印机、复印机这些设备,节奏快,压力大,从业者长时间伏案工作。一些办公类的职业要求从业者具有较强的团队意识。办公类职业要求职业者能长时间静态工作,心理素质好,具有较强的抗压、抗挫折能力和一定的团队配合能力。长时间的伏案工作,使从业者容易患上颈椎病、肩周炎等职业病,同时体能和心肺功能也容易下降。因此,这类人群的职业体育锻炼要针对发展肌肉力量和有氧运动能力进行,同时也要注意针对心理素质和团队合作等方面开展的拓展培训。

5. 社交类

社交类主要指以社会交往为主的职业,脑力和体力结合,要求具有较强的交际能力、抗压力和抗挫折的能力,也要求从业者有较强的团队意识。社交类职业要求从业者气质和形体仪容要好。

社交类职业包括旅游、酒店管理、市场营销、影视表演等,这类职业需要频繁地进行人际沟通,从业者不仅要根据情况前往不同的地点,还要随时调整自己的思维,因此该类职业对体能、心理和智能具有一定的要求。该类职业从业者容易患上手机肘、精神强迫症。因此,这类人群的职业体育锻炼要注重提高体力,通过形体仪容训练,保持优美的形体,提升气质。同时,还可利用拓展培训等手段,培养其团队意识和随机应变的能力。

6. 医疗类

医疗类主要指以医疗服务为主的职业,主要服务对象是社区、医院、医疗服务中心的患者和康复人员。由于服务对象的特殊性,需要从业者具有敏锐的观察能力和较快的反应能力,同时也要求从业者具有长时间移动的体能。

医疗类职业包括护理人员、康复师等。该职业人群容易患上神经衰弱症。因此,医疗类的职业体育锻炼要以提高锻炼者的体能,培养其快速反应能力为主;同时要结合其职业特点,利用医疗体育、民族传统体育和保健体育等手段进行锻炼。

（二）目的

不同的职业种类对从业者身体各部位形成的负担均有不同,对从业者的体能要求也有

差异。从业人良好的体能水平可以让身体自如地应对日常工作。鉴于此,在通用基础体育模块的锻炼效果上进一步进行职业体育教育,有助于高职院校学生为将要面对的职业生涯做好身体方面的准备。

职业体育教学的项目和内容设置是针对不同职业的特点、不同职业对身体素质的要求以及对职业疾病的防治这几个方面进行的,因此对职业的身体状态调整和职业体能的提高具有非常重要的意义。

思考题

1. 通用体育模块由哪些项目组成?
2. 简述职业类型体育模块教学内容设置的依据。

第二章　生产建设型职业体育

第一节　设计类职业体育

　　设计类职业主要包括计算机应用、艺术设计、服装设计、动漫设计、建筑工程设计、通信工程设计等职业,以脑力劳动为主。现代化的办公主要依靠计算机、打印机、复印机等设备,特别是设计类职业,对计算机的依赖性更大。从事这类职业的从业者一般压力比较大,并且长时间伏案工作,会患上一些职业病,常见的有"屏幕脸""鼠标手""键盘腕"以及颈椎病、肩周炎、腿部静脉血栓、痔疮等。设计类职业一般要求从业者具有较强的发散性思维和长时间专注做事的能力。

　　针对设计类职业特点,本书编者研发了符合高职院校学生的课程模式,将一个主项和两个辅项结合起来,目的是提高未来从事此类职业的学生的身体素质,提高发散性思维能力,满足设计类职业对高职院校学生的要求。

一、教学内容、要求及课程安排

（一）教学内容和要求（表 2-1-1）

表 2-1-1　教学内容和要求

项目		教学内容和要求
教学内容		① 瑜伽、椅子健身操、健身走和健身跑、设计类健身原理与方法 ② 太极、颈椎保健操、定向越野、营养与健康
教学要求	知识点	① 掌握所学内容的基本技术及技能 ② 掌握此职业模块的健身原理与方法
	能力点	① 提高发散性思维能力 ② 培养自我调节身心的能力 ③ 具备创造、创新能力
	素质点	① 培养诚实守信的职业道德 ② 具备较强的设计理念 ③ 具有坚韧的意志力

（二）课程安排（表 2-1-2）

表 2-1-2 课 程 安 排

学期	教学任务与内容		参考课时
第二学年第一学期	主项目	瑜伽	20
	辅项目	椅子健身操	6
		健身走和健身跑	6
		设计类健身原理与方法（理论）	4
第二学年第二学期	主项目	太极拳	20
		颈椎保健操	6
	辅项目	定向越野	6
		营养与健康（理论）	4

二、设计类职业岗位从业人员的案例及分析

案例一

颈 椎 病

韩某,某集团公司服装设计师,一位成功的职业女性。她每天承担超负荷的工作,在办公桌前一坐就是一整天,很少有休息的时间。对于自己身体时常出现的异常情况,韩某却无暇顾及。最近,她发现自己颈部僵直、两肩酸麻、精神萎靡不振的情况越来越严重,工作效率明显下降,还时常发生差错,老板对她已不像以前那样器重了。因此她很苦恼,不得不去医院检查,才发现自己患了颈椎病。医生给她的建议是,以运动治疗为主,药物治疗为辅。经过一段时间颈椎保健操的治疗,她又恢复了往日成功职业女性的风采。

案例分析:现代社会分工精细,许多人工作时工作的体位改变很少。计算机应用、艺术设计、服装设计、动漫设计、建筑工程设计及大部分办公室白领大都以脑力劳动为主,以"伏案"为主要工作方式。调查表明,从事这些职业的员工在每天 8 小时工作中,坐的时间为 6~7 小时。坐姿是一种静态姿势。在静态姿势下完成单一工作,极易引起机体的局部疲劳。长此以往,机体会发生功能和结构的改变,进而出现疾病,即职业病。患上职业病会使工作效率下降,易出现工作差错。韩某感觉到颈部僵直、两肩酸麻、精神萎靡不振,是因为她长时间保持单一姿势工作,造成身体相应部位肌肉一直处于紧张状态,患了颈椎病。不过,她及时就医并通过运动疗法,最终又恢复健康。

案例二

可怕的静脉血栓

41 岁电脑程序员刘某是个工作狂,经常没日没夜地工作。一次,他坐在电脑前连续工作了 12 小时,突然感到腿部剧痛,而后感到胸闷,倒下休克。幸亏他身边的同事及时叫了救护车,才化险为夷。原来刘某是因为长时间工作导致腿部出现血栓,血栓破碎后又通过静脉

流入肺动脉,导致肺动脉栓塞。事后,刘某及时吸取教训,改掉了不良的工作习惯,每坐在电脑前工作一段时间就起来走动走动。从此,刘某再也没出现过腿部血栓现象。

案例分析:办公室白领中,最易患腿部血栓的危险人群是信息技术行业和设计类行业从业人员。刘某之所以再也没有出现过腿部血栓现象,是因为他吸取了教训,在工作的空隙,增加了活动环节。

三、设计类职业岗位从业人员的特征分析

(一)设计类职业岗位从业人员的解剖学特征

1. 头颈部

坐着工作时,头部一般呈前俯或后仰姿势。肩颈部肌肉是支持颈部活动的基础,其中以斜方肌、胸锁乳突肌为主要的受力肌。斜方肌位于颈部和背部,呈扁平三角形,左右二肌合成斜方形,主要控制颈部的前屈、后伸,头颈部若过分下垂或颈椎前屈,会使斜方肌处于紧张状态。胸锁乳突肌属颈浅肌,在颈阔肌的深面,起于胸骨柄和锁骨的内侧 1/3 处,斜向后上方,止于乳突。其作用是两侧同时收缩,头向后仰;一侧收缩,头颈向同侧倾斜,面部转向另一侧并向上仰。

研究表明,坐位时颈部肌肉受力与颈角大小相关,颈部受力随俯仰角度增大而增加。颈部损伤患病率随颈角增加而升高。以坐姿作业时,颈部前倾角度保持在 0°～10° 较为适宜。

2. 胸部

长期静坐,低头含胸,胸廓得不到充分地扩张,长期保持这种姿势,一方面会影响肺的通气功能,另一方面会使胸廓变形,造成驼背。

3. 背部

人体在坐着的时候,背部一般呈弓起向前微倾的状态。在该姿势下工作,首先,脊椎骨角度和脊椎间盘高度的活动使背部(主要是背阔肌)所承受的压力是不均匀的。其次,人体背部的伸肌在一天的运动中几乎没有主动用力的时候,大多数时间处在被动拉长中,起着维持人体运动平衡和协调的作用。相对于其他肌肉群,人的背部肌肉工作时间最长,因此,可以说是首当其冲容易疲劳。肌肉疲劳容易引起小肌肉纤维损伤,从而造成背部的多种不良反应,如酸、胀、痛、麻等。

背部与颈部、腰部有着"楼上、楼下"的密切关系,如果颈部或腰部的肌肉因不良姿势而紧张或疼痛,常易累及背部。此外,人在心理紧张时,背部肌肉也是心理性紧张的"靶子"。心理性紧张,往往会造成背部肌肉的紧张与疼痛。

4. 腰部

人体在坐着的时候,腰椎承受着上体的重量。腰肌和腹肌像是一个夹板,保持一定的张力以稳定腰椎。工作姿势对腰肌受力有很大的影响。研究表明,腰部受力与躯干角大小关系密切,躯干角小则腰部受力小。

另有一项研究调查表明,电脑操作者一般习惯将电脑屏幕置于右前方或左前方,导致工作时身体呈侧身或扭腰等不良姿势。为了维持身体平衡,腰部的某一处肌肉就需要特别用力,以至于受力肌容易疲劳。

5. 手腕部

从事计算机行业或电子行业者的腕部经常需要重复用力或反复弯曲、伸展,参与活动的小肌肉群不足全身肌肉总量的 1/7,肌肉活动频率却高于 15 次/分钟。例如,操作键盘输入汉字时,手指击键频率高达 100 次/分钟,频繁收缩活动的小肌群能耗不高却容易疲劳,甚至在用力时直接压迫腕管内正中神经而引发腕管综合征。

6. 脊柱

人的脊柱由 33 块形状不规则的脊椎骨组成,按所在位置不同分为颈椎、胸椎、腰椎、骶椎和尾椎。脊柱从侧面看:颈椎、腰椎前凸,胸椎、骶椎和尾椎向后凸。

久坐使上体体重长时间压在脊椎骨底端,不符合人体脊柱最佳受力状态。坐姿不良,脊柱两侧肌肉受力不均,导致脊柱某区域肌肉骨骼力学负荷过重,久而久之可能引起脊柱侧弯。此外,紧张的工作节奏下,人们往往会不由自主地塌腰,不但增加了腰椎的负担,破坏脊柱正常的生理弯曲,使腰椎部位后凸,而且还会阻碍血液循环,从而引起腰部肌肉酸痛,甚至引起腰椎病变。

> **知识链接**
>
> ### 适合设计类职业从业人员的小运动
>
> (1)头俯仰:头用力向胸部低垂,然后向后仰伸,停止片刻,以颈部感到有点发酸为度。如果两手交叉抱在头后用力向前拉,而头颈用力向后仰,则效果更好。
>
> (2)头侧屈:头用力向一侧屈,感到有些酸痛时,停止片刻,然后再向另一侧屈,同样停止片刻。
>
> (3)头绕环:头部先沿前、右、后、左,再沿前、左、后、右用力而缓慢地旋转绕环。练习中常可听到颈椎部发出的响声。这个动作有助于锻炼颈部肌肉。
>
> (4)肩耸动:肩部是连接头部的重要部位,但平时肩部活动机会不多。耸肩活动有三种:一种是反复进行一肩高耸,一肩下降;第二种是两肩同时向上耸动;第三种是两肩一上一下,向前后环绕颈旋转。
>
> (5)体侧转:坐着,上体轮流向左侧或右侧缓慢转动。
>
> (6)腿抬伸:坐着,小腿伸直用力向前抬起,脚面绷直,停片刻,放下,再抬。如果可能,也可臀部离座,全身尽量伸展,停止片刻,还原后再伸。
>
> (7)膝夹手:两手握拳,拳眼相触夹在两膝间,然后两膝从两侧用力挤压两拳。
>
> (8)体放松:端坐座位上,全身放松,眼微闭(或望着天上的白云)。摒除杂念,闹中求静,呼吸自然深长。

(二)设计类职业岗位从业人员的生理学特征

1. 血液循环

血液周流全身,向全身输送氧气和营养物质,以保证生命活动正常进行。血液循环的动力器官是心脏。心脏位于胸腔中,向心脏以下的部位输送营养物质和氧气时因借地心引力的影响而比较顺利,但心脏以下的部位血液要回到心脏就必须克服地心引力的影响,所以相

对比较困难,由此造成心脏部位以下的静脉回心血流受阻。故长期久坐的人,下肢特别是足背容易浮肿,还会使直肠、肛管静脉回流受阻,导致静脉扩张而出现痔疮。同时,位于心脏以上的部位,特别是大脑的血液供应也依靠心脏,心脏在克服地心引力的影响下将血液泵入脑中,如果心脏功能不良,则脑血供应不畅通,易出现头昏眼花、瞌睡、工作效率降低、失误率提高的情况。

久坐时,心脏工作量的需求减少,致使心脏功能日益减退,心肌渐趋衰弱,血液循环减慢,导致血液在血管中淤积,为心肌梗死、高血压、冠心病等心血管疾病埋下了隐患。世界卫生组织曾明确指出,久坐是促发冠心病的重要因素。医学专家调查发现,司机的冠心病发病率比售票员高30%。人在坐姿时,心脏功能(心率、搏出量、每分心率输出量)处于相对较低的水平(图 2-1-1)。

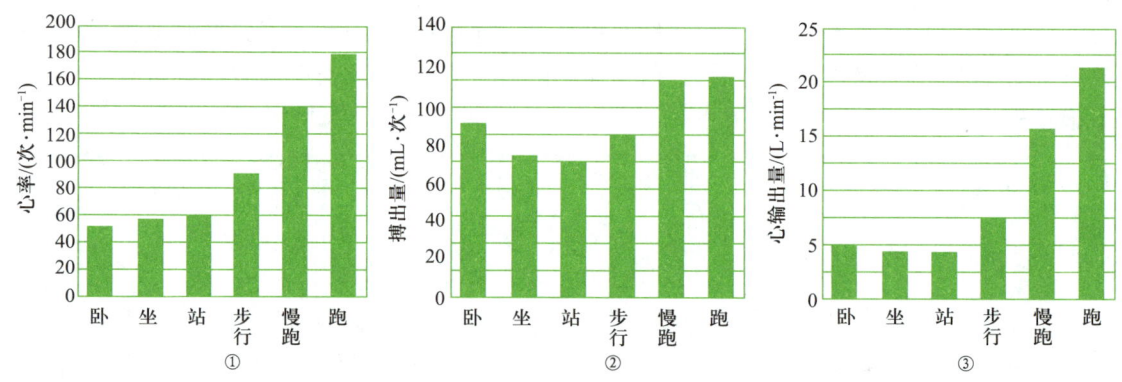

图 2-1-1　各种活动状态下的心率、搏出量、每分心输出量

2. 肺通气功能

长时间以坐姿伏案,胸廓得不到充分扩张,会影响肺的通气功能。研究表明,坐姿伏案对静息时通气量的影响不大,但是从提高体能和健康水平的角度看,以坐位伏案劳动(工作)的人应加强扩胸动作的练习,以利于肺的充分扩张,加强通气和换气功能,使血氧饱和度始终保持在 96%～98%。

3. 骨骼肌

骨骼肌是维持各种姿势的基础。坐姿是一种静态姿势,维持坐姿时,肌肉中的肌纤维长时间处于一定的静力性工作状态(即等长收缩状态)。虽然依靠中枢神经系统的调节,肌纤维的紧张活动可以交替进行,但这种调节交替是相对少而慢的。以坐姿劳动(工作)时,肌纤维的紧张性收缩也限制了肌肉的血液供应,以至于肌肉获取的氧气和营养物质相对较少,而肌肉的代谢废物也不易排出。久而久之,会引起肌肉僵硬、酸疼的症状,甚至发生肌肉萎缩,腰酸背疼。坐姿工作 2 小时以上即会产生肌肉疲劳感,使工作效率下降。所以,医学专家指出,久坐 2 小时,应起来走动 10 分钟。

4. 眼的负荷

长时间对着电脑工作,眨眼次数明显减少(由日常每分钟 22 次左右,锐减到 4～5 次),眼睛特别容易干涩。电脑屏幕的闪烁会使眼睛不断进行调节,睫状肌易疲劳。此外,电脑屏是个强发光体,电脑页面内容繁多,因此,长时间用电脑使视觉负担加重,眼睛发胀。

眼睛长期超负荷工作,会导致视力下降,易得干眼症,进而诱发眼部炎症(如角膜炎),同时还会导致身心疲劳。

(三) 设计类职业岗位从业人员的心理学特征

设计类职业的工作种类繁多,不同的工作种类的从业者心理压力也不相同。计算机应用类职业由于工作时间较长,压力较大,可能会影响自己与家人的相处时间,相应的休闲时间也会相应减少,很多软件工程师无奈地走入"单身贵族"的行列;艺术设计的作品要承受很多来自职业、业务、客户、公司以及竞争者的压力;动漫设计师要在灵感上寻求突破,并保持观众对自己的作品的满意度;建筑工程造价员要准确地预判和分析工程的价值,并保证整个工程能获得利润。这些从业者长期紧张的脑力劳动容易造成一些神经官能症和其他一些心血管疾病。

四、设计类职业岗位从业人员的运动指导

根据设计类职业各工作种类的职业能力特点,这类职业的体育运动锻炼要积极帮助职业人员提高岗位所需的体能,满足他们的娱乐需求,并通过锻炼来提高抗压、抗挫折能力,以及发散性思维。

(一) 职业素养案例

案例一

1. 案例名称:瑜伽人椅练习

2. 教学目标

(1) 技术技能目标(知识点):掌握座椅式配合战士系列瑜伽技术动作。

(2) 运动能力目标(能力点):发展下肢力量和全身协调能力。

(3) 职业体育素养目标(素质点):培养专心细致、精准到位的工匠精神。

3. 活动内容

(1) 人数:不限。

(2) 场地器材:空旷平坦地面上或草地上均可。

(3) 练习方法与规则

① 人数较少时,总人数不能低于3人,人数多时,分成若干个由10人以内组成的小组,每组队员都围成一圈。

② 每位队员需坐在后面队员的大腿上,保持双腿并拢下蹲、大小腿呈90°角,膝盖不超过脚尖,背部直立,手臂伸直放松搭于前面队员的双肩上。

③ 坐下之后,队员可以再喊出相应的口号,如齐心协力、勇往直前;以小组比赛形式进行,坚持时间最久的小组获胜。

④ 拓展:

a. 根据练习程度,增加练习时间,加大练习强度。

b. 根据练习程度,增加组数,加大练习频率。

c. 根据练习程度,调整好半蹲位置高低,加大练习难度。

4. 活动效果

通过瑜伽人椅练习,有助于巩固学生半蹲技术动作和腿部力量,提升团队成员的合作精

神,同时使学生在练习中体验动作完成的细节,如:精益求精、一丝不苟的精神品质。

案例二

1. 案例名称:中长跑

2. 教学目标

(1)技术技能目标(知识点):掌握中长跑的呼吸节奏以及摆臂动作。

(2)运动能力目标(能力点):提高奔跑能力及耐力素质。

(3)职业体育素养目标(素质点):培养吃苦耐劳、坚韧不拔的意志品质。

3. 活动内容

(1)人数:不限。

(2)场地器材:田径场,运动心率表。

(3)练习方法与规则

① 学习中长跑的摆臂动作以及呼吸节奏要领。

② 原地摆臂练习。

③ 专门性动作练习:2~4人为1组,进行小步跑、高抬腿、正踢腿、侧踢腿、内摆腿等练习。

④ 跑步的动作:跑步中要求全脚掌着地,屈膝缓冲过渡到前脚掌蹬地。跑时头要正、肩部肌肉要放松,适当加大摆臂,维持身体的前倾角,脚着地反冲合理,腿部的后蹬和前摆要充分,腾空动作协调放松、上体姿势正确、摆臂动作舒展有力,维持好上体平衡。

4. 活动效果

通过中长跑练习,有助于巩固长跑技术,提升练习者的运动热情,培养良好的意志品质,如:追求专注,循序渐进,持之以恒,一丝不苟、孜孜不倦的精神。

(二)运动项目的选择

1. 瑜伽

设计类职业讲究的是灵感的发挥,需要从业人员的思维具备发散能力;同时,设计类职业人员由于长时间以坐姿进行工作,并长时间面对电脑,血液循环、肺通气功能、骨骼肌和眼睛受到了不同程度的影响。

经常性的练习瑜伽能够帮助设计类人员更好地调节自己的身心;能够锻炼从业人员对工作高度投入,并保持身体、心理和工作的统一;对于从事设计类职业的人员来说,高度紧张的工作气氛一直是制约他们发展的屏障,通过练习瑜伽,他们可以变得更加无欲、无求,并以一种放松的心态投入到紧张的工作中去。

2. 太极拳

对于从事设计类职业的人员来说,坚持练习太极拳和太极剑,能有效地提高体能、毅力、智慧等方面的素质和能力;能够培养参与者克服困难的毅力、健康的心理素质、积极进取的人生态度、敢于挑战自我极限的勇气和精诚合作的团队意识。通过练习太极,了解太极的意义和哲学思想,更有利于锻炼者个人潜能的挖掘,培养思维的发散能力和诚实守信的职业道德,提升锻炼者的心理素质。

3. 健身走和健身跑

健身走和健身跑是适宜设计类职业的运动形式,健身走跑对运动技术的要求不高,可根据锻炼者自身的素质和能力调整时间、距离、速度，以达到控制运动负荷的目的。一些设计类职业者由于工作繁忙，工作任务重，经常没有时间进行锻炼。健身走和健身跑不受场地和时间的限制，可以在上下班的路上进行，在控制好运动强度的情况下，既能达到锻炼的效果，又不会影响正常的工作。健身走、健身跑可以改善心血管系统，降低安静心率和运动心率；增强和改善呼吸系统、消化系统、神经系统功能，提高呼吸效率，增加能量消耗，有助于保持适宜体重，预防肥胖并减肥；提高人体下肢各关节肌群的力量和耐力，延缓骨关节退行性变化。

椅子健身操
（1—3节）

4. 椅子健身操

长时间以一种较为固定的姿势坐在办公椅上从事设计类的工作，容易造成颈、背、腰等部位的骨骼病变和肌肉劳损等。同时，下肢活动少、血液循环不畅易引起下肢关节僵直、小腿浮肿等症状。因此，椅子操应运而生。椅子操以办公椅为中心，通过绕环、旋转、屈伸、起踵等动作活动颈、背、腰、下肢等部位，放松肌肉、活动关节、增强肌力、预防腰肌劳损，达到健身的目的。

椅子健身操
（4—6节）

5. 颈椎保健操

颈椎病是一种常见疾病，凡是长期从事设计类工作的人，在打字、写作等工作过程中都会因姿势不当而使颈椎受伤。此外，颈椎病发病还与受寒及潮湿等因素刺激有关。要防止颈椎病的发生，除了要纠正不良姿势，注意防潮、防冷外，还应积极加强锻炼，经常活动颈部。颈椎保健操是一项对治疗颈椎病、保护颈椎有很好效果的运动。

椅子健身操
（7—8节）

6. 定向越野

定向越野运动能够锻炼设计类职业者的抗压能力和创新能力；和父母子女一起参加简单的定向越野，能够让设计类职业者感受到来自家庭的温暖，从而减轻压力。

颈椎保健操
（1—2节）

颈椎保健操
（3—4节）

颈椎保健操
（5节）

知识链接

眼 保 健 操

（1）按揉耳垂眼穴：用双手大拇指和食指的螺纹面捏住耳垂正中的眼穴，其余三指自然并拢弯曲。伴随音乐口令，用大拇指和食指有节奏地揉捏穴位。每拍一次，做四个八拍。

（2）按揉太阳穴：用双手大拇指的螺纹面分别按在两侧太阳穴上，其余手指自然放松、弯曲。伴随音乐口令，先用大拇指按揉太阳穴，每拍揉四圈。然后，大拇指不动，用双手食指的第二个关节内侧，稍加用力从眉头刮至眉梢，两个节拍刮一次，连刮两次。如此交替，做四个八拍。

（3）按揉四白穴：用双手食指螺纹面分别按在两侧穴位上，大拇指抵在下颌凹陷处，其余手指自然放松、握起，呈空心拳状。随音乐口令有节奏地按揉穴位，每拍一圈，做四个八拍。

（4）按揉风池穴：用双手食指和中指的螺纹面分别按在两侧穴位上，其余三指自然放松。随音乐口令有节奏地按揉穴位。每拍一圈，做四个八拍。

（5）按头部督脉穴：双手弯曲，按压头部督脉穴四次，从前往后，手指放松。随音乐每拍按揉一次，做四个八拍。

（三）运动项目练习方法

设计类体育模块的锻炼目的在于,使锻炼者获得设计类职业工种所需要的职业体能和相应的心理能力。在锻炼过程中,可针对职业特点加强某些方面的练习,使锻炼者在获得身心素质提高的基础上,培养相应的职业能力。

1. 瑜伽

（1）时间:一般来说,人们都是利用早晨、中午、黄昏或睡前来练习瑜伽姿势。其实,只要保证空腹的状态,一天中的任何时间都可以练习。换句话说,饭后(3 小时之内)是不宜练习瑜伽姿势的。在真正的瑜伽行者看来,清晨 4:00-6:00 是练习瑜伽的最佳时刻,因为此时周围万籁俱寂,大气最为纯净,肠胃活动基本停止,大脑尚未活跃起来,人容易进入瑜伽的深层练习状态。

（2）地点:练习瑜伽最好能在干净、舒适的房间里,有足够的伸展身体的空间,避免靠近任何家具。房间内空气清新、流通,并且能自由地吸入氧气。最好摆上绿色植物或鲜花,也可播放轻柔的音乐来帮助松弛神经。也可以选择在露天的自然场地练习,比如花园等环境较好的地方。千万不要在大风、寒冷或有污染的空气中练习,也不要在太阳直射下练习(黎明除外,因为那时光线柔和,有益于健康)。

（3）衣着:练习瑜伽姿势时应穿着宽松柔软的衣服,以棉麻质地为佳,必须保证透气和练习时肌体不受拘束。鞋子必须脱掉,袜子最好也脱掉(天冷时脚部须注意保暖),手表、眼镜、腰带以及其他饰物都应除下。

（4）道具:练瑜伽以使用专业的瑜伽垫为好,当地面太硬或不平坦的时候,瑜伽垫能发挥缓冲作用,帮助保持平衡。但是,如果没有专业的瑜伽垫,铺上地毯或对折的毛毯也可。不要在过硬的地板或太软的床上进行练习,同时注意不能让脚下打滑。初学者也可使用一些道具来辅助练习某些姿势,可用的道具如瑜伽砖、瑜伽绳,甚至墙壁、桌椅等。很多姿势都可利用相应的道具,帮助练习者进行循序渐进的练习,同时更准确地掌握每一个姿势传达给身体的感觉。

（5）沐浴:沐浴前 20 分钟内不要练习瑜伽,因为瑜伽练习会使身体感觉变得极其敏锐,此时若给予忽热忽冷的刺激,反而会伤害身体,消耗身体内储存的能量。沐浴后 20 分钟内也不宜练习瑜伽,因为沐浴后血液循环加快,筋肉变软,如果马上练习瑜伽,不仅容易使身体受伤,而且会导致血压升高,加重心脏负担。心脏病、高血压、甲亢等疾病患者尤其要注意这一点。

另外,在长时间的太阳浴后不要练习瑜伽姿势。在练习瑜伽之前 1 小时左右洗个冷水澡,能让练习达到更好的效果。

（6）饮食:如前所述,饭后 3 小时之内不宜练习瑜伽姿势。但可以在练习前 1 小时左右,进食少量的流质食物或饮料,如牛奶、酸奶、蜂蜜、果汁等。练习时,可以喝一点清水以帮助排出体内毒素(做鸭行式的练习时,甚至应该大量喝水)。瑜伽练习结束后,宜 1 小时后进食,最好吃一些天然的食品,避免食用一些油腻、辛辣或导致胃酸分泌过多的食品。进食要适可而止,吃得太饱会让人感到烦闷和懒惰。另外,练习瑜伽后饭量减少,排气、排便增加都属于正常现象。

2. 太极

经常练习太极拳和太极剑有疗疾健身、修身养性、健美益智、开悟智慧、激发潜能、技击

防卫的作用,可以达到维持健康、提升气质、提高生活质量的目的。练习太极拳和太极剑要注意以下几点。

（1）静心用意,呼吸自然:练拳都要求思想安静集中,专心引导动作,呼吸平稳,均匀自然,不可勉强憋气。

（2）中正安舒,柔和缓慢:身体保持舒松自然,不偏不倚,动作如行云流水,轻柔匀缓。

（3）动作弧形,圆活完整:动作要呈螺旋形,转换圆活不滞,同时以腰做轴,上下相随,周身组成一个整体。

（4）连贯协调,虚实分明:动作要连绵不断,衔接和顺,处处分清虚实,重心保持稳定。

（5）轻灵沉着,刚柔相济:每一动作都要轻灵沉着,不浮不僵,外柔内刚,发劲要完整,富有弹性,不可使用拙力。

3. 健身走和健身跑

对于设计类职业来说,健身走和健身跑是轻松有效的运动形式。但是如果不能建立适合的技术要领,针对个人需求调整好运动强度,那么锻炼效果就无法实现。同时,健身走和健身跑需要练习者坚持进行,并根据身体素质的改善提高强度,这样才能达到健身走和健身跑的锻炼目的。

（1）健身走。

① 健身走基本动作要领:头部正直,两眼前视,适当挺胸和收腹,保持躯干正直,这将会使行走更轻松,更舒适。以肩关节为轴前后摆臂,在快速走步时屈肘角度适宜,夹角在80°~100°。适当扭动髋部,有利于增加步幅。下肢动作主要是以摆动的形式来完成。健身走时（倒退走除外）,脚跟先落地,然后过渡到全脚掌,使身体重心快速前移。步幅和步频应根据个人的具体身高和腿长合理搭配,步幅自然开阔,步频较快,动作舒展大方。

② 健身走的时机:健身走最好选择在早晨空气清新时进行,或在每天太阳升起以后,下午3点也是最佳的锻炼时间。也可选择在晚餐后、临睡前进行,但此时不宜快速步行。现代医学认为,饭后即行,四肢血流增多,胃肠血流减少,影响消化功能。进食后体内血液处于高凝状态,冠心病、心绞痛者此时运动易形成血栓,诱发心肌梗死;高血压、脑动脉硬化和糖尿病者,饭后步行易出现直立性低血压,出现头晕、乏力、昏厥等症状;胃下垂者饭后步行,易出现腹胀、恶心呕吐等症状。因此,患有上述疾患,饭后应休息一会儿再步行。

③ 健身走的运动负荷:健身走要循序渐进,持之以恒。负荷强度应由小到大,运动时间由短到长。如果要"走"出健康来,在锻炼时要保证一定的运动频率、强度和持续时间。如果不了解自己的运动能力,开始时应尽量选择较低强度,若练习后睡眠好、食欲佳,次日没有感到心慌、心悸、头痛、无力、心率加快等不适,可逐渐加大强度,否则,要降低强度。健身走不能等同于平常的走路、散步或逛街,每周至少锻炼3次,并且每次不能少于30分钟。健身走强度的衡量主要依据人体的脉搏次数来确定。从健身角度来讲,健身走时适宜的脉搏为每分钟100~120次。刚参加锻炼的人如果感到呼吸比较舒服,运动强度可逐步提高。由于健身走的时间一般都比较长,运动者可以一边走一边测量脉搏,及时掌握适宜的运动强度。

知识链接

如何选择运动鞋

　　合脚是选择运动鞋最基本的要求。每个人的脚型都不相同,因此每个人要挑选一双适合自己脚型的软底运动鞋。不要穿偏大或偏小的鞋,同时,鞋要轻,以便远行。选用专门的慢跑鞋更好,慢跑鞋可缓冲脚底的压力,防止不太运动的关节受到伤害。

　　鞋的前脚掌部位须是宽型,鞋前帮要柔软,以防脚趾互相挤压形成血泡,同时保护前脚掌、脚趾表面不受磨损。鞋跟平稳,硬度适宜。同时,鞋的透气性能要好,步行时脚出的汗水可随时被蒸发,避免脚气病。运动时要穿袜子,防止脚在鞋内打滑,有利于脚的固定支撑。

　　(2)健身跑。

　　① 健身跑的基本动作要领

　　a. 上体姿势:正确的姿势是上体稍前倾(约5°)或几乎正直,上坡时须前倾大些,下坡时有一定的后仰,躯干不要左右摇摆,头部与上体成一直线,面部和颈部的肌肉要放松,眼平视前方。

　　应注意的是身体前倾过大会影响步子长度,增加背部肌肉的负担,上体后仰会产生制动,影响后蹬的效果,使腹部肌肉过于紧张,跑起来十分吃力。

　　b. 腿部动作:健身跑的动作应当做得舒展,特别是腿部动作,髋、膝、踝三关节要充分伸直;以大腿发力向前抬来带动小腿的迈进;小腿前伸时,支撑腿的各个关节要迅速伸直;大腿前摆的过程中,小腿要保持放松和自然下垂;大腿在向前抬时,不要拖得时间太长,应该快速地下压,小腿应做前摆动作。

　　进行健身跑时,后蹬不用全力进行,步长不要过大,步频不应过快,这样可以节省体力,以防受伤。

　　c. 脚着地动作:先以前脚掌着地,紧接着是全脚掌着地,这样可以缓冲脚落地时产生的冲击力,着地富有弹性,并为后蹬创造了条件。如果脚跟距地面较高,就会降低动作的安全程度和造成不必要的肌肉紧张。在脚着地的瞬间要抵制重力作用(不要使脚塌陷),这样有利于拉长小腿后侧肌肉群。如果脚掌在着地时没有任何对抗就放下脚跟,那就会失去跑的弹性。在跑步中也有用前脚掌外侧着地过渡到全脚掌的情况。

　　如果脚跟先着地,对人的震动大,容易使大脑、内脏、下肢关节受到震动,发生头晕、肚子疼、膝关节和脚跟疼等现象。

　　d. 臂部动作:两臂动作在跑步时起维持身体平衡的作用。跑步时,两臂自然地做前后摆动,肘关节弯曲成90°左右,以肩为轴,在向前摆动时应稍向内,向后摆动时稍向外。摆动幅度随跑的速度变化而变化,速度快时则幅度大些。

知识链接

健身跑的呼吸

　　跑步技术是否合理,在很大程度上取决于呼吸方式是否正确。健身跑时会产生一定的氧债,为了保证氧气供给,就要有一定的呼吸频率和深度。在适宜的呼吸深度条件下,还要依靠呼吸频率来保持必要的肺通量。这就需要口鼻同时呼吸才能完成。一般是采用两步一呼、两步一吸,也有三步一呼,三步一吸,采用哪种呼吸方法因人而异。若呼吸节奏被破坏,应做深呼吸或适当调整跑速,继续跑一段距离后,呼吸就会逐渐均匀正常,跑起来又能比较轻松了,这一过程是人体机能的正常反应。但若出现呼吸急促并且困难的情况,就应停止跑步,特别是中老年人要更加注意。

　　② 运动负荷的控制:健身跑的运动负荷由运动强度和时间决定,其中运动强度是主要内容,运动时间则起调节作用。进行健身跑锻炼,一般应保持匀速跑,时间持续 20 分钟以上,心率保持在 120~150 次/分钟,这种练习方法可以消耗体内多余脂肪。慢跑的运动负荷注意要因人而异,这是慢跑的精髓所在。一般来说,年龄较小体质较好者,宜选择强度较大、持续时间较短的练习方案;中老年人及体质较差者,宜选择强度较小而持续时间较长的练习方案。

知识链接

负荷强度的掌握

　　健身跑的负荷强度一般用最大摄氧量来计算。研究发现,心率的快慢和最大摄氧量一般成正比,也就是说心率越快,最大摄氧量的百分比就越大。

　　计算心率方法:锻炼结束后立即测 10 秒内的脉搏数,再乘以 6 得出每分钟的心率。例如,一个 30 岁的健身跑者,跑后即刻的心率为 135 次/分钟,即其运动强度为 60%。

4. 椅子健身操

　　设计类职业者在长时间的工作后,应该有目的地进行身体各部位的放松活动,以防止关节性疾病。但是这种放松活动不能是无目的的关节转动,不然达不到放松的效果。但是,忙碌的工作和狭小的办公室空间又不允许大家完成一整套保健操。因此,在进行椅子健身操练习时,应该掌握各节动作的要领和医疗特性,在紧张的工作之余选择某一个或几个动作组合进行学习。具体的动作练习要注意以下几点。

　　(1)选择适宜的方法:方法因人而异,年轻人活动范围可大,力度可大,老年人动作要缓慢,运动幅度要小,运动量要小,不宜过度疲劳。有病损部位的患者要在运动阶段上有所选择。

　　(2)循序渐进:在运动时间、运动幅度、运动量上都要严格控制,掌握循序渐进这个原则。

　　(3)调匀呼吸:此健身操采用自然呼吸法,以气引力、顺其自然、柔和均匀、毫不勉强,并

随活动量的大小而加深加快。

（4）避免风寒：运动时毛孔开放，风寒之邪会由毛孔进入人体引起疾病。故不要在"风口"上运动，冬天不可脱衣吹风，老年人则应在室内运动，以防风寒侵袭。

（5）坚持不懈、持之以恒是获得良好功效的基本保证。

5．颈椎保健操

（1）后颈牵拉运动：椅背坐正，收下颌，两手置于头顶，颈部放松，双手用力将头向前下拉，尽量使下颌贴近胸口，至后颈部或肩胛部位有拉扯感为止，停留15秒再放松，重复5次。该运动能有效舒缓长时间看计算机屏幕或低头工作而造成的颈后小肌肉疲劳。

（2）肩胛牵拉运动：背靠椅背坐正，收下颌，将左手掌置于右肩，右手置于头顶，颈部放松，右手用力将头向右前下方拉，至左后颈部或左肩胛部位有拉扯感为止，停留15秒，再放松，重复5次。该运动能有效舒缓长时间使用双手，过度使用肩胛周围肌肉而造成的疲劳。

（3）灵活颈椎运动：坐正，双眼直视前方，将头向前后方向缓慢转动，角度越大越好。重复5次。将头向左右两侧缓慢摆动，角度越大越好，重复5次。将头向左右两侧肩膀侧歪，角度越大越好，重复5次。该运动能维持并增加颈部灵活度，减少颈椎压力。

6．定向越野

定向运动富于挑战，要求参与者勇于尝试从未尝试过的方案，并全身心地投入，从双腿到大脑以最高时效冲击世界顶级目标。定向越野运动的方法包括以下几个方面，具体如下。

（1）标定地图：标定地图就是为了使越野图的方位与现地的方向一致。这是使用越野图最重要的前提。

（2）对照地形：对照地形就是要通过仔细地观察，使图上和现实的各种地物、地貌——"对号入座"，即相互对应。对照地形在定向越野比赛中的作用主要有两个：一个是在站立点尚未确定时，只有正确地对照地形，才能在图上找出正确的站立点位置；第二个是在站立点已经确定，需要变换行进方向时，只有通过对照地形，才能在现地找到已选定的最佳行进路线。

（3）确定站立点：熟练地掌握在图上确定站立点的各种方法是学习使用地图的关键。对于这些方法，除了要记住它们各自的步骤、要领，尤其重要的是要学会根据不同情况，对它们有选择地使用和结合使用。

（4）迷失方向时的方法：标定地图，对照地形，判明是从哪里开始发生错误以及偏差有多大，然后根据情况另选迂回的道路前进。如果错得不多，可返回原路再行进。

 思考题

1．简述2~3种常见职业病的运动治疗法。

2．谈谈预防职业病的重要性。

3．颈椎病还有哪些体疗方法？

第二节　制造类职业体育

制造类职业工种繁多,主要有以体力为主的职业和以技术为主的职业。前者主要包括机械操作人员、设备安装人员等;后者主要包括各类修理工、电工等。该职场的员工工作时没有固定的姿势,时站、时坐、时蹲、时伏、时跪。其劳动特点是既有体力劳动又有脑力劳动,具有较强的身体灵敏、协调及反应能力。随着现代化、机械化的推进及"大力手"的应用,体力劳动的成分相应减少,而脑力劳动的成分相应增加。

针对制造类职业特点,制定出符合高职院校学生的课程模式,将一个主项和两个辅项项目结合起来,目的是提高本专业学生所需要的身体灵敏、协调及反应能力,满足制造类职业对高职院校学生的要求。

一、教学内容、要求及课程安排

(一)教学内容和要求(表 2-2-1)

表 2-2-1　教学内容和要求

项目		教学内容和要求
教学内容		① 乒乓球、太极工间操、器械健身、制造类健身原理与方法 ② 攀岩、瑜伽工间操、健身走和健身跑、营养与健康
教学要求	知识点	① 掌握所学内容的基本技术及技能 ② 掌握此职业模块的健身原理与方法
	能力点	① 发展上肢力量和身体的灵敏、协调及反应能力 ② 培养自我调节身心的能力
	素质点	① 培养遵守规则、爱岗敬业的道德品质 ② 培养吃苦耐劳的意志品质

(二)教学安排(表 2-2-2)

表 2-2-2　教 学 安 排

学期		教学任务与内容	参考课时
第二学年 第一学期	主项目	小球类项目——乒乓球	20
	辅项目	工间操	6
		器械健身	6
		制造类健身原理与方法(理论)	4
第二学年 第二学期	主项目	攀岩	20
	辅项目	瑜伽	6
		健身走和健身跑	6
		营养与健康(理论)	4

二、制造类职业岗位从业人员的案例及分析

案例一

李某为什么会受伤

李某是一名操作车床的工人,每天都是早上8时上班,晚上5时下班,所有操作都是以站姿完成的。每天重复的工作,让李某感觉到有些疲劳,但是到医院检查,也没发现什么问题。一天,他在工作的时候,一个姿势待得太久了,突然感到小腿有些麻木,他刚想去休息一会儿,一迈步就摔倒了,碰到车床上加工的材料,脚趾被砸伤了。

案例分析:相比其他职业,制造类职业强度大,劳动动作有时单一,容易产生视觉上的疲劳而放松警惕。这类职业时而是静力性工作,时而是动力性工作,而且静力性工作与动力性工作交替进行。容易造成局部肌肉劳损、下肢静脉曲张,易产生工伤事故。李某就是因为长时间重复一种工作,出现了肌肉劳损,也没有做相适应的体育锻炼来缓解,从而发生了工伤事故。

案例二

潘晓的小秘密

潘晓在大学期间就特别喜欢健身健美运动,长期的训练让他练就了一身肌肉。转眼间,潘晓要毕业了,他参加了某家汽车制造公司举行的招聘面试。在面试过程中,考官除了考核专业知识外,还让每一位应聘人员进行了两项意想不到的测试,那就是握力与仰卧起坐测试。考官说,汽车生产流水线上的一名合格的工人,没有一定的力量素质,怎么能拧动紧固的螺丝呢? 不用说,潘晓顺利地通过了面试。在之后的工作中,潘晓在这个岗位上做出了不平凡的贡献。每当同事和主管问他是什么原因让他做得那么出色时,他总是亮出健壮的手臂,说:"这就是我的秘密。"

案例分析:制造类职业岗位职工在高温、高湿、高寒、辐射、噪声等恶劣环境下工作,体力劳动需求较大,存在不良姿势、过度用力和振动等诸多职业性疾患因素。因此,职业对身体素质提出了特殊要求。从业者不但需要良好的心肺功能,还需要较好的协调性和灵活性。潘晓平时的锻炼正好使他的上、下肢、躯干都得到运动,所以他能很快地适应工作需要。

三、制造类职业岗位从业人员的生理和心理负荷特点

制造类职业岗位从业人员时而是静力性工作,时而是动力性工作,而且静力性工作与动力性工作交替进行,所以这类员工劳动(工作)时的解剖学、生理学负荷可分别参照本书的设计类和社交类职业。但又并不完全相同,因为这类工种工作姿势的变化没有一定规律,有些工种(如园艺工作者)姿势变化频率快,肌肉交替休息不易疲劳,而有些工种(如机械工)工作时需要承受一定的静力负荷,肌肉一直处于紧张性收缩状态,很容易造成肌肉紧张、僵硬。变姿类职业工种繁多,因此要针对不同的工种进行区别分析。

制造类职工在高温、高湿、高寒、辐射和噪声等恶劣环境下工作,容易免疫力降低和产生烦躁的心理。有研究表明,噪声可以引起人体自主神经功能紊乱,从而导致心率增快或减

慢、心律不齐甚至心电图呈现 T 波或者 ST 段改变。此外,流水线上的装配工及机械工人,从事简单重复性工作,虽体力、脑力负荷都不大,但由于工作单调、内容变化少而易疲劳,久而久之会形成所谓"疲劳—衰弱—抑制"综合征。

知识链接

制造类职业劳动的卫生安全知识

1. 预防职业病

(1) 遵守操作规程,正确选择和使用个人防护用品。

(2) 定期进行健康检查,及早发现疾病,及时治疗。

(3) 定期对作业场所进行卫生安全监测,不合要求的场所要立即整改,消除隐患。

(4) 一切生产性基本建设、设备、工艺流程都应严格执行劳动保护要求。

2. 预防身心疾病

(1) 摆正位置,充分认识自己的价值,建立和谐的人际关系。

(2) 发现身心疾病及早诊治。

(3) 学会先进的管理方法,合理组织生产劳动,正确处理各种关系。

3. 预防有关工作致病

(1) 采取正确作业方式,改善作业条件。工作台和座椅的高度应因人而设,座椅应有靠背,减少全身疲劳。

(2) 坚持工间操,经常做一些与固定劳动姿势相反的身体练习。

(3) 合理安排劳动或工作时间。对从事精细作业的人员,在工作时应安排多次休息,一般每工作 1 小时应有 10 分钟休息时间,闭眼放松、远眺或进行全身活动。

(4) 作业面要有充足的照明。精细作业的作业面应有充足的照明,而且光线要均匀,光线不要直接照射到眼部,利用日光照明时亦不应直接照射在工作面或眼部。

4. 加强个人防护

(1) 不能在有尘、有毒危险场所吃、喝。

(2) 不能在工作场所吸烟,防止火灾发生,注意水、电、煤气的安全。

(3) 下班后要洗手、洗脸或洗澡。这对金融从业人员、售票员、有毒场所工作人员尤为重要。

(4) 正确选择和使用防护用品。接触射线、有毒物体工作者应穿防护工作服并戴手套;接触有毒气体、粉尘工作者,应戴防毒口罩、防毒面具或防尘口罩;从事接触红外线、紫外线、激光、微波工作者,应戴防护眼镜;从事噪声场所作业者,应戴护耳器。

(5) 要选择符合卫生要求的防护产品,不能错用或将就使用;防护用品要经常清洗、消毒,妥善保管,定期更换。

四、制造类职业岗位从业人员的运动指导

这类职业的体育运动锻炼要发展一般耐力、手指的协调性、动作的准确性,增强肩带肌、

躯干肌和脚掌肌力量,培养注意力和反应能力。

（一）职业素养案例

案例一

1. 案例名称:乒乓球颠球接力赛

2. 教学目标

（1）技术技能目标（知识点）:掌握行进中颠球技术。

（2）运动能力目标（能力点）:提高反应、协调能力。

（3）职业体育素养目标（素质点）:培养遵守规则意识。

3. 活动内容

（1）人数:不限。

（2）场地器材:一块宽阔平整的运动场地,乒乓球、乒乓球拍、障碍物若干。

（3）练习方法与规则

① 分组,每组5人左右,在起点线后站成一列。

② 每组前面放一筐乒乓球,然后在20米外的终点再放1个球筐,每组只能领取1只乒乓球拍。

③ 练习开始后,每组第一个人使用乒乓球拍将1只乒乓球颠到相距20米外的筐中,然后迅速跑回来将球拍交给第二人继续运送乒乓球。

④ 在5分钟内成功运送的乒乓球最多的比赛队伍,即为获胜方。

⑤ 传球的过程中若乒乓球落地,必须捡起球从起点重新开始;传球过程中不能用手碰球,如违反规则则扣除1球。

（4）拓展

① 根据练习程度,增加练习时间,加大练习强度。

② 根据练习程度,增加障碍物,加大练习难度。

③ 根据练习程度,调整运球方式为托球跑,降低练习难度。

（5）图解（图2-2-1）

图2-2-1　乒乓球颠球接力赛

4. 活动效果

通过乒乓球颠球接力活动,可以掌握球性,提升练习者的运动兴趣,培养良好的运动品质,如:遵守体育竞赛规则,公平竞争的规则意识。

案例二

1. 案例名称:网球正反手击"圈"接力赛

2. 教学目标

（1）技术技能目标（知识点）:掌握移动中网球正反手击球技术。

（2）运动能力目标（能力点）:提高移动、反应能力。

（3）职业体育素养目标（素质点）:培养团队合作意识。

3. 活动内容

（1）人数：不限。

（2）场地器材：网球场、网球场练习墙上画若干标志圈、网球、网球拍。

（3）练习方法与规则

① 进行分组，每组6~10人，在离网球墙7米左右站成一路纵队。

② 每组1个网球，每人拿1支球拍，对应练习墙上1个标志圈，每组安排1名裁判员，统计击中标志圈的次数。

③ 组织：每组第一人使用网球拍用正手把球击向练习墙上的标志圈，然后迅速跑向队尾，第二人击打反弹回来的球，后面同学按顺序轮流击球。

④ 使用网球正反手击球方式，击中标志圈计1次，未击中球的同学必须把球捡起开始击球，他人不能代替，全员参与，任何人都不能违反规则；在规定的时间内击中标志圈次数多者获胜。

（4）拓展

① 根据练习程度，增加练习时间，加大练习强度。

② 根据练习程度，减少标示圈大小，加大练习难度。

（5）图解（图2-2-2）

图2-2-2　网球正反手击"圈"接力赛

4. 活动效果

通过网球正反手击"圈"接力赛活动，有助于练习移动中网球正反手击球技术，提升练习者的运动兴趣，培养良好的运动品质，如：协作、责任、担当等团队合作意识。

（二）运动项目的选择

1. 小球类运动项目

工场作业，虽然机械化的程度越来越高，自动化机械代替了繁重的体力劳动。但是许多先进的仪器还是在人工的控制下作业，很多精密的设备还是在人工的协助下才能完成装配。因此，精密制造业的职业岗位员工，如钟表行业的装配工、电工、无线电安装人员等，必须具备较强的注意力集中能力以及良好的自我控制能力。选择项目时，可考虑能锻炼手腕灵巧性和手腕力量，发展注意力集中与分散能力的运动，如乒乓球运动。

乒乓球运动是一项集健身性、竞技性和娱乐性于一体的运动，适合各年龄人群，对提高身体灵敏性与反应能力有良好的作用。乒乓球运动是一项全身运动，乒乓球所特有的速度快、变化多的特点决定了参与者在以下方面均可受益。

（1）全身的肌肉和关节组织得到活动，从而提高了动作的速度和上下肢活动的能力。

（2）有效锻炼反应、灵敏、协调和操作思维能力。其次，由于该项运动极为明显的竞技性特点和娱乐功能，又使其成为一项培养勇敢顽强、机智果断等品质，保持青春活力，调节神

经的运动。

2. 攀岩

高空作业者,像高空建筑工、高层清洗工,必须具备良好的平衡能力及静力性耐力。因此,在体能训练或选择运动项目时,应考虑发展前庭稳定性、下肢肌肉静力性耐力、灵敏性素质的运动,如攀岩。

攀岩是从登山衍生出的一项运动。攀岩运动是利用人类原始的攀爬本能,借以各种装备作安全保护,攀登一些岩石所构成的峭壁、裂缝、大圆石以及人工岩壁的运动。它集健身、娱乐、竞技于一体,要求运动员既具有勇敢顽强、坚韧不拔的拼搏进取精神,又具有良好的柔韧性、节奏感及攀岩技巧,这样才能娴熟地在不同高度、不同角度的陡峭岩壁上轻松、准确地完成身体的腾挪、转体、跳跃、引体等惊险动作,给人以优美、流畅、刺激、有力的感觉。经常性的攀岩能很好地锻炼制造类职业者的平衡能力和静力性耐力。

3. 器械健身

肌肉耐力是肌肉长时间维持工作的能力。高抬举作业,如手上举焊接、紧固螺丝和打孔等,此类作业需要保持长时间的收缩状态,肌肉发力有静力成分也有动力成分。肌肉耐力不好,将导致肌肉血液供给不足,肌肉代谢废物不能及时排除,引起局部肌肉疲劳,降低工作效率,甚至出现工伤事故。

选择器械健身可以增强力量、柔韧性,增加耐力,提高协调,控制身体各部分的能力,从而使身体强健。

4. 健身走和健身跑

现场作业要求心脏功能能随工作强度的改变而适当调整,以满足工作的需要。对建筑工地现场的技术员心肺功能现场调研发现,有些员工在烈日下工作,容易由于心肺功能不适应而昏厥,所以室外工地工作的人员应加强心肺功能的训练。健身走和健身跑能发展锻炼者的心肺功能、一般耐力,培养锻炼者持之以恒的精神。健身走和健身跑的具体要求见本章第一节。

5. 工间操

经常练习工间操能缓解疲劳,提高工作效率。它以徒手体操动作为主,吸取了已颁布的八套广播体操的精华动作,融入艺术体操及现代健美操的基本舞步及造型,动作优美简洁,舒展大方,非常适合作为晨练及课间、工间健身项目在全社会推广普及。

> **知识链接**
>
> ### 下肢静脉曲张
>
> **1. 什么是下肢静脉曲张**
>
> 下肢静脉曲张是指下肢浅静脉系统处于异常扩张、迂曲成团的状态。
>
> **2. 致病原因**
>
> 下肢静脉曲张除个别人因先天性静脉壁薄弱病变外,多数人因长时间站立或重体力劳动腹压增大,加重了下肢静脉内的压力,久而久之引起静脉扩张、延伸甚至曲张,最终导致静脉瓣膜机能不全。

3. 运动疗法的作用

从血流动力学的角度进行观察,在体育锻炼过程中,肌肉规律性地收缩可以使深部静脉血液回流加速,皮下静脉的压力比静止时还低。运动可增加足踝关节的柔软度,而足踝关节的柔软度有助于减少下肢静脉曲张。可见,体育锻炼有助于预防和改善下肢静脉曲张症状。

4. 预防与运动疗法

（1）预防

① 平时要多做双腿上下摆动或蹬夹练习,多做腿部按摩。

② 站立时,不要总用两条腿一起支撑全身重量,可有所侧重,让两条腿轮流休息。站立时,要经常跷起脚来,让脚后跟一起一落活动,或经常进行下蹲练习。上述动作都能引起小腿肌肉强烈收缩,减少静脉血液积聚。

③ 挑担负重或军人行军前,可用弹性绷带将小腿绑扎,这样可以防止下肢静脉淤血扩张。绑扎时,应从踝部向上绑扎,扎得稍紧一些。

④ 每晚睡觉前,养成用热水洗脚的习惯,忌用冷水洗脚。用热水洗脚,能消除疲劳,有利睡眠,更能活血化瘀。

（2）运动疗法

下肢静脉曲张的人,因为静脉瓣膜有损坏,故应该避免举重、跳远、短跑、投掷等引起腹压增高的活动,但是可以从事游泳、慢跑、自行车、跳绳等运动。仰卧蹬骑自行车对于防治单纯性下肢静脉曲张有较好的锻炼效果。患者仰卧在床上或地板上,双腿悬空做类似骑车蹬踩动作,可以改善因站立过久带来的下肢胀痛、沉重等症状。对于那些症状轻或尚未出现明显病痛的患者,可穿戴医用弹力袜或绑腿,进行诸如健身跑、自行车、体操等肢体运动,有助于下肢有规律地运动与肌肉舒缩,从而发挥小腿"肌肉泵"的作用,防止腿部静脉瘀血。运动后,可抬高肢体或做向心性按摩,促进下肢静脉的血液回流。

（三）运动项目练习方法

1. 小球运动练习方法(以乒乓球为例)

（1）球拍拍形:球拍拍形包括拍面角度、球拍横度和拍面方向。

① 拍面角度:拍面角度是指拍面与台面所形成的角度。拍面与台面成90°为垂直;拍面与台面形成的角度小于90°为前倾;拍面与台面形成的角度大于90°为后仰(图2-2-3)。

② 球拍横度:指球拍绕前后轴转动所形成的球拍角度变化。拍柄与球台端线垂直时为0°,随球拍绕前后轴不断转动以增加其左横角度。当拍柄与端线平行时,为左横90°;球拍绕前后轴向右转至与球台端线平行时,为右横90°;平常所说的球拍呈半横状,即是横度为45°之意。

③ 拍面方向:拍面方向是指球拍左右偏转时,与球台端线所形成的角度。

（2）击球部位:击球部位是指击球时球拍触球的具体位置,它基本上与拍形角度相吻合(图2-2-4)。

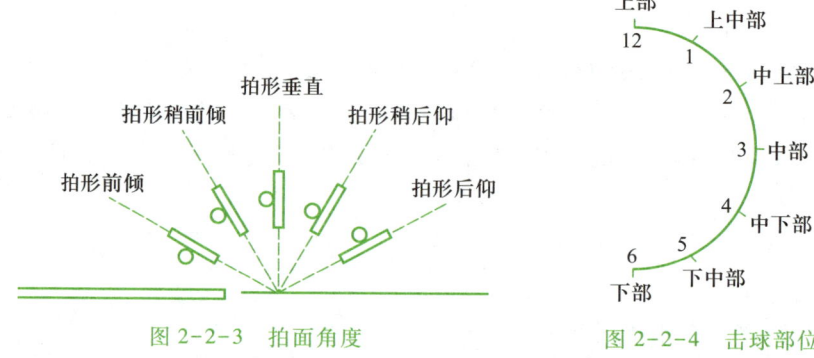

图 2-2-3　拍面角度　　　　图 2-2-4　击球部位

（3）击球时间：击球时间是指来球在本方台面弹起后至回落的那段时间。

① 上升前期：球从台面弹起刚上升的阶段。

② 上升后期：球弹起接近最高点的阶段。

③ 最高点期：球弹起达到最高点的阶段。

④ 下降前期：球从最高点开始下降的最初阶段。

⑤ 下降后期：球下降到接近台面之前的阶段。

（4）击球路线：击球路线是指从击球点到落台点之间形成的线。五条基本线路（以击球者为基准）为正手斜线、正手直线、侧身斜线、侧身直线、中路直线。中路直线球在实际比赛中是随时以站位而定的，也称中路追身球。

（5）击球点：击球点是指击球时，球拍与球接触瞬间的那一点所属空间的位置。击球点是根据击球者所处的相对位置而言。相对位置包含以下三个因素：① 球处于身体的前后位置。② 球与身体的远近距离。③ 球的高低位置。

2. 攀岩基本要领

（1）抓：用手抓住岩石的凸起部分。

（2）抠：用手抠住岩石的棱角、缝隙和边缘。

（3）拉：在抓住前上方牢固支点的前提下，小臂贴于岩壁，抠住石缝隙或其他地形，凭借手臂和小臂使身体向上或向左右移动。

（4）推：利用侧面、下面的岩体或物体，以手臂的力量使身体移动。

（5）张：将手伸进缝隙里，手掌或手指弯曲张开，抓住岩石的缝隙，并以此作为支点移动身体。

（6）蹬：用前脚掌内侧或脚趾的蹬力把身体支撑起来，减轻上肢的负担。

（7）跨：利用自身的柔韧性，避开难点，寻求有利的支撑点。

（8）挂：用脚尖或脚跟挂住岩石，维持身体平衡，使身体移动。

（9）踏：利用脚前部向下踏较大的支点，减轻上肢的负担，移动身体。

3. 器械健身练习方法

（1）上肢肌肉力量练习。

① 直臂体前平举哑铃

a. 目的：增强三角肌前部的力量。

b. 要领:身体直立,在大腿前部双手持哑铃,手掌相对。直臂以肩关节为轴,从身体前部平举哑铃。沿原运动路线返回开始姿势,上举时吸气,放下时呼气。

② 持铃头后伸臂

a. 目的:增强肱三头肌的力量。

b. 要领:身体直立,双手持哑铃屈肘举于脑后,掌心相对,以肘关节为轴,前臂内旋,虎口相对,将哑铃举过头顶,然后沿原运动路线返回开始姿势。上举时吸气,放下时呼气。

③ 侧弯举

a. 目的:增强前臂伸指肌群,同时锻炼上臂前侧肌群。

b. 要领:单手或双手侧握哑铃(拳眼向前),上臂紧贴体侧,持铃向上弯起至肩前,缓慢下放还原。

④ 正握腕弯举

a. 目的:增强前臂伸肌群和上臂外侧肌群的力量。

b. 要领:单手或双手正握哑铃(掌心朝下),握距与肩同宽,上臂紧贴体侧,向上弯举哑铃,举至极限后缓慢下放还原,前臂肌群始终保持紧张用力状态。

⑤ 反握腕弯举

a. 目的:增强前臂屈肌群的力量。

b. 要领:坐在凳端,单手或双手掌心向上反握哑铃,持哑铃手前臂贴放在大腿上,手腕放松。用力将哑铃向上弯起至不能再弯时为止,然后放松还原。此动作可将前臂垫在平凳上做。

⑥ 手内旋弯举

a. 目的:增强前臂肌群的力量。

b. 要领:坐姿,一手持哑铃一端,另一手支撑,持铃手前臂贴大腿、平凳或斜板上,做手的内旋外转动作。可加大重量快速进行,以提高前臂肌的力度和灵敏性。

⑦ 俯立臂屈伸

a. 目的:增强肱三头肌外侧的力量。

b. 要领:自然站立在凳的一端,上体前屈至背部与地面平行,左手以手掌支撑在凳上,右手持哑铃。屈肘,使右上臂紧贴体侧与背部平行,前臂下垂手持铃,上臂贴身,固定肘部位置,持铃向后上方举起至臂伸直,再慢慢放下还原。前臂往后伸时吸气,放下时呼气。

⑧ 仰卧后撑

a. 目的:增强肱二头肌、胸大肌、三角肌和大圆肌等的力量。

b. 要领:身体仰卧,两手背后撑在稍高的凳子上,两脚放在较矮的凳子上或平地上,身体其他部分悬空。呼气,两肩放松,两臂慢慢屈肘,身体尽量下沉(尤其要沉臀),稍停 2~3 秒,然后吸气,用力伸两臂撑起身体,还原。

(2) 下肢力量的锻炼。

① 颈后深蹲

a. 目的:增强大腿肌群、臀大肌和下背肌群的力量。

b. 要领:两脚开立,足趾稍向外撇,两手握住杠铃并担负在颈后肩上,屈膝下蹲到大腿上面与地面平行或稍低,静止 1 秒。大腿和臀部用力使两脚蹬地,使身体恢复到直立。按计

划次数和组数重复再做。

② 颈后半蹲

a. 目的：增强伸膝肌群力量与躯干支撑力量，特别是股四头肌的外、内侧肌，股后肌群和小腿三头肌的力量。

b. 要领：正握杠铃于颈后肩上，挺胸，屈膝下蹲近水平位置时，随即伸腿起立。其余要领同颈后深蹲。

③ 持杠铃前弓箭步

a. 目的：增强股四头肌、股二头肌、小腿三头肌的力量。

b. 要领：直立，直背抬头，正握杠铃于颈后肩上，双脚间距较小，向前迈一大步，大腿几乎与地面平行，后腿尽量伸直。然后身体还原至开始的直立姿势。双腿交替重复练习。

④ 持杠铃侧弓箭步

a. 目的：增强大腿内侧和后部肌群的力量。

b. 要领：直立，直背抬头，正握杠铃于颈后肩上，双脚并拢，向体侧迈一大步，直到大腿内侧几乎与地面平行，另一条腿尽量伸直，侧移身体还原成开始的直立姿势。双腿交替重复练习。

⑤ 腿屈伸

a. 目的：增强股四头肌的力量。

b. 要领：坐在装有伸腿架的卧推凳上。两脚背面分别紧贴下托棍的下缘，双手握住凳的两边，使上体挺直，用股四头肌的收缩力慢慢使两腿伸直，保持这个静止收缩状态 1～2 秒，然后慢慢还原。

⑥ 腿弯举

a. 目的：增强股二头肌的力量。

b. 要领：俯卧于卧推凳上，使膝盖正好抵住凳缘，两腿伸直，使脚跟紧贴于上托棍的下缘，双手握住凳的前端，集中股二头肌的收缩力使小腿彻底收紧，保持这个静止状态 1～2 秒，然后慢慢还原。

⑦ 踮脚跳跃

a. 目的：增强小腿腓肠肌、比目鱼肌、股四头肌的力量，对提高身体平衡能力也有锻炼价值。

b. 要领：两脚并拢站立，两膝微屈，两手撑腰，双脚前掌原地向上纵跳，膝关节绷直。下落时，先前脚掌着地，然后全脚掌着地，再踮脚起跳。

4. 健身走和健身跑

详见本章第一节相关内容。

5. 工间操练习方法

（1）因人因时，适当调整：对别人有效的运动方式，对自己不一定有效；健康时与体弱多病时的锻炼方式也不应相同。运动健身需要根据年龄、体质、疾病隐患、工作性质以及所处环境等，选择适合自己的锻炼项目，确定锻炼的方式方法以及强度。

（2）循序渐进，持之以恒：人体的机能活动都有一定的惰性和适应周期，运动锻炼应从简单做起，从小运动量开始，由简入繁、由易到难、由弱到强。用则进、不用则退也是人体组织器官的一个特性，运动必须常年坚持才能见效，半途而废往往前功尽弃。

（3）注意安全,讲究卫生:运动锻炼必须讲究科学,否则就会适得其反。

> **知识链接**
>
> *安全健身的注意事项*
>
> （1）运动锻炼前伸展四肢、转腰、压腿、下蹲、慢走、快走,使四肢和内脏器官先活动一下;活动时要防止因突然用力而拉伤肌肉、韧带和损伤关节;年纪大和身体弱的人不宜做长时间低头、憋气、下蹲、弯腰等动作。
>
> （2）运动锻炼时选择空气清新、相对安静和安全的地方。
>
> （3）运动前后和运动中都要适量饮水;不要空腹进行锻炼,运动量和强度要适当;运动结束时应做些放松、整理活动,不要立即蹲、坐或躺下,也不要运动后马上吸烟、洗浴、就餐及大量饮水。

 思考题

1. 制造类职业包括哪些工种?
2. 大学生养成运动的习惯对今后的工作有何积极意义?
3. 为你将来有可能从事的职业工种选择相对应的运动项目。

▶▶ 第三节　工程类职业体育

工程类职业主要包括地质勘测、测绘、矿山、石油、冶金、化工、交通、建筑、通信、建材、水利、航空、航天等工程技术人员。这类职业的员工要长时间使用比较大而复杂的设备,以体力劳动为主,具有较强的本体感知、空间感知能力以及判断能力。长时间从事该类职业,若没有很好的预防措施,会造成局部肌肉劳损,形成关节炎,严重的会发生工伤事故。

高职院校针对工程类职业特点,制定出符合高职院校学生的课程模式,将一个主项和两个辅项项目结合起来,目的是提高本专业学生的本体感知、空间感知能力以及判断能力,满足工程类职业对高职院校学生的要求。

一、教学内容、要求及课程安排

（一）教学内容和要求（表 2-3-1）

表 2-3-1　教学内容和要求

项目	教学内容和要求
教学内容	① 大球类、防身术、器械健身、工程类健身原理与方法 ② 攀岩、拓展训练、跆拳道、营养与健康

续表

项目		教学内容和要求
教学要求	知识点	① 掌握基本技术、战术及技能 ② 掌握职业健身原理与方法
	能力点	① 发展学生野外跋涉能力、方向辨识能力、上下肢力量及身体的协调性 ② 提高本体感知能力、空间感知能力
	素质点	① 培养公平竞争、爱岗敬业的道德品质 ② 培养坚韧的毅力和勇敢顽强的意志品质 ③ 具有敏锐的洞察力

（二）教学安排（表2-3-2）

表2-3-2　教学安排

学期	教学任务与内容		参考课时
第二学年 第一学期	主项目	大球类项目	20
	辅项目	防身术	6
		器械健身	6
		工程类职业健身原理与方法（理论课）	4
第二学年 第二学期	主项目	攀岩	20
	辅项目	跆拳道	6
		拓展训练	6
		营养与健康（理论课）	4

二、工程类职业岗位从业人员案例及分析

案例一

王帅是一名地质勘探的技术人员，多年来在室外的工作环境，让他的身体负荷过重。有一段时间，他发现自己的膝关节及骶髂部出现红、肿，并伴随着疼痛，他认为是工作时积累的小伤，并没有在意。但在之后的一段时间他又发现自己关节出现了畸形，并逐渐累及全身关节也开始疼痛。到医院检查才知道，自己患上了类风湿性关节炎。

案例分析：工程类职业人员的工作环境，大多在室外，夏天的炎热、冬天的寒冷及风雨霜雪，都可使人体免疫能力降低，导致机体不适，进而引起疾病。膝关节是人体主要的负重关节之一。工程类职业岗位员工日常工作时用下肢活动较多（如走、伏身、半蹲等）。经常处于半蹲、半跪的姿势状态，膝关节承受的负荷重。同时肌肉长时间处于紧张用力状态，在膝关节及其周围肌肉力量还不强的情况下，附着在髌骨上缘的一些肌腱（股四头肌腱）或韧带（髌韧带）容易受到损伤；又由于关节的肌肉力量差，而人在做各种活动时，可能引起髌骨在膝关节里"不合槽"的现象，使髌骨后面的软骨与后方的股骨不断撞击和摩擦，造成软骨损

伤;也可能由于上述损伤引起髌骨附近的脂肪垫及关节束的损伤。这些损伤,都可能引起膝关节酸痛,受寒、受潮时往往酸痛加剧。王帅之所以会患上关节炎,是因为长时间地在室外工作,并且大强度大工作量造成了膝关节的疼痛感,如果这个时候不能进行有效的运动和防护措施,就会形成类风湿性关节炎,从而对他的工作也造成很大的影响。

案例二

罗杰是一名石油化工的工人,最近他的手关节常常断断续续地发麻、疼痛,起初活动几下就恢复了平时的感觉,后来疼痛症状越来越严重,特别是在下雨的天气,更是疼痛难忍。到医院一检查是轻度的类风湿性关节炎。医生给他制定了两种治疗的方法,一种是药物治疗,一种是运动治疗。医生说,在轻度的时候,运动治疗更重些。经过一段时间的运动锻炼,他又恢复了健康,各个关节再也没有了疼痛的感觉。罗杰终于明白了,要想在工作中做出成绩,不仅要努力工作,还要有一个健康的身体来支撑高强度的工作。从此,罗杰养成了锻炼身体的习惯。

案例分析:工程类职业岗位以体力劳动为主,工作环境比较复杂,从业者通常承受较大的身体压力。因此,该岗位的从业人员需要较好的身体素质、本体感知、空间感知能力以及判断能力。同时该岗位从业者需要较高的综合素质,不仅要有娴熟的职业专业技能,还要有一个健康的身体来完成日常的工作。

与制造类职业不同,工程类职业不仅需要较强的身体素质,还需要思考能力以及判断分析能力,特别是野外跋涉能力、方向辨别能力、上下肢力量及身体的协调。从罗杰的例子我们可以看出,体育锻炼不仅能锻造一个健康的身体,也是治疗疾病的处方;同时,体育锻炼也可以培养坚韧的毅力和勇敢顽强的意志品质,锻炼敏锐的洞察力。

> **知识链接**
>
> 膝关节疼痛
>
> 1. 膝关节疼痛的常见病症
>
> (1)关节炎:由慢性劳损引起关节组织退化。
>
> 症状:在早晨起床或久坐之后站立时,感到关节酸痛,活动不灵,偶有声音。
>
> (2)膝韧带损伤:由意外扭伤或重复受伤引起。
>
> 症状:疼痛,肿胀,关节活动受限,症状因运动而增加,严重者会影响关节的稳定性。
>
> (3)髌骨软化症:经常走动或站立过多会引起髌骨软化,使关节面凹凸不平。
>
> 症状:髌骨和髌骨周围有压痛、膝痛和膝关节发软等感觉。压痛和发软症状在半蹲或上下楼梯时尤为明显。
>
> (4)半月板症:由直接碰撞或运动时扭转膝部导致。
>
> 症状:关节微肿,沿膝关节部位有压痛,偶然关节内似有障碍物,影响关节活动。
>
> (5)损伤性滑囊炎:膝关节附近有数个滑囊,分泌滑液润滑关节。扭伤撞伤或过劳会引起滑囊炎。
>
> 症状:微肿,滑囊位置有压痛,关节活动有痛楚,但活动幅度不受影响。

2. 运动疗法的作用

加强关节周围肌肉力量,防止肌肉、肌腱和韧带的损伤;增加固定关节韧带的韧性、改善关节血液循环;同时松解膝关节周围肌肉、韧带及关节囊的粘连,恢复膝关节的功能。

3. 预防与运动疗法

(1) 预防膝关节疼痛的方法。

① 保持体形适中,避免身体过度肥胖。

② 增强肌肉训练,增加固定关节韧带的韧性。

③ 避免过多上楼、跪地、下蹲等姿势,减少走路时提过重物件的频率及避免长时间走路。

④ 穿着避震力强的鞋,避免穿过高的高跟鞋、硬底鞋,这样可以减少关节所受压力。

⑤ 如有需要,可以佩戴护膝,适当的护垫可以预防和减少疼痛的出现。

(2) 运动疗法。

① 静立半蹲:双足分开与肩同宽,慢慢蹲下,使大腿与小腿的夹角保持120°左右。上半身平直,胸、腹、颈放松,呼吸自然,两手叉腰。静立半蹲3~5分钟。以后可逐渐延长至10~20分钟。蹲后原地踏步2~3分钟。

② 扶腿蹲立:两足同肩宽,两手扶膝盖上部,身体向下蹲,当大腿和小腿夹角呈90°时,再起立。如此反复蹲立,每次50~100下,每天2~3次。

③ 摆臂蹲立:两脚同肩宽,脚尖着地,脚跟提起,身体下蹲,尽量使臀部挨着脚跟,同时两臂前摆平举,然后两腿立起,两臂下垂,身体站立。注意两臂不要摆动过大,上体不要前俯后仰,连续蹲立50~100下,每天2~3次。

④ 半蹲转膝:两膝并拢,两手扶在膝关节上,两腿弯曲成半蹲状,两脚站好不动,将膝关节先向左、前、后旋转,再向右、前、后旋转。每呼吸1次旋转1周,每天2~3次,每次旋转30~50周。

⑤ 前后摆腿:站立,两手叉腰,先将左腿抬起,前后摆动,幅度由小到大,摆动10次后再换右腿,每条腿摆动30~50次。

⑥ 仰卧抬腿:仰卧在垫子上,两腿伸直,交替上抬,逐渐增加高度,每次抬50~100下,每天早晚各1次。

⑦ 单腿蹦跳:一条腿支持身体,另一条腿弯曲抬起,然后连续跳跃,每次20~30下,交替进行。

⑧ 按摩膝部:坐在垫子或椅子上,露出膝关节,先将两手掌搓热,然后按摩膝关节,直到膝关节发热为止,每天两次。

三、工程类职业岗位从业人员的运动指导

工程类职业是一种以体力劳动为主的职业,要求从业者有较强的身体素质和较强的本

体感知、空间感知能力以及判断能力。所以针对这类职业的体育锻炼方法就要能够积极帮助职业人员提高该岗位所需要的体能和素质，并培养职业人员坚韧的毅力、勇敢顽强的意志品质及敏锐的洞察力。

（一）职业素养案例

案例一

1. 案例名称：篮球传球抓人

2. 教学目标

（1）技术技能目标（知识点）：掌握单、双手传接球技术，增强2人或3人之间的传切配合意识。

（2）运动能力目标（能力点）：提高跑动、反应及灵敏能力。

（3）职业体育素养目标（素质点）：通过篮球传球抓人，培养合作竞争意识。

3. 活动内容

（1）人数：不限。

（2）场地器材：篮球场地一片，篮球（1~2个）。

（3）练习方法与规则。

① 以小组为单位，只允许在球场范围内移动。

② 根据规则，传球者两人进行行进间传球，传球者不允许运球，接球后只允许在一步范围内移动，将篮球触碰到跑动者（或跑动者出球场范围外）视为抓人成功，被抓跑动者则加入传球者行列，直到抓到最后一名同学为止；练习过程中传球者需通过增加2人或3人传切配合，增强团队合作能力（图2-3-1）

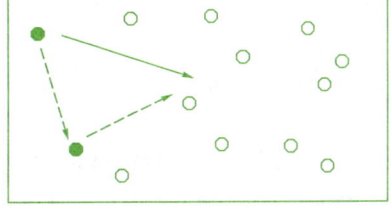

（4）拓展。

① 根据练习程度，增加组别，加大竞争意识训练。

② 根据练习程度，增加篮球与传球者数量，加大合作意识训练。

图 2-3-1　篮球传球抓人

4. 活动效果

通过传球抓人，有助于巩固单、双手传接球技术与传切配合，提升练习者的运动热情，培养良好的运动品质，如并肩作战、相辅相成、不进则退等合作与竞争意识。

案例二

1. 案例名称：枪林弹雨

2. 教学目标

（1）技术技能目标（知识点）：加强传球技术。

（2）运动能力目标（能力点）：提高反应、灵敏、速度能力。

（3）职业体育素养目标（素质点）：通过枪林弹雨，培养团结协作与竞争意识。

3. 活动内容

（1）人数：不限。

（2）场地与器材：排球场一片，排球若干。

（3）练习方法与规则。

① 以小组为单位,一组在圈内,一组在圈外。

② 圈外的队员,通过传球方式进行传递,找准适当时机砸中圈内队员。直至圈内最后一名队员被砸中,然后两组进行交换。在圈内存活时间更久的组获胜。

③ 圈内队员需不断躲避圈外同学的来球,被砸中队员淘汰出圈。圈内同学躲避时不能踩线,否则视为淘汰出圈。

④ 圈外队员相互传球至少3次才能砸圈内同学,学会相互配合,信任队友,否则砸中无效。

⑤ 练习调整:根据队员传球基本功掌握情况,可将一球变为两球,降低练习难度,让队员都参与进来(图2-3-2)。

4. 活动效果

通过"枪林弹雨",有助于巩固练习者传球技术,提升练习者的运动积极性,培养队员良好的竞争合作意识。

图 2-3-2　枪林弹雨

(二) 运动项目的选择

1. 大球运动

工程类职业要求从业人员讲究团队合作,需要各个岗位人员间互相配合,共同完成任务;也需要岗位人员具有较好的组织协调能力,通过沟通和计划,保证工作顺利进行。球类运动融合了健身性和娱乐性,能够很好地提高练习者的身体运动能力,也可以培养岗位人员从事工程类职业所需要的素质。在选择具体的球类运动时,不同的人员要根据不同情况,如场地器材、普及率、群众基础以及个人的身体状况进行选择。篮球运动的场地器材充足、普及率高以及有很好的群众基础。我们就以篮球为例。

篮球运动是一项锻炼人体四肢、躯干和头脑的体育运动,是在身体接触的对抗中进行的运动。篮球运动的复杂性和多变性促进了人的神经系统的健康发展,促进了人的观察力与分析能力的提高,促进了思维活跃与意识创新。篮球运动又是一项集体运动项目,篮球比赛是队与队之间的集体对抗,要求每名队员在比赛中必须统一思想、齐心协力、密切配合,从而发挥集体的优势。参加篮球运动能激励广大学生力争上游、奋勇拼搏的竞争精神,也有助于培养学生的责任感和集体荣誉感。

2. 防身术

防身术是一项紧张、激烈、对抗性强的运动,有助于培养人的机智、勇敢、顽强的意志品质和气质,具有一定的锻炼价值。其特点是力气消耗少、近距离为主、简单、实用、快捷。

防身术是将拳击、武术、摔跤、柔道、空手道、擒拿格斗等动作进行实用组合的防身与格斗技术。通过防身术学习,提高自身防身意识、防身能力及临场应变能力,掌握自卫防身的格斗技巧,同时,提高身体素质,有利于身心健康和全面发展。其动作一般比较简单,实用性强,便于掌握,且不受年龄限制。

对于工程类职业的人员而言,练习防身术,能增强身体的协调性,提高本体感知和空间感知的能力,培养坚韧不拔的毅力和勇敢顽强的意志品质。

3. 器械健身

详见本章第二节相关内容。

4. 攀岩

对工程类职业的从业人员来说,攀岩运动不但能舒缓紧张的身心,而且有助于养成自强自立、团结助人的优良品质。

5. 跆拳道

跆拳道的礼仪贯穿于练习者的行为规范之中,在平时遇到教师要行礼问候;在训练场,从坐姿到站姿都有一定的规范要求;在训练中,特别是在踢靶练习和自由对抗训练中,要向对方行礼,感谢对方为自己的训练付出的辛勤劳动。

练习跆拳道能够培养练习者公平竞争、爱岗敬业的道德品质。

6. 拓展训练

拓展训练能有效地培养积极的团队精神和职业岗位的适应性。现代企业在注重塑造自身形象的同时,越来越注重员工的岗位适应能力和工作团队的表现。拓展训练可以通过各种精心设计的活动,使受训者在解决问题、应对挑战和相互交流的过程中,实现激发潜能、锻炼团队的目的。所以,拓展训练对培养受训者的团队精神和合作意识,改善人际关系,形成积极向上的组织氛围和改进组织内部的沟通与信息交流等都大有裨益。

大树与松鼠

变形虫寻宝

空中单杠

毕业墙

> ### 知识链接
>
> #### 如何防止运动损伤
>
> (1) 暖身运动:走、踏步、分并跳、伸展等。
>
> (2) 使用适当和慢节奏的方法,听取教练的建议。
>
> (3) 学习防止运动损伤的技术和理论。
>
> (4) 正确穿着运动鞋、扶腕、护膝等。
>
> (5) 遵守10%增加的原则,一周内不要增加频率、强度、持续时间超过10%,循序渐进。
>
> (6) 保持有氧运动和无有氧运动的锻炼均衡。同时参加一些力量和柔韧练习以防受伤。
>
> (7) 身体需要时间去恢复,在锻炼的同时要注意不使身体受伤。
>
> (8) 运动前不要空腹,运动的前中后要饮足够的水。
>
> (9) 参加不同的训练,例如采用交叉训练,可锻炼不同的肌肉群。
>
> (10) 根据自己的身体状况及时调整运动量,如果在某部位运动产生酸痛,可以考虑减少运动量或停止运动。

（三）运动项目练习方法

1. 大球运动练习方法(以篮球为例)

(1) 移动:移动技术是篮球基本技术的基础,是通过各种快速、突然的脚步动作达到进攻时摆脱防守,防守时盯住对手的目的,以争取攻守主动的一种手段。移动技术的分类如下:基本站立姿势、启动、跑(侧身跑、变向跑、变速跑)、急停(跨步、跳步)、转身(前转身、后转身)和滑步(侧滑步、滑步、后滑步)。

（2）传接球：传接球是篮球比赛中队员之间有目的地转移球的一种方法，是篮球运动中的重要技术之一。全面、熟练地掌握传接球技术，才能把每个队员连成一个整体，充分发挥集体的力量，这是实现战术、组织配合的纽带和桥梁。

传接球技术分为传球技术和接球技术。传球的方式主要有双手胸前传球、单手肩上传球、反弹传球、双手头上传球、单手胸前传球等，接球的主要方式有双手接球、单手接球。

（3）投篮技术：投篮是将篮球投入篮筐的各种技术动作的总称，是篮球比赛中主要的进攻技术，是唯一的得分手段。投篮得分的多少决定一场比赛的胜负，任何技术、战术的运用，都是为了创造有利的投篮机会。

投篮应注意自己的瞄准点、球飞行的路线及全身协调用力。掌握正确的投篮技术并熟练运用，是提高投篮命中率和得分的基础。主要的投篮方式有原地单手肩上投篮、原地双手胸前投篮、跳投、行进间单手低手投篮、行进间单手高手投篮、扣篮等。

> **知识链接**
>
> ### 怎样投得准
>
> （1）持球方法正确。
> （2）瞄准点准确。
> （3）协调用力。身体各部位协调用力是投篮动作的关键。
> （4）出手角度适宜。
> （5）保持球的旋转。
> （6）注意投篮弧线和入篮角度。

（4）运球：运球是持球队员在原地或行进中用手连续按拍，借助地面使球反弹起来的一类动作方法。运球是篮球比赛中个人进攻的重要技术，不仅是个人摆脱、吸引、突破防守的进攻手段，也是发动、组织战术配合的重要桥梁。

运球的主要方式有高运球、低运球、体前变方向运球、体后变方向运球、后转身运球、胯下变方向运球、运球急停急起等。

（5）持球突破技术：持球突破是持球队员将脚步动作与运球技术相结合的快速超越对手的一项攻击性很强的进攻技术。

在比赛中，进攻队员如能及时地观察判断攻防的变化，合理运用持球突破，则既能直接切入篮下得分，又能造成防守者的犯规和增加进攻次数；既能为中距离投篮创造机会，还能为同伴创造进攻机会，从而使全队更好地发挥积极主动、快速灵活的打法。

持球突破技术主要有交叉步突破、同侧步突破和跳步急停突破三种。

（6）防守技术：防守技术是在篮球比赛中，防守者运用合理的脚步动作、身体和手臂的动作限制进攻者活动和制造进攻者失误、违例的一种方法。防守的目的是主动破坏对方的进攻，最大限度地降低对手的得分率，主动地抢断球，转守为攻。防守对手既是个人防守技术的合理运用，又是集体配合防守的组成部分。因此，个人防守水平的高低又是集体防守水平高低的基础。防守的主要方式有防守无球队员、防守有球队员。

（7）抢篮板球：抢篮板球是指双方队员争抢投篮未中的从篮板或篮圈反弹出的球。进攻队员抢本队投篮未中的球，称为抢进攻篮板球或前场篮板球；防守队员抢对方未投中的球，称为抢防守篮板球或后场篮板球。

2. 防身术练习方法

（1）对手用直拳击头、胸部时的自卫还击法

① 拦格还击：对手右直拳朝头、胸部攻来时，用左小臂向外格挡其手腕部，同时用右直拳攻打其胸部（或脸部、喉结处）。对手左直拳朝头、胸部攻来时，用右掌由内向外平拦其手腕，同时用左拳击打对方右肋或胃部。

② 闪让还击：对手左直拳朝头部攻来时，左脚向右斜前方上半步，右脚跟移，以闪开对手攻击，使其左拳顺左侧滑过，同时用左直拳击打对手胸腹部。

③ 以攻为守：当对手用左（右）拳向头、胸部击来时，在闪躲的同时，用直拳击其脸，或以冲拳击打其胸腹，或以脚蹬、踹对手膝、胫骨。必须快速击中对手，使对方中止进攻。还击路线要短于对手进攻路线。

（2）对手用拳劈、砸头部的自卫还击法

① 架打还击：对手用右拳朝头顶攻来时，以左小臂向上架其手腕或小臂，同时以右拳攻击其脸部或胸腹部。

② 闪让还击：对手右拳朝头部劈来时，向左侧闪让，同时以右拳击打其胸、腹、肋部。对手左拳朝头部劈来时，向右侧闪让，同时以左拳击打其胸、腹、肋部。

（3）右手腕被对方左手抓住时的解脱方法

① 屈肘压腕：当右手腕被对方左手抓住时，同时用左手掌按住对方的左手背，使虎口按住对方左手的背腕部位，迅速屈右肘。然后，左手抓住对方的左手随右拳朝怀里收，同时，抬右肘前移下压，用右肘关节压对方的肘关节，迫使对方伏下就擒。

② 截掌勾腕：当右手腕被对方右手从上方抓住时，用左手掌按住对方的右手背，迅速屈右肘。然后，右手从对方右手外绕出，将翘起的右手掌拧腕外旋，侧屈腕内勾，用右手小指侧掌缘勾切在对方的右手尺骨侧腕关节缝上，并使身躯后坐，重心下沉，以增加勾腕力，使对方右腕被拧勾折，剧痛难忍，伏地就擒。

（4）对付持凶器者的自卫要点：如果对方持凶器攻来，首先要沉着冷静，不要慌张，要与对方保持一定距离，不能让对方击中。一旦抓住时机，要迅速钻入，靠近其身。这时，其器虽长但锋端已远离身体，而手、脚都处在有效的攻击距离内，可以通过按、托、格、拨其臂的方法，控制其器械的运转，同时攻击其躯干和头部。靠近对手时，要注意用闪让步，边闪边进。攻击对方时注意手脚配合运用。对付持凶器来犯者，还击要狠，不能手软。

（5）如何严防对手击裆：裆部是人体的要害部位之一，一旦被对方击中，即便是耻骨、会阴部受击，也会疼痛难忍；如果击中男性外阴，轻者剧痛，重则休克。因此，与人搏斗时要严防在先，应注意以下几点。

① 与人对敌时，两腿尽量不要横向分开对敌，两脚要前后站立，身体略右转（左脚在前），前脚脚尖及膝关节微内扣，使膝胯有护裆之形。

② 移动要灵活：在移动的过程中，保持重心平稳，步法灵活，如果对方起低腿，可用前脚进行阻截，或迅速向后退让，防止被对方击中裆部。

③ 不要随便用后腿攻击,一旦用后腿攻击,起脚及收腿要快,要注意防对手趁空击裆。

3. 器械健身练习方法

详见本章第二节内容。

4. 攀岩练习方法

详见本章第二节内容。

5. 跆拳道练习方法

（1）跆拳道基本技术

① 跆拳道的基本姿势:立正势、并步势、准备势、平行站立、骑马立势、前屈与后屈立势、进步势、虎步势、后掩步、前盖步和扣腿独立势。

② 跆拳道的基本技术:拳法、掌法、肘法、腿法等。

a. 拳法:拳法包括冲拳、抄拳、弹拳、鞭拳、截拳、劈拳。

b. 掌法:掌法包括砍掌、插掌、弧形手掐击、掌根推击。

c. 肘法:肘法包括击肘、挑肘、顶肘。

d. 膝法:膝法主要是运用撞膝。

e. 腿法:腿法包括前踢腿、横踢腿、侧踹腿、转身后摆腿、后蹬腿、旋风踢、侧摆踢、推踢、飞踢、下劈腿。

f. 阻挡技法:阻挡技法包括单臂抵阻、向外双臂抵阻、向下叉臂阻、向内臂中阻、按掌中阻、双臂外格中阻、单臂向上高阻、向上叉臂阻。

（2）跆拳道练习方法

① 自我训练法:自己进行专门的技术动作训练。常用的方法有两种,一是对镜训练法,即自己面对镜子练习各种技术动作,边练习边自我观察;二是模仿练习法,即模仿优秀运动员或使用有效技术组合进行技术练习。

② 配合练习法:通过和教练或同伴的配合,训练基本技术和组合技术。常用的有三种方法,一是听口令完成技术动作,即练习者按教练或同伴的不同口令,完成相应的技术动作;二是踢脚靶练习法,即教练或同伴手持踢脚靶,让练习者进行攻击性技术动作的踢击练习;三是踢组合靶练习,即由4~6名同伴手持不同高度、不同放置角度的固定靶,站在与每个人相距不超过2米的两条直线上,由练习者从一端踢向另一端。

③ 增加难度训练法:通过增加技术难度和攻防难度的练习方法,来提高技术的熟练程度和运用能力。增加技术难度的训练方法是指在已经掌握了动作规范的基础上,在有干扰或进行其他练习时,听信号完成技术动作的练习法。增加攻防难度的训练方法是指在比正常条件困难得多的练习条件下,进行技术训练的方法。

④ 利用外界条件和环境的练习方法:借助外界的不同条件和环境,进行有一定体能或心理要求的训练。如模拟比赛环境训练方法、利用水阻练习法等。

⑤ 踢打沙袋练习法:这是跆拳道训练的一种重要方法。通过踢打沙袋,可以提高腿法技术的完成速度和击打力度,从而提高技术训练的质量。

⑥ 有条件训练法:根据训练需要,进行有目的、有条件的实战训练,专门性地强化所练技术动作。同时,锻炼者在近似实战状况下,经过技术训练和运用,提高对击打时机的把握能力和准确性,积累实战经验,为实战做技术、战术和心理上的准备。

⑦ 实战训练法：训练专项技术的目的就是实战，实战是对技术训练效果最有效的验证和进一步的督促。

6. 拓展训练练习方法

（1）岗位能力培养第一站——心理素质拓展。

示例：岩降

① 项目介绍：在教练的指导与保护下，利用绳索由岩壁顶端下降，感受从岩顶一步一步走向地面的感觉，感受高空坠落前的瞬间。受训者自己掌握下降的速度、落点，直到到达地面。岩降并不需要严格的专业技巧，但只要开始下降，就无法返回，必须克服恐惧与障碍，坚持到底，从自我激励、自我控制到超越自我，最终走向成功。

② 项目场地：约 10 米高的岩壁。

③ 项目用具：动力主绳、静力绳、头盔、手套以及高空速降设备。

④ 训练目的：本训练属于高空心理挑战的科目。受训者通过克服心理恐惧，体验与自己抗争及成功的乐趣，从而重新认识自己，增强自信心。用岩降的训练方法来对自信心缺乏者或懦弱者进行强化训练，效果非常明显。

⑤ 训练步骤

a. 宣布活动规则和注意事项。

b. 协助学生穿戴安全装备。

c. 检查各项安全装备。

d. 岩降示范。

e. 第一名学生开始岩降。

f. 第一名学生结束后，更换学生，直至第一轮结束。

g. 教练总结：下降前的心理感受？有没有想过退缩？下降过程中碰到了什么困难？

h. 在时间允许的情况下，可再轮做体验一次。

i. 游戏结束后，由教练带领学生讨论：第二次下降时，是不是没有第一次那么慌乱了？为什么？面对困难时，平静的心理会起到什么作用？经过此次训练，得到什么启示、心理有何变化感受？

（2）岗位能力培养第二站——沟通能力拓展。

示例：与你在一起

① 项目介绍：本游戏主要适用于新建立的团队，成员间初次见面还不太熟悉。通过这个活动可使受训者在欢笑的同时，主动熟悉所有人的名字。训练前，大家还叫不出对方名字，但训练后就会变得像多年的伙伴一样，人际关系会有很大改观。

② 项目参与人数和时间：30 人、50 分钟左右。

③ 项目场地：选择一块空旷平整的游戏场地。

④ 项目用具：3 个艺术体操球或其他较软的球。

⑤ 训练步骤

a. 教练和所有学生站成一圈，彼此相距约一臂长。

b. 教练大声喊出自己的名字，然后将手中的球传给自己左边的队友。接到球的学生也如法炮制，喊出自己的名字，然后把球传给自己左边的队友。这样一直继续下去，直到球又

重新回到教练的手中。

c. 教练重新拿到球后,告诉大家现在要改变游戏规则了,接到球的队员必须要喊出另一个队员的名字,然后把球扔给该队员。但一名队员不能在这一轮中喊重复的名字。

d. 几分钟后,队员们就会记住大多数队友的名字。这时,再加一球,让两个球同时被传接,游戏规则不变。

e. 在游戏接近尾声的时候,再加第三球,其主要目的是让游戏更加有趣。

f. 游戏停止,邀请一位同学,让他在班级中走一圈,尝试着报出每个人的名字。

g. 游戏结束后,由教练带领学生讲述本训练的感受和启示。

⑥ 训练要点:扔球的时候不可用力过猛。教练应做好第一个缓慢扔球动作,为后面的学生做个示范。另外,训练过程到后面,可加入自己的籍贯、出生年月(选项课教学可将自己所属的系部)等信息,加大难度,加深成员间的了解,更提高游戏的激烈性。这个训练比较适合新生班级。

(3)岗位能力培养第三站——团队信任拓展。

示例:信任背摔

① 项目介绍:这是一个具有较大震撼力的游戏,目的是挑战自我的安全区,建立对受训者的信任,感受这种信任给自己带来的个人突破。

② 项目用具:一个 1.5~1.6 米的背摔台。

③ 项目参与人数和时间:30 人、70 分钟左右。

④ 训练步骤。

a. 教练讲解,学生认真听讲。

b. 准备后倒的学生做两臂前交叉,掌心相对紧握,屈肘由下经内至前举,身体直立后倒,另一排学生在背后用双手拖住进行帮助。

c. 学生两人一组,每位学生双臂前举,掌心向上,交错放于对面同学右肩上,教练将双臂放于两名学生四臂上面,试探是否结实。

d. 站到背摔台前,让学生站成面对面的两排。

e. 让准备做空中飞人的学生走到两排学生中间,高喊:"×××(自己的名字)。"全体学生勉励这位同学说:"加油,加油,加油!"

f. 准备做空中飞人的学生站到台上,背对其他学生,将手用绳带绑紧。

g. 站成两排的学生搭成"人床"。接着上面学生大声问下面的学生:"你们准备好了吗?"下面的学生大声回答:"准备好了。"

h. 此时,教练也确认该学生已经站好位置、做好准备,下面学生也做好接人准备时,才让站在台上的学生从空中落下。

⑤ 训练要点:这项活动对某些学生来说难度很大,尽量用说服及鼓励的方法鼓励他,使他对自己的同伴产生信任,从而跨越心理障碍,完成空中飞人的任务,但千万不要勉强。

(4)岗位能力培养第四站——合作能力拓展。

示例:齐眉棍

① 项目介绍:本训练看似很简单,但要成功完成却非常不容易。如果一个人去完成这个任务是非常简单的一件事情,但是要求由几个人一起来做时,就比一个人完成要困难

得多。

② 项目用具:2~3米长的木棍。

③ 项目时间:2分钟。

④ 训练步骤

a. 选择一块空地,让每组学生站成相对的两列(并排一列亦可),每位学生将双手都举到自己眉头的位置。

b. 将棍放在每个人的双手上。注意:必须保证每双手都接触到棍,并且手都放在棍的下面。

c. 要求每组学生将棍保持水平。任务是在保证每个人的手都在棍下面的情况下,将棍完全水平地往下移动。一旦有人的手离开棍或水平往下移动,任务就算失败。

⑤ 训练要点:任务成功的关键是小组中所有的学生节奏统一,如果有任何一个人不同于团队的共同节奏,棍将无法保持水平下降。

(5)岗位能力培养第五站——竞争意识拓展。

示例:袋鼠跳

① 项目介绍:在训练过程中,使受训者理解竞争的真正含义,时刻保持一颗平常心,跌倒了,再爬起来,永争第一。

② 项目场地:可选择塑胶跑道。

③ 项目用具:若干个封底麻袋。

④ 训练步骤

a. 随机分成若干组。

b. 宣布比赛规则:每个人都要占据一条长的封底麻袋中一个狭小的格子,腰部以下套入格子,双手抓住麻袋两边,双脚略微分开,共同向前跳跃。

c. 以20米(教练可选择自认为合适的其他长度)为赛段,按每组平均成绩排名。

d. 比赛结束后,由教练带领学生讨论本训练的感受和启示。

⑤ 训练要点:因为班级中的每个人的身体条件、反应速度均有所差别,所以很难做到起跳一致,而只要有一名学生稍有延迟,就会影响整个小组的行进速度。这就像我们平时的工作,其中任何一个环节的滞后,影响的不仅是个体,更多的是全局。所以团队中每个人都全神贯注、全力以赴是成功的关键。而且,团队的整体实力也非常重要,只有几个人速度快、能力强还远远不够,如果不能相互帮助就会不协调,欲速则不达。因此在跳跃时,很重要一点是每位学生都要尽力适应整体速度。

思考题

1. 篮球运动对于练习者的意义是什么?

2. 体育锻炼有哪些注意事项?

3. 简述拓展训练的练习方法。

第三章 管理服务型职业体育

▶▶ 第一节 办公室类职业体育

现代社会分工精细,许多人工作时体位改变很少。办公类职业主要包括文秘、统计、会计、审计、电子商务、法律咨询、计算机信息管理银行、证券业务等职业,以脑力工作为主,以"伏案型"为主要工作方式,要求从业者具备较强的团队意识,具有抗压抗挫能力。调查表明,该类员工每个工作日的 8 小时劳动中,坐的时间可达 6~7 小时以上。坐姿是一种静态姿势。静态姿势下完成单一工作,极易引起疲劳,从而使工作效率下降,出现工作差错。长期以单一姿势工作,容易引起机体许多功能和结构上的改变,进而导致疾病,即职业病。

针对办公类职业特点,制定出符合高职院校学生的课程模式,将一个主项和两个辅项项目结合起来,目的是提高学生的团队意识和抗压抗挫能力,满足办公类职业对高职院校学生的要求。

一、教学内容、要求及课时安排

(一)教学内容和要求(表 3-1-1)

表 3-1-1 教学内容和要求

项目		教学内容和要求
教学内容		① 大球类、颈椎保健操、健身走/跑、办公类从业人员健身原理与方法 ② 素质拓展、椅子健身操、交谊舞、营养与健康
教学要求	知识点	① 掌握所学内容的基本技术、战术及技能 ② 掌握此职业模块的健身原理与方法
	能力点	① 提高抗压、抗挫折能力 ② 培养自我调节身心的能力 ③ 培养社会交往能力
	素质点	① 培养公平竞争、尊重对手、爱岗敬业的道德品质 ② 具备全局观念 ③ 具有较强的团队合作意识

（二）课程安排(表3-1-2)

表 3-1-2 课 程 安 排

学期	教学任务与内容		参考课时
第二学年 第一学期	主项目	大球类项目	20
	辅项目	颈椎保健操	6
		健身走和健身跑	6
		办公类从业人员健身原理与方法（理论课）	4
第二学年 第二学期	主项目	拓展训练	20
	辅项目	椅子健身操	6
		交谊舞	6
		营养与健康（理论课）	4

二、办公室类职业岗位从业人员案例及案例分析

案例一

赵小姐在一家公司担任会计职务，一天，她通过社交软件向一个网友诉苦，由于工作任务繁重，经常熬夜加班，加上白天也整天跟电脑打交道，近来总感觉右肩疼痛难忍，活动起来很不方便，以致不能正常操作电脑，就连梳头、洗脸、吃饭这些基本动作，做起来也非常吃力，网友听了她讲的症状，感觉她患上了肩周炎。她到医院一查，果然如此。

案例分析：肩周炎，全称为"肩关节周围炎"，又称"肩关节组织炎"，是发生于肩周肌肉、肌腱、滑囊和关节囊等软组织的退行性病变和慢性无菌性炎症。患病后肩关节僵硬，活动受限，肩部像被冻结一样，所以又称"冻结肩""肩凝症"。中医认为是风寒湿气侵入人体，阻滞经络，使气血运行不畅而致，因此又称之为"漏肩风"。在很多人的意识中，经常干体力活、劳损过度才会得肩周炎，而且易患此病的是50岁以上的中老年人。但一项临床调查发现，许多办公室白领，年纪轻轻就患上了肩周炎。肩周炎的发病率女性略高于男性。肩膀右侧的发病率似乎较左侧的高一些，发生于双侧的肩周炎约占总发病率的12%。约40%的一侧肩周炎患者还会在5~7年内发生对侧的肩周炎。肩周炎是一种严重影响人们日常生活的常见病和多发病。

案例二

小菲是某公司的一名文秘，整天在电脑上写东西，平时由于比较忙，也没有多少时间通过运动来锻炼身体。这段时间，小菲总感觉眼睛干涩不适，还发痒、有刺痛感，见风或者睁眼时间过长就会流泪。这虽然不是什么大毛病，却也引起了小菲的注意。之后，她就把工作和锻炼身体结合起来，每用电脑一个小时，她就放松一会，做眼保健操，向远处眺望一会；每天晚上她都会出去健身走/跑；每个星期，她都会做一次剧烈的运动。经过这段时间的锻炼，她的眼睛舒服了很多，工作起来也更加轻松了，提高了工作效率，加快了工作进度。

案例分析：几乎每一位经常使用电脑的人都会遇到一个令人苦恼的问题，那就是眼睛干涩、流泪。小菲患上的是轻度"电脑干眼症"。从医学角度看，这种病症的产生是由于小菲经常

长时间面对电脑屏幕。这种工作的环境与性质已成为越来越多的现代人眼部不适的重要原因。美国一项对509名电脑使用者的调查结果显示，86%的人称他们在电脑前工作时感到烦躁和疲劳，注意力难以集中，眼睛发干或者头痛。这86%的人中又有98%的人每天在电脑前工作两小时以上。另一项调查证明，每天在电脑前工作3小时以上的人中，90%的人眼睛有流泪、干涩、异物感、眼皮沉等问题。眼科专家认为，长期这样，除了会引起眼睛疲劳、重影、视力模糊以外，还会连带引发身体的其他不适。小菲能积极通过锻炼身体和做眼保健操进行调整，使眼内气血畅通，改善神经营养，最终消除了眼部不适症状，工作效率也得到提高。

> **知识链接**
>
> ### 你是否患上了肩周炎
>
> （1）肩部周围经常疼痛，并牵涉到上臂及前臂。
> （2）肩部疼痛时无固定痛点，但常有压痛感。
> （3）肩部疼痛夜间加剧，常常难以入睡，或从熟睡中痛醒。
> （4）肩部及患侧上肢活动时疼痛加剧，严重者在走路时也不敢摆动患肢。
> （5）肩关节活动时常常受到限制，以至于影响日常工作，甚至洗脸、梳头也较困难。

三、办公室类职业岗位从业人员工作特征分析

（一）办公室类职业岗位从业人员的解剖学特征

办公室类职业岗位从业人员常以伏案姿态和坐姿为主，头颈部、胸部、背部、脊柱、腰部的肌肉和韧带长时间保持静力伸长的状态，负荷很大，时间一长就会造成劳损。有时，职业要求长时间使用电脑，手腕部位也会承受巨大的负荷。由于腕部需要反复用力活动或反复弯曲、伸展，操作键盘输入汉字时，手指击键速度甚至高达100次/分钟，频繁的收缩活动虽然能量消耗不高，却容易造成疲劳，这就是为什么我们长时间使用电脑后感觉手腕和肩部酸痛的原因。动态沟通工作时，需要在沟通对象和办公地点之间频繁走动，对下肢肌群的力量、耐力要求较高，需要该岗位人员具有长时间行走或站立的能力。

办公室类职业岗位的静态和动态工作的转换很快，常常要求从业人员在两种工作状态之间来回转换，这也容易造成机体的疲劳。

（二）办公室类职业岗位从业人员的生理学特征

1. 血液循环

久坐时，心脏对于血量的需求减少，致使心脏供血量减少。但是转入动态工作后（如走动等），由于体位的改变，全身的血液要从坐姿状态重新调整，参与活动的肌群血液需求量增加，对心脏的供血能力提出新的要求。从业人员需要全身血液循环能在动静两种工作状态之间进行转换，保证氧气和营养物质的供应。

2. 肺通气功能

长时间保持坐姿，呼吸肌得不到充分扩张，其工作能力就会减弱，进而影响肺的通气功能。虽然，肺的通气功能能通过动态工作在一定程度上得到补偿，但是由于从业人员在大多

数时间中都是以坐姿为主,肺通气功能还是需要通过体育锻炼或其他方式的练习进行维护。

3. 骨骼肌

办公室类职业岗位从业人员虽然对肌肉的绝对力量要求不高,但是对肌肉耐力要求较高。维持坐姿时,肌肉长时间处于静力性紧张状态,限制了肌肉的血液供应,以至于肌肉获取的氧气和营养物质相对较少,而肌肉代谢废物也不易排出。在动态工作时,骨骼肌要长时间进行某一类工作,要保证工作顺利进行,就要求机体具有一定水平的肌肉耐力。

4. 眼睛

办公室类职业岗位的一大特点就是依赖电脑办公,如文秘的资料整理、会计的数据统计、律师的证据收集都需要借助电脑办公;另外,电子商务、证券投资、计算机信息管理从业者也要长时间对着电脑工作,眼睛的眨眼次数会从每分钟正常的 22 次减少到 4~5 次。眨眼次数的减少会导致眼睛出现干涩、发胀等疲劳症状。

知识链接

颈　椎　病

1. 什么是颈椎病

颈椎病是一种常见病,是指颈椎间盘退行性改变、颈椎骨质增生以及颈部损伤等引起颈段脊柱内外平衡失调、刺激或压迫颈部神经、血管而产生一系列症状。主要症状是颈部和背部的功能障碍和疼痛,表现为颈部、肩部、上肢麻木和头晕。

2. 致病原因

长时间伏案劳作,使颈椎长时间处于屈曲位或某些特定体位,不仅使颈椎间盘内的压力增高,而且也使颈部肌肉长期处于非协调受力状态。颈部的肌肉细长而不丰厚,易受牵拉导致劳损,椎体前缘相互磨损、增生,再加上扭转、侧屈过度,进一步导致损伤而引起各种病变。

3. 运动疗法的作用

运动疗法可以松解因炎症而粘连的组织,牵伸肌肉,减轻痉挛,加强局部血液循环,减轻局部疼痛等症状。同时,运动疗法可以加强颈肩部肌肉力量,改善关节灵活性,使肌肉的收缩运动与放松运动有机地结合起来,能明显缓解疼痛症状和改善运动功能。

4. 预防与运动疗法

(1) 在工作(劳动)中应经常做几秒钟的抬头动作,活动颈部肌肉。

(2) 做工间操时要加强头颈部的活动,如颈部旋转或侧摆运动等。

(3) 在业余活动中要重视颈部的活动。

(4) 应加强颈肩部肌群力量和柔韧性练习。

(三) 办公室类职业岗位从业人员的心理学特征

以坐姿劳动(工作)的工种繁多,但不同工种工作人员心理负荷的大小相差甚远。例如,以坐姿劳动的编辑人员、财会人员、电脑操作员,工作时精神高度集中、紧张,心理负荷极大。长期紧张的脑力劳动、精神负担过重会导致神经衰弱和心血管系统疾病。文秘、行政管理岗

位等普通办公室文员因工作性质简单,心理压力相对较轻。

四、办公室类职业岗位从业人员的运动指导

根据办公室类职业各工作种类的职业能力特点,这类职业的体育运动锻炼要增强练习者团队意识以及抗压抗挫能力,培养锻炼者与人交往的能力。

(一)职业素养案例

案例一

1. 案例名称:联体足球

2. 教学目标

(1)技术技能目标(知识点):巩固足球的基本技战术。

(2)运动能力目标(能力点):提高跑、跳、投等运动能力。

(3)职业体育素养目标(素质点):通过联体足球,培养协同与竞争意识。

3. 活动内容

(1)人数:将队员分成2组。

(2)场地器材:足球场、足球、口哨、绳子。

(3)练习方法与规则。

① 把整个团队分为人数相等的两组。如果总人数是奇数,让其中一人做助教或裁判。

② 让队员们选择和自己身材相当的人,组内结对。

③ 每组选一对搭档,背靠背站立,并把他们的腰捆在一起,作为各队的守门员。其他队员把各自的脚踝绑在一起。队员捆绑脚踝后,先热身,培养默契后再进行比赛。

④ 按足球竞赛规则进行比赛。

⑤ 比赛分上下半场,每个半场15分钟,半场结束后两队交换场地。比赛中队员们必须一直绑着脚踝,用3条腿跑动。

(4)拓展。

① 根据练习程度,增加练习时间,加大练习强度。

② 下半场比赛时,把3个队员的腿踝捆绑在一起;可以让搭档中的一人蒙上眼罩。

4. 活动效果

使搭档之间以及团队各个成员之间协同工作;活跃团队气氛;让队员们能够自然地进行身体接触和配合,消除害羞和忸怩感。

案例二

1. 案例名称:圆点抢球

2. 教学目标

(1)技术技能目标(知识点):加强进攻摆脱与争抢卡位能力,掌握防守"关门"补位配合意识。

(2)运动能力目标(能力点):提高反应、灵敏、速度及移动能力。

(3)职业体育素养目标(素质点):通过本堂课学习培养苦耐劳、迎难而上的意志品质。

3. 活动内容

(1)人数:不限。

（2）场地器材：一片篮球场，篮球若干。

（3）练习方法与规则。

① 以篮球场半场进行练习，将篮球放在中圈的圆心位置，保卫者围在中圈线外（禁止入圈），进攻者也在圈外，但需站在保卫者外侧（图3-1-1）。

② 在规定时间内，进攻者利用假动作虚晃、摆脱、加速跑等移动技术争抢场内篮球；防守过程中，保卫者需利用横向移动能力以及"关门"配合努力守护篮球。每位进攻者有1分钟时间进攻，时间到即更换另外一名队员，依此类推，根据争抢到圈内篮球的次数进行排名，次数越多，排名越靠前。

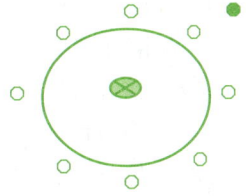

图3-1-1　圆点抢球

（4）拓展。

① 根据练习程度，增加练习时间，加大练习强度。

② 根据练习程度，增加防守人数，加大进攻难度。

③ 根据练习程度，增加进攻人数，加大防守难度。

4. 活动效果

通过圆点抢球，有助于加强进攻摆脱与争抢卡位能力及"关门"补位的防守配合意识，提升练习者的运动热情，培养吃苦耐劳、迎难而上的意志品质。

（二）运动项目的选择

1. 大球运动

大球运动融合了健身性和娱乐性，能够很好地提高练习者的身体运动能力。活动中，球路的高低起伏、球速的快慢相交可以让练习者将注意力从烦琐的工作中转移出来，集中在运动中，通过合作和对抗，体会运动带来的乐趣。

办公室类职业讲究团队协作，需要岗位人员配合，共同完成任务；岗位人员要具有较好的组织协调能力，通过沟通和计划，保证工作的顺利进行。因此，在球类活动中，篮球、足球、排球这些多人配合的项目就成了办公类职业人员的首选。在工程类职业体育模块中，我们已经介绍了篮球运动，本节我们就以足球运动为例。

足球运动要求运动员动作和反应都要快，要求根据形势变化迅速改变动作，要求能急速启动和跑动，还要求能迅速判断情况，掌握时机等。因此，在这样复杂而多变的比赛中，运动员神经系统的活动是非常紧张的，需要经过长期锻炼，提高中枢神经系统的机能，使动作变得灵敏，反应变得迅速。

同时，在瞬息万变的比赛场上，要能清楚地看清对方和我方队员的位置、距离、运动方向和速度；要精确判断球的距离、方向和速度等，都必须有视觉器官的参加。所以，经常从事足球运动，人们的运动感觉和视觉的机能将大大提高。在一场足球比赛中，运动员几乎经常进行着奔跑、跳跃等激烈的肌肉活动。这样随着训练水平的提高，肌肉会变得更加结实有力。

此外，足球运动还有着陶冶性情、益智强身的功效。在激烈争夺的足球场上，集体的荣誉感，会使运动员忘记个人的得失。个人的一举一动，都关系着全队的胜负，任何的私心杂念、越轨行为，都将暴露在众目睽睽之下。因此，足球运动有助于培养人的组织性、纪律性和集体主义精神。

在长期的奔跑、跳跃的影响下,心肌变得强壮有力,安静时心跳次数减少,收缩一次排出的血液大大超过一般人;肺脏的功能也比一般人更好,呼吸变得深沉有力,每次排气量增加,肺活量也相应增大。

2.颈椎保健操和椅子健身操

颈椎、腰部、肩关节、腕关节是办公类职业工种最容易患病的部位。由于办公类职业的特点,上述部位的肌肉和韧带一直处于静力拉伸的状态,如果这些肌肉和韧带不能适时地放松,时间一长,就会影响关节部位的稳定性,造成退行性病理改变,患上相关关节疾病。

颈椎保健操和椅子健身操是根据办公类职业的特点,考虑到办公类岗位的实际情况设计的锻炼形式,从业者可以在工作的空隙、闲暇时间随时随地地进行练习。事实证明,这类保健能缓解疲劳,提高工作效率,有效地降低患关节疾病的概率。

3.健身走和健身跑

详见第二章相关内容。

4.拓展训练

拓展训练活动能有效地提高人在体能、毅力、智慧、沟通、协作等方面的素质和能力;能够培养参与者克服困难的毅力、健康的心理素质、积极进取的人生态度、敢于挑战自我极限的勇气和精诚合作的团队意识。拓展训练活动更有利于参与者个人潜能的挖掘和团队精神的培养。

由于拓展训练在心理潜能开发和培养团队上的良好效果,拓展训练已经成为办公类职业文体活动的重要内容。

5.交谊舞

积极参加交谊舞的活动者,心理健康水平显著高于常人水平,交谊舞对心理健康的促进作用是十分明显的。交谊舞的健心效应已被证实,既可以降低焦虑,也可以减轻抑郁,因为有氧练习对长期的轻微到中度的焦虑症和抑郁症都有治疗作用。因此如果希望改善整体的情绪状况,最好采用有氧练习。

从舞蹈的社会价值看,交谊舞是人们交流思想、抒发情感、消除隔阂、相互沟通的最好形式之一。在优美的舞姿和轻快的乐曲相伴下,人们的自我封闭意识在这里得到解脱,舞场中的融洽、和谐、高雅的气氛亦能增强人们的沟通和交往的意识。交谊舞活动增进了舞伴、舞友之间的友谊,丰富了社会生活,提高了参加者的人际交往能力。可见,交谊舞是一项非常有益于身心健康,特别是心理健康的体育运动。

> **知识链接**
>
> **伸展运动对办公室类职业岗位从业人员的益处**
>
> (1)防止肌肉紧张和缩短所引起的关节压力,比如腰酸背疼。
>
> (2)增加血液循环和关节润滑液的分泌,有助于减少关节摩擦。
>
> (3)有助于防止身体姿势偏离,比如圆肩、含胸或驼背等,有利于保持关节中立位。
>
> (4)防止或缓解关节僵硬及退化,保证每个关节的运动幅度。

（5）保持肌肉有充足弹性，有利于防止运动损伤。

（6）减少因久坐产生的神经组织粘连的问题。

（7）减少筋膜过度紧张形成的筋膜发炎和疼痛。

（8）增强日常运动和竞技比赛时展现的力量与自信。

（9）有助于预防职业病。

（10）放松心情，减少工作压力，提高工作效率。

（三）运动项目练习方法

1. 足球运动练习方法

（1）传接球技术。

① 传球技术：传球技术指运动员将球传向预定的目标，使同伴在需要的地方接球。传球技术主要有脚内侧、正脚背、脚背内侧、脚背外侧、脚尖和脚跟传球等。

② 接球技术：接球技术指运动员运用身体的有效部位，将运行中的球有目的地接控在所需位置上的动作方法，是运动员获得球的主要手段。良好的接控球能力能为球队创造更多的进攻机会，也是保证进攻战术顺畅的重要因素。主要有4种接球动作：脚内侧接球、脚背正面接球、胸部接球、大腿接球。

（2）运球技术：运球技术包括跑动与触球两方面要素，运球的跑动具有步幅小、频率快、重心低的基本特征。这种跑动方式有助于队员及时调整身体与球的位置关系，适用于运球急停、变速和变向的临场需要。运球的触球是一种推拨式的触球方式，这种方式有助于球员对运球力量、方向进行有效的支配和控制。跑动与触球动作的协调转换和有序交替，构成运球的动作过程。运球技术主要有脚内侧运球、脚背正面运球、脚背外侧运球。

（3）运球过人技术：运球过人是在运控球的基础上，根据临场需要，准确判断和把握对手的防守站位、重心变化情况，利用速度、方向或动作变换，获得时间和空间位置优势，从而突破防守的一种技术手段。运球过人技术从动作方法上可大致分为强行突破、假动作突破、变向突破和变速突破等。

（4）头顶球技术：头顶球是指运动员有目的地用额部将球击向预定目标的动作方法。头顶球技术按顶球部位可分为前额正面顶球和前额侧面顶球。

（5）抢截球技术：抢截球指防守队员有目的地运用身体的某一部位，将对手控制下或传递中的球夺过来、踢出去、破坏掉的技术动作方法。抢截球是运动员获得球的主要手段之一，是球队转守为攻的主要途径，是运动员个人防守能力的综合体现。

（6）守门员技术：守门员技术是守门员保护球门安全和发动进攻时所采用的动作方法的总称。从比赛职责讲，守门员的主要任务是控制罚球区，确保球门安全。因此，他的活动区域主要在本方罚球区内，他的比赛技术是以防守为主。从规则角度讲，守门员在本方罚球区内可以用手触球，因此，他的技术动作多是通过手操作进行。守门员守球技术包括接球、扑球、托击球、发球等。

2. 交谊舞练习方法

（1）熟悉舞程向和舞程线（以摩登舞为例）。

① 舞程向：舞程向即整套舞蹈行进的方向。摩登舞的特点之一是在行进中完成整套动作，为了避免舞者之间相互碰撞，规定在舞场起舞时均按逆时针方向行进。

② 舞程线：舞程线简称"LOD"，即舞者在起舞时，沿舞场四侧之一按舞程向行进时的直线。在长方形场地中，长边称为 A 线和 C 线，宽边称为 B 线和 D 线，起舞时位于 A 线的起端或 C 线的起端均为最佳位置。

在舞蹈中，大家必须沿着同一方向环绕进行，以免相互碰撞。具体步法要根据舞程线指示的方向行进（图 3-1-2）。

体育舞蹈的舞程线是沿逆时针方向行进的。在图 3-1-1 所示的舞池里，舞者可随意沿着任何一条方向线行进。我们面向舞程线时，右边称为"壁"，左边称为"中央"，舞程线的右斜方向称为"斜壁"，舞程线的左斜方称为"斜中央"，舞程线的相反方向称为"逆舞程线"，舞程线的后左斜方向称为"逆斜中央"，舞程线的后右斜方向称为"逆斜壁"。

（2）熟悉角度和方位：跳每一个舞步时都要记住开始和结束时的方向角度和在旋转过程中动作的方位。只有这样，才能记住和学会各种舞步。每旋转一周为 360°，在不同的动作中有不同的转度。

（3）站位、握持、舞步的练习方法：

① 摩登舞：在跳摩登舞时要注意搀扶的姿势，这是能否跳好摩登舞的先决条件。摩登舞中除探戈外，其他舞的站位和握持动作都是相同的：男女舞伴相对，

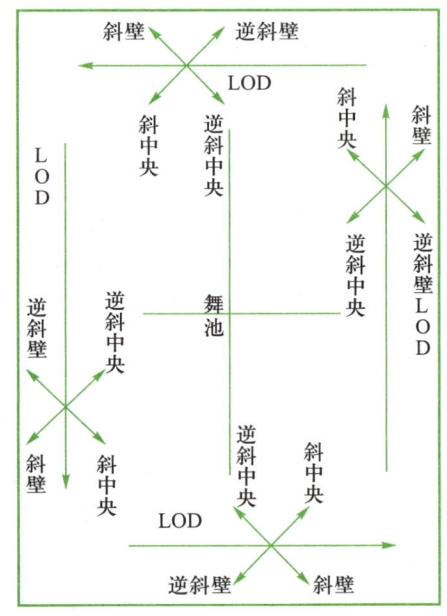

图 3-1-2　舞程线

都以右脚尖对准对方两脚间的线，挺胸收腹、双膝微屈且微内扣。男士重心放在右脚上，女士重心放在左脚上。男士要感觉自己很高，尽量把身体拉高到极限，还要感觉自己身体很宽，双臂平抬，双手肘尖与心窝成为一条直线，左小臂向斜前上方举与左上臂成略大于 90°，右小臂向斜前下方平伸。女士同样要把身体拉高，双手肘尖成一条直线，轻轻搭在男伴的手臂上。女伴要感觉到身体成两条弧线，一条是由胸腰到头部向后仰的弧线，另一条是由胸腰到头部向左倾的弧线。

知识链接

跳摩登舞时的四个接触点

（1）男士左手轻握女士的右手，男士的左手拇指与中指稍用力，女士中指稍用力。

（2）男女双方身体的垂直中心线，要与身体右边线之间的垂直中心线相交。

（3）男士右手掌轻托在女士左肩胛骨下，手掌平伸。

（4）女士左手虎口张开，放在男伴右上臂三角肌下部；拇指在内侧，其他四指在外侧，腕部和小臂放平，不得凸起。

② 拉丁舞：双脚并立，身体尽量伸直，使头、肩、胯三点成一线，两眼平视，颈部拉直，下颌稍微内收，使人从后可看到其后颈较直。挺胸，使两肩胛骨向后向内关闭，两肩下沉，同时将身体的中段（胸腰部分）向上拔起，使身体的中段和两肩有个互相顶压的力。臀部稍内收，小腹上拉，但不可使身体过分变形，感觉上体躯干挺直。两条大腿稍内收，双膝绷直，不可弯曲，大腿和小腿的肌肉收紧，感觉向反方向拉紧。

> **知识链接**
>
> **拉丁舞预备步的站立姿态**
>
> 　　左脚在前，脚尖向前方，身体重心在左脚，身体尽量伸直，使头、肩、胯三点成一线。右脚在后打开，膝关节绷直，大脚趾内侧点地，脚跟向内侧下压，脚面绷直。右髋向后斜45°打开，使身体从上体到右脚尖形成一条很长的直线，在舞蹈中表现出漂亮的形态和体型。

3. 自我放松操练习方法

（1）按揉颈部肌肉：坐立均可，双目微闭。双手五指交叉放于颈后两侧，自下而上用掌根按揉颈部肌肉。主要用两拇指大鱼际按揉颈肌，动作有节奏。根据个人情况，选择按揉力度。

（2）按揉肩颈穴：两脚自然站立，稍分开，屈肘，双目微闭。两手中指分别点按肩颈穴，前后环绕各4拍。

（3）轻揉腰肌：坐立均可。先用双手轻揉腰部肌肉，直至有发热感，再以双手掌根推拿腰肌10次，最后握空拳轻轻叩击腰部。

（4）放松背部肌肉：两脚自然站立，稍分开，与肩同宽。双手在背后十指交叉握住，肩膀打开，尽量向后仰至自己的极限。

4. 腕指操练习方法

下面提供一套腕指操，可使局部毛细血管舒张，明显改善血液循环，消除浮肿和瘀血。

（1）伸臂抖腕：双手平举伸直，五指并拢，以腕关节为轴心，做背屈、扇形下弯（约120°）各10次。

（2）握拳伸指：双手四指弯曲，握入掌内，拇指快速握住二、三、四指，呈控拳状，然后伸展，五指分叉。反复做24次。

（3）四指握拇：双手拇指弯曲，握入掌内，四指快速屈曲，将拇指握紧，呈握拳状，然后伸展，五指分叉。重复做24次。

（4）击敲劳宫：一手握空拳，敲另一手掌的掌心正中央（即劳宫穴），左右手互换，各做12次。

（5）双腕互撞：双手握空拳（或伸直），掌根对敲，互撞24次。

（6）腕背相击：双手握空拳，向屈侧微弯，将腕部相击，作用于腕背横纹肌处（即阳池穴）24次。

（7）敲打合谷穴：双手握拳，相向对敲位于第一、第二掌骨之间的合谷穴24次。

（8）对击后溪穴：双手握拳，相向对敲位于第五掌骨外侧的后溪穴24次。

 思考题

1. 分析办公类职业与设计类职业特点的不同。
2. 足球运动对于办公类职业的意义是什么？
3. 想一想还有什么运动适合办公类职业人员。

▶▶ 第二节　社交类职业体育

现代社会分工精细，大部分工作的体位改变很少。营业、推销、展销、采购、商品监督、市场管理、餐饮服务、旅游服务、健身服务、运输服务、社会服务、居民生活服务等工作种类都属于社交类职业。此类职业脑力和体力劳动相结合，要求从业者具有较强的交往能力和抗压、抗挫折能力，具有较强的团队意识以及较好的形体姿态。此类职业的工作种类很多，有的以站姿为主；有的以坐姿为主；有的时而是静力性工作，时而是动力性工作，静力性工作与动力性工作交替进行，且没有一定的规律。

导游、记者的工作既是一种脑力劳动，又是一种体力劳动；在时间和空间上，上下班、休假界限模糊。他们的工作性质经常不分上下班，有时甚至需要十几天连续工作。贸易和营销类职业岗位从业者往往需要完成规定的任务指标，心理负担重、工作压力大。如遇某项指标特别难以完成，从业者因为需要超负荷工作而容易出现食欲不振、失眠、疲惫等症状，有时甚至会因体力透支而使健康受损。所以该类职业岗位的从业者必须要有良好的心理素质和较强的抗压能力。当然，从市场的角度而言，还必须具备协调能力和公关能力。

针对社交类职业岗位的特点，制定出符合高职院校学生的课程模式，将一个主项和两个辅项项目结合起来，目的是提高学生的交往能力和抗压、抗挫折能力，培养学生的团队意识以及形体姿态，以满足社交类职业岗位对学生要求。

一、教学内容、要求及课时安排

（一）教学内容和要求（表3-2-1）

表3-2-1　教学内容和要求

项目		教学内容和要求
教学内容		① 形体、健身走和健身跑、防身术、社交类职业岗位的健身原理与方法 ② 体育舞蹈、素质拓展、跆拳道、营养与健康
教学要求	知识点	① 掌握基本技术、战术及技能 ② 掌握健身原理与方法
	能力点	① 塑造良好形体，提高社会交往能力 ② 提高抗压、抗挫折能力 ③ 培养较强的应变能力
	素质点	① 培养公平竞争、尊重对手的道德品质 ② 具有一定艺术素养、高雅情操 ③ 具有较强的团队意识

（二）课程安排（表3-2-2）

表3-2-2　课程安排

学期	教学任务与内容		参考课时
第二学年 第一学期	主项目	形体	20
	辅项目	健身走和健身跑	6
		防身术	6
		社交类健身原理与方法（理论课）	4
第二学年 第二学期	主项目	体育舞蹈	20
	辅项目	拓展训练	6
		跆拳道	6
		营养与健康（理论课）	4

二、案例分析

案例一

王女士是一家知名保险公司的区域主管，因为做事一丝不苟，赢得了下属的敬佩和尊重，可她最近却悄悄走进了一家心理咨询事务所。

王女士告诉心理医生，她总是担心下属的报表做不好，虽然放手让他做，但最后自己总忍不住再一遍遍检查，弄得自己不得不经常加班。让她担心的是，自己明明知道这种习惯非常不好，却无法控制。如果不这样"折腾"，就觉得"憋得慌，很难受。"只有这样反复"折腾"，才会觉得"舒服了，踏实了。"

"王女士可能患了强迫症。"听了王女士的话，医生心里有了答案，但没有点破。通过聊天，医生发现她还有其他的强迫症状，比如每天上班停好车，回到办公室，总是担心车门没锁好，有时一天竟会去车库五六次查看自己的车门；反复锁自己的抽屉，生怕抽屉没有锁好；从家里出来后，总担心家门没锁好，然后跑回去检查；在去机场的路上，总觉得机票忘带了，然后反复检查自己的包；开会时，总觉得手机在响，不断把手机从文件包里拿出来翻看……

案例分析：王女士患上了轻度的精神强迫症。很多人，特别是社交类职业岗位的从业人员，做事力求完美，有时表现过度，会出现强迫行为。强迫症是以强迫观念和强迫动作为主要表现的一种神经症，以有意识的自我强迫与有意识的自我反强迫同时存在为特征，患者明知强迫症状的持续存在毫无意义且不合理，却不能克制，愈是企图抵制，反而愈感到紧张和痛苦。

案例二

汪小姐是某商场专柜售货员，28岁，身材高挑。但是由于工作原因，汪小姐每天一站就是六七个小时，所以经常会感觉下肢酸、沉、肿胀。询问同事才得知，要是这样下去，会患上下肢静脉曲张。她通过大量的询问和查找资料，知道通过体育锻炼能消除这些感觉。于是，在下班或是休息的时候，她经常从事游泳、慢跑、自行车、跳绳等运动；平时也做一些医疗操，如平卧于床，下肢抬高45°维持1~2分钟，或直抬腿向上向下运动数分钟，每日练习2~3次。

经过一段时间的运动锻炼,不仅下肢酸、沉、肿胀的感觉消失了,她的气质也变得更好了,并在工作上取得了一定的成绩。

案例分析:从血流动力学的角度进行分析,在体育锻炼过程中,通过肌肉规律性地收缩,可以使深部静脉血液回流加速,皮下静脉的压力可较静止时还低。运动可增加足踝关节的柔软度,而足踝关节的柔软度有助于减缓下肢静脉曲张的程度。可见,体育锻炼有助于预防和改善下肢静脉曲张症状。

社交类职业岗位要求从业人员具备良好的身体素质;具备较强的交往能力和抗压抗挫能力;具备较强的团队意识以及较好的形体姿态。汪小姐经过一段时间的运动锻炼,使自己更加适应岗位要求,工作也开始得心应手了。

> **知识链接**
>
> ### "手机肘"的预防
>
> 社交类职业岗位的从业人员要经常用手机和客户保持联络,时间一长,有不少人出现了"手机肘"症状。"手机肘"在医学上被称为"肘管综合征",早期表现为肘关节疲惫、麻木、疼痛,胳膊有时抬不起来。那么,该如何预防"手机肘"呢?
>
> (1)打电话的时间最好控制在1小时之内,中间可以多换几次姿势。
>
> (2)尽量不做肘部关节弯曲超过90°的活动,打电话时使用耳机是个不错的办法。
>
> (3)根据自己的坐姿和身高调整工作台和键盘的高度,以不让肘部关节弯曲小于90°为宜。
>
> (4)午休时不要枕着胳膊睡觉。

三、社交类职业岗位从业人员工作特征分析

(一)社交类职业岗位从业人员的解剖学特征

1. 腰腹部

自然站立时,躯干部位的重量经过腰椎向下传导,需要腰部肌肉力量予以支撑,才能保持腰椎正常的生理前凸。腹肌力量较弱的人,如肥胖者,特别是腹部肥胖者,由于大量脂肪组织在腹部堆积,肌肉组织相对较少且较松弛,对腹部提供的支撑较弱,进而加重了腰部肌肉的负荷,腹部越往前凸,腰部肌肉的负担便越大,久而久之,就会造成腰部肌肉紧张。

2. 脊椎

脊柱的负荷为某段椎骨以上的体重、肌肉张力和外在负重的总和。不同部位的脊柱节段承担着不同的负荷。由于腰椎处于脊柱的较低位,负荷相当大。

当人体处于静态任意式站位时,因为要维持正常的站姿,即保持躯干的相对竖直,腰椎相对静态坐位时只能有很小程度的前屈或后伸,脊柱需保持自然弯曲度。挺腹而立是人们常见的站姿,此时腰椎处于向后伸位,承受很大的压力负荷。据报道,站立时,腰部肌肉张力始终维持在64.2~113.8牛顿,第三、四腰椎间盘的压力达到87.5~120.5牛顿,而且得不到缓解,因此长时间站立患下背痛的概率比较高,且随着工龄的增长,这种症状的出现频率也

增高。

另有研究表明,静态站位时的最佳姿势是适度前屈位,即在站直的前提下收小腹,通过骨盆与腹背肌肉的整体调整得以实现。

3. 下肢

人体维持某种姿势,均需要一定的肌张力。人体走动或站立时,小腿肌肉等张收缩以维持身体姿势并保持身体平衡。但长时间保持站立不动,会令下肢血液循环欠佳,导致下肢肿胀,甚至导致静脉曲张。

人体在正常的站姿下,全身的体重均匀地从脊柱、骨盆传向下肢,再由下肢传至双足,因此人类的双足具有负载体重的重要功能。另外,从解剖学观点来看,人体共有 206 块骨头,其中双脚就占了 52 块,俨然是全身的支柱。但长时间站立工作以及过度负重状态会诱发平足症。

(二) 社交类职业生理学特征

1. 血液循环

站姿也是一种静力性工作,对血液循环的影响与坐姿相同。但因为维持站姿比维持坐姿肌肉的静力性紧张更大,即有更多的肌纤维处于静力性等长收缩状态,肌张力一般超过该肌肉最大随意收缩时的 15%~20%。研究表明,一旦肌张力超过最大随意收缩的 15%,很容易导致肌肉疲劳。静力性肌肉持续时间和肌肉收缩力的关系如图 3-2-1 所示。

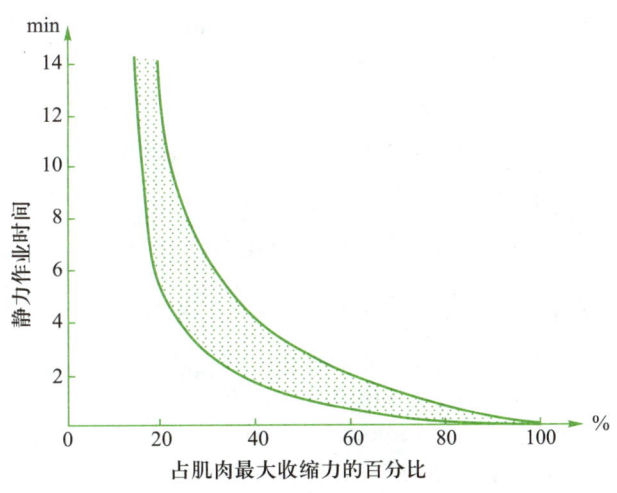

图 3-2-1　静力作业持续时间与肌肉收缩力的关系

直立体位时,因血液重力的流体静力学作用,血液滞留在心脏水平高度以下的血管中,由于静脉管壁薄而易于扩张,其容积可大为增加,滞留大量血液,而使静脉回流量下降。故站立时间较长,血液回心不畅,会出现脚背浮肿、趾关节炎或静脉曲张。发病时间一般为 6~8 年,女性更易发生。位于心脏以上部位的颈、脑部也易因供血不足,而出现头痛、头昏等症状。

2. 骨骼肌肉

人体的肌肉在平常时会保持一定的张力以维持的身体姿势。站立时,大腿、小腿、腰背

部、臀部的肌肉处于等张收缩状态,比坐姿时有更多的肌纤维参与静力性工作,维持相对较高的紧张性。尽管静力性工作的特征是能量消耗水平不高,氧需求量通常不超过 1 升/分钟,但很容易产生腰背部和下肢疲劳。

(三)社交类职业岗位从业人员的心理学特征

与设计类职业岗位的坐姿相比,社交类岗位职工的心理负荷相对较小,但该工种对责任心的要求相对较高,工作环节要求细致严密,服务敏感性强,职业人员必须精神饱满、情绪稳定,有较强的自我控制能力和抗干扰的能力,有比较强的应变能力和应急能力。餐饮、宾馆前台这两个工种的员工是企业和公司的窗口,她们的表现映衬了企业和公司的形象,反映了企业和公司的精神面貌,她们以笑脸迎人,以热诚服务为宗旨,久而久之,就会造成情绪资源的枯竭。因此在以人为服务对象的职业中,职业倦怠的发生率最高。而对于社会服务、居民生活服务职业员工来说,工作时间不稳定,随时处于待命状态,心理无法完全放松。有一项专门针对记者职业的调查表明,很多新闻工作者都处于超负荷状态,特别是处于第一线的采编人员,工作强度非常大,经常加班加点。此外,这类人员平时的工作习惯,也令人担忧。调查表明,这类人员中许多人睡眠严重不足,即使晚上有时间休息,大多数记者也会上网查资料、看书、赶稿等,有些人甚至通宵达旦地工作。高强度的工作,无规律的生活习惯,严重影响着这类人员的身心健康。

因此,该类员工除了要加强身体素质练习外,还必须增强健身意识,提高心理素质,这样,才能适应现代社会快节奏、强压力的挑战。要想提高自身的心理素质,就应在平时生活中始终保持一种平和的心态,遇到紧急事情或始料不及的情况时,首先要保持冷静和思维清晰,长此以往,才会形成良好的心理素质。

知识链接

正确的站姿

(1)抬头正首,双目平视前方,嘴唇微闭,面带微笑,自然平和。要站得端正、稳重、亲切、自然。

(2)双肩放松,稍往下压,使人体有向上的感觉。

(3)躯干挺直,身体重心应在两腿的中央,做到挺胸、收腹、立腰,上体正直,头正目平,面带微笑,微收下颌,肩平挺胸,直腰收腹,两臂自然下垂。

(4)双腿直立,保持身体的端正,两腿相靠直立,两脚靠拢,脚尖呈"V"字形。女子两脚可并拢,肌肉略有收缩感。

四、社交类职业岗位从业人员的运动指导

社交类职业是一种以站姿为主,脑力与体力劳动相结合的职业,要求从业者有较强的交往能力和抗压抗挫能力,具备较强的团队意识以及较好的形体姿态。所以这类职业的体育锻炼就要积极帮助职业人员提高该岗位所需要的社会交往能力与抗压抗挫能力,并培养职业人员的应变能力,塑造良好的形体。

（一）职业素养案例

案例一

1. 案例名称：《竞攀新时代》队列队形自编操

2. 教学目标

（1）技术技能目标（知识点）：掌握队形基本变化和操化动作。

（2）运动能力目标（能力点）：提高移动、配合以及协调能力。

（3）职业体育素养目标（素质点）：通过主题动作的编排，反复练习与实践，培养爱国荣校精神。

3. 活动内容

（1）人数：不限。

（2）场地器材：一片空旷场地，音响，扩音器。

（3）练习方法与规则

① 确定1名指挥员、领操员1~2人、口号、主题音乐。

② 自编操基本队形：入场+散点队形+块状队形+组合队形+组合队形（象征性图案）+线条队形+组字如"MZ"（图3-2-2）。

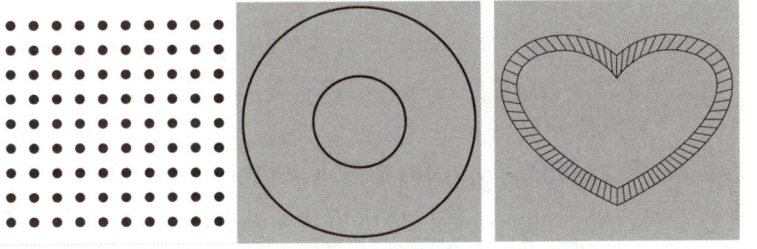

图3-2-2　自编操基本队形

③ 根据基本队形，结合主题，根据各个运动项目的特点，自编项目特色动作。

（4）拓展

① 根据练习程度，增加练习时间，加大练习强度。

② 根据练习程度，增加组别，加大练习频率。

③ 根据练习程度，增加道具，加大练习难度。

④ 根据练习程度，增加汇报表演，巩固练习效果。

4. 活动效果

通过队列队形自编操，有助于巩固队形基本变化和操化动作，提升练习者的运动热情，培养良好的运动品质，如：自信心、使命感、责任感、自豪感、服从命令等爱国荣校精神。

案例二

1. 案例名称：健美操手位动作组合与创新

2. 教学目标

（1）技术技能目标（知识点）：掌握健美操手位动作的制动与发力。

（2）运动能力目标（能力点）：发展上肢协调能力。

（3）职业道德素质目标（素质点）：培养精益求精的工匠精神及创新意识。

3. 活动内容

（1）人数：不限。

（2）场地器材：地面平坦的场地，音响，镜子。

（3）练习方法与规则

① 学习健美操基本手位组合动作。

② 分组练习健美操基本手位组合动作。

③ 提出手位动作发力要求，依次要求"快、长、准、顺"的手臂发力要求。使学生在掌握动作的同时，有意识地去控制发力方式。

④ 分组进行基本手位重组创新，打破对规定动作的固有组合搭配认识，在保证手位动作精准性的同时，创作新的动作组合。

⑤ 分组进行组合创新动作展示。

4. 活动效果

通过健美操基本手位的学习，有助于提升上肢协调能力与专注耐心的思想品质。通过对于原有基本手位组合的打破与重新组合，培养孜孜不倦、不断创新的工匠精神。

（二）运动项目的选择

1. 形体训练

形体训练是外环境对机体的一种刺激。这种刺激具有连续、协调、速度、力量的特点，使机体处于一种运动状态。这种状态下，中枢神经将随时动员各器官及系统使之协调、配合机体的工作。经常参加形体训练，就能使神经活动得到相应的提高。除此之外，形体训练还要求动作要迅速、准确，而迅速、准确的动作要在大脑的指挥下完成。脑是中枢神经的高级部位，形体训练时，脑和脊髓及周围神经要建立迅速而准确的应答式反应，而脑又要随时纠正错误动作，储存精细动作的信息。所以说，经常参加形体训练，可以加强机体神经系统的功能和大脑的工作能力，使之更加健康和聪明。

形体训练是一项比较优美、高雅的健身项目，主要通过舒展优美的舞蹈基础练习（以芭蕾为基础），结合古典舞、身韵、民族民间舞蹈进行综合训练，可提高肢体的控制能力和协调能力，塑造良好的形体，培养良好的气质，树立一定的审美观。

2. 体育舞蹈

体育舞蹈也称为交谊舞，是起源于西方的国际性的社交舞蹈。优雅的舞姿、整洁的装扮、热闹而又不失稳重的气氛，受到职业人士的青睐。体育舞蹈对练习者的个人气质也能起到很好的提升作用。

3. 拓展训练

拓展训练活动能有效地提高人在体能、毅力、智慧、沟通、协作等方面的素质和能力；能够培养参与者克服困难的毅力、健康的心理素质、积极进取的人生态度、敢于挑战自我极限的勇气和精诚合作的团队意识。拓展训练活动更有利于参与者个人潜能的挖掘和团队精神的培养，目标更注重于参与者的心理素质提升。

社交类职业的人士，所需要的交往能力和抗压抗挫能力以及团队意识，通过拓展训练，能得到很好地培养出来。

4. 跆拳道

跆拳道特有的锻炼方式能大大增加人的身体柔韧性及灵敏素质,让双腿的线条更优美,加上挺胸、抬头、立腰等专门姿势的训练,对保持优美体态有与众不同的功效。同时,跆拳道能使人体所有器官都运动起来,进而锻炼身体,刺激脑细胞发育,强化人的体力和脑力,提高人的分析力、观察力、判断力,培养顽强、勇敢、奋进、拼搏的信念和意志,健美体型、增强自信、缓解压力。

知识链接

其他运动项目的选择

1. 跳绳

跳绳是一种比较剧烈的运动,可根据自己的身体状况制订切实可行的计划和目标。通过一个阶段的系统锻炼后,可逐渐延长跳绳的时间,增加跳绳的次数。

2. 游泳

游泳和跑步在锻炼价值上有很大的相似之处,不同之处在于游泳在以手臂和腿的运动推动人体在水中前进的同时,还必须耗费一定的能量使身体免于下沉,因此完成同等距离的运动,游泳消耗的能量是跑步消耗能量的4倍多。此外,由于水的浮力减轻了人体承重关节的负荷,所以游泳又是一种较为安全的健身方法。

3. 登楼梯

(1)爬楼梯法:爬楼梯时,弯腰、屈膝、抬高脚步,两臂自然摆动,尽可能不抓扶手。每秒爬1级,爬4~5层楼,每次往返练习2~3趟,每趟之间可稍做休息。开始阶段每次练5分钟左右,待身体适应后,可以逐渐加快速度,每秒2级,并增加往返趟数,时间为10分钟左右。

(2)跑楼梯法:先做30~60秒原地跑的准备活动,然后用正常跑步的动作跑楼梯。跑楼梯时,脚步要用力均匀,前脚掌着地,先进行2~3层跑楼梯练习,往返80~90级台阶,逐渐过渡到4~5层。每趟3~4分钟,每次锻炼不超过5趟,时间为15~20分钟,每趟间歇时间不超过2分钟。跑楼梯的运动量比较大,适合青年人进行。

4. 有氧舞蹈

有氧舞蹈的第一次普及是在20世纪70年代。从那时起,有氧舞蹈逐渐发展成为广受欢迎、具有强烈节奏感的爵士舞、拉丁舞和街舞等。有氧舞蹈是一种以锻炼身体为目的,以徒手运动为基础,结合舞蹈动作,并在音乐伴奏下进行的健身活动,锻炼者可根据自己的年龄特点、体能状况和锻炼目的等,选择或自编有氧舞蹈进行锻炼。

(三)运动项目练习方法

1. 形体练习方法

(1)基本站姿:

① 站姿的基本要领:上体正直,挺胸收腹,两肩平行地面稍向后展开。正确的站姿应该是头、颈、躯干和脚的纵轴在一条垂直线上,挺胸、收腹、梗颈,两臂自然下垂,形成一种优美挺拔的体态。简而言之,站立时要做到挺、直、高,这样,人体脊柱的曲线美才能表现出来,注

看一看

基础形体站姿

意两腿并拢立直,腰背挺直,挺胸收腹。抬头时颈部挺直,双目向前平视,嘴唇微闭,面带微笑,微收下颌。

站立时还要端正直立,不要无精打采、耸肩勾背、东倒西歪,不要倚靠在墙上或椅子上。在正式场合,不要将手插在裤袋里或交叉在胸前。

服务业从业人员一般是站立服务,站姿一定要合乎规范,这样既能体现出服务人员自身的素质,又能反映出服务水平。

② 常用站姿:

a. 肃立站姿:两脚并拢,两膝绷直并紧贴,挺胸抬头,收腹立腰,双臂自然下垂,下颌微收,双目平视。

b. 体前交叉式站姿:男性左脚向左横迈一小步,两脚展开,两脚尖及两脚跟之间的距离相等,两脚之间距离小于肩宽为宜,双手在腹前交叉,右手大拇指与四指分开搭在左手腕部,身体重心放在两脚上,腰背挺直,注意不要挺腹或后仰。

女性站成右丁字步,即两脚尖稍稍展开,右脚在前,将右脚跟靠于左脚内侧前端,腿绷直并紧贴,腰背直立,两手在腹前交叉,右手握左手的手指部分,使左手四指不外露,左右手大拇指内收在手心处。

c. 体后交叉式站姿:两脚跟并拢,两脚尖展开 60°左右,腿绷直,腰背直立,两手在身后交叉,右手搭左手腕部,两手心向上收。

d. 体后单背式站姿:站成左丁字步,即左脚跟靠于右脚内侧中间位置,使两脚成 90°角,身体重心放在两脚上,左手后背半握拳,右手自然下垂。

另外,也可站成右丁字步,即右脚跟靠于左脚内侧中间位置,使两脚成 90°,右手后背半握拳,左手自然下垂。

e. 体前单屈臂式站姿:右脚内侧贴于左脚跟处(呈丁字步),两脚成 90°角,左手臂自然下垂,右臂肘关节弯曲,右前臂抬至脐区,右手心向里,手指自然弯曲。

另外,也可以左脚内侧贴于右脚跟处(呈丁字步),两脚分开成 90°角,右手臂自然下垂,左臂肘关节屈,左前臂抬至脐区,左手心向里,手指自然弯曲,重心放在两脚上。

③ 站姿的训练:

a. 两人一组,背靠背站立:要求两人的脚跟、小腿、臀部、双肩、后脑勺都贴紧。每次训练坚持 15~20 分钟。

b. 靠墙站立:要求脚跟、小腿、臀部、双肩、后脑勺都紧贴着墙。每次训练坚持 15~20 分钟。要求练习时上体始终保持端正,立腰。

看一看

基础形体
走姿

(2) 走姿:正确的走姿,能体现一种动态美,能体现一个人的风度和韵味,更能显示出年轻人的青春活力。走姿应从容、平稳,同时抬头、挺胸、收腹。以站姿为基础,面带微笑,眼睛平视。良好的走姿应当身体直立,收腹直腰,两眼平视前方,双臂放松在身体两侧前后有节奏地自然摆动,双肩平稳;脚尖微向外或向正前方伸出,跨步均匀,两脚之间相距一脚到一脚半距离,步伐稳健,步履自然,有节奏感。行走时,两只脚两侧行走的线迹成一条直线;步幅要适当,一般应该是前脚的脚跟与后脚的脚尖相距一脚长距离,但因性别身高不同会有差异,且着装不同,步幅也不同。起步时,身体微向前倾,身体重心落于前脚掌;行走中,身体的重心要随着移动的脚步不断向前过渡,而不要让重心停留在后脚,并注意在前脚着地和后脚

离地时伸直膝部。跨出的步子应是脚跟先着地,行走落地时从脚跟过渡到前脚掌,两脚后跟几乎在一条直线上,两脚交替前移的弯曲程度不要太大,步伐稳健均匀。走路时应有一定的节奏感,走出步韵来。

正确的行走,上体的稳定与下肢的频繁规律运动形成和谐对比,干净利落、鲜明均匀的脚步形成节奏感,前后、左右行走动作的平衡对称,都会呈现行走时的形体美。

在日常生活中应当避免的走姿是:走路时身体前俯、后仰或两个脚尖同时向里侧或外侧呈"八"字形走步,步子太大或太小,都会给人一种不雅观的感觉;双手反背于背后,会给人以傲慢、呆板之感;身体乱晃、摆动,则会让人觉得轻佻,缺少教养。

走姿的训练方法很简单,可以做双手叉腰、重心前移的练习。还可以双手自然前后摆动,双脚行走控制在一条直线上,必要时头上可顶一本书或跟随音乐节奏进行练习。

(3)表情:表情是指眼、眉毛、嘴巴、面部肌肉以及它们的综合运用反映出的心理活动和情感信息。表情语言十分丰富。它能生动充分地展现人类的各种情感,如高兴、愉快、喜悦、兴奋、激动、悲伤等。同时,表情也能把人们的悲喜交加、爱恨交织、喜忧参半的复杂心态表现得淋漓尽致。

① 眼神:眼睛是人类面部的感觉器官之一,最能有效地传递信息和表情达意。俗语说:"眼睛是心灵的窗户。"从一个人的眼睛可以看到他整个内心世界。

与人交谈时,目光应该注视对方。但应使目光局限于上至对方额头,下至对方衬衣的第二粒纽扣以上,左右以两肩为界的方框中。

② 眉毛:为了体现良好的形象和修养,平常交往中,双眉要经常保持在自然平直的状态,不要随便皱眉,挑眉梢,改变眉毛的位置。

③ 嘴:嘴传情达意的能力仅次于眼睛。不同的嘴部动作,通常表示不同的含义。在社交场合谈话时,上下唇应自然开合,尽量少努嘴和撇嘴。站立、静坐或握手时,嘴可以微闭,但不要露出牙齿,尽量保持微笑状。

2. 防身术练习方法

详见"第二章"相关内容。

3. 体育舞蹈练习方法

详见本章相关内容。

4. 拓展训练练习方法

详见第四章相关内容。

5. 跆拳道练习方法

详见第十二章相关内容。

 思考题

1. 社交类职业包括哪些工种?
2. 分析社交类职业与设计类职业工作特征有什么不同。
3. 形体训练的作用是什么?

▶▶ 第三节 医疗类职业体育

医师、药剂人员、护理人员等都属于医疗类职业,该职业人员长时间往返行走或躬身操作。该职业工作是体力与脑力劳动相结合,要求具有较敏锐的观察力、反应能力、良好的心理素质以及在不同环境中保持职业性工作的能力。长时间从事该职业,而且没有经常性的体育锻炼,会患上如局部肌肉劳损、神经衰弱等职业病。

针对医疗类职业特点,制定出符合高职院校学生的课程模式,将一个主项和两个辅项项目结合起来,目的是提高学生敏锐的观察力、反应能力、良好的心理素质以及不同环境中保持职业性工作的能力,满足医疗类职业对高职院校学生的要求。

一、教学内容、要求及课时安排

(一)教学内容和要求(表 3-3-1)

表 3-3-1 教学内容和要求

项目		教学内容和要求
教学内容		① 小球类、防身术、健身走和健身跑、医疗类健身原理与方法 ② 太极拳、形体、器械健身、营养与健康
教学要求	知识点	① 掌握所学内容的基本技术、战术及技能 ② 掌握此职业模块的健身原理与方法
	能力点	发展较敏锐的观察能力、较快的反应能力、良好的心理素质以及在不同环境中保持职业性工作的能力
	素质点	① 培养爱岗敬业的道德品质 ② 具有端庄仪态 ③ 具有坚韧的毅力

(二)课程安排(表 3-3-2)

表 3-3-2 课程安排

学期	教学任务与内容		参考课时
第二学年 第一学期	主项目	小球类	20
	辅项目	防身术	6
		健身走和健身跑	6
		医疗类健身原理与方法(理论)	4

续表

学期	教学任务与内容		参考课时
第二学年 第二学期	主项目	太极拳	20
	辅项目	形体训练	6
		器械健身	6
		营养与健康(理论)	4

二、医疗职业的案例及案例分析

案例一

小丽是一名刚毕业的大学生,她如愿进入一家医院成为一名护士。大量的加班、倒班、来回地行走,起初小丽还能坚持一段时间,时间一长,她感到脑力消耗很大,除头痛、头昏、头重外,还有记忆力减退、噩梦连连等问题。这些问题她也没有太在意,她认为是刚参加工作的不适应。但之后,她的心情更加紧张,继而出现自卑心理。服镇静剂后未奏效。白天头昏脑涨,工作注意力不集中,健忘,晚上常从噩梦中惊醒。医院专家将其诊断为"神经衰弱"。

案例分析:神经衰弱是以烦恼、衰弱为主要表现的神经症,并非由神经系统病理改变引起。神经衰弱是由于大脑神经活动长期处于紧张状态,大脑兴奋与抑制功能失调而产生的一组以精神易兴奋、脑力易疲劳、情绪不稳定等症状为特点的神经功能性障碍。

随着社会发展,工作节奏加快,人们健康意识加强,患者和社会对医疗服务行业质量的要求不断提高,医患矛盾逐渐升温。然而医疗风险的保险机制尚未完善,医师的正当权益得不到维护。从具体工作情况来看,医疗类职业普遍存在工作负荷大、工作时间长等问题,使医疗类职业人员承受很大的压力,进而损害身心健康和工作效率。这些现象都会影响医疗类职业人员的发展。

小丽主要是来自工作上的压力,超负荷的工作量,长期紧张、高度投入的工作特征,让她患上精神衰弱,也使得她身体疲劳,工作投入度降低。

案例二

陈医生今年32岁,在一家医院做外科医生,由于职业的原因,他一天到晚要来回地巡视病房,查看病人的情况。虽然没有整天在外奔波的人员那么累,但是,长时间地来回行走,也让陈医生饱受劳顿之苦。他是医生,明白体育锻炼对一个人的重要性,所以在平时下班或是周末的时候,都会做一些小运动来调节自己的身体。每天1~1.5小时的器械健身,锻炼了他的力量;周末时常练习羽毛球运动,提高了变向、灵敏、协调及反应能力和抗压抗挫的能力;再加上平时的营养搭配,让他从医这些年来,没有出现过一次身体疾病,从而提高了他的工作效率、质量,服务了患者。

案例分析:医疗类从业人员的工作时间不是很稳定,并且一天到晚要来回行走,而且还有可能随时应对突发或者紧急事件,所以这类人员必须要具备较强的体魄、充沛的体力、敏捷的反应能力、良好的心理素质以及在不同环境中保持工作状态的能力。

对于医疗类职业而言,体疗风险、病人及其家属、工作负荷和时间、人际关系和社会支持

方面这五个压力源让医疗类职业的人员普遍感受到较大的压力。而工作负荷和时间的压力又是其中最主要的，这要求职业人员有良好的专业知识和自身修养、在工作中认真负责，以及以良好的心态应对各种压力。陈医生能很好地应对工作中的压力，并在工作中认真负责，提高工作效率，和他平时的运动锻炼有很密切的关系。

知识链接

压力缓解疗法

（1）站立呼吸：身体直立，双腿并拢，稍微抬头，闭目养神。这时，右手臂屈肘，五指自然伸开，轻微抚胸；左手臂屈肘，五指自然伸开，轻微按腹，深呼吸10~20次，两手掌心随之起伏。然后双手交换位置，左手抚胸，右手按腹，再进行深呼吸10~20次。重复做2~4遍。

（2）倾身呼吸：身体直立，双腿并拢，距墙半步。这时，双手臂屈肘，五指自然伸张，双手稍向上扶墙，肩臂展平，身向前倾，闭目宁心，深呼吸10~20次。然后站立，重复做2~4遍。

（3）俯身按腰：身体直立，双腿并拢，双眼睁开，面带笑容。这时，向前弯腰俯身，目视下方，双腿和后背保持挺直。两手臂屈肘向后，双手按腰向下至臀，配合呼吸，保持均匀，由腰至臀往复向下按压10~20次，也可适当拍打，还可轻捶。重复做2~4遍。

（4）转身展臂：身体端正坐在椅上，右腿叠压在左腿上，上体向右转，目视身后。右手臂屈肘，手扶椅背，左手稍屈肘，五指并拢伸直。这时，左手臂向左伸展，尽量伸至身后，上体保持不动，配合呼吸，保持均匀，左手臂伸展10~20次。然后双腿及手臂交换位置，上体向左转，目视身后，同样动作，右手臂伸展10~20次。重复做2~4遍。

（5）弯腰扶地：身体端坐椅上，睁开双眼，面带笑容。这时，向前弯腰，双腿屈膝平直，双手臂在双腿外侧，向下直伸，五指自然伸开，手指扶地。然后身体坐正，抬起时吸气，弯腰时呼气，扶地时稍停留5秒，抬起时停留3秒，进行5~10次。重复做2~4遍。

三、医疗类职业工作特征分析

（一）医疗类职业解剖学特征

该职业人员介于办公类与社交类职业岗位之间，这类人员工作时的解剖学特征、生理学特征可分别参照办公类职业和社交类职业的工作特征分析。

（二）医疗类职业心理特征

与办公类、设计类职业的坐姿工作相比，医疗类职业主要以坐姿、站立、行走为主。因此，坐姿类、站姿类职业易发生的职业病，如下背疼、肩周炎、下肢静脉曲张等也易发生于医疗类职业中。另外，医疗类职业脑力劳动占总劳动的比例较大，并且长期处在紧张的工作环境中。因此，该类职业工作人员工作压力大，任务繁重，工作时间不稳定，随时处于待命状态，心理无法完全放松。

四、医疗类职业的运动指导

长期超负荷运转、工作压力太大已成为当前的健康杀手。体育运动能缓解压力,让人保持平和的心态。这是因为人们参加体育运动时,随着身体的发热、血液循环的加快、血管的扩张,工作和劳动所带来的神经紧张、脑力疲乏、情绪紊乱等症状能得到积极的调节。同时,在完成复杂练习的过程中,以及在与周围同伴默契配合、与对手斗智斗勇的拼搏过程中会产生一种愉快的感觉,这种感觉不仅会使参加者产生自尊、自信、自豪感,消除忧虑,舒畅心境,而且还会使人内心充满欢喜。一般来讲,适当的体育运动是一种对缓解压力十分有效而无副作用的"良药",持之以恒的体育运动参加者,经常能体会到运动带来的轻松和愉快,保持充沛的精力,缓解紧张情绪。

根据医疗类职业各工作种类的职业能力特点,这类职业的体育运动锻炼要增强较敏锐的观察能力、较快的反应能力以及良好的心理素质。

（一）职业素养案例

案例一

1. 案例名称:羽毛球隔网接球赛

2. 教学目标

（1）技术技能目标（知识点）:掌握发球技术动作。

（2）运动能力目标（能力点）:发展学生上肢力量和快速移动能力。

（3）职业体育素养目标（素质点）:培养团结协作与竞争意识。

3. 活动内容

（1）人数:每队5人,每场10名队员,一名裁判。

（2）场地器材:一片羽毛球场地,8支羽毛球拍,80个羽毛球,2个纸篓。

（3）练习方法与规则

① 每队5名队员,4名队员发球,1名队员在网对面后场区用纸篓移动接球。

② 发球队员每人10个球,发球4人在半场前发球线一字排开,活动范围为发球线后半米区域。

③ 接球队员在另外一边底线后场区域接球,出界球不能接,同时脚不能踩出双打边线,踩线即为犯规,判失1球。

④ 发球队员轮流发球;接球队员只可用纸篓接球,不可以用手触碰羽毛球,裁判员全程观赛,及时指出犯规和违例。

⑤ 比赛时间5分钟,5分钟后两队纸篓中接到的羽毛球数量多的一方,即为获胜。

（4）拓展

为了增加难度,发球队员可以用非持拍手徒手拦截对面发球队员的来球,但是起跳脚不能超过发球线后半米,踩线即为犯规,判失1球（图3-3-1）。

4. 活动效果

通过羽毛球隔网接球赛,有助于巩固学生羽毛球发高远球技术,提升练习者发高远球的准确性,培养良好的运动品质,如在团队竞赛中共同协作配合取胜的精神;培养学生团结互

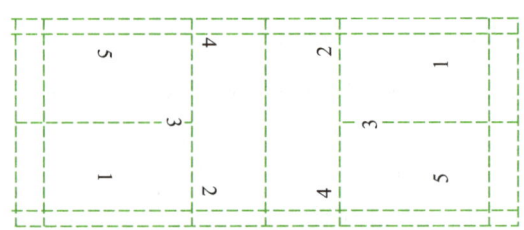

图 3-3-1　羽毛球隔网接球赛

助、顽强拼搏的协作与竞争意识。

案例二

1. 案例名称:网"动"你我他

2. 教学目标

(1) 技术技能目标(知识点):掌握移动中正、反手对接球技术。

(2) 运动技能目标(能力点):提高上肢力量及移动能力。

(3) 职业体育素养目标(素质点):培养团队协作意识。

3. 活动内容:

(1) 人数:不限。

(2) 场地器材:网球,网球拍(每人一支)。

(3) 练习方法与规则

① 每组 8~12 人,分别站在场地两边,轮流对接球。

② 每组确定首发球、接球人员。

③ 从发球开始依次有序轮换,凡击球落点未在有效区域内、球拍未击到对面来球或落地两跳击球,则计算一次失误,失误一次在总回合次数减一次。

④ 计时 10 分钟,连续有效击球来回拍数最多组即为冠军。

(4) 拓展

① 根据练习程度,增加练习时间,加大练习强度。

② 根据练习程度,减少小组人数,加大练习频率。

③ 根据练习程度,固定击球线路,增加练习难度(图 3-3-2)。

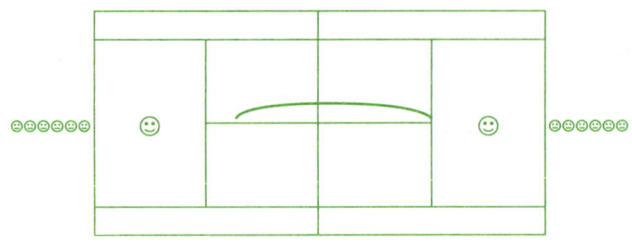

图 3-3-2　网"动"你我他

4. 活动效果

通过网"动"你我他活动,有助于练习移动中网球正反手击球技术,提升练习者的运动兴

趣,培养良好的运动品质,如:协作、责任、担当的团队合作意识。

（二）运动项目的选择

1. 小球类（以羽毛球为例）

羽毛球运动是深受大众喜爱的球类运动。它的器材简便,基本技术简单易学,不同性别、年龄和不同身体条件的人都可参加。所需场地要求不高,两把拍子一个球,无论走到哪里,无论有网无网,无论室内室外,只要有一小块空地,都能进行活动和锻炼。

经常参加羽毛球运动,既可以提高身体素质,加强身体活动能力,改善内脏器官的功能,达到强健体魄的目的,又可以培养勇敢顽强、机智灵活、果断沉着等优良品质和作风。

2. 太极拳

对于医疗类职业人员而言,长期练习太极拳,能够培养参与者克服困难的毅力、健康的心理素质、积极进取的人生态度、敢于挑战自我极限的勇气和精诚合作的团队意识。通过练习太极拳,了解太极拳的意义和哲学思想,更有利于锻炼者个人潜能的挖掘、思维的发散能力和职业道德的培养。

具体内容见第二章及第十章相关内容。

3. 形体训练

详见第九章和本章相关内容。

4. 器械健身

通过器械健身,可以增强力量、柔韧性,增强耐力,提高协调能力,控制身体各部分的能力,从而使身体强健;能提高内脏器官,尤其是心血管系统的机能平衡,最终达到增强体质的目的。

（三）运动项目练习方法

1. 小球类练习方法（以羽毛球为例）

（1）握拍:羽毛球运动是一项借助球拍从事的运动,因此对于每个初学者来说,首先要学习和掌握的就是握拍技术。握拍法是指运动员手握球拍柄的方法,是羽毛球运动最基本、最重要的技术,是掌握和提高羽毛球技术水平的关键。握拍姿势的正确与否对于掌握合理、准确、全面的基本技术至关重要,这既会直接影响击球的准确性,还会影响技术的全面发挥和提高。羽毛球技术非常细腻,握拍法和指法也是多种多样。通常的握拍法有两种,即正手握拍法和反手握拍法。

（2）发球:发球是羽毛球运动一项非常重要的基本技术。发球质量的好坏,直接关系到比赛的主动与否,有时,甚至直接关系到比赛的胜负。只有重视和掌握科学、正确、合理的发球技术并做到融会贯通,运用自如,方能在比赛中获胜。

（3）接发球:随着羽毛球运动的日益发展和技术水平的不断提高,当今羽毛球比赛中的控制与反控制争夺非常激烈。其中,发球与接发球就是矛盾中的一对。发球方通过各种发球方法发出不同弧线的球,以此来控制对方;与此相适应,为了对付或克服发球方的发球,以求后发制人,达到反控制的目的,提高接发球技术就成为一项重要的基本功。羽毛球比赛中的这种控制与反控制的争夺能够给人带来刺激、愉快的感受。

（4）击球:羽毛球运动的各种挥拍击球技术,统称为击球法。击球是羽毛球运动中最重要的基本技术。参加羽毛球运动,应首先掌握击球技术中一些最基本的内容,然后再全面、

熟练地掌握所有击球技术。掌握正确的击球手法并非易事,需要经过一段时间连续的学习、实践、体会。随着击球技术提高,练习者对羽毛球运动的兴趣增强,参与羽毛球运动的习惯将会形成。

根据人与球体相互位置的不同,击球方法可分为正手击球和反手击球;根据击球点与人体相互位置的不同,击球方法可分为高手(上手)击球、低手(下手)击球和网前击球。高手击球有击高球、吊球、扣杀球,低手击球有挑(拉)球、抽球、接杀球,网前击球有放网前球、搓球、平推球和扑球等。

(5)步法:羽毛球运动的步法是练习者在场上为了到达适当位置击球而采取的快速、合理、准确的移动方法。步法是羽毛球技术中的一部分,与手法同等重要。在羽毛球运动中有"与其说是用手打球,不如说是用脚在打球"的说法。这句话充分地说明了步法在羽毛球运动中的重要性,它是及时、准确地使用与衔接各项技术动作的枢纽,也是执行各项战术的有力保证,所以步法又被称为"羽毛球运动之母"。因为羽毛球运动的节奏较快,球必须在空中飞行时击出,不能着地后再击球。初学羽毛球技术者,往往只重视手法的学习,而忽视步法技术的学习,这是必须纠正的。在进行击球技术练习时,应先学会脚下的移动步法。同时,在学习步法过程中,也要与击球技术协调配合。

2. 太极拳练习方法

详见第十章相关内容。

3. 形体练习方法

详见第九章和本章相关内容。

4. 器械健身练习方法

详见第九章相关内容。

思考题

1. 阐述医疗类职业工作时心理特征。
2. 查找资料,简述羽毛球发球的技术要领。
3. 根据自身的情况制订一份运动锻炼计划。

第四章　职业心理和社会适应

▶▶ 第一节　沟通与合作训练

沟通是指两个或更多人通过各种媒介,如语言、非语言形式、电子通信技术等,进行信息交流的过程。合作是指两个或更多人在共同目标下,通过互相配合、互相支持、互相尊重,共同完成任务的过程。良好的沟通能够促进信息流通,避免误解和冲突。有效的合作能够提高工作效率,增强团队凝聚力。下面介绍四种常见的拓展训练项目:驿站传书、黑夜协作、移花接木、同心协力。

一、沟通训练

(一)驿站传书

驿站传书,又称为"信息传递"或"无声传递",是一种团队协作与沟通技巧训练的经典游戏。它起源于古代的驿站信息传递方式,通过非言语的手段将信息从队伍的一端准确无误地传递到另一端,考验团队成员间的默契、创造力以及策略规划能力。此游戏不仅适用于团队建设活动,也是培养学生沟通与合作能力的良好工具(图4-1-1)。

图4-1-1　驿站传书

1. 游戏准备

(1)参与人数:建议每组4~8人,每个组的人数可以根据实际情况进行调整。

(2)分组:将参与者分成若干小组,每组成一个纵队站立,人与人之间保持一定距离。每组的第一名队员被视为"信息发送者",最后一名队员为"信息接收者"。

(3)游戏开始前,组织者会向每组的"信息发送者"展示一张写有特定信息(如数字、字母序列、图形等）的卡片,并确保其他队员看不见。

2. 游戏流程

（1）游戏开始后,"信息发送者"需在不发出声音、不使用手写文字和任何形式的直接身体接触（视具体规则而定,有时允许轻微的身体暗示）的前提下,将卡片上的信息传递给下一位队员。

（2）信息需依次向后传递,直至到达"信息接收者"。

（3）"信息接收者"在接收完所有信息后,需将理解的信息告知老师,老师评价哪组在最短时间范围内,传递信息最准确,即为获胜者。

（4）评判标准:时间的长短和信息的准确性。

3. 注意事项

（1）游戏期间禁止喧哗:在游戏进行过程中,参与者需要保持安静,避免大声喧哗或干扰其他队伍。这不仅有助于保持游戏的秩序,还能让参与者更加专注于游戏本身。

（2）非言语沟通:在驿站传书游戏中,主要的沟通方式是非言语的。参与者需要学会使用手势、表情、动作等方式来传递信息。请确保在传递信息时清晰、准确,避免引起误解或混淆。

（3）禁止回头查看:在游戏过程中,参与者需要遵守规则,禁止回头查看已传递的信息。这不仅有助于保持游戏的公平性,还能让参与者更加专注于游戏本身。

（4）注意时间限制:驿站传书游戏通常有时间限制。确保在规定的时间内完成游戏任务,避免因超时导致游戏失败。

（二）黑夜协作

"黑夜协作"是一个以团队挑战为主的项目,主要目的是通过模拟黑暗环境,让团队成员在受限的沟通条件下,学习高效有序的沟通和倾听技巧,并找到自己在团队中最合适的角色位置（图4-1-2）。

图4-1-2　黑夜协作

1. 游戏准备

（1）道具准备:

眼罩:确保每个参与者都能戴上,实现视觉限制。

绳子:一根或者几根长度适合的绳子,具体长度根据活动场地和参与者数量而定。

（2）场地要求:选择一个安全、无障碍物的场地,确保参与者在游戏过程中不会受伤。

2．游戏流程

（1）准备阶段（活动布置时间约 5 分钟）：所有参与者戴好眼罩，相互间牵手行走，最后来到活动场地。告知参与者在附近有一堆（捆）绳子，需要他们共同合作完成任务。

（2）执行阶段（活动进行时间约 40 分钟）：参与者需要找到绳子，并在 40 分钟内将其围成一个最大的正方形。所有人需相对均匀地分布在这个正方形的四边。参与者在整个活动中不得摘去眼罩，戴上眼罩后应站立完成游戏，不能蹲坐在地上。

（3）完成阶段：当团队确认完成时，将绳子踩在脚下，并通知老师。得到允许后，按照老师的要求摘下眼罩，并回顾整个活动过程。

3．注意事项

（1）确保参与者的安全，避免受伤。

（2）在整个活动中保持积极的活动氛围，鼓励团队成员相互合作、支持。

（3）根据参与者的实际情况和场地条件，可以适当调整活动难度和时间。

二、合作训练

（一）移花接木

"移花接木"可以锻炼团队成员的协作能力、配合意识及沟通能力。培养团队成员的专注力和耐心，提高应对挑战的能力。通过游戏，增强团队成员之间的信任和凝聚力，促进团队和谐发展（图 4-1-3）。

移花接木

图 4-1-3　移花接木

1．游戏准备

（1）参与人数：每组人数建议在 10～20 人，以确保游戏的趣味性和挑战性。

（2）道具准备：确保每人一根 1.2 米的 PVC 管、竹竿或木棍。道具要求稳固且质地相似，以保证游戏公平性。

（3）场地要求：选择一块开阔、平整的场地，保证几组人员之间不会互相干扰。

2．游戏流程

（1）队形安排：每组围成一个圆，队员面向圆心站立，以间距一步为宜。

（2）手部动作：左手放背后，右手掌心压住 PVC 管的顶部，使其竖立起来（不得用手抓 PVC 管）。

（3）移动方式：游戏开始时，集体按照顺时针或逆时针方向移动换位，做到人动、管不

动,并且保证管子不能倒、不能离地。

（4）违规判定：移动过程中，左手始终在背后，不得触碰管子；右手不得抓握 PVC 管，始终只能用手掌压住管的顶部。如果出现违反以上规则的行为，游戏则应重新开始。

（5）游戏目标：连续移动 10~20 次管子不倒、不违规者为胜利。

3. 注意事项

（1）确保游戏场地安全，避免发生意外。

（2）道具需提前准备好，确保数量和质量满足游戏需求。

（3）游戏过程中，教师需密切关注各组动态，及时处理违规行为，确保游戏公平公正进行。

（4）游戏结束后，进行必要的总结和反思，让参与者从游戏中获得更多启示和收获。

（二）同心协力

"同心协力"是强调团队合作能力的训练项目。它通过一系列有趣的挑战任务，让队员们学会如何在有限的时间内通过协作解决问题，共同完成任务。该项目不仅锻炼团队成员间的默契配合，也增强团队的凝聚力和向心力（图 4-1-4）。

图 4-1-4 同心协力

1. 游戏准备

（1）参与人数：每组需要 5 人以上以确保有足够的人数来完成各种挑战任务。小组内可根据成员的能力和特长进行角色分配，提高游戏效率。

（2）道具准备：游戏所需的道具根据具体任务而定，可以包括绳子、球、拼图等。

（3）场地要求：场地应选择宽敞、安全的室内或室外空间，确保参与者在进行游戏时不会受到安全威胁。

（4）规则讲解：在游戏开始前，教师应对游戏规则进行详细的讲解，确保每个参与者都清楚了解游戏的目的、任务、时间限制以及评判标准等。

2. 游戏流程

（1）分组与角色分配：将参与者按照人数分成若干小组，每个小组选出队长并分配好各自的角色和任务。

（2）任务发布：组织者向每个小组发布具体的挑战任务，任务内容可根据参与者的实际情况进行调整。

（3）执行任务：每个小组根据任务要求，共同讨论并制定执行计划，然后按照计划执行

任务。

（4）时间控制：在游戏过程中，教师需要严格控制时间，确保每个小组都有相同的时间来完成任务。

（5）结果展示：每个小组在完成任务后，需要向教师展示任务成果，并进行简要地介绍和解释。

3. 注意事项

（1）保持手拉手姿势：团队成员需要时刻关注自己的手部位置，确保与相邻成员的手紧密相握，避免在游戏过程中出现松手的情况。

（2）指令简单明了：游戏中的指令应当简单明了，确保每个团队成员都能迅速理解并执行。避免使用复杂或模糊的指令，以免导致团队成员之间的误解或混乱。教师或队长在发布指令时，应当清晰、准确地传达任务要求，确保团队成员能够迅速做出反应。

（3）使用双手传递：在某些环节中，可能涉及物品的传递。为了确保传递过程的安全性，团队成员应当使用双手进行传递。双手传递可以减少传递过程中的失误和误差，确保物品能够准确地传递到目标位置。

（4）团队协作与沟通：同心协力游戏的核心在于团队协作和沟通。团队成员需要密切合作，共同完成任务。在游戏过程中，团队成员之间需要保持良好的沟通，及时分享信息、交流想法和解决问题。通过团队协作和沟通，确保团队成员之间的工作能够顺利进行，并取得良好的成果。

思考题

1. 分享练习驿站传书的参与体会。

2. 分享练习同心协力的参与体会。

第二节　细心与果敢训练

细心是指心思细密，对细节有周到的关注和考虑，常常与精准、周到和耐心联系在一起。果敢的意思是当机立断，敢作敢为。细心和果敢具体体现在面对复杂工作时，能全面思考和细致作业。面对多种选择时，能冷静判断情势并善于挑战，这是学生应具备的素质，也是本节的训练任务与目标。下面介绍四种常见的细心与果敢拓展训练项目：穿越电网、珠行千里、信任背摔、高空断桥。

一、细心训练

（一）穿越电网

"穿越电网"是一个注重团队协作和策略规划的项目，通过合理的规划和紧密的协作，团队可以成功完成任务并享受游戏带来的乐趣（图4-2-1）。

穿越电网

图 4-2-1　穿越电网

1. 游戏准备

（1）参与人数：游戏适合团队进行，每个团队的人数可以根据实际情况调整，通常建议每组 8~12 人。

（2）道具准备：确保电网（通常由绳子或细网构成）的高度和密度适合参与者的身体尺寸和游戏难度。电网应该足够稳固，能承受住参与者的重量和动作。

（3）场地要求：一块开阔、平整的场地。

（4）电网规则：电网是游戏的主要障碍，任何参与者的任何部位（包括头发、衣物等）都不得触碰电网。一旦触碰，该参与者必须回到起点重新开始。电网上有数量有限、大小不一的网口（或称为洞口），每个洞口只能使用一次，且每次只能供一人通过。

（5）时间限制：通常有时间限制，如 10 分钟或更长时间，要求在规定时间内所有成员须成功穿越电网。

2. 游戏流程

（1）分组与准备。将参与者分成若干小组，并指定每个小组的队长。队长负责协调小组内的沟通和决策。

（2）观察与规划。在开始穿越前，团队成员应仔细观察电网的结构和洞口的位置，共同规划穿越的路线和策略。

（3）实施穿越。按照规划好的路线和策略，团队成员依次通过电网。在这个过程中，可以采用多种策略，如搭建人梯、协助跳跃、侧身穿过等，确保团队成员顺利且迅速地通过。

（4）避免触碰与重复。参与者在穿越过程中需要格外小心，避免触碰到电网。同时，已经使用过的洞口不可再次使用，因此需要合理规划洞口的使用顺序。

3. 注意事项

（1）保证安全。确保电网的稳固性，避免在游戏过程中发生倒塌或损坏。参与者在游戏前应去除身上的尖锐物品，如眼镜、钥匙、手表等，以防在游戏过程中造成意外伤害。

（2）明确规则。游戏开始前，必须明确规则，如不得触网、不得言语交流（根据具体规则而定）、每个网洞只能穿越一人次等。强调违规的严重性，如触网后必须回到起点重新开始，违反规则可能导致整个游戏重新开始。

（3）分工与协作：确立明确的分工，让每个人都知道自己在团队中的角色和职责。强调团队协作的重要性，确保在游戏过程中团队成员能够相互支持、默契配合。

（二）珠行千里

珠行千里游戏是一种团队合作的挑战游戏，旨在培养团队成员之间的协作能力、沟通技巧和战略规划能力（图4-2-2）。

图4-2-2　珠行千里

1. 游戏准备

（1）参与人数：适合10人以上的团队参与，每队至少10人，可以分组进行比赛。

（2）道具准备：每人需持一根PVC管（或其他简易管道，如羽毛球桶），起点处需有足量的乒乓球（或其他相似大小的球）作为传递对象。

（3）场地要求：需要一块开阔的空地，如户外草地或室内大厅，确保参与者有足够的移动空间。

（4）分组：参与者被分为若干个小组，每组队员需按顺序排成一列。

（5）起点与终点：设置游戏的起点和终点，起点处放置高尔夫球。

2. 游戏流程

游戏开始时，由起点处的队员将乒乓球放入PVC管中，开始传递。传递过程中，每名队员需将手中的PVC管对准前一队员的管道，形成一条连续的"通道"，让乒乓球在重力作用下滚向下一个管道。当球通过自己的管道后，需迅速跑到队尾，接着下一位队员的管道，继续参与传递。在传递过程中，队员需确保乒乓球顺利前进，不能掉落、回流或停滞。如果发生这种情况，需要从掉落或停滞处重新开始传递。乒乓球必须在指定时间内放入终点处的塑料杯中或桶内才算完成任务。

3. 注意事项

（1）确保场地安全，避免场地内有尖锐或易滑的障碍物。在跑动过程中，注意脚下和避免撞到其他队员。

（2）保持队形的整齐，让"通道"更稳定；同时加强队员之间的沟通与配合，通过默契的协作提高传递效率。

（3）设定明确的时间限制，鼓励团队在规定时间内尽快完成任务。

二、果敢训练

（一）信任背摔

信任背摔

"信任背摔"是一项经典的拓展训练项目，旨在通过亲身体验来培养团队间的信任与责任感。游戏要求每位参与者轮流从一定高度的背摔台上直身向后倒下，其余团队成员则在背摔台下形成保护网，接住倒下的队员（图 4-2-3）。

图 4-2-3　信任背摔

1. 游戏准备

（1）参与人数：至少 10 名参与者，可以分组进行。确保每位参与者都身体健康，无不适宜参与剧烈活动的疾病或损伤。

（2）道具准备：准备一个高度为 1.2~1.5 米的背摔台（可根据参与者身高适当调整），确保结构稳固。准备足够的海绵垫或体操垫，用于铺设在背摔台下，增加安全性。

（3）场地要求：选择一块平整、宽阔的场地，确保四周无障碍物。

（4）安全人员：指定一名或多名安全人员，负责监督游戏过程，确保参与者安全。

2. 游戏流程

（1）分组与站位：将参与者分成若干小组，每组人数根据背摔台宽度和参与者数量而定。每组参与者轮流站在背摔台上，其余队员则在背摔台下分两排面对面站立，形成保护网。

（2）动作规范：站在背摔台上的参与者需按照以下动作要领进行——背对保护网站立于台边，两手双手交叉，并紧贴胸口；低头含胸，腰挺直，两脚并拢，大腿不要发力，笔直倒下。

站在背摔台下的队员需按照以下动作要领进行——抬头、挺胸、手拉紧、脚抵住，注意力集中；面对面分两排与台子成直角站立，每人应两脚前后站立，前脚与对面队员的前脚相抵用力。

（3）沟通与协作：在背摔者倒下前，保护网的队员需与背摔队员进行沟通，确认大家已经准备好。当接住倒下的队员时，前排的队员先放下背摔队员的脚，后排的队员托背向前，使队员直立起来。

（4）轮流进行：每组参与者轮流上台进行背摔，确保每位参与者都有机会体验。

3．注意事项

（1）在游戏前进行安全检查，确保场地、器材无安全隐患。参与者需穿着舒适、便于活动的服装，并取下身上所有尖锐物品。安全人员需全程监督游戏过程，确保每位参与者的安全。

（2）在游戏过程中保持良好的沟通与协作，确保背摔队员能够顺利倒下并被安全接住。保护网的队员需保持注意力集中，确保每位队员都能够准确、稳定地接住背摔队员。

（3）游戏中强调团队间的尊重与信任，避免任何形式的嘲笑或不当言论。通过游戏增进团队间的凝聚力与默契程度，促进团队和谐发展。

（二）空中断桥

空中断桥是一项旨在培养个人勇气、自信心以及团队协作能力的拓展训练项目。参与者需要在距离地面一定高度的空中，跨越一段断开的桥面，从而挑战自我，突破心理障碍（图4-2-4）。

空中断桥

图4-2-4　空中断桥

1．游戏准备

（1）参与人数：确定参与游戏的人数，通常每组有数名参与者。至少一名教师负责游戏过程的指导与安全监控。配备足够的地勤人员，负责拉紧安全绳索等安全保障工作。

（2）道具准备与场地要求：选用一块安全、平坦的场地，设置高空断桥设备。断桥通常搭建在两根铁柱之间，距离地面8~9米（具体高度可根据参与者的实际情况调整）。断桥由两块木板组成，顶端间隔通常为1.2~1.8米不等（可根据参与者的身高、体形和身体素质进行调整）。准备足够的安全装备，包括头盔、安全带、上升器等，并确保这些装备的质量与性能符合安全标准。

2．游戏流程

（1）安全讲解与设备穿戴：教师向参与者详细讲解高空断桥游戏的安全规则与注意事项。参与者穿戴好头盔、安全带等安全装备，并接受教师的检查与确认。

（2）上桥准备：参与者按照培训师的指示，沿扶梯或梯子爬上高空断桥。在上桥前，全

体队员为即将挑战的参与者加油鼓励。

（3）跨越断桥：参与者到达断桥后，站在相对安全的位置，准备进行跨越。跨越时，参与者需单脚起跳、单脚落地，并保持身体平衡。在跳跃过程中，可以一手轻扶绳子以稳定重心，但手部不允许拉拽保护绳。参与者需按照培训师的要求，从断桥的一侧跳到另一侧，并再次跳回。完成后，沿原路返回地面。

3. 注意事项

（1）安全第一：确保所有安全装备的质量与性能符合标准，教师需全程监控游戏过程，确保参与者的安全。

（2）关注参与者状态：在游戏过程中，需特别关注参与者的身体状态与心理状态，避免过度疲劳或心理压力过大而导致不良后果。

（3）尊重个体差异：根据参与者的身体状况、心理素质和意愿，灵活调整游戏的难度与要求，确保每位参与者都能在游戏中得到成长与提升。

 思 考 题

1. 分享练习穿越电网的参与体会。
2. 分享练习信任背摔的参与体会。

▶▶ 第三节　坚持与服从训练

坚持与服从训练是一种通过教育和训练，提高个体对于规则、纪律和指令的遵守能力，以实现行为规范和思想统一的方法。这种训练在军队、警察、职业竞技体育等领域被广泛应用，对于提高个体的自我控制、决策能力和团队合作精神具有重要意义。下面介绍四种常见的坚持与服从拓展训练项目：勇攀高峰、罐头鞋、颠球击鼓、两人三足。

一、坚持训练

（一）勇攀高峰

"勇攀高峰"是一项团队合作项目。通过模拟攀爬高峰的场景，旨在培养团队的合作能力、策略规划及快速反应能力（图 4-3-1）。

1. 游戏准备

（1）参与人数：一般 20 人左右，将参与者分为若干个小组，每个小组选出一名队长负责指挥和协调。

（2）道具准备：游戏通常在户外进行，需要设置一座模拟的充气攀岩墙或人工岩壁作为攀登目标。攀岩墙的高度和难度可根据参与者的实际情况进行调整。准备计时设备用于记录各队完成比赛的时间。

图 4-3-1　勇攀高峰

2. 游戏流程

（1）参与者需穿戴好安全装备，如安全带、头盔等，确保安全。

（2）每个小队轮流攀登，每次攀登人数为 1~2 人（根据场地和难度调整）。

（3）攀登过程中，参与者需利用攀岩墙上的支点进行攀爬，不能使用外力或借助其他工具。

（4）攀登至顶峰后，需按指定方式（如敲响警钟、挥舞旗帜等）示意完成。

（5）得分。根据攀登时间或攀登高度进行计分，时间越短或高度越高得分越高。所有小组攀登完毕后，根据总得分进行排名，得分最高的小组获胜。

3. 注意事项

（1）确保游戏设备的安全性和稳定性，避免在攀爬过程中出现意外。

（2）队员在攀爬过程中应注意安全，避免因过度竞争导致的受伤。

（3）游戏过程中，团队成员间需保持良好的沟通与协作，确保比赛顺利进行。

（二）罐头鞋

"罐头鞋"是一项人力资源类场地拓展训练项目，旨在通过团队合作和个体努力，达成特定目标。它不仅可以增强身体的协调能力以及平衡能力，还能锻炼个人的决策力和执行力，同时加强沟通能力，并培养参与者在解决问题时合理分配人力资源和分工协作的能力（图4-3-2）。

1. 游戏准备

（1）参与人数：通常需要 14 人左右，具体可以根据实际情况进行调整。

（2）道具准备：两块木板（经过防腐防水处理，总长 10.5 米，间距 3.5 米），三个铁桶（或油桶）

（3）场地要求：室外平坦、安全的场地。

（4）游戏时间：项目完成总时间约 90 分钟，其中项目布置时间约 5 分钟，项目挑战时间约 45 分钟，回顾总结时间约 40 分钟。

（5）基本要求：所有队员站在桶上，由起点移动到终点。队员必须均匀分布在木板上，

图 4-3-2　罐头鞋

不得故意震颤木板和打闹。活动范围仅限于木板与桶上,队员的任何身体部位和木板都不得触地。

（6）时间限制:在 40 分钟之内,全体队员需要利用两块木板和三个桶到达指定地点。

（7）犯规与惩罚:若有队员违反规则,如身体触地、木板触地或故意干扰其他队伍,可能会被警告或重新开始游戏。

2. 游戏流程

（1）布置:由教师介绍游戏规则、目标及安全注意事项。

（2）挑战:队员按照规则进行游戏挑战,其间教师需进行安全监控。

（3）总结:游戏结束后,进行回顾和总结,分享游戏过程中的体验、收获和教训。

3. 注意事项

（1）安全为先:确保所有参与者都清楚并遵循安全规则。游戏前检查木板和铁桶是否完好,没有损坏或松动的地方。选择平坦、无障碍物且地面坚硬的场地进行游戏。确保所有参与者都穿着适合运动的服装和鞋子,避免滑倒或受伤。

（2）规则明确:在游戏开始前,详细解释和演示游戏的规则,确保所有参与者都理解并遵守。强调游戏过程中的安全要求,如禁止身体触地、不得故意摇晃木板等。

（3）团队合作:鼓励团队成员之间进行积极的沟通和协作,确保每个人都清楚自己的角色和职责。在游戏过程中,提醒团队成员关注整体进度,避免个别成员过于冒进或滞后。

二、服从训练

（一）颠球击鼓

"颠球击鼓"是一种训练团队协作和平衡控制的项目,需要多人参与（图 4-3-3）。

1. 游戏准备

（1）参与人数:将人员分成若干组,每组至少 3 人。

（2）道具准备:一个鼓,可以是传统的鼓或其他形式的鼓,确保鼓面平整且有一定弹性;一个球,可以是乒乓球、网球、羽毛球等,需保证球体具有一定的弹性和重量;长绳或其他形式的绳子,确保绳子结实、光滑且不易磨损,数量应至少与队伍成员数量一致,用于牵拉鼓。

图 4-3-3　颠球击鼓

（3）场地要求：选择平整、开阔且安全的场地进行游戏。清理场地上的障碍物,确保游戏过程中队员的安全。

2. 游戏流程

（1）选好站位：同一组的队员以鼓为圆心围成圈站好,确保每名队员都能拉住绳子。鼓身周围有长绳,每根绳子长度不少于 1.5 米,做成 8~10 个拉手,队员只能抓绳头。

（2）开始游戏：留出一名队员作为"放球手",其他队员每人抓住一根绳子的绳头,将鼓拉平。"放球手"将球放在大鼓的鼓面上,其他队员通过手中的绳子,用大鼓将球连续颠起来。

（3）达成目标：率先颠完教练指定次数的队伍获胜。通常这个指定次数是根据队伍的技能和游戏的时间长短来确定的。球颠起的高度不得高于地面 2 米,否则被视为违规。

（4）违规与重新开始：如果球在颠球过程中掉落,或者球颠在绳子上,都需要重新开始。如果有小组在结束时没有达到规定的颠球次数,同样需要重新开始。

3. 注意事项

（1）安全第一：确保场地平整,避免队员在游戏过程中摔倒或受伤。队员在牵拉绳子和颠球过程中要保持平衡,避免因为操作不当导致受伤。

（2）协同配合：队员之间要保持良好的沟通和配合,共同协调控制鼓的平衡和颠球的速度。队员在牵拉绳子时要保持力度均匀,避免因为力量不均导致鼓面倾斜。

（二）两人三足

两人三足游戏是一种充满趣味和挑战的团队合作训练项目,其目标是通过两人之间的协作和默契,尽快完成规定的比赛距离（图 4-3-4）。

1. 游戏准备

（1）参与人数：至少需要两人一组,可以根据参与人数设置多组进行比赛。

（2）道具准备：使用细绳（如尼龙绳）将两人的相邻腿绑在一起,绑绳的位置应在膝盖以下、脚踝以上的位置。

（3）场地要求：选择平整的场地,如体育场或操场,以确保比赛的顺利进行。比赛场地宽度应大于 10 米,长度可以根据实际情况确定,通常建议为 50 米。

图 4-3-4　两人三足

（4）安全准备：确保比赛场地安全，避免有尖锐物体或障碍物。在终点线 5 米处设置安全垫（如跳高用的垫子），以供队员冲刺后进行减速缓冲保护。

2. 游戏流程

（1）起跑：所有队员做好准备，等待裁判员发出"预备"口令。裁判员发出"开始"口令后，队员连成一体并排向前跑。

（2）计时：以裁判员发出口令后开始计时，以最后一名队员冲过终点后计时结束。

（3）犯规细则：起跑时队伍中任意一名队员在起跑令发出之前越过起跑线都视为违规起跑，必须全队回起跑线后重新起跑。若犯规两次，取消该队成绩。比赛途中，若细绳分离或队员摔倒，必须重新结队后在分离或摔倒地点开始起跑，其间不停表，重新结队的时间也算在总成绩中。比赛过程中若发生口角或严重违规行为，则直接取消该队资格。

（4）完成比赛：队员需从起点处出发，至对面标志处折回，返回至起点处。到达终点后，将绳子解开，并交给下一组队员进行比赛。

（5）排名方式：最后以完成时间长短进行排名，用时短的队伍获胜。

3. 注意事项

（1）选择合适的绳子：绳子应具有足够的韧性和耐磨性，避免在比赛过程中断裂或磨损导致队员受伤。绳子不宜过紧，以免勒伤队员的脚踝，也不宜过松，防止在比赛中脱落。

（2）正确的绑定方法：绳子应绑在脚踝上方，确保队员在跑动时不会因为绳子松动而摔倒。绳子应牢固绑紧，避免在比赛中松脱。

（3）步伐协调：队员之间可以通过喊口号或数节拍的方式，保持步伐的一致性和协调性。

（4）注意步长：两人三足时，步长要适中，既要避免步子太小影响速度，也要防止步子太大导致摔倒。

（5）避免碰撞：在跑动过程中，队员之间要注意保持适当的距离，避免相互碰撞。

 思 考 题

1. 分享练习罐头鞋的参与体会。
2. 分享练习两人三足的参与体会。

▶▶ 第四节　责任与创新训练

责任与创新训练是一种以提高学生责任感和创新能力为目标的系统性培训过程。这种训练通过一系列的教程、实践和反思环节,帮助学生了解并履行自身的责任,同时激发他们的创新思维和创新能力。实践中,可以通过设计一系列与学生学习、工作相关的场景,让学生体验并理解自身的责任。下面介绍四种常见的责任与创新拓展训练项目:雷阵取水、信任百步行、巧解绳结、雷阵图。

一、责任训练

(一) 雷阵取水

"雷阵取水"是一款经典的户外拓展训练游戏,也被称为"雷区取水"或"突破雷区"。该游戏设定在一个虚构的场景中,模拟人类受到核弹威胁,排弹分队需要前往危险区域执行任务的情况。游戏的目的是通过团队协作,在有限的时间内,使用规定的工具,在不接触地面"雷区"的前提下,成功取出放置在"雷区"中央的矿泉水(图 4-4-1)。

图 4-4-1　雷阵取水

1. 游戏准备

(1) 参与人数:根据参与人数,将参与者分成若干小组,每组人数可以根据实际情况调整。

(2) 道具准备:绳子,需要 3 根 15 米长的绳子,用于搭建和规定游戏区域。或者采用足球场、篮球场中圈进行比赛。矿泉水,半瓶矿泉水,放置在游戏区域中央,作为目标物品。标识物,用于标记游戏区域的边界,确保游戏在规定的区域内进行。

（3）场地要求:选择户外或室内平整且空旷的场地进行游戏,以确保参与者有足够的活动空间。

2. 游戏流程

（1）分组与准备:将参与者分成若干小组,并为每个小组提供所需的材料和工具。小组内部进行简短的讨论和准备,明确任务目标和分工。

（2）游戏开始:裁判员发出开始指令后,各小组开始尝试使用不同的方法取出矿泉水瓶。小组成员之间保持紧密的沟通和协作,不断调整和改进方法。

（3）游戏结束与评判:当规定时间到达或所有小组都完成任务后,游戏结束。教师根据小组的完成度、用时和所用方法的创意程度等标准进行评判,并公布结果。

3. 注意事项

（1）绳子安全:使用前应检查绳子是否有磨损、断裂等安全隐患。绳子拉紧时,确保不会出现滑脱或断裂的情况,以免造成队员受伤。

（2）雷区标记:确保"雷区"边界清晰可见,使用明显的标识物进行标识。禁止非参与人员进入"雷区",以防发生意外。

（3）人员安全:提醒队员在操作过程中注意个人安全,避免发生摔倒、碰撞等意外。如遇紧急情况,应立即停止游戏,并寻求帮助。

（4）取水过程:取水过程中,任何人或物品不得接触"雷区"地面,否则视为违规。如取水过程中矿泉水洒出,需重新开始取水。

（二）信任百步行

"信任百步行"是一种旨在加强团队成员之间信任感和合作精神的团队建设活动。该项目通过模拟盲行的方式,让参与者在未知和依赖他人的环境中体验信任与合作的重要性。该项目适合各种团队,包括企业团队、学校班级、社团组织等（图4-4-2）。

图4-4-2　信任百步行

1. 游戏准备

（1）参与人数:该项目适合两人一组进行。

（2）道具准备:每组需要一个眼罩,用于让其中一位成员蒙住双眼。

（3）场地要求:室内或室外均可,但应确保场地安全,没有障碍物。

（4）角色分配：每组中，一位充当"盲人"，一位充当"哑巴"。

2. 游戏流程

"盲人"戴上眼罩，由引导者带领着走出起点。引导者需要用声音或身体接触来引导被引导者通过一段设有障碍的路。障碍可以是椅子、绳子等简单的物品。在引导过程中，引导者不能使用任何视觉提示，只能依靠声音或身体接触。设定的路程长度可以根据需要而定，但通常应是一段较长的距离。

3. 注意事项

（1）清楚规则：参与者应事先了解游戏规则，并自愿组成两人一组的配对。

（2）道具准备：准备充足的眼罩，并确保眼罩干净、无损坏，适合所有参与者佩戴。准备其他可能需要的道具，如绳子、椅子等，用于设置障碍物。

（3）场地选择：选择平坦、宽敞的场地进行游戏，避免有坑洼、斜坡等不平整的地面。确保场地内无障碍物，特别是尖锐、坚硬的物品，以免参与者在游戏过程中受伤。

（4）障碍物设置合理：障碍物设置应具有一定的挑战性和趣味性，但不要过于危险或难以克服。确保障碍物设置稳固、可靠，不会在游戏过程中倒塌或移动。障碍物设置应考虑到参与者的能力水平，避免设置过高的难度导致参与者受伤或失去信心。

二、创新训练

（一）巧解绳结

"巧解绳结"是一项富有创新性和趣味性的团队合作训练项目。它要求参与者在不松开手的情况下，通过相互协作和沟通，解开复杂的绳结。这个游戏旨在培养参与者的团队合作、沟通、耐心和解决问题的能力（图4-4-3）。

图4-4-3　巧解绳结

1. 游戏准备

（1）参与人数：此项目至少需要两人参与，但也可以组织多人同时参与，以提高项目的互动性和挑战性。

（2）道具准备：准备若干根长度为1.3米左右的绳子，每根绳子的两端应带有绳套以方便参与者抓握。

（3）场地要求：项目可以在室内或室外进行，只要确保场地平整、安全，且有足够的空间供参与者活动。

2. 游戏流程

（1）分组与准备：将参与者分成若干小组，每组至少两人。每组分发一根打好结的绳子，每个成员将自己手中的绳子与另一位成员手中的绳子交叉。

（2）规则说明：向参与者说明游戏规则，即每组需要在不松开手的情况下，解开手中的绳结。此过程需要组内成员的相互合作与配合。

（3）开始游戏：教师或组织者发出开始指令后，各组开始尝试解开绳结。此时，参与者需要利用创新思维、团队合作和耐心来寻找解结的方法。组内成员可以分工合作，例如，一人负责固定绳子的某个部分，另一人则负责尝试解开绳结。

（4）记录与分享：在游戏过程中，可以设置一个定时器，记录每组解开绳结所需的时间。在解绳结的过程中，可能会遇到困难和挑战。此时，参与者需要保持耐心和冷静，不断尝试新的方法，并根据实际情况进行调整。游戏结束后，让各组分享他们的解结方法和心得，以便大家相互学习和借鉴。

3. 注意事项

（1）规则遵守：在游戏过程中，每个学员手上的绳套都不能脱离手腕，不能将自己两只手上的绳套互换。

（2）安全指导：在游戏开始前，确保参与者了解游戏规则和安全要求，包括不要使用蛮力拉扯绳子以免造成人员伤害或绳子损坏。确保场地安全，避免有尖锐物品或障碍物，以防参与者在活动过程中受伤。

（3）人数分组：游戏适合两人或多人一组进行，可以根据参与者的数量和场地条件进行适当的分组。分组时应考虑参与者的能力差异，以便更好地实现团队合作和相互协助。

（二）雷阵图

雷阵图，又称"突破雷区"。其训练项目富有挑战性和针对性，旨在通过突破思维定式和走出理性盲区，来培养参与者的创新意识、成本观念，以及利用工具与获取资源的能力（图4-4-4）。

图4-4-4　雷阵图

1. 游戏准备

（1）参与人数：将所有参与者按照一定规则分成几个组，每组成员需要按照指定顺序

进入。

（2）道具准备：需要准备雷阵图、雷阵分布图、笔和表等道具。雷阵图是一个正方形或长方形的网格图，上面标注有雷区的位置和数量。

（3）场地要求：选择一块平坦、宽敞的场地，确保参与者在游戏过程中有足够的空间移动，并且没有尖锐或危险的物品在雷阵图下面。

2. 游戏流程

（1）列队分组：按 A B、A B……的方式报数，宣布报"A"者为一组，报"B"者为一组。"A"组只能从 1~6 号格进入，"B"组只能从 7~12 号格进入（具体数字可能根据雷阵图的大小和设置进行调整）。

（2）游戏开始：全体依次通过雷区，雷区内只允许一人活动，其他人不准踏入雷区。A组、B组轮流进入，进入前举手报告，"A组"或"B组"经允许后方可进入。进入雷区者，每一步只能踏入相邻的格子，不准跳跃，不准试探。每走一步新格后要听教练指令，指令有两种——"请继续""有雷，请按原路返回"。若有违例情况（如重复触雷、未按原路返回、踏线等），则按照评分标准进行扣分。

（3）评分标准及违例扣罚：40 分钟内完成任务得 100 分。每违例一次扣 2 分，违例现象包括重复触雷、未按原路返回、踏线、超时等。

3. 注意事项

（1）明确规则：游戏开始前，规则应明确并完整地解释给所有参与者，确保每位参与者都理解游戏要求和规则。游戏规则需要严格执行，确保公平公正。违例现象应准确记录和及时处罚。

（2）安全第一：场地需要平坦、没有尖锐物品，以确保参与者的安全。参与者在游戏过程中应集中注意力，避免因为疏忽而导致受伤或违规。

（3）操作规范：每一步只能踏入相邻的格子，不准跳跃或试探。违反此规定可能导致受伤或影响团队进度。进入雷区者，必须严格按照教练的指令行动。听到"请继续"则继续前行，听到"有雷，请按原路返回"则必须立即返回，不得有任何迟疑。每次违例都将被扣分，并会影响团队的整体成绩。

思考题

1. 分享练习雷阵取水的参与体会。
2. 分享练习巧解绳结的参与体会。

第二篇

基础知识与身体素质篇

导言

  体育与健康基础知识基于学生在中职或高中学段的体育与健康知识基础,进一步深化学生对体育文化、体育竞赛等方面的认识,促进学生学习体育文化的理论知识和学校体育竞赛管理相关知识的兴趣,拓展学生的体育理论知识水平。身体素质主要发展学生日常生活和运动中所必需的走、跑、跳、爬、投、推、拉、握、支撑、悬垂等身体活动能力,主要内容包括发展力量、耐力、速度、灵敏和柔韧等身体素质的基本原理与方法,为发展各项身体素质打下基础。

• 教体之窗 •

贺龙元帅与体育

贺龙元帅一生酷爱体育运动。他擅长武术、骑马、游泳,也经常打网球、台球和乒乓球,50多岁又学起了打排球。他的家乡洪家关是有名的"武术之乡",他从小跟随祖父和堂叔学习武术,后来又到多地拜师习武,经常练习的武术项目有石锁、棍棒、双刀等。

贺龙元帅特别喜欢打篮球。在革命战争年代,贺龙组建过篮球队。他带领官兵平整场地,就地取材制作球架和篮板。抗日战争时期,他亲自组建了"战斗篮球队",这支篮球队不仅打遍晋西北边区没有敌手,而且还两次战胜过抗日根据地的另一支篮球劲旅——东干队。

1952年11月,贺龙众望所归地出任中华人民共和国第一任体委主任。面对体育事业几乎是一片空白的状况,他以极大的热情投入到开创中华人民共和国成立后体育事业的战场。他坚定地表示要扭转体育落后的局面,摘掉"东亚病夫"的帽子。

在贺龙的领导下,中华人民共和国的体育事业取得了显著成就。他创建了国家体委领导机关,兴建了国家级的北京体育馆,举办了全国运动会,建立了国家体育队,创办了《体育报》和中央体育学院,普及了群众性体育活动。他还借鉴军队的管理方法训练运动队,主张训练难度要大幅度超出比赛的难度,并提出了"三不怕(不怕苦、不怕难、不怕伤)""五过硬(思想过硬、身体过硬、技术过硬、训练过硬、比赛过硬)"的口号。

贺龙深知体育人才的重要性。他点将何振梁加入体委,为中国体育事业的国际化做出了重要贡献。他还积极引进外国教练和先进技术,为中国体育水平的提高提供了有力支持。

第五章　体育文化与学校体育竞赛

▶▶ 第一节　体育文化

体育文化是人类的文化瑰宝。通过学习中华优秀传统体育文化、奥林匹克文化、校园体育文化等知识，了解奥运会等经典赛事与体育文化常识，加深对体育运动的理解，深刻领会体育精神与劳模精神、工匠精神的内在联系，树立正确的世界观、人生观、价值观，厚植爱国主义情怀、坚定文化自信。

一、体育文化概述

（一）体育文化的内涵

体育文化是一个广泛而复杂的概念，可以从广义和狭义两个角度进行理解。从广义上来看，体育文化是指人类在历史发展进程中，在体育方面创造的一切物质文明与精神文明的总和。它包括精神文化（体育观念、意识、思想、言论等）和行为文化（体育行为、技术、规范、规则等）两大部分。从狭义上来看，体育文化是将产生于社会生活的体育作为有价值的活动加以肯定，并赋予一定的知识文化内涵，从而使体育由自然活动变成文化活动。它包括与艺术、宗教、学术、文化娱乐以及传播媒介等有关的体育活动和体育作品，如体育舞蹈、艺术体操、武术、体育摄影、体育雕塑、体育建筑、体育音乐、体育文学、体育研究、体育大众传播等。

新时代体育文化在追求人的身心发展的同时，吸收和反映了新时代元素和现实诉求，因此可以将"体育文化"界定为：人们利用身体活动在增进健康、提高生活质量和推动社会发展的过程中，形成和创造的体育物质设备、体育制度规范和体育思想观念体系。

（二）体育文化的特点

（1）健身性：人们通过参加各种体育活动，能够发展机体的力量、速度、灵敏、柔韧、耐力等身体素质，提高机体对外界环境的适应能力，从而促进身心健康，增强体质。

（2）娱乐性：体育文化是一种娱乐性和休闲性很强的文化。在现代社会生活中，体育运动日益成为人们改善生活方式和提高生活质量的重要内容，它为人们提供一种积极的、健康向上的消遣方式，给人们带来无穷乐趣。

（3）竞争性：体育是一种带有鲜明竞争性的文化。体育的竞争，是指在运动场上，两个以上的个人或集体在同一规则下，争夺优胜的活动。

（4）教育性：教育性是体育文化固有的特征和功能。通过参与体育活动，人们可以培养团队合作精神、竞争精神和顽强的意志等优秀品质。

（5）民族性：体育是民族产物，具有民族特征。各民族都有自己传统的体育项目，这些体育项目往往与本民族的生活环境、文化底蕴、社会和经济生活以及历史发展密切相关。

二、中华传统体育文化概述

传统体育文化是中国文化的重要组成部分，是中华民族智慧的结晶。传统体育文化的形成与发展是历史发展的必然结果，受到了中华传统文化的深刻影响，显示出中华民族传统文化的博大精深和传统体育的强大生命力。

（一）中华传统体育文化的内涵

中华传统体育文化，作为中华文明的重要组成部分，蕴含着丰富的历史底蕴与文化内涵。它不仅仅是体育活动的简单集合，更是中华民族精神风貌、价值观念和生活方式的集中体现。

1. 深厚哲学伦理观

中华传统体育文化深受儒家、道家等哲学思想的影响，形成了独特的伦理观念。在传统体育活动中，强调"仁爱""礼义""中庸"等儒家思想，倡导尊师重道、谦逊有礼的行为准则。同时，道家思想中的"道法自然""无为而治"等理念，也在体育文化中得到了体现，追求与自然和谐共处，注重内心的平和与宁静。

2. 地域特色鲜明

中国地域辽阔，民族众多，各地区的自然环境、文化传统和风俗习惯各不相同，这使得中华传统体育文化呈现出鲜明的地域特色。例如，北方的摔跤、武术，南方的龙舟、武术等，都融入了当地独特的人文背景，成为具有地方特色的体育活动。

3. 历史传承悠久

中华传统体育文化源远流长，历史传承悠久。许多体育项目都拥有数百甚至千余年的历史，如武术、太极拳等。这些体育项目在传承过程中，不断吸收新的元素和理念，形成了独具特色的体育文化体系。

4. 节日庆典相伴

在中华传统文化中，体育活动常常与节日庆典相伴相随。例如，春节期间的舞龙舞狮、端午节的龙舟竞渡等，都是将体育活动与节日庆典相结合的典型例子。这些活动不仅丰富了节日的文化内涵，也增强了人们的节日氛围感和归属感。

（二）中华传统体育文化项目简介

1. 龙舟竞渡

龙舟竞渡是中国传统的民俗活动，尽管开展时间并不固定，但大多集中在端午节期间。"龙舟运动是一项集众多划手依靠单片桨叶的划桨作为推进方式，运用肌肉力量向船后划水，推动舟船前进的运动"。端午节最初是中国人民祛病防疫的节日，江浙地区东周时期就有在农历五月初五以龙舟竞渡形式举行龙图腾祭祀的习俗；后因诗人屈原在这一天逝世，以龙舟竞渡在内的一系列端午节习俗便成了中国人民纪念屈原的传统节日习俗。

2. 射御

射（射箭）和御（驾车）作为先秦时期战争的基本技能，受到商周王朝及诸侯国的高度重视。周代官学以"礼、乐、射、御、书、数"六艺教育贵族青年子弟，其中"射""御"两艺反映了

中国古代最早的体育教育方面的内容。春秋时期,孔子将六艺拓展到私学当中,并高度重视德育、智育和体育相互融通、将参与运动竞技作培养人的礼仪和品格的重要手段,对我国古代文化教育发展产生极大影响。

3. 武术

武术有着悠久的历史,最早可以追溯到商周时期,具有极其广泛的群众基础,是中国劳动人民在长期的社会实践中不断积累和丰富起来的一项宝贵的文化遗产。它包括徒手技术和使用各种兵器的技术,如刀、枪、剑、棍等,体现了中国独特的军事文化。武术套路包括长拳、南拳、太极拳、咏春拳等,具有强身健体、防身自卫的功能。

4. 投壶

投壶是从先秦延续至清末的中国传统礼仪和宴饮游戏,投壶礼来源于射礼。由于庭院不够宽阔,不足以张侯置鹄;或者由于宾客众多,不足以备弓比耦;或者有的宾客的确不会射箭,故而以投壶代替弯弓,以乐嘉宾,以习礼仪。投壶在战国时期开始盛行,在唐朝,发展到了顶峰。投壶是把箭向目标壶里投,以投中多者为胜,负者按照规定的杯数喝酒或施以其他惩罚。

5. 蹴鞠

蹴鞠,又名"蹋鞠""蹴球""蹴圆""筑球""踢圆"等,"蹴"有用脚蹴、蹋、踢的含义,"鞠"最早系外包皮革、内实米糠的球。蹴鞠是古代中国最早的球类运动之一,也是一种传统的足球形式。据史料记载,早在战国时期中国民间就流行娱乐性的蹴鞠游戏,而从汉代开始蹴鞠又成为兵家练兵之法,宋代又出现了蹴鞠组织与蹴鞠艺人,清代开始流行冰上蹴鞠。

6. 捶丸

"捶"即击打,"丸"即小球。捶丸,即是我国古代以球杖击球入穴的一种运动项目。前身可能是唐代马球中的步打球。当时的步打球类似现代的曲棍球,有较强的对抗性。到了宋朝,步打球由原来的同场对抗性竞赛逐渐演变为依次击球的非对抗性比赛,球门改为球穴,名称也随之改称"捶丸"。

三、奥林匹克文化概述

(一)奥林匹克文化的内涵

奥林匹克文化的内涵主要体现一种理想、精神或主义,从不同的角度出发会有不同的理解。体育活动中蕴涵着人类社会普遍接受的价值观。奥林匹克运动发展到现在,已经不再是一般意义上的体育活动了,它从体育运动中引申出"奥林匹克主义""奥林匹克精神",并在奥林匹克运动中不断实践。奥林匹克运动是人类学习奥林匹克精神最好的"学校",并已发展到体育以外的其他社会生活的领域。根据文化的性质和概念,奥林匹克文化的内涵主要体现在以下六个方面:和谐发展、团结友谊、公平竞争、重在参与、奋力拼搏、为国争光。

(二)奥林匹克文化

1. 奥林匹克标志

奥林匹克标志由 5 个奥林匹克环套接组成,有蓝、黑、红、黄、绿 5 种颜色。五环的含义是象征五大洲的团结以及全世界的运动员以公正、坦率的比赛态度和友好的精神在奥林匹克运动会上相见。

2. 奥林匹克格言

1920 年,国际奥委会正式确认"更快、更高、更强"为奥林匹克格言,并在 1920 年安特卫普奥运会上首次使用。2021 年 7 月 20 日,日本东京召开的国际奥委会第 138 次全体会议正式通过,将"更团结"加入奥林匹克格言中。奥林匹克格言自此变为"更快、更高、更强——更团结",寓意是奥运会在充分表达奥林匹克运动不断进取、永不满足的奋斗精神和不畏艰险、敢攀高峰的精神的同时,还需要大家团结在一起,共同担当。

3. 奥林匹克主义

"奥林匹克主义"一词出现在 1991 年 6 月 16 日生效的《奥林匹克宪章》中,这也是国际奥委会第一次给"奥林匹克主义"以正式的定义:奥林匹克主义是将身、心和精神方面的各种品质均衡地结合起来并使之得到提高的一种人生哲学。它将体育运动与文化和教育融为一体,奥林匹克主义所要开创的人生道路是以奋斗中所体验到的乐趣、优秀榜样的教育价值,和对一般伦理的基本原则的尊敬为基础的。

4. 奥林匹克精神

《奥林匹克宪章》指出,奥林匹克精神就是相互了解、友谊、团结和公平竞争的精神。奥林匹克精神对奥林匹克运动具有十分重要的指导作用。首先,奥林匹克精神强调对文化差异的包容和理解。其次,奥林匹克精神强调竞技运动的公平与公正。

5. 奥林匹克宗旨

《奥林匹克宪章》指出,奥林匹克运动的宗旨是:"通过没有任何歧视、具有奥林匹克精神——以友谊、团结和公平竞争的精神相互理解的体育活动来教育青年,从而为建立一个和平的、更美好的世界作出贡献。"

四、校园体育文化概述

（一）校园体育文化的内涵

校园体育文化主要是指在校园中所呈现的一种特定的体育文化形态。它是以学生为主体,以校园为主要活动空间,以课外体育活动文化为主要载体,以校园精神为特征的一种群体文化,是由广大师生在实践中共同创造的体育物质财富和精神财富的总和。

（二）高职校园体育文化

高职院校的校园体育文化是高职院校的校园文化与体育文化相互渗透、融合的结晶,它是以高职院校的各种体育活动为主要内容,与一般高等院校的体育文化有着一脉相承的关系,但同时又独立存在,有其自己的特殊性,属于复合型群体文化,它具有职业性、多样性、全面性、创新性等特征。它的存在有利于塑造高职院校学生正确的人生观、价值观和世界观,促进学生协调发展,更好地适应就业岗位需求。

高职院校校园体育文化就是在高职院校育人的环境中,以学生为主体,以教师为主导,广大师生通过体育教学、群体活动、体育竞赛等体育的行为方式,以增强体质、增进健康、培养体育爱好、传播体育文化、弘扬体育精神和工匠精神等为目的的物质文化和精神文化的总和。

（三）高职校园体育文化的价值

1. 培养体育精神

高职校园体育文化通过体育活动,培养学生的集体荣誉感、爱国主义精神和坚韧不拔的意志品质。在体育竞技中,学生学会了面对困难不屈不挠,勇于挑战自我的精神品质,这种精神品质将对他们未来的学习和工作产生深远的影响。同时,体育活动中的规则意识和公平竞争精神,也有助于培养学生的法律意识和道德观念。

2. 提升学生身体素质

体育活动是促进学生身体健康的重要途径。高职校园体育文化通过丰富多样的体育活动,提高学生的身体素质,增强学生身体免疫力,预防疾病的发生。此外,体育活动还能促进学生的新陈代谢,改善睡眠质量,有助于维持良好的身体状态。

3. 增强心理适应性

高职校园体育文化在心理健康教育方面也具有显著价值。体育活动能够帮助学生释放压力,缓解焦虑情绪,提高自我控制能力。同时,体育活动中的团队合作和竞技挑战,有助于培养学生的自信心和自尊心,增强他们的社会适应能力。

4. 丰富校园文化生活

高职校园体育文化为学生提供了丰富多彩的娱乐生活。通过组织各种体育比赛、运动会、体育社团等活动,学生可以在紧张的学习之余,享受体育带来的乐趣,丰富课余生活,提高生活质量。

5. 强化团队合作精神

体育竞赛往往需要团队合作才能取得胜利。高职校园体育文化通过组织团队比赛、合作项目等活动,培养学生的团队精神和协作能力。在团队合作中,学生们学会了相互支持、共同进步,这种团队精神将对他们未来的职业生涯产生积极影响。

6. 提升公平竞争意识

高职校园体育文化注重培养学生的公平竞争意识。在体育竞技中,学生们学会了遵守规则、尊重对手、正视胜负,这种公平竞争精神将有助于他们在未来的社会中树立正确的价值观和人生观。

7. 传承与弘扬体育文化

体育文化是中华民族优秀传统文化的重要组成部分。通过体育活动,学生们可以了解和学习中华体育文化的精髓,传承和弘扬中华体育文化。同时,高职校园体育文化还促进了国际体育文化的交流与合作,有助于培养学生的国际视野和跨文化交际能力。

 思考题

1. 体育文化的内涵是什么?
2. 中华传统体育项目有哪些?
3. 奥林匹克文化由哪些部分组成?
4. 高职校园体育文化的价值是什么?

▶▶ 第二节　学校体育竞赛

学校体育竞赛是以师生为主要对象,在校园内举行的,旨在引导师生走出教室、走出寝室、走向操场,丰富课余生活,升华师生的体育锻炼意识的一种学校体育教育形式,是实现学校体育工作目标的基本途径之一。学校体育竞赛蕴含着重要且丰富的教育价值,学生参与竞赛的过程是沉浸式的教育体验,开展学校体育竞赛能够吸引广大学生积极参与其中,并为所属集体的荣誉去拼搏。让成为校园赛事的策划者、组织者、管理者,可以有效地锻炼学生的综合素养,落实立德树人的总体教育目标。

一、常见学校体育竞赛的组织

(一)学校体育竞赛的类型

体育赛事通常是指在竞赛规程、规则的约定下,人们以体育项目为主题,以竞赛为方式,以技能展示、沟通交流为目的的集众性活动。常见学校体育竞赛类型主要分为全校性体育赛事、"杯赛"、体育社团兴趣竞赛等。

全校性体育竞赛,其组织实施中,往往是由学校的某个部门牵头,其他行政管理部门、教学单位的年级与班级进行配合,如学校的团委、体育院系、教务处部门等来具体操作。其面对的人群主要是在校的学生、教师、后勤人员等群体,由教学院系、部门或者班级,通过自主选拔来确定一定名额的选手进行参赛。其主要比赛内容,多以田径等现代体育项目的综合性比赛为主。

"杯赛",主要为部门、学院、年级或者班级之间的单项竞赛。这类竞赛在组织实施中,主要是由部门院系、年级和班之间等自主组织开展,主要以增进友谊、提升运动技术为主。其面对的人群、组织的规模都相对较小。并且,这种友谊竞赛模式在规则、时间、地点与奖励设置等方面比较灵活,深受广大师生的喜欢。

体育社团或兴趣小组比赛,这一般是由团委牵头,在校内的学生之间、师生之间、教师之间,因为体育兴趣的需要而组织的竞赛,具有业余性、自由性等的特点,深受广大师生的欢迎,组织更灵活,更能满足师生之间的体育学习、兴趣交流与提高体质健康水平的需要。

(二)学校体育竞赛的组织原则

学校体育竞赛的实施对象为在校师生,具有鲜明的校园特征与教育属性,项目的选择与开展要遵循其规律。

1. 综合性和单项性原则

学校体育竞赛项目一般要根据当前学校体育教学能力与学校体育特色发展的现状进行设计,一般将竞赛项目分为综合性竞赛与单项竞赛。综合性竞赛又可分成现代体育项目综合性竞赛、传统体育项目综合性竞赛。而单项目竞赛组织,因其项目的单一性,具有其自身的特殊性,除了在现代体育项目与传统体育项目范围内选择外,实践中有两种类型:完整性单项目竞赛、单项目内单技能性竞赛。与前者相比,后者更具有娱乐性,对丰富学生的校园文化生活,具有直接的推动作用,更能拉近师生之间距离,提高学校凝聚力。因此,在组织校

园竞赛时,学校在重视组织综合性、多项目性、全校性的体育文化节等大型活动的同时,更要重视一些形式简单、单一性的竞技项目,充分考虑参加群体的主体性、全面性、层次性和基础性,吸引广大师生积极参与,从而达到增强师生之间的团队精神和团结协作的能力,培养正确处理竞争和合作关系的能力。

2. 竞技性与娱乐性原则

学校体育竞赛要注重竞技性与娱乐性相结合,强调以竞技和娱乐为前提下的竞赛才是学校体育竞赛的主要表现形式,竞赛项目的选择要考虑那些将竞技性与娱乐性有效相融合的内容,遵循简化性、普遍性、适应性和教育性原则,来促进师生的身体机能健康发展。

3. 特色性与校本性原则

学校体育竞赛还要重视特色性、校本性项目的策划组织。特色项目既可以是现代体育项目,也可以是传统体育项目,或是学校根据自身标志性文化,自行开发而成,且能坚持开展的体育项目。因其项目的侧重点不同,主要有两种展现方式:侧重展示的表演性特色项目,即包含校园或地方文化特色的体育健身项目,这不仅具有体育健身性的基本特征,也具有校园文化、地方民俗或传统文化性质,在竞赛中师生不仅可以得到技能的提升,还能受到体育文化的熏陶,也可以享受到体育带来的各种积极功能,如腰鼓比赛、龙舟比赛、跳竹竿等。侧重健身的竞技性特色项目,即主要以健身功能为主特色项目,在当前比较典型的如武术、气功等。

4. 企业性和行业性原则

由于高职院校学生就业方向大都为特定的行业,具有典型职业特色。因此,学校在开展体育竞赛的时候,可以参考学生目标职业的体育文化特色和企业中常见的特色体育项目,进而培养学生的职业适应能力。例如,铁路行业中常年开展的气排球比赛,已经成为其行业内企业的常规性体育赛事。针对学生未来就业的体育活动,学校可以在校推广开展相对应的体育竞赛。

二、常见学校体育竞赛的实施

学校体育竞赛的组织与实施,是指竞赛的赛事主办主体通过行使管理职能对竞赛投入的人、财、物、信息技术进行规划、组织、实施与控制并进行合理使用和分配,有效管控竞赛全程,从而达到赛事既定目标的过程。赛事运作的结果受多方面主观条件的限制,如赛事运作者的个人素质、运作主体的目标,以及组织实施者认识水平的限制。因此,赛事运作人所掌握的技能和思想观念决定了竞赛的组织水平。

(一)学校体育竞赛实施的要求

学校体育赛事的实施必须规范运作,对每一项竞赛组织流程都分工明确、责任到人,形成一套各行其是、各尽其责的规章制度,让每一个赛事运作人员在具体的工作中都有章可循。学校体育赛事组织实施的规范化就是要求整个赛事运作过程的准备、运作、服务与各项监督保障工作都要做到责任到人,按照规定的标准操作,实现竞赛组织的标准化和规范化。

(二)学校体育竞赛的筹备管理

学校体育竞赛筹备阶段是在赛事的初期,主要任务为组建赛事的运作机构,制定规则、组织培训学习等。

1. 设置运作管理机构

在设置赛事运作管理机构时,要符合赛事举办地的实际情况。要分工合理、职能清晰、责权结合,机构的设置要有利于工作总体协调,各项资源的合理配置。管理机构一般包括组委会、竞赛管理组、场地与器材保障组、宣传组等。

2. 制定相关管理规章制度

制度是要求大家共同遵守的办事规程或行动准则。在学校体育竞赛筹备阶段,管理机构会建立一系列制度,来规范赛事各参与对象的行为,主要包括办公会议制度、联络员会议制度、竞赛相关的管理制度、器材设备的准备、配置的相关管理制度、志愿者服务制度、工作检查制度、过失责任追究办法等。

3. 专业业务学习与培训

根据竞赛筹备工作的需要,组织提高赛事管理水平的相关培训与赛事专项工作培训,如裁判工作、竞赛工作、接待工作、场地器材工作、安全保卫工作、志愿者服务工作、医疗卫生工作等。

4. 制定体育赛事活动方案

通过组织业务学习,根据竞赛的总体计划,由各办事机构指定的责任人召集相关人员制定赛事工作方案。工作方案是指竞赛各类工作行动的准则,是做好各项工作的纲领性、原则性、指导性文件。主要包括竞赛工作的筹备方案,竞赛综合保障方案、竞赛宣传工作方案、竞赛的接待方案、竞赛主题活动方案、竞赛风险防范方案、竞赛的颁奖方案、预算方案和志愿者招聘方案等。赛事各方案经讨论修改后,报组委会审定批准。

5. 制定适宜的竞赛规程

竞赛规程是竞赛管理的纲领性文件,是竞赛组织者与参与者都必须遵守的规定。竞赛规程一般由竞赛管理组织机构制定,并征求相关单位的意见,修订后由举办单位公布并下发到各参赛单位。规程一般应包括赛事全称和简称、竞赛的日期与地点、竞赛项目、参加单位、运动员的参赛资格、参赛办法、竞赛安排、录取名次与奖励办法、报名与报到、未尽事宜和规则解释权。竞赛规则是对竞赛工作的技术规范的约定,是对竞赛场地、器材条件的规定,是竞赛行为的规范和裁判执法的依据。竞技类体育项目有国际通行的竞赛规则,也可根据学校特点和竞赛的需要对规则作适当调整,但必须在竞赛规程中予以说明。竞赛规程与竞赛规则共同实现对竞赛工作全过程的控制。

（三）学校体育竞赛的竞赛管理

学校体育竞赛管理的基本目标是建立公开、公平、公正的竞赛机制,为运动员提供展示运动技术水平的平台,促进运动技术水平的发展。

1. 运动员报名与注册工作

根据竞赛规程,做好运动员报名、注册工作,是学校体育竞赛的基础工作,注册是赛事对运动员取得参赛权的认定和标志,学校体育赛事的注册标准,一般以学籍进行界定。

2. 竞赛秩序册的编写与修订

竞赛秩序册是赛事组织工作的重要文件,是对竞赛项目进行整体编排,以保证竞赛秩序、实施竞赛计划的重要文件。学校体育竞赛的秩序册主要包括比赛名称、竞赛日期与地点、主(承)办单位、竞赛规程与补充规定、组委会与办事机构名单、仲裁委员会与裁判员名

单、参赛单位、运动员名单及号码、竞赛日程表、竞赛相关活动日程表、竞赛分组和竞赛场馆分布图等。

3. 选派裁判与助力裁判

裁判，是体育比赛中负责维持赛场秩序，执行比赛规则的职位或人物。裁判的选派是为了保证体育竞赛的公平、公正、有序进行，应符合"公开""择优""中立"三项原则。

(四) 学校体育竞赛的风险管理

学校体育竞赛的风险具有不可控性，体现在从竞赛的筹划到竞赛的结束后的一系列工作，整个过程存在着的不确定性是客观事物固有的。我们虽然不能完全消除这种危险，但可以在一定的时间和空间内通过努力，减少风险的频率和危害。

1. 学校体育竞赛的风险诱因

学校体育竞赛的风险的诱因有许多因素，如工作人员、观众、运动员及裁判员和其他的人为因素，比赛的场地及设施、设备等物质因素以及比赛组织方经验不足等都可能诱发的风险事件，也使得事件的风险更加复杂；学校体育竞赛的风险还存在偶然性，就某一具体的体育赛事风险而言，其发生是偶然的、潜在的，只有具备风险发生的条件才会发生相应的风险事故并造成损失。这是体育赛事风险的典型特征；校园体育竞赛的风险同时具有可变性，即在一定条件下校园体育竞赛的风险通过有效的风险识别、风险评估和风险转化是可以而且能够防范和规避的。

2. 学校体育竞赛的风险内容

学校体育竞赛的风险内容包括与赛事有关的人员的伤病、死亡等；因过失而引起的火灾、水患、意外损毁等；因自然原因产生的极端灾害天气、地震、瘟疫等；因组织方疏忽造成的断电、断网、缺少场地等；因合作方而造成的人员、物资、财产的缺失、不足等。

3. 学校体育竞赛的风险管理

学校体育竞赛的风险管理就是尽可能地识别体育赛事中潜在的可能和对比赛产生负面影响的不确定性事件，采取措施使它们发生的可能性降低或者使其负面影响降到最低程度。在做好风险的预防工作的同时，注重事前管理，建立对风险的监督机制，可以有效地降低风险的发生。

(五) 学校体育竞赛的评价管理

学校体育竞赛评价管理是指按总体工作方案完成全部竞赛组织和相关主题活动的组织工作后，对赛事进行评估总结，并完成赛事全部后续工作的阶段。通常当赛事比赛全部结束，闭幕式举行完毕，标志着赛事进入了收尾阶段。具体工作如下。

1. 回收器材与设备

学校体育竞赛器材与设备等固定资产主要包括办公用品、竞赛器材与设备、活动设备，赛事结束后，所有登记在册的设备、器材、办公用品，应该尽快对其进行妥善处置。按照"谁发放，谁收回"的原则负责清点回收，回收的固定资产应妥善保管。发现固定资产损坏、遗失应当注明原因，报组委会相关部门批准并依财务程序办理销账手续。

2. 做好赛事财务决算

竞赛结束后，赛事运作管理机构各部门负责经管物资的人员，必须在统一规定的时间内办理分管财产物资交接手续。在竞赛收尾阶段，对应收付款项应及时清理结算，避免经济损

失或纠纷。并在做好财务结算的基础上,制定赛事全程的全面财务报告。

3. 做好赛事工作总结

对竞赛组织与实施工作进行全面评估总结,对相关文件进行归档是体育赛事收尾阶段中最重要的工作之一,它既是对体育赛事运作管理各个方面工作的整体回顾,也是对取得的成绩的肯定、对经验的探讨以及对教训的剖析,其最终目的是促进运作机构以及机构人员素质的提升,为以后赛事或者其他相似活动的组织工作积累丰富的经验。

4. 做好表彰与答谢

学校体育竞赛在收尾阶段,应该由赛事组织者向竞赛运作管理的外部机构及人员致谢,对工作人员也应表示感谢并给予表彰。致谢和表彰的方式多种多样,包括物质和精神方面。

三、常见校园体育竞赛的编排

体育竞赛的赛制编排形式,需根据比赛任务、项目特点、参赛人(队)数、时间安排、场地设备等因素来统筹考虑和选择,一般包括循环赛、淘汰赛等编排形式。下面着重介绍循环赛与淘汰赛的编排方法。

(一)循环赛的方法与编排

循环赛又称循环制比赛,是指参赛者或参赛队之间,都要互相轮流比赛,最后按照各参赛队在全部比赛中的胜负场数、得分多少排定各次的比赛方法。循环赛的各个参赛者(队)的名次需在所有比赛结束以后,统计各自的积分才能最终全部确定,循环赛的每一场比赛除了产生当事双方的成绩以外,还可能影响到第三方的名次。

1. 循环赛的种类

循环赛包括单循环、双循环和分组循环三种。单循环指所有参赛者(队)互相轮赛一次;双循环指所有参赛者(队)互相轮赛两次;分组循环指参赛者(队)较多时,采用种子法,把强队分散在各组,先进行小组循环赛,再根据小组名次来组织第二阶段的比赛。

2. 循环赛的优点与不足

循环赛的优点主要体现在参赛者(队)竞赛机会均等,实战和互相观摩学习的机会多,能准确地反映出参赛队之间真正的技术水平的高低,较为客观的排定参赛队的名次,比赛结果的偶然性和机遇性小。

循环赛的不足与矛盾在于比赛总的期限长,占用场地和时间多,当参赛者(队)多时,直接采用大循环有一定困难,应用范围上有一定的局限性;循环赛一旦开赛就不便增减参赛者,不然就会影响各参赛者成绩的计算;循环赛的每一场比赛除了产生当事双方的成绩以外,还可能影响到第三方的名次,这就为产生各种涉及人情、关系、利益的比赛埋下了隐患,有可能影响比赛的公平公正。

3. 循环赛的轮数与场数计算

轮:所有参赛者(队)赛完一场,称为一轮结束。计算循环赛的轮数,目的在于计划整个比赛所需用的时间或期限,是比赛日程安排的主要依据。竞赛中如有轮空,视为该参赛者(队)完成一场比赛。轮数的计算方法为当参赛者(队)为偶数时,比赛轮数=参赛队数-1;当参赛者(队)为奇数队参赛时,比赛轮数=参赛队数。双循环赛的轮数是单循环赛轮数的加倍。

场:循环赛的场数是指参赛者(队)之间互相轮流比赛直至全部结束的总场数。计算循环赛的比赛总赛场数,目的在于计划安排人力、物力、比赛日程与场地。场数的计算方法为单循环比赛场数=参赛者(队)数×[参赛者(队)数−1]÷2;双循环比赛场数=参赛者(队)数×[参赛者(队)数−1]。

4. 循环比赛顺序的编排方法与注意事项

循环比赛顺序的编排方法与轮次表的编制方法包括逆时针旋转法与顺时针旋转法(U型排列)。

(1) 逆时针旋转法:若参赛者(队)为偶数,一般都采用此法来安排各轮的比赛。以6个参赛者(队)单循环比赛为例,见表5-2-1。

表5-2-1　逆时针排列单循环对阵表

第一轮	第二轮	第三轮	第四轮	第五轮
1…6	1…5	1…4	1…3	1…2
2…5	6…4	5…3	4…2	3…6
3…4	2…3	6…2	5…6	4…6

(2) 顺时针旋转法:参赛者(队)为奇数,若仍按逆时针旋转,将出现一些因轮空休息带来的不合理现象。所以,在奇数队参赛时,可采用顺时针旋转法进行编排。以5个参赛者(队)单循环比赛为例,见表5-2-2("0"代表轮空)。

表5-2-2　顺时针排列单循环对阵表

第一轮	第二轮	第三轮	第四轮	第五轮
1…0	2…0	3…0	4…0	5…0
2…5	3…1	4…2	5…3	1…4
3…4	4…5	5…1	1…2	2…3

若竞赛为双循环赛制,比赛轮次表的编排与单循环相同,只要排出第一循环,第二循环可按表重复一次,也可以重新抽签另排位置。第二循环的比赛如何进行,应在竞赛规程中明确规定。

(二) 淘汰赛的方法与编排

淘汰赛又称淘汰法、淘汰制。即通过比赛逐步淘汰成绩差的,最后评出优胜者。

淘汰赛进行的方法是将全部参赛者,按编定的顺序进行比赛,胜者进入下一场比赛,负者被淘汰,直至最后一位参赛者,这位参赛者就是这次淘汰赛的冠军。淘汰赛的特点是比赛的场数相对循环赛少,在时间短、场地少的情况下,采用单淘汰赛能让更多的参赛者参加比赛,并可使比赛逐步走向高潮,一轮比一轮紧张激烈。但由于负一场就被淘汰,所以大部分参赛者(特别是实力较弱的)参加比赛的机会较少,所产生的名次也有一定的偶然性。

1. 淘汰赛的种类

淘汰赛分为单淘汰、双淘汰、交叉淘汰三种。单淘汰指在比赛中失败一次即失去比赛资格,获胜者继续比赛,直至最后确定优胜者为止;双淘汰指在比赛中失败两次即失去比赛资

格,获胜者继续比赛,直至最后确定优胜者为止;交叉淘汰指分组循环赛进入决赛阶段的一种比赛方法,本质上也是单淘汰。

2. 淘汰赛的优点与不足

淘汰赛的优点主要体现在比赛的容量大,在最短的时间内,较少数量的场地条件下,安排大量的选手进行比赛,常用于参加队数较多、比赛期限短或经费有限的比赛;比赛双方没有妥协的可能性,非胜即败,败后将失去进行下一轮比赛的资格,具有强烈的对抗性和观赏性。

淘汰赛的不足在于竞赛过程机遇性强,竞赛结果偶然性大,除第一名外,很难合理地排定其他参赛者的名次;强者之间很可能在前几轮就遭遇,一次失败即被淘汰,造成名次排列上的不合理现象;参赛者之间互相交流、学习、比赛的机会少。

3. 淘汰赛的轮次与场数计算

以最常使用的单淘汰赛为例

轮:淘汰赛的轮次为参赛者(队)数对 2 的乘方数。例如:有 11 人参加比赛,而大于 11 且最接近 11 的 2 的乘方数是 16,而 $16 = 2^4$,因此有 4 轮比赛;如果有 32 人参加比赛,而 $32 = 2^5$,则有 5 轮比赛。

场:单淘汰赛的比赛场数=参赛者(队)数−1。例如:8 个参赛者比赛,需进行 3 轮、7 场比赛。

在淘汰赛中安排参赛者(队)位置的号码称“号码位置”。由于参赛者的人数不一定恰好是 2 的乘方数,在确定淘汰赛的号码位置时,应根据参赛人数(或队数),选择最接近的、较大或较小 2 的乘方数作为号码位置数。

4. 淘汰赛的编排方法与注意事项

轮空:淘汰比赛中,当参赛者(队)人数小于选用的号码位置数时,没有安排参赛者(队)的号码为轮空号码。轮空数的计算方法:轮空数=号码位置数−参赛者(队)人数。

抢号:淘汰赛中,当两个参赛者(队)用同一个号码位置时,就出现抢号,抢号的参赛者(队)实际上就是不轮空的参赛者(队)。

分区:把全部号码位置分成几个相等的部分,称为“分区”,在淘汰赛中,为使同一单位的参赛者不过早相遇,要把他们合理分开,安排在不同的区内。

种子:在淘汰制比赛中,由于参赛者(队)数量较多,为避免强手或强队过早相遇,可以把他们确定为“种子”,种子的数目应根据参赛者人数的多少来确定,一般采用 2 的乘方数。将“种子”和同单位的参赛者合理地分开,均匀地分布。种子位置的设定随种子数量变化有所变化,通常先排 1、2 号种子,将签表分成两区,1、2 各守一区,保证前 2 个种子不会在决赛前相遇;再排 3、4 号种子,将 1、2 种子已分的 2 区再平分,也就是分成 4 个区。抽签决定 3、4 种子在哪个剩下的 1/4 区,同时保证前 4 个种子不会在半决赛前相遇;然后排 5、6、7、8 号种子,平分各个 1/4 区,抽签决定这 4 个种子在哪个剩下的 1/8 区,同时保证前 8 个种子不会在 1/4 决赛前相遇;以后依此类推。以 8 参赛者(队)单淘汰赛为例,见图 5-2-1。

淘汰赛的编排工作,特别要注意在抽签工作结束后,紧接着就对全部比赛场次进行编排,即确定全部比赛的日期、时间和场地,这是一项十分重要和细致的工作,编排方案的质

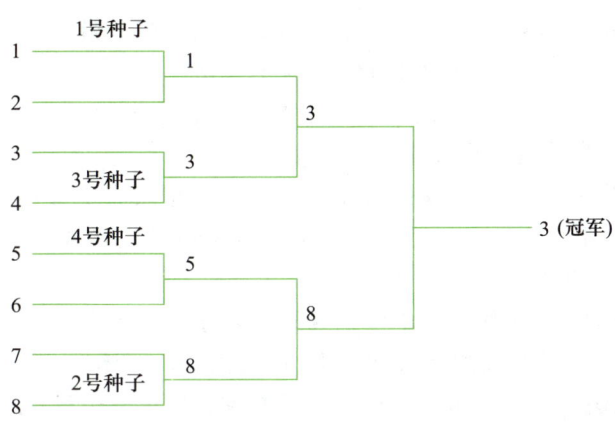

图 5-2-1　8 人种子位置表

量,直接影响到竞赛、观众、场地、交通等多个方面,如何在规定的时间内,将比赛科学合理地安排在一定数量的场地上,按一定的秩序进行,必须经过反复考虑,最后请各方面的人员来综合检验,方能定案。

(三) 体育竞赛成绩与名次的评定

1. 单项成绩的评定方法

以客观的时间、距离、高度、重量、中靶环数等实际计量值来评定参赛者(队)的成绩和名次。如:田径、游泳、举重、射击、射箭、划船等;按完成规定动作和自选动作的质量来评定,如:体操、武术、跳水、舞龙、舞狮与特色校本项目等;根据比赛总积分多少、战胜对手的情况或其他特定因素来进行评定。如:各种球类项目、摔跤、击剑等。

2. 团体名次的计算方法

团体名次通常是将各参赛单位的个人或集体队伍的成绩和名次折合成分数,累积起来评定。

(四) 学校体育竞赛编排示例

下面以某校田径运动会竞赛编排为例,简介其竞赛规程。

×××届田径运动会竞赛规程

一、比赛时间

××××年××月××日

二、比赛地点

略……

三、参赛单位

各部门教职工、××系、××系、××系、××系、××学院……

开幕式出场顺序:国旗队、校旗队、教职工队……

四、竞赛项目

男子项目(13 项):100 米、200 米、400 米、800 米、1 500 米、5 000 米、110 米栏(栏高 0.914 米)、4×100 米接力、4×400 米接力、跳高、跳远、三级跳远、铅球。

女子项目(13 项):100 米、200 米、400 米、800 米、1 500 米、3 000 米、100 米栏(栏高

0.762 米)、4×100 米接力、4×400 米接力、跳高、跳远、三级跳远、铅球。

混合项目(1 项):16×60 米混合迎面接力(男 8、女 8)。

五、参加办法

1. 学生以系(院)为单位组队参加。

2. 每人限报 2 项(接力及混合项目除外);每单位每项限报 2 人;4×100 米、4×400 米接力项目每单位男、女各限报 1 队(4×100 米、4×400 接力项目的参赛运动员不得重复);混合接力项目每单位限报 1 队。

3. 每单位各报领队 1 人(须是各单位正或副职领导),教练员 1~2 人。

4. 报名经确认后,运动员无故不参加比赛,将从该单位团体总分中每人每项扣除 1 分。如遇突发情况导致无法参赛需出示院系证明经总裁判长签名确定可免扣分。

六、运动员资格

略……

七、报名

1. ××××年××月××日前,各参赛队伍将纸质报名表及电子版交到体育教研室,报名表不得涂改并由部门领导签字加盖公章。逾期报名视为自动放弃参赛资格。

2. ××××年××月××日××时整各院系体育部长在体育教研室召开赛前准备会议发放号码布并由体育管理中心收取号码布押金 100 元整。

八、比赛有关事项及奖励办法

1. 参赛队员必须穿着正式比赛服装、自备钉鞋,不符合要求者不得参赛。

2. 凡报名参加学生组男子、女子 1 500 米及以上项目的运动员在报名和检录时须出示医院的心电图检查表(或由领队签字担保),健康者方可参加比赛。

3. 学生运动员参赛意外伤害事故保险由组委会统一购买。

九、名次录取及积分奖励办法

1. 单项

各单项录取并奖励前 8 名,从前至后按 9、7、6、5、4、3、2、1 计分,接力项目、混合项目及全能项目计分加倍;各单项报名参赛人(队)数不足录取名额时,全部录取,其计分方法不变;各单项最后确认只有 2 人及 2 人以下报名参赛时,则该项目取消,届时通知相关参赛单位允许按规程规定改项。

破校运会纪录加 9 分(同一赛次或轮次不分前后只要破所设纪录者均加 9 分,但同一运动员在同一项目中多次破纪录时只加一次分)。

2. 团体

团体总分录取并奖励前六名。

团体总分按各单位运动员在各项目、各组别比赛中得分与奖励分之和减去所扣分计算并排定名次。若两个及以上单位积分相等,以破校运会纪录多者名次在前;若仍相等则以获得第一名多者名次在前;再相等则以获得第二名多者名次在前……以此类推。

3. 设"体育道德风尚奖"四名,评选办法由基础部和团委另定。

4. 设学生组"最佳运动员奖"男、女各一名。

十、本比赛规则解释权归体育教研室。未尽事宜,另行通知。

思考题

1. 学校体育竞赛的分类原则是什么？
2. 常见学校体育竞赛的组织与实施由哪几部分组成？
3. 简述淘汰赛的赛制编排方法。

第六章 身体素质锻炼的原理与方法

身体素质是人体为适应运动的需要所存储的身体能力要素。良好的身体素质是掌握运动技能、提高运动成绩的基础。身体素质主要包括力量素质、速度素质、耐力素质、灵敏素质和柔韧素质。

▶▶▶ 第一节 力量素质

力量素质是指肌肉在工作时克服阻力的能力。肌肉在工作时克服的阻力包括外部阻力和内部阻力两个方面。外部阻力指物体重量、摩擦力以及空气的阻力等。内部阻力是指肌肉的黏滞性，各肌肉间的对抗力等。

力量素质分为最大力量、相对力量、速度力量和力量耐力。最大力量，也称绝对力量，是指肌肉收缩时克服最大阻力的能力。相对力量，也称比肌力，是指肌肉单位生理横断面积（常以 1 平方厘米为单位）肌纤维做最大收缩时所能产生的肌肉张力。速度力量，也称爆发力，是指肌肉在最短时间收缩时所能产生的最大张力。力量耐力是指肌肉长时间收缩克服阻力的能力，常用肌肉克服某一固定负荷的最多次数（动力性运动）和最长时间（静力性运动）来表示。

一、力量素质的生理学基础

影响肌肉力量的生物学因素很多，主要表现在肌肉的生理横断面积、肌纤维类型、肌肉收缩时动员的肌纤维数量、肌纤维收缩时的初长度、神经系统的机能状态、年龄和性别等方面。

（一）肌肉的生理横断面积

运动训练导致的肌肉力量增强常伴随肌纤维增粗、肌肉生理横断面积增大的现象，即肌力增强与肌肉生理横断面积增大成正比，外在表现为肌肉体积的增大。其原因在于运动训练导致肌肉收缩蛋白尤其是肌球蛋白合成增加，同时也包括肌肉中线粒体数量和体积的增加，相关能量代谢酶的数量和活性的增加等，这些均是导致肌肉力量增长的主要生理学因素。

（二）肌纤维类型

人体不同肌纤维类型在肌肉中的比例直接影响肌肉的力量表现。肌肉中快肌纤维比例高，则表现为肌肉的速度力量占优势，而慢肌纤维比例高则表现为肌肉的力量耐力占优势。

（三）肌肉收缩时动员肌纤维的数量

神经中枢传出的兴奋信号强度越强,动员参与收缩的肌纤维数量也就越多,表现出来的肌肉力量也就越大。因此,在其他条件相同的情况下,神经系统动员参与收缩的肌纤维数量成为影响肌力的主要因素。

（四）肌纤维收缩时的初长度

肌纤维收缩时的初长度极大地影响着肌肉最大力量的发挥。一般肌纤维在适度拉长的状态下,粗肌丝上的横桥与细肌丝上的肌动蛋白结合的数量最多,肌肉能发挥出最大的力量。除此以外,肌纤维收缩前长度过短或过长均会导致粗肌丝上的横桥与细肌丝上的肌动蛋白结合的数量减少,影响肌肉最大力量的发挥。

（五）神经系统的机能状态

神经系统机能状态的好坏直接影响其兴奋信号输出的强度,进而影响动员肌纤维参与收缩的数量。神经系统若处于疲劳状态,不仅影响肌纤维的动员数量,还会在一定程度上降低其控制不同肌肉之间的协调工作能力,影响肌肉最大力量的发挥。

（六）年龄和性别

肌肉力量从出生后随年龄的增加而发生自然增长,在25岁左右达到最大,以后逐渐下降。其中,成年后肌肉力量随年龄增长的下降主要与能动员参与收缩的肌纤维数量下降有关。

不同性别儿童在进入性成熟期过程中,由于男性性激素的作用,肌肉合成的速度明显高于女性,男性的肌肉发达程度明显高于女性,表现为肌肉的绝对力量及速度力量在青春期以后出现明显分化。

二、发展力量素质的原则

肌肉力量具有显著的可训练性,即通过肌肉的科学训练可以有效地提高肌肉纤维的生理横切面积,增强神经系统机能水平,增加肌肉能源储备及相关酶的数量和活性,从而有效地发展力量素质。为有效提高肌肉力量的训练效果,需遵循以下原则。

（一）超负荷原则

超负荷原则是指训练时加在肌肉上的生理负荷必须大于肌肉已适应的负荷,才能使有效肌肉在训练后发生适应性变化。如肌纤维蛋白合成增加、酶活性增强等。

（二）渐增负荷原则

力量训练过程中,随着肌力量的增长其对前期的训练负荷逐渐适应后,肌肉力量的发展会出现停滞,要想肌肉力量持续发展必须在此基础上进一步增加训练负荷。同时,渐增负荷原则也包括在训练中增加肌肉的负荷一次性不能过大,若超出肌肉适应极限容易导致肌肉损伤的发生。

（三）专门性原则

专门性原则是指所从事的肌肉力量训练应与相应的运动项目相适应。如决定跳远运动员运动能力的肌肉主要集中在下肢及腰腹,训练中应重点发展上述肌肉的力量,如其训练的肌肉集中在上肢则违背了肌肉训练的专门性原则。

（四）负荷顺序原则

负荷顺序原则是指力量练习过程中应考虑前后练习动作的科学性和合理性。总体来说应先练大肌肉，后练小肌肉，前后相连肌肉训练避免使用同一肌群的原则。主要由于大肌肉相对不易疲劳，可延长练习时间，而小肌易疲劳，若先练小肌肉则将影响大肌肉练习动作的完成。前后相邻训练动作若使用同一肌群，由于前一动作训练已致该肌群疲劳，所以完成后一动作时既不能保证训练质量，又容易出现肌肉过度疲劳或损伤。

（五）合理训练间隔原则

肌肉训练往往会导致肌肉出现部分细微损伤，而训练效果的体现（肌肉力量的增长）是肌肉通过在训练结束后的自身修复过程中实现的，即肌肉的自我修复不仅达到训练前的水平，还往往实现超量修复，也正是这种超量修复实现了肌肉纤维体积的增加，而后表现为肌肉力量的增长。可以说，一次肌肉训练的效果不是在训练中实现的，而是在肌肉训练后的恢复过程中实现的。如果同一块肌肉训练间隔时间过短，不仅不能体现训练效果，还容易因前一次训练导致的损伤未及修复而导致损伤的累积，最后出现肌肉严重急性损伤的发生。一般较小强度的肌肉训练可以每天（间隔 24 小时）进行，中等强度肌肉训练需要间隔一天（间隔 48 小时）进行，而高强度肌肉训练则需要间隔更长的时间（间隔 56 小时以上）。

三、发展力量素质的方法

1. 上肢力量练习

（1）俯卧撑：两手撑的位置靠近腹部，身体保持在一个平面，支撑快起、慢落，身体不要塌腰（图 6-1-1）。

（2）哑铃弯举：两脚自然站立，上体正直，挺胸抬头，两臂屈臂快举、慢落。下落时两肩打开（图 6-1-2）。

图 6-1-1　俯卧撑　　　　　　　　　图 6-1-2　哑铃弯举

（3）哑铃扩胸：两脚自然站立，上体正直，两臂平举伸直扩胸，身体不要前后晃动（图 6-1-3）。

（4）杠铃挺举：两脚自然开立或与肩同宽，提拉翻腕时，肘关节向前方抬起，挺举时可以并步或跨步挺举（图 6-1-4）。

图 6-1-3　哑铃扩胸　　　　　　　　　　图 6-1-4　杠铃挺举

（5）杠铃卧推：两手握杠稍宽于肩，推时快起、慢落（图6-1-5）。

图 6-1-5　杠铃卧推

2. 腰腹力量练习

（1）平板支撑：双肘弯曲支撑在地面上，肩膀和肘关节垂直于地面，双脚踩地，身体离开地面，躯干伸直，头部、肩部、髋部和踝部保持在同一水平，腹部用力收紧，盆底肌收紧，眼睛看向地面，保持均匀呼吸，不能塌腰（图6-1-6）。

（2）侧板支撑：双肘弯曲支撑在地面上，肩膀和肘关节垂直于地面，双脚踩地，身体离开地面，躯干伸直，头部、肩部、髋部和踝部保持在同一平面，腹肌收紧，盆底肌收紧，脊椎延长，眼睛看向地面，保持均匀呼吸（图6-1-7）。

图 6-1-6　平板支撑　　　　图 6-1-7　侧板支撑

（3）悬垂屈腿：双手紧握单杠，手臂伸直，肩胛骨肌肉微微收紧，掌心向前。双腿伸直，通过屈曲髋关节，用下腹部力量带动腿部上抬，而不是单纯用腿发力，把大腿往小腹贴，过程中要注意保持上半身稳定（图6-1-8）。

（4）举腿卷腹：仰卧在地板上，双臂前引使肩胛骨尽量离开地面，下背部紧贴地面。双手放在腰侧，手臂打开。双腿抬起与上身呈90°，双腿并拢，膝关节微屈。呼气，收缩腹肌，抬起上身，下背部不能离地，保持2秒钟，然后慢慢回到开始姿势。要注意保持下颏向胸前微收，收缩腹肌，呼气抬起上身，下背部不能离地，保持腰身部分不动，呼气时使双臂牵引，吸气时背部慢慢下放，双腿保持不动，并且要保持好呼吸的节奏（图6-1-9）。

图 6-1-8　悬垂屈腿

图 6-1-9　举腿卷腹

（5）仰卧起坐：双膝弯曲，双手放于头侧，保持平稳呼吸。然后用腹肌收紧力量将上半身向上抬起，直到头部、颈部和肩膀离地，尽可能向前屈身，再缓慢降低上半身，直到背部完全接触地面（图 6-1-10）。

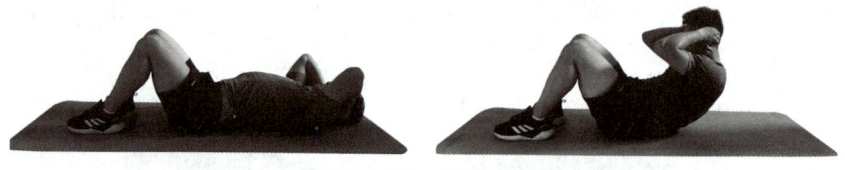

图 6-1-10　仰卧起坐

3. 下肢力量练习

（1）开合跳：手掌位于身体两侧，然后举过头顶，同时双脚跳开，再跳起并拢，双手同时回位，时间和组数适度控制（图 6-1-11）。

（2）徒手蹲起：脚跟不能抬起，大腿下蹲至与地面平行，膝关节不能内扣，蹲下时吸气，站起时呼气（图 6-1-12）。

（3）靠墙静蹲：大腿和小腿成 90°角，身体放松，双脚与肩同宽，适合膝盖有伤、不便运动的同学，能有效增加膝盖的机能（图 6-1-13）。

（4）负重蹲起：利用哑铃器械蹲，可以选择不同持铃位置，如抱铃、提铃或将铃置于肩上，注意选择适合自己的持铃方式和哑铃重量（图 6-1-14）。

图 6-1-11　开合跳

图 6-1-12　徒手蹲起

（5）箭步蹲：双腿自然站立,抬头挺胸,保持腰背挺直,腹部收紧。双腿开立与肩同宽,膝盖与脚尖朝向正前方。单脚向前跨出一步,形成弓箭步,同时重心下落,身体重心在两腿之间,上身不要前倾,不要耸肩,与地面始终保持垂直,膝关节弯曲至90°,挺胸抬头,吸气下,呼气起（图6-1-15）。

图 6-1-13　靠墙静蹲

图 6-1-14　负重蹲起

图 6-1-15　箭步蹲

思 考 题

1. 发展力量素质应遵循哪些原则?

2. 简述发展腰腹力量常见的方法有哪些?

▶▶▶　第二节　耐力素质

耐力素质是指人体肌肉长时间工作的能力,也称抗疲劳能力。按运动时肌肉能量供应的特点,耐力分为有氧耐力和无氧耐力。有氧耐力,又称有氧能力,是指人体长时间进行以有氧代谢（糖、脂肪和蛋白质等有氧氧化）供能为主的运动的能力。无氧耐力,也称无氧能力,是指人体在无氧代谢（糖无氧酵解）供能的情况下进行肌肉活动的能力。

一、耐力素质的生理学基础

（一）有氧耐力的生理学基础

1. 呼吸机能

氧气的摄取需要呼吸系统来完成，人体不断通过呼吸作用吸入氧气，进行有氧氧化作用，释放出能量供人体使用。因此，呼吸机能或肺通气机能的好坏是决定有氧耐力的一个基本因素。

2. 血液循环系统

氧气进入体内后必须经血液循环才能被运输到组织器官加以利用。由于氧气在血液中是以血红蛋白为载体的，血红蛋白的浓度越高，氧气被结合的量就越多，因此，循环机能或心输出量的大小以及血红蛋白浓度的高低也是决定有氧耐力的因素。

3. 肌肉利用氧的能力

肌肉是最终利用氧的器官，肌肉利用氧气将能源物质氧化，并释放出能量，供肌肉收缩需要。因此肌肉的氧化供能能力是决定有氧耐力的关键因素。同时，肌肉内肌糖原等能源物质的储存、有氧氧化系统酶的活性和肌纤维类型以及肌肉周围毛细血管的密度与数量都是影响有氧耐力的因素。

（二）无氧耐力的生理学基础

决定无氧耐力的因素，首先是肌肉内无氧酵解供能能力，其中肌肉内能源物质（如肌糖原）含量与无氧酵解酶系的活性是决定无氧酵解供能能力的主要因素。其次是血液中缓冲物质的缓冲作用，肌肉进行无氧酵解供能时会产生大量的乳酸，乳酸进入血液之后，血液中的缓冲物质如碳酸氢钠可中和无氧酵解产生的乳酸。因此，血液中的缓冲物质中和乳酸的能力越强，机体对乳酸刺激的耐受能力就越强，可以使疲劳延迟发生。此外，乳酸进入血液，会影响脑细胞的工作能力。因此，影响无氧耐力的另一个因素就是脑细胞对血液酸碱度变化的耐受能力。

二、发展耐力素质的原则

通过不同的方法和手段，能有针对性地提升肌肉耐力、有氧耐力和无氧耐力水平，提高耐力素质表现力。为提升耐力素质，需遵循以下原则：

（一）循序渐进增加强度原则

耐力素质的提升不应急于求成，而应遵循循序渐进的原则。训练初期，应从较低的运动强度开始，随着机体适应能力的增强，逐步增加训练强度。这有助于避免运动损伤，同时确保训练效果的最大化。通过逐步提高训练强度，可以刺激身体适应更高的运动负荷，从而有效提升耐力素质水平。

（二）重视呼吸技术节奏原则

呼吸技术在耐力训练中起着至关重要的作用。正确的呼吸节奏可以确保氧气和能量的有效供应，同时减少能量浪费。训练时应注重呼吸与动作的协调配合，如采用深呼吸、鼻吸口呼等方式，提升呼吸效率。通过练习，逐步掌握适合自己的呼吸节奏，为耐力训练提供坚实的支持。

（三）有氧无氧结合训练原则

耐力素质的提升不仅需要有氧训练,也需要无氧训练的辅助。有氧训练可以提高心肺功能和氧代谢能力,而无氧训练则有助于增强肌肉力量和爆发力。通过结合这两种训练方式,可以全面提升耐力素质,满足不同运动场景的需求。

（四）激发练习者的主动原则

耐力素质训练需要练习者的积极参与和投入。因此,在训练过程中,应注重激发练习者的主动性和积极性。通过设定明确的目标、提供积极的反馈和奖励、营造良好的训练氛围等方式,可以激发练习者的内在动力,推动他们不断挑战自我,超越极限。

（五）注意消除练习疲劳原则

耐力训练容易导致肌肉疲劳和身体紧张。因此,在训练结束后,应注重消除疲劳和恢复身体。通过进行放松练习、拉伸、按摩等方式,可以促进肌肉的恢复和放松,减轻身体的紧张和疲劳感。同时,充足的睡眠和适当的休息也是消除疲劳的重要手段。

三、发展耐力素质的方法

耐力素质训练的方法很多,例如,各种形式的长时间跑(如持续跑、变速跑、变换训练环境的越野跑、间歇跑)、长时间周期性运动(除跑以外的其他周期性运动,如游泳、滑冰、自行车、划船等)、长时间非周期性运动(如排球训练中经常做的滚翻救球练习等)、反复做克服自身体重的练习(如长时间做徒手跳绳练习)、循环练习等。

（一）有氧耐力训练

提高练习者的有氧耐力,主要采用持续训练法和间歇训练法两种方法。

1. 持续训练方法

（1）负荷强度:应以有氧供能的练习为主,负荷的强度相对要小。一般心率控制在145~170次/分钟,可使练习者体内有氧供能系统及肌肉供血功能得到改善,心肺系统的呼吸机能水平得到提高。当然,对于初学者,可以降低心率要求,以跑步为主。

（2）负荷数量:负荷数量以连续练习的距离或练习的持续时间为指标。负荷数量要尽可能多,如连续跑可坚持2小时以上,但不能低于20分钟。常见的练习方式如下。

① 匀速连续跑:运动心率可控制在150次/分钟左右,运动时间应在1小时以上。

② 越野跑:运动时间保持在1.5~2小时,强度和速度可根据自身机能反应调整。

③ 变速跑:负荷强度可由低到高,心率从130~145次/分钟到170~180次/分钟,练习的持续时间在半小时以上。

④ 法特莱克跑:法特莱克跑是一种独特的跑步训练方法。这种跑步方法的初衷是为了摆脱枯燥的日常训练,提供一种更有趣、更灵活的间歇训练形式。法特莱克跑的核心在于利用地形、地貌或人为设置的加速与减速段落来发展人的耐力。它允许跑者在跑步过程中自由变换速度,没有固定的模式和节奏,可以根据个人感觉和体力状况来调整。

2. 间歇训练法

（1）负荷强度:间歇训练的强度要比连续训练的强度大,训练有素的练习者可使心率达到170~180次/分钟。只有用较大的强度才能使心搏量得到增加,从而有效地提高心脏功能,达到发展有氧耐力的目的。

（2）负荷数量：负荷数量通常是以距离和时间两个指标来表示。以时间来表示负荷数量，其波动范围比较大，少则工作半分钟，多则可达 2 分钟；以距离表示负荷数量，波动范围可控制在 50~200 米。基本要求是一次练习的负荷数量不要过多，否则会导致工作强度下降，不利于心脏功能的提高。

（3）间歇时间：要求练习者机体尚处于未完全恢复状态时就开始下一次练习。一般情况下，当练习者心率恢复到 120~140 次/分钟就可以进行下一次练习。使整个练习，包括工作与休息练习者的摄氧量和心搏量始终保持在一个较高的水平上，从而实现对练习者呼吸和心血管系统的持续刺激。

（4）休息方式：采用积极性休息。这是因为轻微的积极性活动，可促使血液回流，使机体中积累的酸性物质尽快排除，有利于下一次练习。

（5）练习的持续时间：每个单次练习的时间不宜长，一般在 1~1.5 分钟，但整体练习的持续时间应尽可能延长，要保持在半个小时以上。这样可提高机体利用氧气的能力，也有利于意志品质的培养。

（二）无氧耐力训练

（1）负荷强度：练习中必须使机体处于无氧糖酵解状态，产生乳酸，因此强度要比有氧耐力训练大得多。一般应使心率达到 180~190 次/分钟。甚至还可再高一些。

（2）负荷数量：一次练习的持续时间可控制在 60 秒~2 分钟之间。若以跑为训练手段，跑的距离应控制在 300~800 米之间；若以游泳为训练手段，其游程可控制在 100~200 米之间。

（3）重复练习的次数与组数：重复练习的次数不可过多，一般安排 3~4 次。练习重复次数过多，就能保持必要的训练强度。一组练习重复次数的确定与距离有关，如距离长重复次数可少些，短则可多些。

（4）间歇时间：间歇时间有两种安排方法，一种是每次间歇时间恒定不变；另一种是逐渐缩短每次间歇的时间。后一种方法可保证每次练习后体内较高的血乳酸值，下一次练习应达到并超过这一数值，从而达到训练的目的。这种方法由于练习密度大，练习者容易疲劳，训练时要做好负荷监控工作。

 思考题

1. 简述耐力素质的生理学基础。
2. 简述发展有氧耐力训练常见的方法有哪些?

▶▶▶ 第三节　速度素质

速度素质指人体进行快速运动的能力或在最短时间完成某种运动的能力。按其在运动中的表现可分为反应速度、动作速度及周期性运动的位移速度三种形式。反应速度是指人体对各种刺激发生反应的快慢，如短跑运动员从听到发令到身体起动的时间。动作速度是

指人体完成单个动作的时间长短,如投掷运动员的器械出手的速度。位移速度是指在周期性运动(如跑步、游泳)中,人体在单位时间内快速位移的能力。位移速度常常是以人体运动中通过固定距离所用的时间来表示。

一、速度素质的生理学基础

速度素质的生理学基础,可以从反应速度、动作速度、移动速度三个方面来分析。具体如下。

(一)反应速度的生理学基础

反应时可以作为衡量反应速度的指标。从生理机制上看,反应时的长短取决于感受器接受刺激产生兴奋,兴奋沿反射弧传导,直至引起效应器开始兴奋所需要的时间。由于反射弧做出反应的环节中,传入神经与传出神经速度基本上变化不大,所以反应速度主要决定于:感受器的敏感程度(兴奋阈值高低)、中枢延搁、效应器的兴奋性。其中,中枢延搁是最重要的。反应活动越复杂,经历的神经突触越多,反应也就越慢。反应速度还与中枢神经系统的灵活性和兴奋状态有密切关系。此外,反应速度还取决于条件反射的巩固程度。随着动作的日益熟练,反应时会缩短,反应速度会变快。

(二)动作速度的生理学基础

动作速度的快慢主要决定于以下几方面。

(1)肌纤维类型中快慢肌的百分比组成:快肌百分比组成越大,肌肉收缩速度越快,动作速度越快。

(2)肌力:肌力越大,动作速度也就越大,因此影响肌力的因素都会影响动作速度。

(3)肌肉的兴奋性:肌肉的兴奋性高时,动作速度快。

(4)条件反射的巩固程度:动作技能越熟练,动作速度越快。

(三)移动速度的生理学基础

移动速度的快慢主要取决于以下几方面。

(1)肌纤维类型中快慢肌的百分比组成:快肌百分比组成越大,肌肉收缩速度越快,移动速度越大。

(2)肌力:肌力越大,移动速度也就越大,因此影响肌力的因素都会影响移动速度。

(3)能量供应充足:在高速移动的过程中,能量供应系统需要迅速、高效地提供足够的能量,以支持肌肉的持续收缩和加速。因此,提高能量供应系统的效率是提升移动速度的关键之一。

(4)运动技能熟练程度:运动技能的掌握是指个体在学习和练习过程中形成的、能够熟练执行特定运动动作的能力。良好的运动技能掌握可以减少动作失误和能量浪费,提高运动效率,从而有助于提升移动速度。

二、发展速度素质的原则

不同的训练方法和手段,能针对性反应速度、动作速度和移动速度水平提升产生显著性效果。为提升速度素质,需遵循以下原则。

（一）与专项技术相结合原则

在发展速度素质的过程中,应注重与专项技术的结合。良好的专项技术能够为速度素质的发展提供坚实的基础,同时也有助于将速度素质转化为专项运动中的实际优势。因此,在训练中应将速度素质的训练与专项技术的训练相结合,相互促进,共同提高。

（二）与专项速度练习结合原则

速度素质的训练应与专项运动紧密结合。不同运动项目对速度的要求不同,因此,在训练中应根据专项运动的特点和需要,设计针对性的速度练习。这有助于将训练成果转化为专项运动中的实际表现,提高运动成绩。

（三）兴奋性要求高原则

发展速度素质时,应保持高度的兴奋性。兴奋性是指神经系统对刺激的敏感程度和反应速度。在训练中,通过采用高强度、快节奏的练习,可以刺激神经系统的兴奋性,提高反应速度和动作速度。同时,保持积极的心理状态和强烈的训练欲望也是提高兴奋性的关键。因此,通常将速度素质练习放在训练的前半节。

（四）神经系统灵活性原则

神经系统灵活性对于速度素质的发展至关重要。神经系统灵活性是指神经系统在快速、准确地传递信息方面的能力。通过进行协调性训练、灵活性训练和快速变换练习等,可以提高神经系统的灵活性,使个体能够更迅速、准确地完成动作。

三、发展速度素质的方法

发展速度素质的方法有许多,针对不同的速度素质,有不同的训练方法。以下是常见的速度素质训练方法。

1. 反应速度的练习方法

（1）信号刺激法:利用突然发出的信号提高练习者对简单信号的反应能力,如发出声音信号,让练习者做相应动作。这种练习对初学者效果较好。

（2）运动感觉法:运动感觉法训练一般要经过3个阶段:第一阶段是让练习者以最快的速度对某一信号做出应答反应,然后教练员把所用的时间告诉练习者;第二阶段让练习者做出应答后说出反应所用的时间,然后教练员再把练习者实际所用的时间告诉练习者,让练习者自己进行比较,目的在于提高练习者对时间感觉的准确性;第三阶段是让练习者按事先规定的时间去完成某一反应练习。这种练习可以提高练习者对时间的判断能力,以促进其反应速度的提高。

（3）移动目标的练习:练习者对移动目标能迅速地做出应答反应,一般要经过看到或听到目标移动所发生的信号、判断目标移动的方位及速度、选择自己的行动（应答）方案和实现行动方案4个步骤。

（4）选择性练习:让练习者随着各种信号复杂程度的变化,做出相应的应答动作。例如,教练员喊"蹲下"同时要求练习者站立不动;教练员喊"向左转",但要求练习者向后转。

2. 动作速度的练习方法

（1）利用外界助力来提高动作速度的练习:如在体操训练中教练员常常用手的助力,帮助练习者提高完成某一技术环节的动作速度。在使用助力时,必须掌握好助力的时机和用

力的大小。最好能同时用语言加以刺激,让练习者很好地体会和感觉助力,以便尽快达到动作速度要求。

（2）减小外界阻力来提高动作速度的练习:如在自行车、速度滑冰和跑的训练中,借助风力进行顺风骑、顺风滑以及顺风跑等训练。以帮助练习者感知高速运动时的身体感觉。

（3）借助动作加速或器械重量变化来提高动作速度的练习:如在跑的训练中,利用下坡跑可获得加速的效果;先用加重的铅球做练习,可提高推标准重量铅球时的动作速度。

（4）借助信号刺激提高动作速度的练习:如利用与动作同步的声音伴奏,使练习者根据声音信号的节奏快速完成动作。

（5）缩小或缩短完成练习的空间或时间来提高动作速度的练习:如可以利用小场地练习来提高球类项目练习者的动作速度。这是因为动作完成速度的快慢与持续时间的长短和完成动作时活动范围（空间）的大小有关。通过小场地练习,可以限制活动的时间和范围,从而提高练习者完成动作的速度。

3. 移动速度的练习方法

移动速度是一种综合能力的体现,与力量、柔韧、灵敏、耐力等素质有密切关系。因此,发展这些素质的练习都有助于提高移动速度。

（1）采用高能磷酸盐供能为主的短时训练法,每次训练时间不超过20秒。

要求训练中重复次数不宜过多,间歇时间较充分,休息时可以放松跑、拉伸为主。

（2）各种爆发力训练,例如蹲跳、跳深练习等动作。

（3）利用特定的场地和器材,如下坡跑和骑功率自行车。

（4）高频率的专门性练习。如小步跑、高抬腿跑、车轮跑、后蹬跑、加速追逐跑等。

① 小步跑:上体正直,肩放松,两臂前后自然摆动。髋,膝,踝关节放松,迈步时膝向前摆出,髋稍有转动。当摆腿的膝向前摆动的同时,另一腿的大腿积极下压,足前掌扒地式着地,着地时膝关节伸直,足跟提起,踝关节有弹性（图6-3-1）。

图6-3-1　小步跑

② 高抬腿跑:上体正直或稍前倾,两臂前后摆动。大腿积极向前上摆到水平,并稍稍带动同侧髋向前,大小腿尽量折叠,脚跟接近臀部。在抬腿的同时,另一腿的大腿积极下压,直腿足前掌着地,重心要提起,用踝关节缓冲（图6-3-2）。

图 6-3-2 高抬腿跑

③ 车轮跑：上体正直或稍前倾，两臂前后摆动。后蹬结束立即向前上方抬大腿和收小腿，膝关节放松，大小腿充分折叠，边折叠边向前摆动。摆动大腿抬到水平，小腿随惯性向上方摆出，然后随着摆动大腿的积极下压，小腿积极向下刨扒，着地时膝关节可以稍有弯曲，上体可以稍有后仰，特别是做的距离比较长时，着地腿用踝关节缓冲，有扒地动作（图 6-3-3）。

图 6-3-3 车轮跑

④ 后蹬跑：上体正直或稍前倾，两臂自然摆动。摆动腿积极向前上方摆出，同侧髋带动大腿充分前送。在摆腿的同时，另一腿大腿积极下压，足前掌着地，膝、踝关节缓冲，迅速转入后蹬。后蹬时摆腿送髋动作在先，膝踝蹬伸在后，腾空阶段重心向前，腾空时要放松，两腿交替频率要快（图 6-3-4）。

图 6-3-4 后蹬跑

⑤ 加速追逐跑：划出几米长的区域，其中一同伴先在区域一端等待，当另一同伴进入区间时，开始加速（图 6-3-5）。

图 6-3-5 加速追逐跑

思考题

1. 决定移动速度素质的生理学基础有哪些?
2. 简述发展移动速度素质的常见方法有哪些?

▶▶ 第四节 灵敏和柔韧素质

灵敏素质是指人体在各种突然变化的条件下,能够迅速、准确、协调、灵活地完成动作的能力,是人各种运动技能和身体素质在运动中的综合表现。灵敏素质分为一般灵敏素质和专项灵敏素质,前者指适应一般活动的灵敏素质,后者指符合专项需求的特殊灵敏素质。

柔韧素质是指人体各个关节在不同方向上活动的幅度以及肌肉、肌腱和韧带等软组织的伸展能力。柔韧性对于身体的灵活性和协调性至关重要,它决定着运动员在比赛中的各个技术动作的发挥程度,同时也对日常生活和工作中的身体活动有着重要影响。

一、灵敏和柔韧素质的生理学基础

(一)灵敏素质的生理学基础

神经系统通过快速、准确地传递神经冲动,协调肌肉的活动,使个体能够迅速响应外界刺激,调整身体姿势和运动方向。眼睛、耳朵、皮肤等感觉器官,负责接收外界信息,并将这些信息被传递到大脑进行处理,进而指导个体的运动反应。机体感官分析器是指分布在身体各部位的感觉神经末梢,它们负责收集身体内部和外部的信息,能够感知身体的运动状态、肌肉收缩情况以及外界环境的变化等信息,为大脑提供准确的反馈,从而指导个体做出正确的反应。强健的肌肉系统能够迅速、准确地响应神经系统的指令,实现身体姿势的快速变换和运动方向的灵活调整。

(二)柔韧素质的生理学基础

决定柔韧素质的因素:一是运动器官的结构,包括关节的骨结构;二是关节周围组织的体积大小;三是跨关节的韧带、肌腱、肌肉和皮肤的伸展性。其中第三个因素对柔韧素质的影响最大。此外,柔韧素质还取决于支配骨骼肌运动的神经系统的机能状态,特别是中枢神

经系统的调节对抗肌之间的协调性的改善,以及对肌肉收缩和放松的调节能力。对抗肌间协调的改善可使肌肉活动时参与工作的对抗肌群充分放松,从而降低了主动工作的障碍,保证运动幅度的加大。非条件反射性肌牵张反射的抑制以及随意放松肌肉的能力,都是影响动作幅度扩大的主要因素。

二、发展灵敏和柔韧素质的原则

(一) 发展灵敏素质的原则

灵敏素质要求人在各种复杂变换的条件下能迅速、准确、协调地做出应答动作,这就要求必须具备良好的判断力和反应速度,并能在时间、空间和用力特征等方面随机完成应答,因此在训练的时候必须多方面发展。发展灵敏素质应遵循以下原则。

1. 循序渐进原则

发展灵敏素质的训练应从简单到复杂,从易到难,逐步提高训练难度和强度。这样可以避免运动员因训练难度过大而产生畏惧心理,同时也可以帮助运动员逐步适应并突破自我,稳步提升灵敏性。

2. 全面发展原则

灵敏素质的发展应涵盖运动员身体的各个方面,包括速度、力量、柔韧性、协调性等。通过多元化的训练手段,可以全面提升运动员的身体素质,为其灵敏性的提高奠定坚实基础。例如,结合力量训练增强肌肉爆发力,通过柔韧性训练提高身体关节的灵活性,以及通过协调性训练提升身体各部分之间的协同工作能力。

3. 结合专项原则

灵敏素质的训练应紧密结合运动员所从事的运动项目特点,确保训练内容与实际比赛需求相契合。这一原则有助于运动员在训练中更好地模拟比赛场景,提高训练效果。例如,对于足球运动员而言,可以设计包含快速变向、急停急转等与足球专项动作有关的灵敏性训练,以帮助其在比赛中更好地应对复杂多变的局势。

(二) 发展柔韧素质的原则

柔韧素质的发展,必须在遵循生理学特点的基础上,进行全方位、长期性的练习,最好是结合专项技术动作练习,更能提升柔韧效果。为了更好地提高柔韧素质,应遵循以下训练原则。

1. 生理学原则

进行柔韧素质练习时,以关节结构为依据,不应超过关节结构允许的范围,遵循生理学原理,以避免关节损伤。这是进行柔韧训练的基本前提,并确保训练的安全性和有效性。

2. 循序渐进原则

柔韧性训练应循序渐进,不要一开始就追求高难度动作。在训练过程中,应先易后难,逐渐增加牵拉的难度,以避免过度拉伸导致的损伤。

3. 长期性原则

柔韧素质的发展是一个长期的过程,需要坚持不懈地训练。只有坚持每天或定期进行柔韧训练,才能逐步提高身体的柔韧性。

4. 个性化原则

每个人的身体状况和柔韧性水平都不同,因此应制定个性化的训练计划。根据自身的实际情况,选择合适的训练方法和强度,以达到最佳的柔韧训练效果。

5. 合理性原则

身体柔韧性的发展并非强度越大越好,而是应根据专项技术的要求来发展。符合专项技能要求并能顺利完成动作即可,避免因过度追求柔韧性而导致的其他问题。

三、发展灵敏和柔韧素质的方法

(一)发展灵敏素质的方法

1. 变换训练法

通过改变训练内容、环境、条件等,使学生在不同的刺激下产生身体适应性,从而提高灵敏素质。例如,在训练中变换训练动作、训练节奏、训练强度等。

2. 组合训练法

将多个动作或技能组合在一起进行训练,以提高学生在复杂环境中的适应能力。例如,在篮球训练中,可以将传球、运球、投篮等动作组合在一起进行练习。

3. 游戏训练法

通过游戏的形式进行训练,使学生在轻松愉快的氛围中提高灵敏素质。例如,进行追逐游戏、躲闪游戏等。

4. 器械训练法

利用器械进行训练,如软梯、跳绳、平衡板等,以提高学生的协调性和灵敏性。

5. 专项训练法

根据所练运动项目的特点和技术要求,设计专门的灵敏素质训练方法。例如,在足球技术训练中,可以进行急停、急转、变向等专项灵敏素质训练。

(二)发展柔韧素质的方法

1. 静力性拉伸法

当练习者练习部位拉伸到最大限度时,依靠自我控制或外力保持静止姿势一段时间。这种方法可以减缓肌肉酸痛和缓解肌肉僵硬,常用的训练动作包括站姿并腿体前屈等(图6-4-1)。

2. 动力性拉伸法

动力性拉伸法是一种有节奏地多次重复同一动作的拉伸练习。每次拉到有疼痛感时放松,并逐渐加大震动的力度和幅度来拉长肌腱、韧带、肌肉等组织。常用的训练动作包括原地正踢腿、侧踢腿等。

图 6-4-1 站姿并腿体前屈

3. PNF 牵拉法

"PNF"来自英文"proprioceptive neuromuscular facilitation",译为本体感觉神经肌肉促进法。PNF 牵拉法比传统的静力性伸展和弹性伸展对促进柔韧性的提高更有效。

4. 动静力结合拉伸法

动静力结合拉伸法是将动力性拉伸法和静力性拉伸法两种方法相互结合起来使用的一种练习方法。常用的训练流程为先进行有节奏的动力性拉伸，再进行静力性拉伸，使肌肉韧带由动力性状态过渡到静力性状态。

5. 其他方法

如瑜伽、普拉提、舞蹈等训练方法也可以有效地提高柔韧素质。这些训练方法注重身体的平衡和协调，通过特定的动作和呼吸控制来增强身体的柔韧性和力量。

 思考题

1. 决定灵敏素质的生理学基础有哪些？
2. 简述发展柔韧素质的常见方法有哪些？

第三篇

通用项目篇

● 导言

　　本篇内容主要为专项运动技能,属于高职院校学生必修课程。专项运动技能是指学生经过系统化训练,对某一运动项目技战术达到熟练掌握、灵活运用程度的技能与本领。通用项目内容包括大球类运动、小球类运动、健身健美运动、民间传统体育与防身术、冰雪与水上运动、休闲运动等项目。学生通过通用项目的学习,可以了解项目的起源、演变、锻炼价值、竞赛规则与裁判方法等基本知识,掌握参与比赛的核心技术和常用战术,让主动参与体育锻炼成为一种习惯,最终为全民健身体育事业做出积极贡献。

袁隆平与体育

"共和国勋章"获得者、"杂交水稻之父"中国工程院院士袁隆平，为我国和世界粮食安全做出了不可磨灭的贡献。年轻时代的袁隆平，还曾有一个"体育报国梦"。

游泳是袁隆平一生的爱好。进入湖南杂交水稻研究中心工作后，袁隆平和团队成员每年12月到次年4月都要前往海南三亚的南繁基地进行科研攻关。当身体状况允许时，袁隆平几乎每天都要去海里畅游一番。

除了游泳之外，袁隆平最爱的体育项目就是气排球了。进入耄耋之年后，袁隆平喜欢自称为"80后""90后"，他喜欢看单位的年轻后辈打气排球，不愿意加入"老年队"。他曾这样形容自己："80岁的年龄，50岁的身体，30岁的心态。"

第七章　大球运动

▶▶　第一节　篮球运动

一、篮球运动简介

（一）篮球运动的起源

篮球运动是一项集体性、综合性的围绕高空区域展开立体攻守对抗的体育运动项目。篮球运动因以其特有的魅力，深受世界各国人民的喜爱。

> **知识链接**
>
> ### 篮球运动的起源
>
> 1891 年 12 月在美国马萨诸塞州斯普林菲尔德市（春田市）基督教青年会国际训练学校（后更名为春田学院），体育教师詹姆斯·奈史密斯（图 7-1-1）以当地青年摘桃扔入桃筐的游戏为雏形，发明了最初的篮球运动。起初，奈史密斯将两只桃篮钉在健身房内看台的栏杆上，桃篮上沿距离地面约 10 英尺（约 3.048 米）高，用足球作为比赛工具，向桃篮投掷。投球入篮得 1 分，按得分多少决定胜负。每次投球进篮后，要爬梯子将球取出再重新开始比赛。以后逐步将竹篮改为活底的铁篮，再改为铁圈下面挂绳网。为了避免将球投掷到场外远处，影响观看者，曾在篮筐后部设有挡网，有些还用网形装置罩住整个场地，类似一个大网笼。因此，有些国家和某些版本的书刊上仍将篮球运动称为笼球运动。由于这种活动的游戏性和趣味性较强，有较好的健身作用，所以人们便在游戏的基础上充实活动内容，制定了某些限制性规则，不断改革比赛方式，从而逐步形成了现代篮球运动。
>
>
>
> 图 7-1-1　奈史密斯

（二）篮球运动的发展

篮球运动诞生后，传播得很快。1892 年传入加拿大和墨西哥，1893 年传入法国，1895 年传入中国，1901 年传入日本和西亚地区，1905 年传入俄国。1904 年美国青年会男子篮球队在第 3 届奥运会上进行了表演。此后,篮球运动逐步在全世界开展起来。1932 年 6 月 18 日在瑞士日内瓦成立了国际业余篮球联合会(简称"国际篮联")。1936 年第 11 届奥运会上,男子篮球被列为正式比赛项目。1950 年和 1953 年分别举行了第 1 届世界男篮和女篮锦标赛。1948 年起,在许多国家的少年儿童中开始出现小篮球活动,受到国际篮联的重视,1968 年国际小篮球委员会成立。1976 年第 21 届奥运会又增加了女子篮球比赛。篮球运动自 1891 年发展至今,先后经历了初创时期、完善时期、普及时期、全面提高时期。20 世纪 80 年代中期以来,职业篮球运动员开始走上奥运会赛场。尤其是在 1992 年巴塞罗那奥运会上,由"飞人"乔丹率领的美国梦之队的优异表现,更是将篮球运动的发展推向了前所未有的高峰。现在,奥林匹克运动会篮球比赛、世界篮球锦标赛、美国男子篮球职业联赛(NBA)已经发展为代表篮球运动最高水平的三大赛事。

> **知识链接**
>
> ### 奥林匹克运动会简介
>
> 奥林匹克运动会(简称奥运会),是国际奥林匹克委员会主办的世界规模最大的综合性运动会,每 4 年 1 届,会期不超过 16 日。奥运会是目前世界上影响力最大的体育盛会,分为夏季奥林匹克运动会、冬季奥林匹克运动会、夏季青年奥林匹克运动会、冬季青年奥林匹克运动会。奥林匹克运动会最早起源于古希腊,因举办地在奥林匹亚而得名。奥林匹克运动会现在已经成为和平与友谊的象征。北京于 2008 年成功举办了第 29 届夏季奥林匹克运动会,于 2022 年成功举办了第 24 届冬奥会。

现代篮球运动是清朝末期(1895 年)由美国基督教青年会传教士传入我国天津基督教青年会的。1896 年,天津基督教青年会举行了我国第一次篮球游戏表演,此后篮球运动逐步由天津向全国传播、推广。一百多年来,篮球运动逐渐成为广大人民群众喜闻乐见的体育运动项目。篮球运动在我国的传播、普及、发展和提高受不同时期政治、经济、文化、教育等各方面因素的影响。中国国家女子篮球队是一支进步迅速、技术水平提高显著的世界劲旅,以"巾帼不让须眉"的气势取得过辉煌的战绩,多次获得亚运会、亚锦赛冠军,世锦赛、奥运会亚军等好成绩,处于世界强队行列。中国国家男子篮球队从 1975 年起,开始参加亚洲男子篮球锦标赛。1975—2015 年,17 次跻身决赛并 16 次夺冠。1978 年,中国男篮首次跻身世界男子篮球锦标赛,并于 1994 年获得世界男子篮球锦标赛第八名,成为 1996 年、2004 年、2008 年奥运会男篮八强之一。1995 年开始,中国篮球协会开始举办中国男子篮球甲 A 联赛,培养了一大批篮球明星,尤其是姚明等球员进军 NBA 后,中国篮球开始走上世界职业篮球舞台,吸引了全世界球迷、商家和专业人士的关注。中国男子篮球职业联赛(CBA)的成功举办,大大提升了中国篮球在国际篮坛的地位,也大大推动了篮球运动在国内的普及,群众性的篮球运动蓬勃展开,街头三人篮球赛如火如荼;校园篮球热潮一浪高过一浪,中国大学生篮球联赛(CUBA)深入人心,参赛队伍多达 700 支,覆盖了全国 30 个省、直辖市、自治区。

(三)篮球运动的特点

1. 空间对抗性特点

拓展阅读

篮球运动
主要赛事

（1）高空性：篮球的篮筐距离地面 3.05 米，双方通过进攻和防守向对方篮筐投篮或防止对方向己方篮筐投篮。因此，篮球运动要求运动员具有特殊的控球与制空能力。

（2）瞬时性：竞赛规则对持球进攻队有 3 秒、5 秒、8 秒和 24 秒等不同性质的限制。因此，强化时间概念，准确围绕空间目标尽快进行攻守转换、控制球和投进球，就成为篮球比赛获胜的关键。

2. 内容多元化特点

现代篮球运动内容呈多元化发展趋势，有其独特的理论体系和技战术体系，已成为一门综合性的体育学科。内容涉及哲学、军事学、政治学、经济学、决策学、管理学、体育学、教育学、心理学、训练学、伦理学、逻辑学和生理学、医学等学科的专项理论。另外，还有对教练员、运动员的智能潜力、运动意识、气质、身体形态条件、生理机能、心理修养、意志品质、道德作风、专项技术水平与战术配合意识及实战能力等方面的研究。从而使篮球运动的学科发展更趋科学化、独特化，更具现代意识。

3. 多变和综合性特点

篮球运动是在去粗取精的动态过程中由低级到高级发展进化的，至今已成为一项综合竞技艺术。篮球比赛过程较其他球类项目复杂，技术动作繁多，战术形式多样，优秀运动队和明星队员创造性地运用篮球技术、战术已达到艺术化的程度，使篮球比赛过程充满生气和活力。而围绕空间瞬时变化展开的争夺，反映出队员个体单兵作战与集体协同配合相结合，空间攻守与地面攻守相结合，空间与时间相结合，计谋与技艺相结合的综合性技战术特点。

4. 健身和增智性特点

根据体育运动的项群分类理论，篮球运动属综合性的、非周期性的集体运动，这是由其运动内容、结构的多元化和竞赛过程的多变性、综合性特征所决定的。所以，从事篮球运动有助于培养活动者的综合素质，增进身体健康、活跃身心、增长知识，对锻炼人的综合才干，开发人的智慧，培养人的优良道德品质和顽强的意志作风都有积极的影响。

5. 启示和教育性特点

从社会学的角度说，篮球运动是一项具有广泛群众基础和特殊社会影响的体育项目，篮球竞赛和各种篮球活动过程中充满教育因素。因此，它对提高参与人员素质、活跃社会文化生活、促进社会交往、增强国家和民族的自尊心和自信心都有积极的教育价值。为此，世界各大洲每年都以不同形式组织各种重大的篮球竞赛活动。每年各国参与各种形式的篮球赛和篮球游戏活动的爱好者达 10 亿多人次，充分显示着篮球运动特殊的社会教育潜力。

6. 职业和商业性特点

自 20 世纪 90 年代国际奥林匹克委员会允许职业篮球运动员参加奥运会篮球比赛以后，篮球运动在世界范围内的职业化和商业化进程进一步加速。特别是亚洲的中国、菲律宾、韩国及日本，都相继成立或筹划成立职业篮球队和职业篮球俱乐部。这对亚洲和世界篮球运动的进一步发展起到催化作用。这种职业化和商业化的发展趋势已成为现代篮球运动的重要特点。

二、篮球基本技术练习方法

（一）移动技术练习方法

（1）利用篮球场的圈、线进行各种跑动练习。

（2）两人行进间传球，练习侧身跑。

（3）快速侧身跑后，接后场传球。

（二）传接球技术——双手胸前传接球练习方法

（1）熟悉球性练习。围绕身体交换球，双手体前抛球，体后接球等。

（2）原地传接球练习。

练习一：2人一组练习。

练习二：多人一组练习。

（3）移动传接球练习。

练习一：2人一组行进间传接球。

练习二：3人"8"字传接球。

练习三：5人行进间传接球。

（三）投篮技术练习方法

（1）徒手练习。

（2）两人一组持球相互对投。

（3）正面定点自投自抢。

（4）"5、3、2"投篮比赛。

（四）运球技术练习方法

（1）直臂对墙运球。

（2）双手运球。

（3）原地体侧前后推拉运球。

（4）原地胯下绕"8"字运球。

（5）利用场地的圈、线运球。

（6）运球互抢游戏。

（7）运球和传接球结合练习。

（8）全场或半场一打一练习。

（五）持球突破练习方法

（1）徒手练习脚步动作。

（2）持球练习脚步动作。

（3）自抛自接进行练习。

（4）在有防守的情况下，接球急停后，突破上篮练习。

（5）半场"一攻一守"持球突破练习。

三、篮球实用战术

篮球战术一般分为进攻战术和防守战术。进攻战术分为传切、突分、掩护等配合，防守

看微课

篮球突破之
交叉步突破

看微课

篮球低运球

战术分为挤过、穿过、夹击、关门、补防、交换防守等配合。这里仅以掩护配合为例加以说明。

（一）掩护配合的分类

掩护配合是指进攻队员选择正确的位置，通过合理的技术动作用自己的身体挡住同伴防守者的移动路线，使同伴得以摆脱防守，获得接球投篮攻击或其他进攻机会的一种配合方法。根据掩护者和同伴防守者的位置和方向，掩护可以分为前掩护、侧掩护和后掩护三种形式；根据掩护者的人数、移动路线，掩护又可以分为定位掩护、行进间掩护、反掩护、运球掩护、连续掩护等。虽然掩护的形式和变化很多，但从组成掩护配合的行动看，一是掩护者主动给同伴做掩护，使同伴借以摆脱防守；二是摆脱者主动移动，利用同伴的身体位置将对手挡住，使自己摆脱防守。掩护配合是攻破人盯人紧逼防守最为有效的方法之一。

掩护配合

（二）掩护配合的要求

掩护队员去掩护时，先要向反方向做假动作，然后快速插到防守同伴的防守队员的移动路线上，离该对手 30~50 厘米，两脚开立，比肩稍宽，重心下降，两腿微屈，收腹含胸，双臂收拢于胸前以保护自己。当同伴通过后，迅速向后转身把防守者挡（挤）在背后，然后插向篮下准备进攻。

四、篮球运动竞赛规则

（一）常见的违例

违例是指违反规则，处罚则是将球判给对方球员并在最靠近违例的地点掷界外球入界。

1. 队员出界和球出界

当控制球的队员身体的任何部分接触界线、界线上方或者界线外的除队员以外的地面或者任何物体时，即是队员出界。当球触及了在界外的队员或者任何其他人员，如界线上、界线上方或界线外的地面，或者任何的物体、篮球支架、篮板背面，或比赛场地上方任何物体，即是球出界。

2. 非法运球

当场上已控制活球的队员将球掷、拍、滚在地面上，并在球触及另一名队员前再次触及该球，即为非法运球。当队员双手同时触及球或允许球在一手或双手停留时，运球结束。第一次运球结束后不得再次运球，除非在两次运球之间他在场上已失去了对活球的控制权，如投篮、被对方触及球、传球、漏接。

3. 带球走

队员在场上控制着活球，一脚或双脚超出规则的限制向任何一方非法移动是带球走。在运球时球未离开手，中枢脚就抬起，传球或投篮时中枢脚跳起又落地后球未离开队员的手。

4. 球回后场

控制活球的队员不得使球非法回到后场，否则视为违例。宣判球回后场必须符合三个条件：该队控制球，该队在前场最后触及球，该队在后场最先触及球。

5. 罚球违例

罚球队员在 5 秒内未将球投出或者投出后"三不粘"，或者罚球队员做罚球假动作都是罚球违例。

（二）常见犯规

犯规是指对规则的违反，含有与队员的非法身体接触和违反体育道德的举止。队员的每一次犯规应被登记，记入记录表并进行相应的处罚。

1. 侵人犯规

侵人犯规是队员与对方队员的接触犯规，无论是活球还是死球。队员不应通过伸展他的手臂、肘、髋、腿、膝或脚来拉、阻挡、推、撞、绊，从而阻止对方队员行进；也不应放纵任何粗野或者猛烈的动作。

侵人犯规的罚则是给犯规队登记一次犯规，并根据被犯规队员的情况宣判界外球或者罚球，以及罚球的次数。

2. 双方犯规

双方犯规是两名互为对方的队员同时相互发生侵人犯规的情况，罚则是应登记每一犯规队员一次侵人犯规，不判给罚球。

3. 技术犯规

技术犯规是包含（但不限于）行为性质的队员非接触性犯规。技术犯规主要包括对裁判无理，不服从裁判的判罚、做煽动性的语言和行为等，罚则是判给对方两次罚球和随后的界外球权。

知识链接

篮球队员场上位置的划分

篮球运动发展至今，技战术体系不断得到完善，队员在场上的位置、职责也发生了相应的变化，在场上的位置及名称也发生了变化。以前上场的 5 名队员一般称为后卫（2 名）、前锋（2 名）和中锋（1 名），现在开始称为一号位（控球后卫）、二号位（得分后卫）、三号位（小前锋）、四号位（大前锋）和五号位（中锋）。下面就对 5 名队员的职责做一简单地叙述。

一号位——控球后卫。控球后卫是球场上拿球机会最多的人。他要把球从后场安全地带到前场，再把球传给其他队友，让其他人有得分的机会。

二号位——得分后卫。得分后卫，由其字义不难得知，他以得分为主要任务。他在场上是仅次于小前锋的第二得分手，但是他不需要练就像小前锋一般的单打技术，因为经常是由队友帮他找出空当后投篮。

三号位——小前锋。小前锋乃是球队中最重要的得分者。对小前锋最根本的要求就是要能得分。小前锋一接到球，第一个想到的就是要如何把球投进篮筐。

四号位——大前锋。大前锋在队中担任的任务几乎都是以苦工为主，抢篮板、防守、卡位都少不了他，但是要投篮、得分，他却经常是最后一个。所以说，大前锋可以算是篮球场上最不起眼的角色了，现代篮球中，大前锋的投篮能力越发受到重视。

五号位——中锋。中锋通常是队中身高最高的，中锋占据篮下位置，负责内线进攻、封盖、抢篮板球，有时还需配合后卫组织进攻。

 思考题

1. 篮球基本技术包括哪些?
2. 请你设计一套练习投篮技术的训练计划。
3. 篮球队员的场上位置如何划分?

第二节　排球运动

一、排球运动简介

(一) 排球运动的演变

1. 娱乐排球阶段

排球运动诞生之初,是一种娱乐性较强的游戏活动。随着实践体会的增多,人们发现集体配合能创造更多的获胜机会,从而萌发了战术意识。由此三次击球过网的规定出现了,进而促进了传球与扣球技术的分化,使排球运动有了质的飞跃。这种质的飞跃使排球的竞技性和对抗性逐渐显露出来,促成了娱乐排球向竞技排球的转化。

> **知识链接**
>
> 1895 年,美国马萨诸塞州霍利约克市基督教青年会体育干事威廉·摩根先生,发明了一种在网球场地上,同等多人分隔网球网两侧,努力用手将篮球击打过网的游戏活动。由此,这种游戏活动逐步发展成为排球运动。

2. 竞技排球阶段

1947 年 4 月,在巴黎正式召开国际排球联合会(简称"国际排联")成立大会。国际排联的成立标志了排球运动从娱乐游戏时代进入了竞技时代。其后相继出现了锦标赛、奥运会、世界杯等排球大赛。排球运动成了具有广泛影响的正规竞技项目。

3. 竞技排球与娱乐排球共存阶段

从排球技术发展看,以一技之长称霸天下的时代一去不复返了,其风格已演化为全攻全守型排球。具有代表性的是 20 世纪 80 年代的中国女排和美国男排。全攻全守的整体排球思想使他们获得诸多荣誉,也被世界排坛接受,并形成世界排球的发展趋势。

其次是排球运动的社会化、商业化和职业化。在 1984 年国际排联代表大会上,墨西哥人阿科斯塔担任了国际排联主席。在他的领导下,国际排联把排球推向社会,推向市场,使得世界排球运动呈现出一派繁荣景象,也获得了前所未有的社会效益和经济效益。至 1998 年,国际排联的队伍空前壮大,会员国已发展到 210 多个,是世界上最大的单项运动协会。同时,为了更好地推动排球运动的普及与发展,国际排联还大力提倡和推广各种形式的排球运动,如沙滩排球、软式排球、残疾人排球、水中排球等,形成了竞技排球与娱乐排球共存的

局面。

（二）排球运动特点

排球运动与其他运动项目一样,同样具备促进健身娱乐、加强集体意识、培养拼搏精神、提高信息处理能力等作用,但作为一项独立运动,它又有其自身特征和魅力。

（1）所击的球是空中飞行的球。排球的英文"volleyball"的原意是指空中飞行的球。因此在排球活动中,要求参与者采用合理的击球技术,力争不让球落地。一旦球在本方场地内触地,就意味着对方得分。

（2）击球时间短促。排球运动问世至今,其竞赛规则始终不允许"持球",即不允许球在击球部位停留的时间过长。这是除了借助工具击球的乒乓球、网球等项目外,排球运动区别于其他球类运动的一大特点。

（3）允许全身各部位击球。目前所有的球类运动都有其规则限定的身体合法触球部位,唯独排球竞赛规则规定运动员全身任何部位均可触球。

（4）完成战术配合时触球次数的有限性。排球竞赛规则是,每方击球过网前,击球次数至多不得超过3次(不含拦网)。即每一次战术配合过程只能在3次击球内完成。

拓展阅读

排球运动
主要赛事

> **知识链接**
>
> #### 世界排球锦标赛
>
> 世界排球锦标赛是世界上最早的,且规模最大的一项排球比赛。1949年第1届世界男排锦标赛在布拉格举行。1952年第1届世界女排锦标赛在莫斯科举行。以后每隔4年举行1次。
>
> #### 世界杯排球赛
>
> 世界杯排球赛原为欧、亚、美三大洲的男子排球赛,1984年国际排联将该项比赛扩大成为世界性比赛,并称其为世界杯排球赛。1965年在华沙举行了第1届男排世界杯赛,1973年在蒙得维的亚举行了第1届女排世界杯赛,以后每4年举行1次。经国际排联批准,从1977年开始,世界杯排球赛举办的地点固定在日本。
>
> #### 奥运会排球赛
>
> 1964年在日本东京举行的第18届奥运会上,排球比赛被正式列为奥运会比赛项目。

二、排球基本技术练习方法

（一）准备姿势练习方法

（1）启动准备姿势状态下,原地向右转,右脚降重心用手摸地,低姿势感受两脚适当距离和准备接球姿势。完成反方向练习。

（2）在同方向上跨步,完成接球准备姿势。

（二）移动练习方法

1．跨步

（1）在原地准备姿势下,步幅由小到大地完成跨步接球练习。

（2）在原地慢跑状态下,完成跨步练习。

（3）在行进慢跑状态下,完成跨步练习。

（4）自设不同距离,交替进行不同步幅的跨步练习。

2．交叉步

（1）在原地准备姿势下,步幅由小到大地完成交叉步移动练习。

（2）在原地慢跑状态下,完成交叉步练习。

（3）在行进慢跑状态下,完成交叉步练习。

（4）自设不同距离,交替进行不同步幅的交叉步练习。

（5）限制区内,以交叉步移动方式,手摸中线和限制线。

3．滑步

（1）在原地准备姿势下,体会并步要领。

（2）连续向左、向右并步练习。

（3）连续各方向（向前小跑步、两腿交替后退步）的滑步练习,但换方向前需完成一个顺势方向的跨步或交叉步移动。

（4）前脚掌着地:便于踝关节发力,提高移动速度。

（三）正面双手垫球练习方法

（1）徒手模仿,强化含胸夹肘、压腕顶肘、提肩抬臂等动作意识。

（2）固定一个与腰同高的目标,用完整垫球动作击固定目标,体会手臂触球部位的触球感觉。

看微课
排球正面双手垫球练习

（3）自抛自垫,体会有球状态下的完整垫球技术,建立恰当的人、球空间距离感。

（4）选择略低于肩的击球点,连续向上自垫球。初学阶段,以技术正确为主,成功率不重要。待基本掌握技术后,再以追求成功率的形式来帮助强化技术。

（5）在自垫球基础上,适当降低击球点,向墙连续垫球。

（6）两人近距离垫球,为两人远距离对垫做好技术准备。

（四）正面双手传球练习方法

（1）不限高度的自抛球练习。

（2）自传球。

（3）高低交替的自传练习。

（4）对墙传球练习。

（5）在伙伴合作下,借助自传经验,两人轮流向上传球。

（6）多人间的对传球。

看微课
排球正面上手传球

（五）正面上手发球练习方法

（1）在掌握正确收肩动作的基础上,体会完整挥臂动作。

（2）徒手体会完整发球动作。

（3）掌握平稳竖直上抛技术,稳定抛球轨迹与高度。

（4）在不强调发力要求的情况下对墙发球,体会完整发飘球技术。

（5）逐步加大与网距离的过网发球练习

（6）按对方场地 1~6 号位的顺序,做逐一定点发球练习,提高发球准确性。

（六）正面扣球练习方法

（1）熟练掌握鞭打挥臂技术。

（2）原地扣固定球。

（3）对地扣球练习。

（4）熟练掌握助跑技术。

（5）助跑起跳扣自抛球。

（6）不断改变条件的上网扣球练习。

（七）单人拦网练习方法

（1）拦固定球,掌握拦网手形。

（2）变化移动距离做面向墙的拦网练习。

（3）起跳拦抛球练习。

（4）在实战中拦网练习。

（八）"小球"技术介绍

1. 双手互握似挡球

（1）合掌手形练习。

（2）利用双手挡球技术挡自抛球。

（3）利用双手挡球技术挡抛向墙面的反弹球。

（4）在实战中提高技艺。

2. 单手吊球

（1）连续用单手传球。

（2）扣球助跑跳起,空中吊球。

（3）扣球助跑跳起,空中多方向吊球。

（4）扣球掩护吊球、吊球掩护扣球练习。

知识链接

排球比赛中的"小球"防守技术

　　"小球"是指在排球比赛中出现的难以预判落点或是突然改变方向、角度、速度的各种"乱球"。"小球"防守技术是指防守这些"乱球"的各种技术动作。在排球比赛中,当一个球往返多次,相持时间较长,攻防能力不相上下时,一个高质量的"小球"可以起到起死回生的作用,甚至能转败为胜,赢得最终的胜利。因此,"小球"防守技术在实力相当的球队比赛中能起到出奇制胜的作用。

三、排球实用战术

1. 个人战术

（1）发球：不同性能的发球、控制落点的发球、变化节奏的发球、变化线路的发球等。

（2）二传：隐蔽传、晃传、传吊结合、传扣结合等。

（3）扣球：路线变化、轻重变化、打手出界、超手扣球、时间差、空间差、打吊结合等。

（4）一传：根据本方组织进攻的需要选择落点、组织进攻战术、直接吊球过网等。

（5）拦网：迎面拦、跟跳拦、假动作变换手形拦、踮跳拦、前伸拦网与直臂拦网等。

（6）防守：分工取位、"有利面"放宽、针对性防守、拦网补漏、上下肢并用等。

2. 集体战术

（1）阵容配备：比赛时上场队员的组成。

① "四二"配备：上场阵容由 4 个进攻队员和 2 个二传队员组成。

② "五一"配备：上场阵容由 5 个进攻队员和 1 个二传队员组成。

（2）接发球站位：在对方发球时，接发球一方的队员按照规则要求进行位置分布。站位形式很多，常见的有三种："一三二""二一二""插上"。

（3）"一攻"战术：接发球方在接发球后所发起的有组织的进攻。根据二传组织进攻时所处的位置，一攻战术可分为"中一二"进攻战术和"边一二"进攻战术。

3. "一攻"配合形式

"一攻"配合指接发球后，通过队员的互相配合打出的多种战术变化。大致有以下三类。

（1）以快球及其掩护为中心的变化举例，具体如下：

① 3 号位快球两边拉开进攻配合：3 号位队员快球或掩护，4 号位、2 号位扣一般球。

② 夹塞进攻配合：3 号位队员扣近体短平快，4 号位队员到 3 号位队员扣近体低位球。

③ 前交叉进攻配合：4 号位队员快速跑到 3 号位扣快球或掩护，3 号位队员斜插至 4 号位队员左侧扣半高球或跑到 4 号位扣一般球。

④ 双快一游动进攻：用于"插上"战术。两个前排队员同时跳起扣快球或进行短平快的传球，另一前排队员进行游动活点进攻。

（2）以前排快攻为中心的后排进攻举例。在前排任意点的快攻掩护下发动后排进攻。

（3）两次进攻。队员直接将一传球扣过网。常见的是二传队员以传球为掩护，直接将一传球扣过网。

4. 防守及其反击战术

防守反击（即防反）是指拦、防起对方进攻过来的球后组成的反击。由防守和反击两部分组成。

（1）防守阵型：为了防住对方进攻，场上队员所进行的合理站位分布。

① 防守：在对方攻势不强或来球快速多变时常采用单人拦网防守。不拦网的队员一人跟上保护或防备对方吊球。另一个人后撤参加后排防守，后排队员在距网 6 米处形成弧形防守带。

② 双人拦网防守：双人拦网时，有"心跟进""边跟进"两种防守阵型。所谓"心跟进"就是由 6 号位队员跟进保护，而"边跟进"则是由对方扣球点同侧的本方后排队员（1 号或 5

号）跟进保护的防守阵型。其余队员在后排成"马蹄形"防守,同时注意弥补拦网漏洞。

③ 三人拦网防守:当对方有明显的高点强攻意图时,可组织三人拦网。而后排队员在组成弧形防守站位的同时,应特别注意补漏和防吊球。

（2）反击战术:在遵守规则的前提下,重新调整队员分布,形成最佳反击阵型,以达到最大限度发挥本队实力的目的,完成有效反击。

① 换位:为了能调动一切积极因素增加防守反击力量,而进行的队员位置重新分布。常见的换位形式有:

前排换位:如"边一二"进攻中,主攻换4号位,副攻换到3号位,二传或接应二传换到2号位。

后排换位:如强攻换到5号位,副攻换到6号位,二传或接应二传换到1号位。

换位时机:一种是前排进攻队员为了进攻的需要,在进攻中自然换位。另一种是为了形成最佳反击阵型,在本方发球或者"一攻"完成后进行换位。

② 反击战术形式:是建立在防守基础上的进攻形式,其进攻的配合形式与"一攻"进攻形式基本相同。

四、排球运动竞赛规则

（一）比赛场区与器材

排球比赛场地包括比赛场区和无障碍区。球网长9.50米,宽1米。网的高度,成人男子比赛为2.43米,女子比赛2.24米。

（二）位置

发球时,双方队员（除发球队员外）须站在场内各自位置上。前排队员从左至右分别是4、3、2号位。后排队员,从左至右分别是5、6、1号位。发球员击球的一刹那,双方必须按位置、顺序站位,即前排队员一只脚的某部分必须比同列后排队员的双脚距离中线更近,同排边上队员一只脚的某部分必须比中间队员的双脚距离其同侧边线更近。发球后双方队员均可在本方场区任意换位。

（三）轮转

当接发球方取得发球权,该队队员应按顺时针方向轮转至下一个位置,由原2号位换到1号位的队员发球。

（四）连击

除拦网外,同一队员不得连续击球两次。但在一方第一次击球时,同一动作内可以连击。

（五）持球

队员触球时不得有捞捧、推掷、携带等持球动作。

（六）三次击球机会

球过网前,每队最多击球3次（拦网除外）。

（七）触球部位

允许全身触球。

（八）触网

比赛时，不允许有获利的触网动作。

（九）发球

运动员以一只手或手臂的任何部位将抛起的球击出而进入比赛的过程，称为发球。发球时，不得出现发球人失误；发球人不得触及非罚球区地面；发球时间不得超过 8 秒；不得利用掩护；发球后，球必须从过网区过网；不得落在界外，不得触及障碍物。

（十）过网击球

比赛时不允许在对方场区空间击球，但拦网除外。

（十一）过中线

在不妨碍对方比赛的情况下，允许队员在网下穿越进入对方空间。比赛中只要脚不完全踩过中线，身体一部分压在中线同时触及对方场地是可以的。

（十二）拦网

运动员靠近球网处阻拦对方来球的行动，称为拦网。拦网不算 1 次触球，拦网后该队还可以击球 3 次。拦发球、后排队员参加拦网，并起到拦网作用均为拦网犯规。

（十三）后排进攻

后排队员只有在限制线后起跳，或站在限制线后才可将高于球网的球击过球网。

（十四）换人

一局比赛，每队最多可替换 6 人次。而且是对应换人，换下场的主力队员上场只能换下替换他的替补队员，而且 1 局只有 1 次机会。

（十五）暂停

一般比赛每局只有两次暂停机会，时间为 30 秒。

（十六）自由人

自由人在场上的功能主要是防守。因此，他不能组织进攻或参与进攻的行动。例如，不能将高于球网的球直接打过网；也不能在进攻区内，以传球方式组织进攻；更不能试图进行发球和网前的拦网。

（十七）得分

比赛采用每球得分制，胜 1 球即得 1 分。

比赛的前 4 局以先得 25 分，并同时超出对方 2 分的队为胜 1 局。当比分为 24∶24 时，比赛继续进行至某队领先 2 分为胜 1 局。决胜局以先得 15 分，并同时超出对方 2 分的队获胜。当比分为 14∶14 时，比赛继续进行至某队领先 2 分为止。

 思考题

1. 排球运动使用的战术有哪些？
2. 排球运动中有哪几种移动方式？
3. 排球运动有哪些特点？

▶▶▶　第三节　足球运动

一、足球运动简介

（一）足球运动的起源

关于足球运动的起源目前被广泛认可的说法是,古代的足球(足球游戏)起源于中国,现代足球运动则起源于英国。

（1）战国时期:有一种被称为"蹴鞠"或"蹋鞠"的游戏在民间、军队中流传,当时它还属于娱乐方式和练兵的工具。《战国策·齐策》和《史记·苏秦列传》中就有对蹴鞠活动的记述。

（2）汉朝时期:随着社会经济的发展,"蹴鞠"这种游戏发展成熟,逐渐形成了一定的体制和氛围,如专门的场地、规则和裁判以及专门论述"蹴鞠"的书籍。"蹴鞠"曾经被当作军事训练项目,作为训练士兵的手段之一。

（3）唐朝时期:我国"蹴鞠"最盛行的时期,"蹴鞠"作为文化交流工具被传到日本。

（二）足球运动的发展

拓展阅读

足球运动
主要赛事

古希腊人和罗马人在中世纪以前玩一种"哈巴斯托姆"的足球游戏,目的就是把球带过对方的底线。中世纪的欧洲,在骑士中也流行一种叫"苏里"的足球游戏。1066 年,"哈巴斯托姆"足球游戏传入英国,1490 年正式被定名为足球。1863 年 10 月 26 日,现代足球运动在英国诞生。

> **知识链接**
>
> #### 第一个足球运动组织——英格兰足球协会
>
> 　　1863 年 10 月 26 日,英格兰 11 个足球俱乐部的代表在伦敦举行会议,成立了第一个足球运动组织——英格兰足球协会。它的成立标志着世界足球运动进入了新阶段,人们把这一天称为现代足球的诞生日。会上修改并制定了统一的足球竞赛规则。尽管规则只有 14 条,但它是现代足球比赛规则的基础,推动了现代足球运动的发展。
>
> 　　1863 年,英国人将足球传入非洲,1870 年足球进入大洋洲的澳大利亚。1885 年,英格兰建立了世界上第一个职业足球俱乐部。在其影响下,奥地利、西班牙、意大利、匈牙利等国也纷纷效仿。1893 年,南美洲首次开展足球联赛。1894 年,足球进入巴西。由于各球队相互间比赛、交流不断增加,迫切需要有一个国际性的足球机构来协调并组织活动。在这种形势下,由法国、瑞士、瑞典、比利时、西班牙、丹麦、荷兰等国家发起,于 1904 年 5 月 21 日在巴黎成立了"国际足球联合会",简称国际足联(FIFA)。从此世界各国足球协会不断成立,FIFA 会员国由原来的 7 个发展到 2020 年的 211 个。

（三）足球战术的发展趋势

世界各民族在接纳和发展足球的过程中不可避免地渗入和融合了本民族的文化特征,

形成了自己的足球文化,同时又丰富和发展了世界足球文化。

从全球足球发展的趋势看,具有巨大影响力的、反映本民族文化特征的主要是两大流派,即欧洲集体战术派和南美技术派。南美技术派崇尚个人能力,以个性自由发挥为主,它给球员创造了一个巨大的自由空间,具有超强的想象力和创造性。正是南美地区这种崇尚个性的文化背景,造就了像贝利与马拉多纳这样的国际大牌球星;欧洲集体战术派讲的是战术而非技术,讲整体而非个体,讲自律而非自由,重理性而非美感。

(四)足球运动特点

(1)整体性:正式足球比赛中每队由 11 人上场参赛。场上的 11 人思想要统一,行动要一致,攻则全动,守则全防,整体参战的意识要强。只有形成整体的攻守,才能取得比赛的主动权及良好的比赛结果。

(2)对抗性:足球运动是一项竞争激烈的对抗性项目,比赛中双方为争夺球的控制权,达到将球攻进对方球门而又不让球进入本方球门的目的,展开短兵相接的争斗,尤其是在两个罚球区附近时间、空间的争夺更是异常凶猛、扣人心弦。

(3)多变性:足球运动是一项技术上多姿多彩、战术上变幻莫测、胜负结局难以预测的非周期性运动项目。比赛中运用技、战术时会受对方直接的干扰、限制和抵抗。所以要根据临场中具体情况而灵活机动地运用技、战术。

(4)易行性:足球竞赛规则比较简单,对器材、设备要求也不高。一般性足球比赛的时间、参赛人数、场地和器材也不受严格限制,因而足球是全民健身运动中一项十分易于开展的群众性体育运动项目。

二、足球基本技术练习方法

(一)颠球技术练习方法

(1)无球模仿练习:体会各部位颠球的用力要领及触球时机。

(2)单独有球练习:用脚尖把放在地上的球向上挑起,在规定时间内累计不落地的连续击球次数。

(3)多人练习:2 人 1 球,每人颠 2~3 次后,将球传给同伴;多人围圈颠球。

(二)踢球技术练习方法

踢球的方法非常多,但主要有脚内侧踢球、脚背正面踢球、脚背内侧踢球、脚背外侧踢球。

1. 脚内侧踢球练习方法

脚内侧踢球是运用大趾骨、舟骨和跟骨所连成的三角部位击球。这个部位触球的面积较大,出球平稳,但力量较小。

(1)原地模仿练习:做大腿带动小腿摆腿踢球的模仿练习,再过渡到向前跨一步模仿踢球练习。

(2)两人一组,一人踩球,一人做踢球时跨步、支撑、摆腿、击球的动作练习。

(3)单人原地传球,面向足球墙连续踢定位球,距离与力量逐步加大。

(4)两人传球练习,再过渡到多人传球练习。

2. 脚背正面踢球练习方法

看微课

足球脚内
侧传球

脚背正面踢球时由于腿的摆动与人的髋、膝关节的自然结构相适应,其用力方向与出球方向一致,因此便于加大摆幅和加大摆速,便于大力踢球。

（1）原地模仿性练习,体会动作。

（2）两人一组,固定一个目标,用完整踢球动作击固定目标,体会触球部位和触球感觉。

（3）两人近距离练习,不要太发力,以体会动作为主。

（4）远距离踢球练习。

3. 脚背内侧踢球练习方法

脚背内侧踢球是运用脚的第一、二跖骨和第一、二楔骨之间的脚背部位。特点是踢球脚易于插入球的底部,击球点多,易于控制出球的高度、旋转和落点,击球力量也较大。

（1）进行无球模仿性练习,踢球腿以髋关节为轴,大腿带动小腿由后向前摆动。

（2）两人一球,面对面进行踢球练习,体会摆腿方向、击球点以及摆腿力量的相互关系。

（3）将球放在罚球区线上踢球,要求踢出的球必须高出横梁。

（4）远距离踢球过障碍射门练习。

（三）运球技术练习方法

运球过程中必须有效地控球,较多的情况是依靠脚内侧、脚背外侧和脚背正面来实施控球。

（1）无球模仿各种运球转身技术。

（2）每人一球,慢动作模仿运球练习。

（3）行进间运球,听信号后做运球转身练习。

（4）两人一球,一人消极防守,另一人进行各种转身练习。

（5）积极对抗练习。

（四）停球技术练习方法

1. 脚内侧停球练习方法

（1）各种停球技术的无球模仿练习。

（2）停正面来的地滚球。

（3）两人一组,一人抛一人停球练习。

（4）远距离的停球练习。

2. 脚背外侧停球练习方法

（1）做停球技术的无球模仿练习。

（2）停迎面来的地滚球。

（3）两人一组,做一人抛一人停球练习。

（4）远距离的停球练习。

3. 大腿停球和胸部停球练习方法

（1）做停球技术的无球模仿练习。

（2）自己将球向上抛或踢起,球下落时练习停球技术。

（3）两人一组,互抛互练,抛球的力量由小到大。

（4）两人一组,相距 15~20 米,相互传球练习的同时,练习停球技术。

（五）头顶技术练习方法

（1）做各种头顶球的无球模仿练习。

（2）自己或同伴双手举球在头前，做各种头顶球技术练习，体会触球部位、全身协调用力。

（3）利用吊球进行练习。

（4）两人一球，一人抛球，一人进行头顶球练习。先原地练习，再起跳练习。

（5）多人进行头顶球练习。

（6）小组练习头顶球射门。

（六）抢截球练习方法

（1）两人一球，相对站立，队员甲运球向乙突破，队员乙选择时机实施正面抢截球。

（2）两人并排站立，面前6米处放一球，听到信号后同时向球跑去，在适当的位置和时机进行合理冲撞和抢球控制。

（3）一人一球，将球放在练习者面前2~2.5米，原地蹬出做铲球动作。

（4）一对一抢球练习。

（七）掷界外球技术练习方法

（1）无球模仿练习。

（2）两人一球，近距离一人练习，一人检查是否掷球违例。

（3）界外球掷远练习。

（八）守门员技术练习方法

（1）看（听）信号选位站位。

（2）注意手形，自抛自接。

（3）快速反应接球。

三、足球实用战术

（一）进攻战术

1. 个人进攻战术

个人进攻战术主要是队员在比赛中为能战胜对手，完成整体进攻任务而采取的个人行动。个人进攻战术主要包括传球、跑位、接应、运球突破和射门。

2. 局部进攻战术

局部战术主要是指在比赛中两个或多个队员之间的默契配合行动。

（1）传切配合：传切配合指控球队员向防守队员身后空隙传球时，另一同队队员要越过防守队员，切入得球的行动。切入的进攻者要善于掌握时机，动作应快速突然，传球者要做到及时、准确，传球方式要准确合理。传切配合通常有两种：一传一切和长传转移切入。

（2）二过一战术配合：两个进攻队员在局部地区，通过两次或两次以上的连续传球配合，突破一个防守队员的战术行动。

（3）三过二战术配合：3个进攻队员在局部地区，通过两次或两次以上连续传球配合，越过防守队员的战术行动。无球者应多方位跑位接应。

3. 整体进攻战术

整体进攻战术是为完成进攻战术任务所采用的全局性的进攻配合手段。整体进攻战术

依据进攻发展的场区可以分为边路进攻和中路进攻。一次完整的进攻是由发动、发展和结束三个阶段组成的。

（二）防守战术

防守战术是在丢球后的即刻开始的。防守战术在比赛中的具体运用,往往表现出一定的被动性,即受进攻战术的牵制。但就其目的而言,防守战术的目的是遏制对方进攻并设法夺回球的控制权。因而,其主动性仍然是极其明显的,防守战术的主动性通常体现在符合战术原则的积极抢断。

为了掌握好防守战术,防守队员必须遵循好下面几个原则。

1. 延缓原则

延缓原则就是延缓、阻碍对方的进攻速度,为本队组织严密的防守布局争取时间。

2. 平衡原则

平衡原则主要是指防守队员在人数上至少与进攻队员保持等量。

3. 集中原则

集中原则是指防守队员在回位后,把注意力专注于每一位进攻者,面对进攻者要因时制宜地采取积极性的反抢行动。

4. 控制原则

基于球门前面是防守区域的咽喉地带,为了确保球门安全,防守队员必须采用盯人方法,以控制对手在此区域的一切行动。

知识链接

足球战术的运用

1. 创造人数优势

创造人数优势是在比赛中夺取主动权的重要途径之一。要有效地取得人数上的优势,就要求队员具有良好的战术意识、充沛的体力、多位置的技术能力和整体配合的意识。

2. 控制比赛节奏

控制比赛节奏极其复杂,且渗透于攻守战术之中。根据比赛的局势,一般可以采取相应的比赛节奏以保持、扩大已取得的优势,或扭转落后的局面。

3. 保持攻守平衡

足球运动的核心是指在进攻中创造有利的机会射门进球,在防守中阻止对方射门得分,从而达到取胜或不输球的目的。攻守平衡不仅是在阵型上、队员分布排列数量上的平衡,更重要的是力求在比赛过程中攻守力量实际运用时的平衡。

4. 声东击西

在比赛中准确、适时、熟练地实施声东击西战术定能取得良好的效果。

四、足球运动竞赛规则

（一）比赛场区与器材

比赛场地应为长方形,其长度为90~120米,宽度为45~90米(国际比赛场地的长为105

米、宽为 68 米），所有线宽≤12 厘米；在任何情况下，长度必须超过宽度。场地的结构为：四线、三区、两点和一圈一弧。球门柱之间的距离是 7.32 米，从横梁的下沿至地面的距离是 2.44 米。

（二）参赛人数

一场比赛应有两队参加，每队上场队员不得多于 11 名，其中必须有 1 名守门员。如果任何一队少于 7 人则比赛不能开始。

在由国际足球联合会、洲际足球联合会或各国国家足球协会主办的正式比赛中，每场比赛一般最多可以使用 5 名替补队员。任何比赛的竞赛规程都应说明可以有几名替补队员被提名，一般为 3~7 名。

（三）队员装备

队员不得使用或佩戴可能危及自己或其他队员的装备（包括各种珠宝饰物）。队员基本装备有：运动上衣；短裤，如穿紧身内裤，必须与短裤的主色同一颜色；护袜；护腿板（护腿板必须由护袜全部包住）；足球鞋。每名守门员的服装颜色必须有别于其他队员、裁判员和助理裁判员。

（四）比赛时间

比赛分为两个半场，每半场 45 分钟。特殊情况经裁判员和双方同意另行规定除外。任何改变比赛时间的协议（如因光线不足每半场减少到 40 分钟）必须在比赛开始之前制定，并要符合竞赛规程。中场休息不得超过 15 分钟。

（五）比赛开始与开球程序

通过掷币，猜中的队决定上半场比赛的进攻方向。所有队员在本方半场内，开球队的对方队员，应距球至少 9.15 米，直到比赛进行。球应放定在中心标记上，裁判员发出信号后，当球被踢并向前移动时比赛即为进行。开球队员在球未经其他队员触及前不得再次触球，某队进球得分后，由另一队开球。

（六）计胜方法

当球的整体从球门柱间及横梁下越过球门线，而此前未违反竞赛规则，即为进球得分。在比赛中进球数较多的队为胜者。如两队进球数相等或均未进球，则比赛为平局。

（七）越位

某一队员处于越位位置本身并不是犯规。队员处于越位位置要满足 3 个条件：该队员处于对方半场，该队员在球的前面，该队员较球和除守门员外最后一名对方队员更接近于对方球门线。

应判越位犯规的情况：

（1）干扰比赛。

（2）干扰对方队员。

（3）利用越位位置获得利益。

队员直接接到球门球、角球、界外球不应判为越位。

看微课

足球越位
规则

（八）犯规与不正当行为

1. 队员违反以下 10 条中任何一种，将判罚给对方罚直接任意球

（1）踢或企图踢对方队员。

（2）绊摔或企图绊摔对方队员。

（3）跳向对方队员。

（4）冲撞对方队员。

（5）打或企图打对方队员。

（6）推对方队员。

（7）为了得到对球的控制权而抢截对方队员时，在触球前触及对方队员。

（8）拉扯对方队员。

（9）向对方队员吐唾沫。

（10）故意手球。

2．裁判员认为队员有下列情况中任何一种的，将判罚给对方罚间接任意球

（1）守门员在发出球之后没有经其他队员触及，再次用手触球。

（2）守门员用手触及同队队员故意的回传球或同队队员直接掷入的界外球。

（3）动作具有危险性。

（4）出现阻挡对方队员的情况。

（5）阻挡对方守门员从其手中发球。

（6）队员在比赛中被判有开球、球门球、角球、界外球、任意球、罚球点球连踢。

（7）出现越位犯规的情况。

3．可警告的犯规（黄牌）

（1）用言语或行动表示异议。

（2）持续违反规则。

（3）延误比赛重新开始。

（4）当以角球或任意球重新开始比赛时，防守队员故意不退出规定的距离。

（5）没有得到裁判员许可故意离开比赛场地。

（6）没有得到裁判员许可进入或重新进入比赛场地。

4．罚令出场的犯规（红牌）

（1）严重犯规。

（2）暴力行为。

（3）向对方或其他任何人吐唾沫。

（4）用故意手球破坏对方的进球或明显的进球得分机会（不包括守门员在本方罚球区内）。

（5）用可判为任意球或点球的犯规破坏对方向本方球门移动着的明显的进球得分机会。

（6）使用无礼的、侮辱的或辱骂性的语言及动作。

（7）在同一场比赛中得到第二次黄牌警告。

 思考题

1．足球运动中的颠球技术应如何训练？

2．足球比赛中常用的战术有哪些？

3．作为守门员，应该怎样进行技术练习？

第八章　小球运动

第一节　乒乓球运动

一、乒乓球运动简介

（一）乒乓球运动的起源与发展

乒乓球运动起源于 19 世纪末网球盛行的英国。当时，英国有些大学生在室内以餐桌为球台，模仿网球的打法进行游戏，后来这种游戏作为一种室内游戏在英国流传开来，并被命名为"桌上网球"。乒乓球运动最初只是一种宫廷游戏，其打球的方法、规则等与网球相似。国际乒乓球联合会（以下简称国际乒联）成立以前，比赛使用的器材及比赛方法等都无统一的规定。

1926 年，国际乒联成立，通过了《乒乓球比赛规则（草案）》，乒乓球才由娱乐性比赛转为一项竞技性体育运动项目。世界乒乓球锦标赛开始定期举办以后，乒乓球运动得以快速发展。回顾乒乓球运动的发展过程，从 20 世纪二三十年代的欧洲全盛时期到 20 世纪 50 年代的日本称雄时期，国际乒联对比赛规则进行多次重大修改，通过降低球网高度、增加球台宽度，使用弹性较大的硬球，限制比赛时间等措施，促使削攻结合、以快为主的打法逐渐发展起来。日本队于 1952 年第一次参加世乒赛，他们革新了球拍，创新了打法，一鸣惊人地夺得了 4 项冠军。

新中国于 1952 年正式加入国际乒乓球联合会。在 1959 年第 25 届世乒赛中，容国团夺得男子单打冠军，成为新中国有史以来第一位体育世界冠军。此后，中国乒乓球队的实力迅速提升，时至今日，已经成为世界乒坛的霸主。

（二）乒乓球运动的特点

1. 设备简单，易普及

乒乓球运动设备简单，场地不大，运动量可视运动的性质不同而变化，既可作为全民健身的趣味性和娱乐性锻炼项目，又是具有很强竞争性的比赛项目。

2. 技巧要求较高

乒乓球小而轻，击球时要求较高的技巧性和灵活性。乒乓球的直径是 40 毫米，重 2.7 克。要把这种小而轻的球打过网落到对方球台上，要求打球的人具备一定的技巧。

3. 速度快，变化多

乒乓球往返速度快、变化多，要求打球的人具备较高的击球频率和较强的应变能力。另

拓展阅读

乒乓球运动
主要赛事

151

外,乒乓球线路多变,尤其是在旋转上更为复杂,对运动员的应变能力是种考验。

（三）乒乓球运动锻炼价值

1. 提高身体素质、增强体质

经常参加乒乓球运动可以锻炼灵敏性和协调性,提高上下肢的活动能力,增加神经系统方面的锻炼以及大脑皮质中兴奋与抑制的转换速度,还可以改善心肺功能,提高心脏的工作效率,有利于身体的新陈代谢,使心血管系统功能有所提高,提高整个身体机能水平。

2. 促进交流、增进友谊

乒乓球运动是娱乐性和竞技性较强的运动项目。打乒乓球时必须有对手共同参加,互相交流,切磋球艺。通过练习、比赛可以广泛结交朋友。

3. 发展心理素质

乒乓球运动能培养积极进取、机智果断的优良品质,良好的心理素质和顽强的拼搏精神。

二、乒乓球运动基本技术练习方法

（一）握拍法

1. 直拍握法

以食指第二关节和拇指第一关节扣压拍前,指距一指,虎口贴住拍柄,其他三指自然弯曲,中指第一关节顶在拍后中线。

2. 横拍握法

虎口贴住拍肩,中指、无名指、小指握住拍柄,拇指放在正面,食指自然伸直置于球拍背面。

（二）步法移动的练习方法

（1）徒手练习准备姿势和步法。

（2）站在台后,结合挥拍动作做步法练习。

（3）两人面对面站立做步法练习,互相观察,纠正错误动作。

（4）两人面对面分别在台后,徒手做步法移动的速度比赛练习。

（5）按各种长球（长、短球）做步法练习。

（6）从有规律到无规律地回击各种来球进行步法练习。

（三）发球与接发球技术

乒乓球比赛需要从发球开始,发球技术水平高的选手,不仅可以直接得分,还善于为主动进攻创造条件。接发球是乒乓球技术中一个重要的组成部分,如果比赛中接发球技术不好,不仅会留给对方较多的进攻机会,而且常会引起自己心理上的紧张和畏惧,造成一连串的失误。反之,如果接发球接得好,不仅有机会可以直接得分,而且还可以破坏对方的抢攻,从而为自己的进攻创造有利的条件。

1. 正手发左侧上、下旋球

正手发左侧上旋球时,手臂自右上方向左下方挥拍,球拍从球的右侧中下部向左侧面摩擦,手腕迅速上勾。正手发左侧下旋球时,球拍由球的右侧中下部向左下方摩擦。

2. 正手发下旋球与不转球

发下旋球时,持拍手向前下方挥摆,击球前拍面稍平,击球时手腕发力摩擦球的底部。发不转球时,持拍手向前下方挥摆,击球前拍面稍竖直些,击球时不是摩擦球体而是推打球的中下部。

3. 反手发右侧上、下旋球

持球手将球抛起时,持拍手快速向左上后方引拍,以球拍被引至左肘下方外侧为宜,手腕适当内屈,拍面朝向左上方,待球在高点下降时,即向前击球。向前击球分两部分动作完成,球拍从左后上方向右前下方挥摆为第一部分,从右前下方向右前上方挥摆为第二部分。第一部分动作为假动作,不击球,第二部分动作为击球动作。触球时球拍从球的中下部向右上方摩擦。

4. 接平击发球

平击发球不带有旋转,故接平击发球只要采用挡、推挡或攻球技术即可。

5. 接左侧下旋球

接左侧下旋球时,球触拍后向自己的右侧下方弹出,因此,采用搓球回接时拍面应后仰,并略向左偏斜,触球时应用小臂和腕部发力,向前下方发力摩擦球。对方来球越转,回接时摩擦球的力度也应越强。

6. 接下旋球

接近网下旋球时可采用搓、挑技术;接旋转强度较强的下旋球时,主要采用搓球技术;击下降期来球时,引拍比接一般下旋球稍高些,延长球在拍面上的摩擦时间。如果攻球回接,应注意调节拍形前倾角度,适当向上用力提拉。

（四）反手推挡球

反手推挡是直拍快攻打法的基本技术,它在直拍左推右攻打法中占有极其重要的地位。

站位近台,身体重心保持在两脚之间。击球前持拍手上臂和肘关节内收,前臂略向外旋。击球时手臂快速向前伸,手腕外旋,食指压拍,在来球反弹的上升期向前击球,触球中上部。击球后,手臂继续前送一段距离再还原。

（五）搓球技术

搓球是用类似削球的动作,在近台回击对手下旋来球的一种击球方式。搓球技术包括慢搓、快搓、摆短、搓侧旋 4 种技术,下面以快搓和慢搓技术为例。

1. 慢搓球

站位近台,两脚开立。反手搓球时,向左上方引拍,拍面后仰。击球时,身体重心向前移动,前臂作旋内转动,由上向前下方挥拍,在来球的下降期摩擦球的中下部。

2. 快搓球

反手快搓球时,站位近台,引拍至身体左上方。击球时,上臂迅速前伸,前臂由上向前下方用力,手腕控制拍面稍向后仰,在来球的上升期击球的中上部。

（六）攻球技术

攻球技术是乒乓球的重要基本技术,是得分的主要手段,它包括快攻、快点、快带、快拉、突击、扣杀、杀高球等技术。下面以正手快攻和正手扣杀球技术为例进行讲解。

1. 正手快攻

站位近台,转腰带动前臂向后引拍。根据来球的长短距离和高低情况调节好拍面的前

看微课

乒乓球正
手攻球

倾角度,加速挥拍击球。击球时间在高点期或上升期,击球时拍面稍向前倾,触球的中上部,向前下方用力。球击出后,迅速还原,准备下一次击球。

2. 正手扣杀

站位的远近要视来球的长短而定,短的来球站位靠近台,长的来球站位靠中远台。击球前,腰部转动带动手臂向体侧后方引拍,加大球拍与来球的距离,以便获得更大的挥拍速度。击球时,拍形略前倾,在高点期或上升期击球,通过腰、腿同时发力增大扣杀力,在手腕向前下方挥拍用力的同时,控制球的落点和方向,击球的中上部。

（七）弧圈球技术

弧圈球技术是以球体旋转为主要特征的进攻技术,是乒乓球比赛中进攻得分的主要手段。弧圈球技术的主要特点是上旋性强、稳定性高、速度快、威胁大。

1. 正手拉加转弧圈球

左脚在前,右脚在后,两膝微屈,重心落在右脚上。手臂自然下垂,拍形略前倾。当来球从台面弹起时,右脚蹬地,腰部向左上方转动,带动肩、上臂、前臂和手腕发力。在来球的下降期摩擦球的中部或中上部。击球后,身体重心移至左腿。

2. 正手拉前冲弧圈球

左脚在前,右脚在后,两膝微屈,重心落在右腿上。引拍手向右后方引拍,引拍位置比拉加转弧圈球稍高。击球时间在高点期或下降初期,拍面的前倾角度要比加转弧圈球大些,摩擦球的中上部。击球后,重心移至左腿。

三、乒乓球运动基本战术

（一）发球抢攻战术

发球抢攻是我国直板快攻打法的"撒手锏",是力争主动、先发制人的主要战术。各种类型打法的运动员都普遍采用发球抢攻来抢占上风。发球战术运用的效果主要取决于发球的质量和第三板进攻的能力。常用的发球抢攻战术主要有以下 3 种。

（1）正手发转与不转球。

（2）侧身正手(高抛或低抛)发左侧上(下)旋球。

（3）反手发右侧上(下)旋球。

（二）接发球战术

接发球战术与发球抢攻战术同样重要,接发球水平的高低可以反映出运动员的实战能力以及各项基本技术的应用程度。接发球者只是暂时处在被控制状态,如果破坏了发球者的抢攻意图或者给他制造了障碍,降低了对方抢攻的质量水平,也就意味着已经脱离被控制状态,化被动为主动了。常用的接发球战术有以下 3 种。

（1）稳健保守法。

（2）接发球抢攻。

（3）盯住对方的弱点处,寻找突破口。

（三）搓攻战术

搓攻战术是进攻型打法的辅助战术,主要利用搓球旋转的变化和落点的变化为抢攻创造机会,这一战术在基层比赛中普遍运用。搓攻战术也是削球型打法争取主动的主要战术。

常用的搓球战术有以下 3 种。

（1）慢搓与快搓结合。

（2）搓转与不转球结合。

（3）搓球变线。

（四）对攻战术

对攻战术是进攻型打法在相持阶段常用的一项重要战术。快攻类打法主要依靠反手推挡（或反手攻球）和正手攻球（或正手拉弧圈球）的技术，充分利用快速多变的特点来调动对方。常用的对攻战术有以下 3 种。

（1）紧逼对方反手，伺机抢攻或侧身抢攻、抢拉。

（2）压左突右。

（3）调右压左。

（五）拉攻战术

拉攻战术是以攻为主的选手对付削球选手的主要战术。为了发挥拉攻的战术效果，首先要具备连续拉攻的能力，并有线路、落点、旋转、轻重等变化；其次要有拉中突击和连续扣杀等能力。常用的拉攻战术主要有以下 3 种。

（1）拉反手后，侧身突击斜线或中路追身球。

（2）拉中路杀两角或拉两角杀中路。

（3）拉一角或杀另一角。

（六）削中反攻战术

削中反攻战术主要靠稳健的削球，限制对方的进攻能力，为自己的反攻创造有利条件。既丰富了削球技术，又促进了攻防之间的积极转化。常用的削中反攻战术主要有以下 3 种。

（1）削转与不转球，伺机反攻。

（2）削长短球，伺机反攻。

（3）逼两大角，伺机反攻。

（七）弧圈球战术

由于弧圈球战术把速度和旋转有效地结合起来，稳健性好，适应性强，许多著名选手用它去替代攻球或扣杀。常用的战术有以下 3 种。

（1）发球抢攻。

（2）接发球果断上手。

（3）相持中的战术运用。

四、乒乓球运动规则简介

（一）场地和器材

1. 球

球应为圆球体，直径为 40 毫米，重 2.7 克；用赛璐珞或类似的塑料制成，呈白色或橙色。

2. 球拍

球拍的大小、形状或重量不限，底板材料至少应含有 85% 的天然木料。

3. 球台

球台应为与水平面平行的长方形,长 2.74 米,宽 1.525 米,离地面 0.76 米。

球台四边应有 1 条 2 厘米宽的白线。双打时,各台区应由 1 条 3 毫米宽的白色中线划分为两个相等的"半区"。

(二)乒乓球竞赛通则

1. 发球

(1)发球时,球应放在不执拍手的手掌上,手掌张开并伸平。球应是静止的,在发球方的端线之后,比赛台面的水平面之上。

(2)发球员须用手把球几乎垂直地向上抛起,不得使球旋转,并使球在离开不执拍手后上升至少 0.16 米,球从下降到被击出前不能碰到任何物体。

(3)当球从最高点下降时,发球员方可击球,使球首先触及本方台区,然后越过或绕过球网装置,再触及接发球员的台区。在双打中,球应先后触及发球员和接发球员站立的右半区。

(4)从抛球前球静止的最后一瞬间到击球时,球和球拍应在比赛台面的水平面之上。

(5)发球击球时,球应处在发球方的端线之后,但不能超过发球员身体离端线最远的部分。

2. 重发球

(1)如果发球员发出的球,在越过或绕过球网装置时,触及球网装置后成为合法发球,或被接发球员、其同伴阻挡。

(2)如果接发球员或接发球方未准备好时球已发出,而且接发球员或接发球方没有企图击球。

(3)如果发生运动员无法控制的干扰,使运动员未能合法发球、合法还击或遵守规则。

(4)裁判员或副裁判员暂停比赛时。

3. 判 1 分

除被判重发球的回合,对方出现下列情况运动员得 1 分:

(1)未能合法发球。

(2)未能合法还击。

(3)在发球或还击后,对方运动员在击球前,球触及了除球网装置以外的任何东西。

(4)阻挡。

(5)连击。

(6)用不符合规则的拍面击球。

(7)台面移动。

(8)运动员或他穿戴的任何东西触及球网装置。

(9)运动员不执拍手触及比赛台面。

(10)双打时,击球次序错误。

(11)执行轮换发球法时,接发球方进行了 13 次合法还击。

4. 一局比赛、一场比赛

(1)在一局比赛中,先得 11 分的一方为胜方。10 平后,先多得 2 分的一方为胜方。

(2)一场比赛由单数局组成。

5．发球、接发球和方位的选择

（1）选择发球、接发球的权力应由抽签来决定。

（2）每获得2分之后，接发球方即成为发球方，依此类推，直至该局比赛结束。双方比分都达到10分后实行轮换发球法，这时，发球和接发次序仍然不变，但每人只轮发1分球。

（3）在双打的第一局比赛中，先发球方确定第一发球员，再由先接发球方确定第一接发球员。在以后的各局比赛中，第一发球员确定后，第一接发球员应是前一局发球给他的运动员。

（4）在双打中，每次换发球时，前面的接发球员应成为发球员，前面的发球员的同伴应成为接发球员。

（5）一局中，首先发球的一方，在该场下一局应首先接发球。在双打决胜局中，当一方先得5分时，接发球方应交换接发球次序。

（6）一局中，在某一方位比赛的一方，在该场下一局应换到另一方位。在决胜局中，一方先得5分时，双方应交换方位。

6．发球、接发球次序和方位的错误

（1）裁判员一旦发现发球、接发球次序错误，应立即暂停比赛，并按该场比赛开始时确立的次序，按场上比分由应该发球或接发球的运动员发球或接发球。在双打中，则按发现错误时那一局中首先有发球权的一方所确立的次序进行纠正，再继续比赛。

（2）裁判员一旦发现运动员应交换方位而未交换时，应立即暂停比赛，并按该场比赛开始时确立的次序，按场上比分推算运动员应站的正确方位进行纠正，再继续比赛。

（3）在任何情况下，发现错误之前的所有得分均有效。

7．轮换发球法

（1）如果一局比赛进行到10分钟仍未结束（双方都已获得至少9分时除外），或者在此之前任何时间应双方运动员要求，应实行轮换发球法。

① 当时限到时，球仍处于比赛状态，裁判员应立即暂停比赛。由被暂停回合的发球员发球，继续比赛。

② 当时限到时，球未处于比赛状态，应由前一回合的接发球员发球，继续比赛。

（2）此后，每个运动员都轮发1分球，直至该局结束。如果接发球方进行了13次合法还击，则判发球方失1分。

（3）轮换发球法一经实行，或一局比赛进行了10分钟，该场比赛剩余的各局必须实行轮换发球法。

思考题

1. 乒乓球有几种握拍方法，各有哪些特点？
2. 乒乓球运动有哪些特点？
3. 乒乓球运动有哪些基本战术？

第二节　羽毛球运动

一、羽毛球运动简介

（一）羽毛球运动的起源及发展

拓展阅读

羽毛球运动
主要赛事

　　现代羽毛球运动诞生于英国。1873 年,在英格兰格拉斯哥郡的伯明顿庄园举行的一次宴会上,几位从印度退役回来的军官,用球拍和球(香槟酒的软木瓶塞插上鹅毛)隔着宴会桌对击。此游戏很快被英国人广泛接受并流传开来。因此,人们以伯明顿这一地名为此项运动命名。

　　1875 年,第一个军人羽毛球俱乐部在英国成立。至 1893 年,英国已有 14 个羽毛球俱乐部,并在当年正式成立英国羽毛球协会。这也是世界上最早成立的羽毛球协会,对羽毛球运动的开展、提高和传播起了积极的推动作用。这项运动首先在欧洲传播,然后发展到美洲、亚洲和大洋洲。20 世纪二三十年代,加拿大、丹麦、马来西亚等国也相继成立了羽毛球协会。

　　进入 21 世纪后,世界羽毛球运动技术与战术的发展总趋势正在向快速、全面、崇尚进攻的方向发展。快速,反映在出手动作、步法移动和判断反应以及战术变化等方面的速度加快;全面是指运动员技术全面、攻守兼备、控球能力强、具有良好的身体素质和心理素质;崇尚进攻是凭技术特长,先发制人、积极主动、以抢攻为主。显然,世界羽毛球运动的格局正向多元化方向发展,欧亚对抗的局面正在逐步形成。中国男子羽毛球队是世界男子羽坛的一支劲旅。1982 年 5 月 21 日,中国男子羽毛球队在英国伦敦举行的第 12 届国际羽毛球团体锦标赛决赛上,战胜印度尼西亚队首次获得汤姆斯杯。2010 年 5 月 16 日,在马来西亚布特拉体育馆举行的汤姆斯杯决赛中,凭借队员的出色表现,以 3∶0 的成绩完胜劲旅印尼队,连续第四次赢得汤姆斯杯,这也是中国队历史上第八次夺得汤姆斯杯。在 2023 年苏迪曼杯世界羽毛球混合团体锦标赛中,中国国家羽毛球队以全胜战绩第 13 次夺得苏迪曼杯并实现"三连冠"。

（二）羽毛球运动的特点

1. 一种全身运动项目

　　羽毛球运动的技术特点是灵活、快速、多变,因而对运动员的灵敏性、协调性、爆发力、耐力等有较高的要求。练习者在场地上不停地移动、跳跃、转体、挥拍,合理地运用各种击球技术和步法,使球在场地上被往返对击,这样可以增大上下肢和腰部肌肉的力量,加快全身血液循环,增强心血管系统和呼吸系统的功能。长期进行羽毛球锻炼,可使心跳强而有力,肺活量和耐力提高。此外,羽毛球运动要求练习者在短时间内对瞬息万变的球路做出判断,果断地进行反击。因此,它能提高人体神经系统的灵敏性和协调性。

2. 运动量可合理调节

　　羽毛球运动适合男女老幼,运动量可根据个人年龄、体质、运动水平和场地环境的特点而定。青少年可将羽毛球作为促进生长发育,提高身体机能的有效手段进行锻炼,运动量宜为中强度,活动时间以 40~60 分钟为宜。适量的羽毛球运动能促进青少年身高增长,能培养

青少年自信、勇敢、果断等优良的心理素质。老年人和体弱者可将羽毛球作为保健康复的途径进行锻炼，运动强度宜较小，活动时间以 20~30 分钟为宜，达到活动筋骨、舒展关节的目的，从而增强心血管和神经系统的功能，预防和治疗老年心血管和神经系统方面的疾病。儿童可将羽毛球作为活动性游戏来进行锻炼，让他们在阳光下奔跑跳跃，并要求他们能击到球，培养他们不畏困难、不怕吃苦、不甘落后的品质。

3. 具有广泛的适应性

（1）不受场地的限制。

（2）集体、个人皆可以从事。

（3）不受年龄、性别的限制。

二、羽毛球基本技术练习方法

（一）握拍练习方法

握拍的要点是，一是要放松，二是要灵活。

1. 放松

握拍时，手部的肌肉要适当地放松。击球前食指与中指间有一定的距离，手心到虎口之间有空洞。在击球时，控拍由放松到握紧，虎口也随之夹紧，虎口到手心之间的空洞消失。在球击出以后，很快地恢复到放松握拍的姿势。

2. 灵活

初学者应该从正手握拍法和反手握拍法这两种最基本的握法学起。但是由于羽毛球场上的击球方法是多种多样的，因此，正确、灵活多变的握拍方法，是击球手法的基础。握拍要有利于手腕的发力，能控制击球力量的大小和击出球的飞行方向。

（二）发球法练习方法

1. 正手发高远球

（1）准备动作：站位靠中线，距前发球线约 1 米处，左脚在前（以右手握拍者为例），足尖指向球网；右脚在后，足尖指向右前方。两脚间距与肩同宽，重心放在右腿上。左手食指、中指与拇指轻捏羽毛球的羽毛与毛杆相交处。自然伸臂平举于胸前；右手持拍，自然屈肘于身体右侧，两眼观察对方准备接球的动向。

（2）引拍动作：在准备动作的基础上，身体向右后转，左肩对网，右臂随着肘向右后上提，上体微微后倾，前臂稍展开，手腕尽量伸展，把球拍后引至一定高度。

（3）击球动作：随着左手放球，身体自然出右向左转体、转肩、重心前移，持拍手臂前臂由后上方向下经体侧向前上方挥拍并急速内旋，带动手腕由伸展至微屈，闪动手腕，握紧球拍，以正拍面发力击球。击球点应在右侧前下方。

（4）随前动作：击球后持拍手臂随动作惯性自然向左上方挥动，然后将拍收回至体前并将握拍调整成放松的正手握拍式。

2. 正手发网前球

它的基本动作要领与正手发高远球基本相同，主要区别在于前臂挥动的幅度和手腕后伸程度比发高远球小一些，手臂用力轻，在向斜前上方挥拍时，主要用前臂力量，击球时拍面从右向左斜向切击球托后部，使球贴网而过，正好落在对方前发球线附近的发球区内。

看微课

羽毛球正手发高远球

看微课

羽毛球正手发高远球技术

知识链接

正手发高远球和正手发网前球的学习提示

正手发高远球学习提示：规范挥拍的路线，多练习徒手挥拍，在形成了动作动力定型后，逐步过渡到挥拍击球。练习者也可站在墙边，右侧距墙壁约50厘米处，做发高远球挥拍练习。

正手发网前球学习提示：发正手网前球技术要求较高，如果球飞行弧线太低，会不过网，若球飞行弧线过高，易遭对方扑击，所以要更讲究发球技术。发过的球质量高，就能避免对方接发球时往下压球，也能限制对方作进攻性的回击，是双打发球的主要手段。

3. 反手发网前球

站位接近前发球线，右脚在前，重心在右腿上，左脚跟提起；持拍手采用反手握拍法持拍于腹前，肘关节屈，手腕前屈，左手拇指与食指、中指捏住球的羽毛斜放在球拍前面。

（1）引拍动作：将球拍稍向后（向自己腹部）摆动至一定距离。

（2）击球动作：前臂向前上方推送，同时，带动手腕由屈到微伸，向前摆动，利用拇指力量向前推顶球拍，用球拍对球托作横切推送，使球贴网而过，正好落在对方前发球线附近的发球区内。

（3）随前动作：击球后，前臂继续向上摆到一定高度后再收至胸前。

4. 发平快球

平快球是指发出的球又平又快，径直飞向对方双打后发球限制线附近的发球区内。由于它弧线平直，飞行急速，向对方接球能力最薄弱的部位或空当发去，往往能使其措手不及，收到出其不意的战术效果，是发球抢攻的主要发球技术。

正手发平快球的准备动作与发高远球一样，只是在挥拍击球的瞬间，小臂带动手腕加速，用爆发力突然向前发力将球击出。击球时，拍面稍微后仰，在不过腰的限度内尽量提高击球点。

（三）后场击球技术练习方法

1. 正手后场击高远球

以正手控拍，在右肩上方用正拍面击后场高远球，称为后场正手击高远球。

看微课

羽毛球后场击打高远球技术

（1）准备动作：左脚在前，右脚在后，两脚间距与肩同宽，侧身对网，身体重心在右腿上。左手自然上举指向来球，右手正手握拍屈臂举于右侧，两眼注视来球。

（2）引拍动作：上臂随着身体向左转体，稍做回环上举，身体充分伸展。

（3）击球动作：上臂上举，抬头向背后下方作回环，前臂急速成内旋，同时球拍由回环动作继续向前上方挥动，手指屈指发力握紧球拍，手腕向屈收方向继续做回环动作，以正拍面击球托的后下部。击球时，持拍手臂自然伸直，击球点应在自己头上方偏右处，左手协调地屈臂降至体侧协助转体。

（4）随前动作：身体随惯性向左转体，右脚随身体重心前移并向前跨步。右手向左下方挥拍减速后顺势收回至体前，还原成松握球拍式。

2. 反手后场击高远球

针对在自己左后场区上空的来球,以反手握拍法用反拍面击出的高远球,称为反手击高远球。

(1)准备动作:右脚向左后场区跨出一步,重心在右腿上,膝关节微屈,左脚在后,背向球网,头上仰,眼盯球。以反手握拍,拍头微微翘起至左肩部。

(2)引拍动作:上臂与肘关节上举与肩平,拍头向下引拍,手腕内屈,同时身体转向左侧。

(3)击球动作:肘关节与上臂继续向前上挥动,击球点应在右肩上方,手腕由内屈经前臂内旋至加速伸腕闪击,击球的刹那间握紧拍柄,拇指用力,击球。

(4)随前动作:击球后手臂在空中有个制动,身体随惯性转体面向球网,右手持拍自然下落回至胸前。

3. 后场正手吊网前球

击球点在右肩前上方,用正手握拍,以正拍面从右后场区向对方前场网前区域击吊球,为后场正手吊网前球。

(1)准备动作和引拍动作:与正手击高远球相同。

(2)击球动作:击球点在右肩上方,手腕运用外旋使拍面向侧下方切击球托的后上部,击球瞬间,手腕要控制好拍面角度。

(3)随前动作:球拍随击球惯性和转体向左下方挥去,上臂外旋,收拍至体前。

4. 后场正手杀球

在右肩前上方,利用正手握拍以正拍面把高球在尽量高的击球点上,用大力下压挥击球到对手脚下的击球,称为正手杀球。

(1)准备动作:与正手击高远球动作基本相同。

(2)引拍动作:与正手击高远球动作基本相同,不同点在于身体向上伸展,重点在后仰、挺胸成反"弓"形。

(3)击球动作:与正手高球基本相同,击球点在肩的前上方(比击高球时的击球点稍前些),身体引拍时的反"弓"形转而运用转体收腹的力量,加上前臂内旋,腕前屈微内收,闪腕发力击球的后部(球拍正面击球),将球击到对方场区内,尽可能将球击到对手的脚下。

(4)随前动作:杀球后,球拍随击球惯性挥向左下方,然后收回至胸前,呈准备姿势。

知识链接

后场正手杀球的学习提示

(1)先用一树枝练习鞭打动作,再持球拍体会挥拍中的鞭打动作。先放松、协调地挥拍,以后再逐步加力挥拍,逐渐体会最后用力时"抽鞭式"的手腕闪动以爆发力击球的要领。

(2)对于力量较差的学员来说,应多做力量性的辅助练习,例如手握沙袋、小哑铃、网球拍等,做模仿挥拍发力的练习,改进握拍方法。

(3)对于打不到球,挥拍时间掌握不好,没有"球感"的学员来说,可将羽毛球用绳子吊在适当的高度上,让其反复练习定点击球,进行挥拍击球练习。

看微课

羽毛球网前
勾球技术

（四）网前击球技术练习方法

1．正手放网前球

当对方将球击至自己正手网前时，以正手握拍法，用球拍轻轻切、托，将球向上弹起，使球恰好一过网就朝下坠落，称为放网前球。

（1）准备动作：侧身向球的方向移动，上体稍前倾，右手握拍于体前。

（2）引拍动作：步法移动的最后一步是右脚向来球方向跨大弓箭步，身体重心要提高，前臂伸向来球，要往前上方举，稍上仰，斜对网。这个动作是正手放、搓、勾、推一致性的体现。

（3）击球动作：争取高点击球，握拍手放松，稍收腕，向球托斜侧提击或搓切；在击球过程中，左手要向后平举以协调动作。

（4）随前动作：右脚蹬地退回，持拍手同时收回成放松握拍，身体退回到中心位置。

2．正手搓球

用球拍搓切球右斜侧面或球托底部，使球滚动过网，称为搓球。

（1）准备动作和引拍动作：与正手放网前球动作基本相同。

（2）击球动作：击球时争取高点击球，前臂稍外旋，手腕由后伸至稍内收，握拍手的食指和拇指夹住球拍，利用手腕和手指的力量搓切来球的右下底部，使球旋转翻滚过网。

（3）随前动作：与正手放网前球相同，球拍收回。

3．反手放网前球

当对方来球飞向左前场时，用反手握拍法以反拍面轻击球使球越过网即下落，即为反手放网前球。

（1）准备动作：侧身面对反手的网前侧，其他与正手放网前球技术相同。

（2）引拍动作：与正手放网前球动作基本相同。

（3）击球动作：争取高点击球，稍收腕向球托左斜侧面与底部提击和搓击，左手自然协调配合。

（4）随前动作：与正手放网前球动作基本相同。

（五）步法练习方法

1．启动

对来球一有判断，即从中心位置上准备接球姿势转为向击球位置出发，称为启动。

2．移动

（1）垫步：当右（左）脚向前（后）迈出一步后，后脚跟紧接着以同一脚向同一方向再迈一步，为垫步，一般用于调整步距。

（2）交叉步：左右脚交替向前、向侧或向后移动为交叉步。经另一脚前面超越的为前交叉步，经另一脚后面超越的为后交叉步。交叉步在后退打后场球时用得较多。

（3）小碎步：以小的交叉步移动称为小碎步。由于步幅小、步频快，一般在起动或回到起始位置时使用。

（4）并步：右脚向前（或向后）移动一步时，左脚即刻向右脚跟并一步，紧接着右脚再向前（或向后）移动一步，称为并步。

（5）蹬转步：以一脚为轴，另一脚做向后或向前的蹬转步动作。

（6）蹬跨步：在移动的最后一步，左脚用力向后蹬的同时，右脚向来球方向跨出一大步，称为蹬跨步。它多用于上网击球，在后场底线两角移动抽球时也常采用。

（7）腾跳步：起跳腾空击球的步法为腾跳步。它可分为两种，一种是上网扑球或向两侧移动突击杀球时，以领先的脚（或双脚）起跳，做扑球或突击杀球动作；另一种是对方击来高远球时，用单脚（或双脚）起跳到最高点时杀球。

> **知识链接**
>
> ### 移动的学习提示
>
> （1）应保持良好的准备姿势，尤其要注意起蹲、屈膝和全身自然协调。每击完一次球后，就要回中心位置准备好，不要养成在哪里打完球就在哪里停着、不回中心位置的习惯。
>
> （2）反复练习起动—到位—挥拍击球—回动，也可以用多球做以上练习；进行耐力与速度训练，以加强移动的能力。
>
> （3）通过跳绳、跳石阶、跳沙池、负重起蹲等练习增强脚弓、踝关节和下肢的力量。

三、羽毛球基本战术

（一）单打战术

1. 发球抢攻战术

发球抢攻是比赛的重要得分手段。可根据对手的站位、回击球的习惯球路、反击能力、打法特点、心理状态的情况，运用不同的发球方法，以取得前几拍的主动权。运动员使用这一战术，可以打乱对方的战略部署，令对方措手不及。

2. 接发球抢攻战术

接发球抢攻战术是接发球战术中最易得分、最有威胁的一种战术，但是，前提是对方发球质量欠佳。

3. 攻后场、前场战术

攻后场是通过击高球、重复压对方的底线两角，造成对方的被动地位，然后寻找机会进攻。用它来对付初学者、后场还击能力较差或后退步伐较慢以及急于上网的对手是很有效的。

攻前场是针对网前技术较差的对手，运用此战术先将其吸引到网前，然后再攻击其后场。采用此战术，自己首先要有较好的网前击球技术。

4. 打四方球战术

打四方球战术是指在对手的步法较慢、体力较差、技术不全面的情况下，以快速、准确的落点攻击对方场区的 4 个角落，寻找机会向空当进攻。运用这种战术可以通过打落点，逼迫对方前后奔跑、被动应付，并在其回球质量下降或露出破绽时乘虚而攻之。

5. 杀、吊上网战术

杀、吊上网战术是在对手打来后场高球时使用的一种战术。本方先以杀球配合吊球把

球下压,落点选在场区的两条边线附近,致使对手被动回球。在对手回网前球时,本方迅速上网搓球、勾对角球或平推球,创造在中场大力扣杀的机会。运用上网战术必须能很好地控制杀、吊球的落点,在对手被动回网前球时,才能主动迅速上网。

（二）双打战术

1. 攻人战术（二打一）

攻人战术就是集中攻击对方有明显弱点的人,并伺机攻击另一人因帮助同伴而出现的空当,或对此人偷袭。在双打比赛中,对方选手的技术,一般总有一人好,另一人稍差些;即便两人水平相差不多,但若能集中力量攻击其中一人,也可给其造成心理压力,从而使其出现失误。

2. 攻中路战术

攻中路战术就是当对方分边站位防守时,将球攻击到对方两人的中间;当对方前后站位时,可将球下压或平推到两边半场。这一战术可使对方在防守时因互抢或互让而出现失误。

3. 后攻前封战术

后攻前封战术就是当本方处于主动进攻的前后站位时,站在后场的队员见高球就杀或吊网前,迫使对方将球接在网前,为本方前场队员创造封网扑杀机会。前场队员要积极封锁前场,迫使对方被动挑高球。一旦对手挑高球打不到后场,就为本方创造了再进攻的机会。

（三）战术训练

战术训练必须从实践出发,从难从严要求,磨炼意志品质,培养顽强的战斗作风;同时,战术既要多样化,又要有独特专长。

战术训练要同身体训练、技术训练、心理训练、智力训练相结合。战术的形成是科学训练的结果,是在身体、技术、心理、智力等条件基础上,通过训练而达到的。一个运动员如果身体素质水平不佳,要想打快攻战术只能是心有余而力不足。

战术与打法的关系非常密切。在实战中,战术应根据双方的打法和场上的具体情况而定。“以己之长,攻彼之短”是战术运用成功的关键。

四、羽毛球运动竞赛规则

（一）球

羽毛球有 16 根羽毛固定在球托部,羽毛长 64~70 毫米,但每一个球的羽毛从托面到羽毛尖的长度应一致。羽毛顶端围成圆形,直径为 58~68 毫米,球托直径 25~28 毫米,底部为圆形,羽毛球重 4.6~5.5 克。

（二）球拍

球拍由拍柄、排弦面、拍头、拍杆、连接喉组成整个框架,标准羽拍的长度为 664 毫米,加长型羽拍比标准长度长 10 毫米。加长的最主要部分为拍杆,有一些型号的拍头也有些许加长。一般拍子总长度不超过 680 毫米,其中球拍柄与球拍杆长度不超过 400 毫米,拍框长为 280 毫米,宽不超过 230 毫米,球拍的重量为 85~95 克。

（三）球网

羽毛球网长 6.1 米,宽 0.76 米;球网的最上端有 0.075 米的白色对折缝合区域,用细钢丝绳从中穿过,并悬挂在两端的网柱上(球网中心距离地面高度为 1.524 米,网柱高 1.55

米）；球网一般用深绿色或深褐色的优质绳子，以 0.02 米左右的小方孔编织而成。

（四）网柱

羽毛球网柱用铁制材料制成。标准的网柱由柱杆及柱底盘两部分组成，靠近柱杆中部设有一滑轮装置，用于收拉紧球网的绳索，柱底盘由有一定分量的铁块构成，网柱杆下端连接在一起，以保证网柱重心的平衡。

（五）场地

羽毛球场地是一个长 13.40 米，双打宽 6.10 米，单打宽 5.18 米，场地中央被球网平均分开的长方形场地。羽毛球场地横向被中线平分为左右两个半区；纵向被分为前场、中场、后场。前场是从前发球线附近到球网之间的区域，后场是指从端线到场地内 1 米左右的区域，中场是前场和后场之间的区域。

（六）站位与击球

1. 站位

运动员在羽毛球场上所站的位置称为站位。站位有两种情况：一种是受限制的站位，如发球、接发球时运动员的站位，必须按要求站在规定的区域内（左半区或右半区）；另一种是不受限制的站位，可根据自己或同伴（双打）的需要而选择的站位，具体分为：左半区站位、右半区站位、前场站位、中场站位、后场站位。例如，单打的站位在离前发球线 1 米左右的中线附近。

2. 击球

击球是指运动员挥拍击球时，拍与球接触的一刹那。运动员站在左半区迎击对方来球叫作左半区击球，在右半区的击球叫作右半区击球，站在前场、中场、后场的击球，则分别叫作前场击球、中场击球、后场击球。除此之外，还可分为上手击球（击球点在肩上）和下手击球（击球点低于肩）。

（七）击球的基本线路

所谓击球线路，反映球被运动员击出后在空中运行的轨迹和与场地之间的关系。羽毛球的基本线路可分为 5 条，即左方直线、中路直线、右方直线、右方斜线（右方对角线）、左方斜线（左方对角线）。而根据击球运动员站的位置（左、中、右），每个位置又可分别击出直线、中路、斜线，因此又可派生出 9 条线路。

（八）击球点

所谓击球点是运动员击球时球拍与球相接触那一点的时间、空间位置。击球点包括 3 个方面的内容，第一是拍和球的接触点距地面的高度，第二是接触点距身体的前后距离，第三是接触点距身体的左右距离。击球点选择是否合适，将决定击球质量的好坏。选择合适的击球点应做到以下两点：第一，判断要准；第二，步法移动要到位（步法要快）。

思考题

1. 羽毛球正手、反手发球怎样练习？
2. 羽毛球击球技术如何练习？
3. 羽毛球运动的特点有哪些？

▶▶ 第三节 网球运动

一、网球运动简介

（一）网球运动的起源

网球运动最早起源于法国。早在12～13世纪，法国的传教士常常在教堂的回廊里，用手掌击打一种类似小球的物体，以此来调剂刻板的教堂生活。渐渐地，这种活动很快成为当时贵族的一种娱乐游戏。当时，他们把这种游戏叫"掌球戏"。

14世纪中叶，一位法国诗人把它传进了法国宫廷。当时没有球拍与网，球也是布卷成圆形后用绳子绑成，场中以绳为网，利用双手作球拍，把球从绳上丢来丢去。这种球的表面使用埃及坦尼斯镇所产的最为著名的绒布——斜纹法兰绒制作而成，英国人将这种球称为"Tennis"，并流传至今。

15世纪，这种游戏由用手掌击球改为用拍板打球，并很快出现了一种用羊皮制作拍面的椭圆形球拍。同时，场地中央的绳子也改为了球网。16～17世纪是这种活动的兴旺时期，逐渐形成了一种比赛。在这之前，由于这种活动只是在法国和英国的宫廷中流行，所以网球运动又被称为"宫廷网球"和"皇家网球"。

1873年，英国的温菲尔德少校改进了早期网球的打法，并将场地移向草坪地。1877年7月举办了第1届温布尔登草地网球锦标赛。至此，现代网球正式形成。网球很快在欧美盛行起来，成为一项深受欢迎的球类运动，但仍然是在上流社会中流行。

1896年在雅典举行的第1届现代奥运会上，网球的男子单打与双打被列为正式比赛项目。后来，由于国际奥运会和国际网球联合会在"业余运动员"的定义上有分歧，连续七届奥运会举办的网球比赛被取消，直到1984年的第23届奥运会，网球被列为表演项目，1988年的第24届奥运会，网球又被重新列为正式比赛项目。

奥运会接纳网球，扩大了网球运动的国际影响，拓展了体育活动的领域，网球逐步成为普通民众健身和娱乐的重要运动项目。文化体育市场的兴起，进一步使网球运动走向民间。当前，网球运动正成为普通民众喜闻乐见的一项运动。

拓展阅读

网球运动
主要赛事

> **知识链接**
>
> ### 网球的大满贯赛事
>
> 大满贯是指网球运动中的顶级系列赛事，网球运动员把获得大满贯冠军视作至高无上的荣誉。按照一年中开赛的先后顺序，网球四大满贯依次为：澳大利亚网球公开赛、法国网球公开赛、温布尔登网球锦标赛、美国网球公开赛。无论是从赛事的规模、历史、奖金、积分和影响力来说，大满贯系列赛都堪称职业网坛最重要的赛事。
>
> 全满贯是指一位选手获得全部四大满贯的冠军，金满贯是在大满贯的基础上再获得奥运会网球项目的金牌。

网球运动是 19 世纪随西方近代体育传播而进入我国的。在"中华民国"第 1 届全运会上,网球就是正式比赛项目,从第 3 届开始又增加了女子网球项目。1953 年,中国网球协会成立。经过几十年的发展,中国网球运动也逐渐步入国际舞台。国际网球协会批准自 2004 年起每年在中国举办一届中国网球公开赛。2009 年,中国网球公开赛升级为仅次于四大满贯的超级赛事之一。2009 年,中国开始承办每年一届的上海 ATP1000 大师赛。这些国际顶级网球赛事的举办同时也扩大了中国网球的国际影响力。

在近十几年中,中国网球取得了历史性的突破。2006 年郑洁和晏紫赢得了澳大利亚网球公开赛女双冠军,这是中国在大满贯赛事中获得的第一个女双冠军。2011 年 6 月,李娜在法国网球公开赛决赛对阵上届冠军斯齐亚沃尼,第二盘"抢七"零封对手,拿下法国网球公开赛冠军。这是中国也是亚洲第一个单打大满贯冠军。2014 年 1 月,第三次闯入澳大利亚网球公开赛的李娜,决赛对阵齐布尔科娃,艰难拿下首盘后,第二盘 6∶0 赢得比赛,李娜终于在自己最喜欢的大满贯比赛中夺冠,捧起达芙妮纪念杯。这是中国乃至亚洲第一座澳网单打冠军奖杯,2024 年 8 月 3 日晚,郑钦文夺得第 33 届奥运会网球女子单打冠军,成为中国首位奥运网球单打冠军。

(二) 网球运动特点

1. 健身价值高

参与网球运动需要人动作迅速、判断准确,并能提高力量、耐力、灵敏等素质,对发展身体协调性有积极作用。

2. 适合人群广

网球运动不受年龄、性别的影响。网球运动可快可慢、可张可弛,能使得参与者以饱满的热情和适合自己的强度在不知不觉中度过相当于跑完几千米路程的时间。达到了增进健康、增强体质、强壮身心的目的。

3. 观赏性强

网球是一项技巧性很强的对抗性运动。例如发球,就有发上旋球、下旋球、侧旋球、前冲球以及大力重球等。网球比赛中战术运用的巧妙也是很令人回味无穷的。现代网球打法具有"快、狠、准、变"等特点,要求运动员既能"满场飞",又能凌空跳跃击球、斜飞鱼跃救球等,世界高水平运动员的超水平发挥常常令人惊心动魄。

4. 对心理素质要求高

网球比赛跑动距离长,对抗激烈,且又在露天进行,运动员的体力消耗很大。网球比赛中不但要勇敢拼搏,而且还要能够坚韧不拔。因此,网球比赛是力的较量,是技、战术的较量,也是心理素质的较量。

> **知识链接**
>
> 奥运史上第一位网球单打冠军
>
> 网球比赛在第 1 届现代奥运会就被列为正式比赛项目。当时英国牛津大学学生博兰正好在雅典旅游,喜欢打网球的他现场报名,挥拍上阵,结果竟然一举成为奥运史上

第一位网球单打冠军。德国德累斯顿高等工业学校学生特劳恩参加了田径比赛,但在预赛中就被淘汰。他与偶然结识的博兰结对参加网球双打比赛,结果获得冠军。

二、网球的基本技术和练习方法

（一）握拍技术（图 8-3-1）

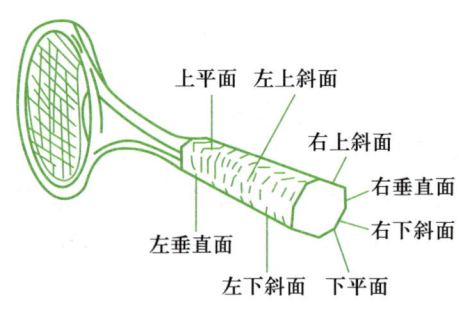

图 8-3-1　网球握拍

1. 正手握拍技术

（1）东方式握拍:手掌紧贴拍柄正面,手自然伸展,用此法可达到最大用力效果,适宜打任何高度的球,初学者比较容易上手。

（2）半西方式握拍:手掌比东方式握拍向拍柄侧面转动得多些,易于击打腰部以上高度的球,倾向于主动进攻,需要从开放式站位中获得成功的击球点和控制力,击球点要比东方式握拍靠前,具备西方式握拍的旋转和东方式握拍的力量。世界现代女子选手多为此握拍法。

（3）西方式握拍:西方式握拍需要足够的力量,以上旋球为主,需要从开放式站位中获得成功的击球点和控制力,击出的球旋转很强。世界现代男子选手多使用此握拍法。

看微课

网球正手
截击

2. 反手握拍技术

可采用东方式正手握拍（左手）+东方式反手或大陆式握拍（右手）,双手重叠。随着握拍的变化更容易打出上旋球,双手击球力量较大,挥拍更加自如、有力,易控制拍面。

3. 发球握拍

“大陆式”握拍——可用东方式正手“握手”法和东方式反手“握手”法中间的位置作为发球时的握拍法,可产生更多的球路变化,如用同样的握拍可发平击、上旋或侧旋球。初学者可先用东方式正手握拍法,随着信心的增强,可逐渐变为大陆式握拍法。

（二）正手击球技术

1. 准备姿势

面向对方场区站立,两脚开立略宽于肩,右手握拍柄,左手扶着拍颈部分,持拍于体前。两膝微屈上体略前倾,脚跟稍抬起,重心置于两脚前脚掌间。保持便于迅速起动的状态,两眼注视对手或来球。

看微课

网球正手击
球基本技术

2. 后摆引拍

右脚向右侧跨出,脚尖斜向前,转肩转髋带动右手向后摆动引拍,同时左手指球,重心压在右脚上。

3. 击球动作

用力蹬腿转腰挥拍,用球拍中心击球,拍面保持垂直,击球点在身体的右侧前方不超过腰的高度。挥拍时,持拍手从低处开始,由下向上做挥拍动作。

4. 随挥动作

球拍触球后,挥拍沿着球飞行的方向前送,重心前移落到左脚,身体也随着转向球网,挥拍动作在左肩上方结束。随挥结束,立即恢复准备姿势,准备下一次击球。

看微课

网球正手击球技术(一)

看微课

网球正手击球技术(二)

> **知识链接**
>
> **正手击球技术的学习提示**
>
> (1) 加强球感练习。
> (2) 不断重复徒手挥拍动作。
> (3) 对墙击球练习。
> (4) 同伴隔网送球,底线正手击球练习。

(三) 反手击球

1. 准备姿势
同正手。

2. 后摆引拍
左脚向左转 90°与底线平行,右脚向左前方上步,右脚与网成 45°角,同时双臂引拍至左后方。

3. 击球动作
从后摆进入向前挥动时紧握球拍,手腕固定,用力蹬腿转腰挥拍。反拍的击球点应在身体的左侧前方,击球时拍面保持垂直,身体重心从后脚移向前脚。

4. 随挥动作
球击出后,球拍沿着球飞行的方向前送,重心前移落在右脚,身体转向球网,挥拍在右肩上方结束。随挥动作结束后,迅速恢复原来的准备姿势,准备下一次击球。

网球反手截击

网球单手反手击球

> **知识链接**
>
> **反手击球技术的学习提示**
>
> (1) 提高左手控球能力。
> (2) 重复反手挥拍动作。
> (3) 对墙击球练习。
> (4) 同伴送球,底线反手击球。

网球发球
基本动作

（四）发球

1. 准备动作、站位

（1）双脚站在底线后，侧身站立。

（2）左手在拍颈处托住球拍，两脚尖的对角线正对着目标。

2. 抛球与挥拍击球

（1）左手臂垂直将球向上抛出，位置在身体前面和左脚上部。

（2）球出手后，身体开始向前转动，球拍在身后做环绕动作，并向上挥动击球。

（3）必须尽力伸展身体，在最高点击球。

3. 随挥动作

（1）球拍挥动路线成弧形，并在身体左侧结束。

（2）身体重心完全落在前脚上。

> **知识链接**
>
> ### 发球学习提示
>
> （1）加强抛球练习，保证球的落点准确、稳定。
>
> （2）控制好击球节奏。
>
> （3）重复徒手挥拍发球动作，注意动作的协调连贯。

（五）网前截击（拦网）

1. 准备动作

拦网的准备动作同正、反手底线击球的准备动作相同，只是球拍略高并略向前一点。

2. 正手拦网

肩部稍向右转动，球拍与肩平行。向前挥拍前左脚朝球飞行的方向迈步，在身体右前方击球。随挥距离要短，以便快速回位准备接下一球。

3. 反手拦网

肩部稍向左转动，球拍与肩平行。向前挥拍前右脚朝球飞行的方向迈步，在身体左前方击球。随挥距离要短，以便快速回位准备接下一球。

> **知识链接**
>
> ### 网前截击学习提示
>
> （1）同伴隔网抛球，手接球练习。
>
> （2）动作幅度一定要小。
>
> （3）击球时身体重心要向前移。

（六）高压球

运动员用高压球来反击落地前或落地后的高球。它与发球动作相似，但后摆准备动作要比发球小。高压球要比发球难打，因为判断挑高球要比判断自己抛球难得多，但基本的击

球方法相似。

> **知识链接**
>
>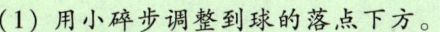
> **高压球学习提示**
>
> （1）用小碎步调整到球的落点下方。
> （2）抬头并盯着球直到打完高压球。
> （3）打完高压球后，要立即复原到准备动作。

网球高压球

三、网球的实用战术

（一）单打比赛中简单的战术原理

战术随网球选手水平、场地地面条件、环境条件（如风、阳光等等）以及心理因素不同而不同。对于初学者来说，最重要的战略是保持球始终不失误，即有连贯性。几乎所有初学者的无故失误都比主动得分多得多，因此掌握简单的战术原理更为重要。

（1）连贯性与冒险性。

（2）把球击深。

（3）抓住对方弱点。

（4）提高击球的安全性。

（5）快速回位为下次击球做准备。

看微课

网球正手
抽球技术

（二）不同比赛状态中的击球选择

在比赛中，选手会处于各种不同的战术状态。这要取决于他是否正在被攻击，正在相持中，还是正在进攻对方。网球中有许多种击球状态，重点了解以下几点，会让初学者在球场上不再迷茫。

（1）进攻。在进攻状态中，球员应设法使对手处于被动防守状态。通常应设法使对手大范围跑动，然后抓住对手的弱点。在此状态中，选手要比简单的对打承担更多的风险。

（2）防守。在球员正在被进攻时（根据接球的落点、球速、深度），球员通常应设法打出弧线较大的球，以便获得更多的时间回位，也使球过网时较安全。

（3）相持。相持也可称为对峙阶段，当球员不会被迫出现失误，就不应设法逼迫对方失误。球员只是简单地保持击球的成功率，提高击球质量，将球击深，保持良好的节奏，创造进攻机会。

（三）防守反击中的击球选择

选手分辨不同种类来球的能力对于做出正确的击球选择是至关重要的。可将来球分为三个等级：容易打的球、中等难度的球、难打的球。

对于来球的准确判断将有助于选手做出正确的战术选择。例如：

（1）容易打的球＝设法占据主动＝进攻。

（2）中等难度的球＝回击要小心＝相持。

（3）难打的球＝回击要特别小心＝防守。

（四）初学双打的战术选择

双打比赛包含着四名选手相互的动态影响。许多单打的战术和战略也适用于双打,然而双打比赛中两人的站位和获得主动性更为重要。

当学习双打战术时,可采用以下方法(前三点特别适合于初学者)。

（1）稳定的击球是取得双打胜利的关键。

（2）不要被逼在中场。

（3）注意第一发球的成功率。

（4）设法尽快地冲到网前。

（5）把球打向中间。

（6）接发球时回击斜线或将球挑过对方头顶。

（7）用放高球消除对方网前优势。

（8）除挑高球外,要保持球过网后尽量地低于网。

（9）当在网前时要积极主动地多抢网,以便让对手不停地猜测,从而造成压力。

（10）同伴间需多交流。

四、网球主要规则解析

（一）场地设备

1. 场地

一个长方形场地,长 23.77 米,网高 1.07 米,单打场地宽 8.23 米,双打场地宽 10.97 米。

2. 球

球为白色或黄色,外表毛质均匀,接缝处没有缝线。球的直径为 6.54~6.85 厘米,质量为 56.7~58.5 克。

（二）基本规则

1. 发球前的规定

发球员在发球前应先站在端线后、中点和边线的假定延长线之间的区域里,用手将球向空中任何方向抛起,在球接触地面以前,用球拍击球。球拍接触球时,就算完成发球。

2. 发球时的规定

发球员在整个发球动作中,不得通过行走或跑动改变原站的位置;两脚只能站在规定位置,不得触及其他区域。

3. 发球员的位置

每局开始,先从右区端线后发球,得或失 1 分后,应换到左区发球。发出的球应从网上越过,落到对面的对方发球区内,或其周围线内。

4. 发球失误

球抛起后,运动员未击中球;发出的球,在落地前触及固定物(球网、中心带和网边白布除外);违反发球站位的规定。

发球有两次发球权,发球失误后,应在原发球位置进行第二次发球。

5. 发球无效

发球触网后仍然落到对方发球区内,或接球员未作好接球准备均为发球无效,应重

发球。

6．交换发球

每局比赛终了，交换发球权。

7．交换场地

双方应在每盘的第 1、3、5 等单数局结束后，以及每盘结束双方局数之和为单数时交换场地。

8．计分方法

（1）胜 1 局：每胜 1 球得 1 分，先胜 4 分者胜 1 局。双方各得 3 分时为"平分"。平分后，净胜两分为胜 1 局。

（2）胜 1 盘：一方先胜 6 局为胜 1 盘；双方各胜 5 局时，一方净胜两局为胜 1 盘。

（3）决胜局计分制。在每盘的局数为 6 平时，有以下两种计分制：采用长盘制，一方净胜两局为胜 1 盘；短盘制时（决胜盘除外，除非赛前另有规定），先得 7 分者为胜该局及该盘（若分数为 6 平时，一方须净胜两分）。

 思考题

1．网球运动中应该如何进行击球练习？

2．网球运动中高压球跟发球动作有什么区别？

3．如何选择网球双打时的战术？

第九章　健身健美运动

拓展阅读

健美操运动
主要赛事

▶▶▶ 第一节　健美操运动

一、健美操运动简介

（一）健美操起源

早在古代，人类就开始了对健身健美的追求，古代所传承下来的经典动作是现代健美操形成与发展的基础。19 世纪末 20 世纪初，欧洲体操形成各个流派，而不同体操流派在理论和实践上的创新对健美操的发展起到了推动作用。20 世纪 80 年代初，随着遍及全球的健身热和娱乐体育的发展，健美操以其强大的生命力风靡世界。其中，美国是对健美操的发展有着重要影响的国家，美国空军运动研究室医学博士库珀，经过多年的潜心研究，创造出"有氧运动"及运动处方，其运动被称为"aerobics"，"健美操"一词由此而来。1981 年，美国著名影星简·方达根据自己健身体会和经验，撰写了《简·方达健身体操》一书并配以录像带，她综合体操、舞蹈的动作开创了富于鲜明乐感的健美体操，引发女子健美操的热潮，经久不衰。因此，库珀被世人称为"健美操之父"，简·方达则被人称为"健美操皇后"。

1985 年起，美国正式举办一年一度的健美操锦标赛，确定了竞赛项目和规则，使健美操发展成为竞技性运动项目。健美操从此在美洲、欧洲、亚洲等地迅速发展，不少国家建立起健美操活动中心或者健身俱乐部，健美操成为大众健身的一个重要组成部分。

（二）健美操在我国的发展

健美操运动在 20 世纪 70 年代末 80 年代初传入我国，刚开始有很多称谓，如"韵律操""健身操""健美操""健康舞""有氧操"和"节奏操"等。随着健美操运动的普及和发展，高校教师或者健身俱乐部的教练编创了不同的健身套路，并进行推广，如"青年健美操""大众健身操""瘦身操""形体健身操""哑铃健身操""踏板"等。目前，健美操的形式越来越多，"有氧搏击""拉丁健美操""啦啦操"等项目非常流行（图 9-1-1、图 9-1-2）。

1984 年，当时的北京体育学院成立了健美操研究组；紧接着，上海体育学院成立了健美操教研室，率先开设了健美操课程。一些大专院校也根据高校学生体育需求，逐步开设了健美操必修或选修课。由此，我国的健美操从社会走向了学校。到目前为止，我国众多高校都开设了健美操运动项目。现在，它已经成为我国全民健身运动的一个重要组成部分，我国还专门设立了少儿和成人健美操套路，对健美操运动进行了很好地普及和推广。

图 9-1-1　健美操运动①

图 9-1-2　健美操运动②

> **知识链接**
>
> ### 什么是有氧运动
>
> 　　有氧运动是指运动时体内代谢以有氧代谢为主的耐力性运动。具体地说,有氧运动就是指长时间进行运动(耐力运动),使得心(血液循环系统)、肺(呼吸系统)充分得到有效刺激,提高心、肺功能。从而让全身各组织、器官得到良好的氧气和营养供应,既维持最佳的功能状况,又能消耗体内多余的脂肪,合理控制体重。一般运动时间最好在 30~60 分钟,心率维持在 (220-年龄)×(65%~80%),每周锻炼 2~3 次。有氧运动有慢跑、游泳、骑自行车、步行、原地跑、有氧健身操等。

二、健美操基本技术及练习方法

(一)无冲击力步伐

无冲击力步伐指两腿始终接触地面的动作。

1. 膝弹动

(1)动作描述:两腿并拢,膝关节有弹性地屈伸。

(2)技术要点:膝关节由弯曲到还原,还原时膝关节应处于微屈状态。

2. 半蹲

(1)动作描述:两腿有控制地屈和伸。可分为并腿半蹲和分腿半蹲。

(2)技术要点:分腿半蹲时,两腿左右分开稍大于肩,脚尖稍外开,膝关节角度不小于 90°,方向与脚尖方向一致,臀部向后 45°方向下蹲,上体保持直立。

动作变化:并腿半蹲、迈步半蹲、迈步转体半蹲。

3. 弓步

(1)动作描述:两脚前后分开,平行站立,下蹲。

(2)技术要点:半蹲时,后腿膝关节向下,大腿垂直于地面,重心在两脚之间。前腿膝关节弯曲不能超过 90°,膝关节不能超过脚尖。

动作变化:原地前后弓步、原地左右弓步、转体弓步。

（二）低冲击力步伐

低冲击力步伐指在做动作时一只脚着地，另一只脚离地的动作。低冲击力步伐动作是目前健身健美操编排运用得最多的动作类型，主要有踏步类、点地类、迈步类和单脚抬腿类四种类型。

看微课

健美操基本
步伐

1. 踏步类

总体要求：两脚依次抬起，在下落时膝、踝关节有弹性地缓冲。注意两腿的相对位置以及脚尖、膝盖的朝向。做动作时，注意膝关节、踝关节有弹性地缓冲。另外，根据动作的需要，躯干部分要有适当的起伏变化，与基本步伐相协调。

（1）踏步。

① 动作描述：两腿原地依次抬起，依次落地。

② 技术要点：下落时，踝、膝、髋关节依次有弹性地缓冲。

③ 动作变化：踏步转体、踏步分腿、踏步并腿、弹动踏步。

（2）一字步。

看微课

健美操大众
一级规定动
作组合

① 动作描述：一只脚向前一步，另一只脚并于前脚，然后依次还原。

② 技术要点：向前迈步时，脚跟先着地，过渡到全脚掌，前后均要有并腿过程。每一拍动作，膝关节始终有弹性地缓冲。

③ 动作变化：向前向后的一字步、转体的一字步。

（3）"V"字步。

① 动作描述：一只脚向前侧方迈一步，另一只脚随之向另一方迈一步，成两脚开立，屈膝，然后依次退回原位。

② 技术要点：两腿膝、踝关节始终保持弹动状态，分开后成分腿半蹲，重心在两腿之间。

③ 动作变化：倒"V"字步、转体"V"字步、跳"V"字步。

（4）漫步。

① 动作描述：一只脚向前迈出，屈膝，重心随之前移；另一只脚稍抬起，然后原地落下。或向后撤一步，重心后移，另一只脚稍抬起，然后原地落下。

② 技术要点：两脚始终保持交替落地，身体重心随动作前后移动，但始终在两脚之间。

③ 动作变化：转体的漫步、跳的漫步。

2. 点地类

总体要求：两腿有弹性地屈伸，点地时，一条腿屈膝，另一条腿伸直。整个动作过程中，膝关节要有弹性地屈伸，动作完毕时两腿膝关节也应处于微屈状态，而不应过分伸直，以免破坏了健美操动作特有的弹性。

（1）脚尖前点地。

① 动作描述：一条腿稍屈膝站立，另一条腿伸出，脚尖点地，然后还原到并腿姿势。

② 技术要点：支撑腿始终保持屈膝站立，并且随动作有弹性地屈伸。

③ 动作变化：脚尖前点地、脚尖侧点地、脚尖后点地。

（2）脚跟点地。

① 动作描述：一条腿稍屈膝站立，另一条腿伸出，脚跟点地，然后还原到并腿姿势。只可做向前和向侧的脚跟点地。

② 技术要点：支撑腿始终保持屈膝站立，并且随动作有弹性地屈伸。动作始终保持高度的弹性和节奏感。

③ 动作变化：脚跟前点地、脚跟侧点地。

3. 迈步类

总体要求：一条腿迈出一步，重心移到这条腿上；另一条腿用脚跟、脚尖点地或吸腿、屈腿、踢腿等，然后向另一个方向迈步。注意重心之间的转换和跟进。

（1）并步。

① 动作描述：一只脚迈出，另一只脚随之并拢屈膝点地；再向反方向迈步。

② 技术要点：两膝保持弹动，动作幅度和力度依动作风格而定。

③ 动作变化：左右并步、前后并步、向两侧并步、转体并步。

（2）迈步点地。

① 动作描述：一只脚向侧迈一步，两腿屈膝，移动重心，另一条腿在前、侧或后用脚尖或脚跟点地。

② 技术要点：两腿有弹性地屈伸，重心移动轨迹呈弧形，上体不要扭转。

③ 动作变化：左右迈步点地、前后迈步点地、迈步转体点地。

看微课

健美操迈步后屈腿

（3）迈步后屈腿。

① 动作描述：一只脚迈出一步，另一条腿后屈，然后向相反方向迈步。

② 技术要点：经过屈膝半蹲，支撑腿稍屈膝，后屈腿的脚跟靠近臀部。

③ 动作变化：侧迈步后屈腿、前后移动后屈腿、转体后屈腿。

（4）迈步吸腿。

① 动作描述：一只脚迈出一步，另一条腿屈膝抬起，然后向反方向迈步。

② 技术要点：经过屈膝半蹲动作后，还原时支撑腿稍屈膝。

③ 动作变化：向前迈步吸腿、向侧迈步吸腿、向侧前迈步吸腿、转体的吸腿。

（5）迈步弹踢。

① 动作描述：一条腿迈出一步，另一条腿先向后屈，再向前下方弹踢，还原。

② 技术要点：腿弹出时要有所控制，弹踢腿脚尖伸直，上体保持正直。

③ 动作变化：左右迈步弹踢、前后迈步弹踢、迈步转体弹踢。

（6）侧交叉步。

① 动作描述：一只脚向侧迈一步，另一只脚在其后交叉，随之再向侧迈一步，另一只脚并拢，屈膝点地。

② 技术要点：第一步脚跟先落地，身体重心快速随着脚步而移动，保持膝、踝关节的弹动。

③ 动作变化：左右的交叉步、转体的交叉步。

4. 单脚抬腿类

总体要求：一条腿站立，另一条腿抬起。这一类动作要求支撑腿有控制地屈膝弹动，另一条腿以各种形式抬起，同时收腹、立腰。

（1）吸腿。

① 动作描述：一条腿屈膝抬起，落下还原。

② 技术要点:支撑腿保持屈膝弹动,大腿上抬至水平,小腿自然下垂,绷脚尖,上体保持正直。

动作变化:向前吸腿、向侧吸腿、向侧前吸腿、转体的吸腿。

(2)踢腿。

① 动作描述:一条腿稍屈膝站立,另一条腿抬起,然后还原。

② 技术要点:抬起腿要有控制,保持上体正直。主力脚脚跟不能离地,膝关节微屈缓冲。踢腿的幅度因人而异,避免受伤。

③ 动作变化:前踢、侧踢

(3)摆腿。

① 动作描述:一条腿稍屈膝站立,另一条腿摆动然后还原成并步。

② 技术要点:摆腿时上体顺势前倾、后倒或侧倾。支撑腿屈膝缓冲,摆动腿抬起时幅度不要过大。

③ 动作变化:向前摆腿、向侧摆腿。

(4)弹踢腿。

① 动作描述:一条腿站立(跳起),另一条腿先向后屈,再向前下方弹踢,还原。

② 技术要点:腿弹出时要有所控制,两膝盖紧靠,弹踢腿脚尖伸直,上体保持正直。

③ 动作变化:向前弹踢、向侧弹踢、转体的弹踢、移动弹踢。

(三)高冲击力步伐

高冲击力步伐指在做动作时,两脚都离地的动作。即为平常所说的跳跃类动作,主要包括单脚起跳、双脚起跳、迈步起跳和跑步四大类,具体如下。

1.单脚起跳类

单脚起跳类动作是指先抬起一条腿,另一条腿跳起的动作。

看微课

健美操
吸腿跳

(1)吸腿跳。

① 动作描述:一条腿屈膝抬起,落下还原,另一只脚离开地面,向上跳起。

② 技术要点:支撑腿保持屈膝弹动,大腿上抬至水平,上体保持正直,注意身体的稳定性。

③ 动作变化:向前吸腿跳、向侧吸腿跳、向前侧吸腿跳、转体吸腿跳。

(2)屈腿跳。

① 动作描述:一条腿站立(跳起),另一条腿向后屈膝,放下腿还原。

② 技术要点:支撑腿保持弹性,两膝并拢,屈膝腿脚跟靠近臀部。屈膝腿的膝关节不宜向前超过支撑腿的膝关节,落地时注意缓冲。

③ 动作变化:左右腿依次后屈腿跳、转体后屈腿跳。

(3)弹踢腿跳。

① 动作描述:两腿起跳,单腿落地,另一条腿小腿后屈,然后小腿前踢伸直。

② 技术要点:两脚落地的过程,弹踢腿脚尖伸直,上体保持正直。

③ 动作变化:向前弹踢腿跳、向侧弹踢腿跳、转体的弹踢腿跳、移动弹踢腿跳。

2.双脚起跳类

总体要求:两腿的动作基本一致,两脚需要腾起一定高度,落地时注意屈膝缓冲。

（1）并腿跳。

① 动作描述：两腿并拢同时跳起，屈膝，然后落地缓冲。

② 技术要点：起跳时，两脚同时用力，落地缓冲有控制。

③ 动作变化：向前并腿跳、向后并腿跳、向侧并腿跳。

（2）开合跳。

① 动作描述：由并腿跳起，分腿落地，再由分腿跳起，并腿落地。

② 技术要点：分腿屈膝蹲时，两脚自然外开，膝关节沿脚尖方向屈，夹角不小于 90°，膝关节有弹性地缓冲，脚跟落地。

③ 动作变化：原地开合跳，转体开合跳。

（3）弓步跳。

① 动作描述：并腿向上跳起，成前后分腿姿势落地，接着再向上跳起，并腿落地。

② 技术要点：落地时，膝关节有弹性地缓冲，分腿落地时双脚的脚尖都朝前方，并且基本在一条直线上。

③ 动作变化：左右弓步跳、前后弓步跳、侧弓步跳。

3. 迈步起跳类

（1）并步跳。

① 动作描述：以右脚起步为例。右脚迈出，蹬地跳起，左脚并右脚，并腿落地。

② 技术要点：身体重心随身体迅速移动，落地时注意缓冲。

③ 动作变化：向前并步跳、向后并步跳、向侧并步跳。

（2）迈步吸腿跳。

① 动作描述：右脚向前迈出一步，之后身体重心跟进，同时左腿抬起，抬起至 90°时，两脚起跳。

② 技术要点：跳起时，上体保持正直，收腹立腰。

③ 动作变化：向前迈步吸腿、向侧迈步吸腿。

（3）迈步后屈腿跳。

① 动作描述：一腿侧迈一步，另一腿向后屈膝，同时两腿起跳，缓冲落地。

② 技术要点：两腿跳起时，屈膝腿脚尖绷直；落地时，两腿膝关节微屈，不宜伸直。

③ 动作变化：向前迈步后吸腿、向侧迈步后吸腿。

4. 跑步类

总体要求：两腿腾空，双脚依次落地缓冲，两臂屈肘摆臂。落地屈膝缓冲，脚跟尽量落地。

（1）后踢腿跑。

① 动作描述：两脚依次经过腾空后，一只脚落地缓冲，另一条腿小腿后屈，两臂配合下肢前后摆动。

② 技术要点：膝、踝关节有弹动的缓冲，落地时由前脚掌着地。

③ 动作变化：原地跑、向前跑、向后跑、弧线跑、转体跑。

（2）小马跳。

① 动作描述：以右脚起步为例。左脚蹬地跳起，同时右脚向侧迈步落地，随之左脚并右脚点地，随后反方向做一次，动作相同，方向相反。

② 技术要点：两脚轻松蹬地，身体重心随之平稳移动，注意膝、踝关节的弹动。

③ 动作变化：原地小马跳、向前小马跳、向侧小马跳、向后小马跳、转体小马跳。

三、健美操比赛规则和赛事

（一）健美操组织

（1）国际健美操联合会：成立于 1983 年，总部设在日本，目前有会员国 20 多个，每年举办健美操世界杯赛。

（2）国际健美操与健身联合会：成立于 20 世纪 80 年代中期，总部设在澳大利亚，有会员国 40 多个。除每年举办健美操专业比赛外，还组织各种健美操培训班，并颁发国际健身指导员证书。

（3）国际健美操冠军联合会：成立于 1980 年，总部设在美国，每年举办世界健美操冠军赛。

（4）国际体操联合会健美操委员会：国际体操联合会成立于 1881 年，原有体操、艺术体操等项目。于 1994 年接受国际体操联合会健美操委员会为其所属的委员会，并从 1995 年开始每年举办世界健美操锦标赛。

我国健美操比赛一般有全国健美操锦标赛、全国健美操联赛、全国健美操冠军赛、全国体育大会健美操比赛及各类普及健美操的比赛。

（二）我国健美操普及组的比赛

1. 竞赛性质与种类

（1）性质：健美操普及类比赛。

（2）种类：比赛分明星赛、组合赛、集体赛 3 种。

2. 参赛项目与人数

（1）明星赛：男子单人操、女子单人操（参赛人员资格不限）。

（2）组合赛：混双操（1 男 1 女）、3 人操（性别不限）。

（3）集体赛：徒手操、轻器械操（5~8 人，性别不限）。

（4）比赛组别：由具体赛事的竞赛规程决定。

（5）更换运动员：如有特殊情况需更换运动员时，需持有效证明，经组委会批准方可。

3. 运动员年龄与分组

（1）少年组：7~12 岁（小学组）、13~17 岁（中学组）。

（2）风采赛：18~35 岁（运动员可兼报组合赛和集体赛）。

① 青年组组合赛和集体赛：18~35 岁，比赛分院校组、行业组、明星组。

② 中年组组合赛和集体赛：36~55 岁，比赛分院校组、行业组、大师组。

③ 老年组组合赛和集体赛：56 岁以上。

4. 竞赛内容

（1）徒手自编套路：各种符合规则及规程要求的成套动作。

（2）轻器械自编套路：指运动员利用个人能手持移动的器械所创编的符合规则及规程要求的成套动作。

5. 成套动作的时间

计时由第一个可听到得声音开始（不包括提示音），到最后一个可听的声音结束。

（1）明星赛的成套动作时间：1分钟20秒~1分钟40秒。

（2）组合赛的成套动作时间：1分钟40秒~1分钟50秒。

（3）集体赛的成套动作时间：1分钟40秒~1分钟50秒。

6．音乐

参赛队自备比赛音乐，并将音乐录制在高质量的CD光盘第一曲的位置。

7．比赛场地

组合赛和集体赛的场地为10米×10米，风采赛的场地为7米×7米。健美操比赛一般在地板或地毯上进行，标记带为5厘米宽的红色或黑色带，是场地的一部分。

8．轻器械

运动员个人能手持移动的器械被称作轻器械。轻器械的运用要体现安全性与美观性，不允许使用刀、枪、剑等较锋利的、具有伤害性的器械。

9．着装、仪容与器械

运动员须着适合运动的服装（如背心，短袖或长袖的紧身服，上下连体、分体等服装均可）和鞋，着装应整洁美观。不准佩戴任何首饰和手表。女运动员的头发必须梳系于脑后，发不遮脸，允许化淡妆。

10．比赛程序

风采赛、组合赛和集体赛分为预赛和决赛。凡参赛队均须参加预赛，根据参加预赛的队伍数量决定进入决赛的队伍数量。

11．计分方法和名次

比赛采取公开示分的方法，裁判员评分精确到0.1分，运动员最后得分精确到0.01分。成绩若得分相等，则按艺术总分的评分高低决定名次。预赛成绩不进入决赛，决赛中得分高者名次列前。分数并列时以嘉宾组成绩优先者胜出；若再并列，以艺术分优先者胜出；若还并列，则由嘉宾组指定即兴命题进行追加赛，成绩优先者胜出。具体如表9-1-1。

表9-1-1　健美操比赛计分方法

预赛得分项目	艺术总分		完成总分
决赛得分项目	艺术总分	完成总分	嘉宾评分
减分项目	裁判长减分		视线减分
预赛最后得分	（艺术总分+完成总分）-（裁判长减分+视线减分）		
决赛最后得分	（艺术总分+完成总分+嘉宾评分）-（裁判长减分+视线减分）		

 思考题

1．健美操的步伐分为哪几类？如何划分？

2．如何练习迈步后屈腿？

3．健美操比赛按年龄如何划分？

第二节　体育舞蹈运动

一、体育舞蹈运动简介

（一）体育舞蹈运动的起源和发展

各种舞蹈都起源于原始舞蹈,体育舞蹈也不例外。体育舞蹈的发展过程经历了原始舞蹈—公众舞—民间舞—宫廷舞—社交舞—新旧国际标准交际舞等发展阶段。体育舞蹈的前身就近来说是社交舞,社交舞也称交际舞、交谊舞、舞厅舞和舞会舞。

社交舞早在 14 世纪已在意大利出现,16 世纪末传入法国。1768 年,巴黎开办了第一家交际舞厅,由此社交舞开始流行于欧美各国,成为一种普遍的社交方式。1924 年,英国皇家舞蹈教师协会对当时社交舞进行部分整理,将 7 种舞的舞姿、舞步和跳法加以系统化、规范化的整理,形成了"国际标准舞"。国标舞的诞生,改变了社交舞的自娱性质,引起了社会各阶层的极大兴趣,它的典雅风格和优美舞姿征服了世界舞坛,掀起了半个多世纪的世界国标舞热潮。第二次世界大战后,英国皇家舞蹈教师协会又整理了拉丁舞蹈,并将它纳入国标舞范畴,列入正式比赛项目。至此,国际标准舞成为包含摩登舞系列和拉丁舞系列两大类,共计 10 个舞种的国际舞蹈。

国标舞比赛起源于英国,1929 年成立的舞会舞蹈委员会制定了比赛规则,每年举行全英锦标赛和国际锦标赛等比赛。1947 年,舞会舞蹈委员会在柏林举行了首届世界交际舞锦标赛。国际标准舞的普及推动了竞赛的开展。1950 年,国际交际舞理事会（也称"国际交际舞协会"）成立。1959 年,完全按国际委员会制定的规则,举行了第 1 届业余和职业舞蹈世界锦标赛,此后每年举行一次。1960 年,拉丁舞正式列入世界锦标赛比赛项目。1964 年,国际标准舞又增加新的表演和比赛项目——团体舞、摩登舞、拉丁舞。团体舞被称为"现代国际标准舞"。

国际标准舞的发展,促进了国际舞蹈组织的发展。世界国际标准舞竞技总会（ICBD）已发展了 36 个会员国,总部设在英国;国际业余舞蹈总会（ICAD）总部设在德国,已有 27 个会员国。近年来,随着体育舞蹈意识日益深入人心。上述两组织相继改名,"ICBD"改名为"WDDSC",称为"世界舞蹈和体育舞蹈理事会","ICAD"改名为"IDSF",称为"国际体育舞蹈联合会"。两个组织联合起来,为争取体育舞蹈进入奥运会而共同努力。1997 年 9 月,体育舞蹈正式得到国际奥委会承认,IDSF 成为唯一的代表体育舞蹈的国际组织。

我国体育舞蹈的开展受西方文化的影响,交谊舞率先进入上海市,20 世纪 30 年代后,交谊舞在天津、广州等大城市广泛流行。中华人民共和国成立后,国内盛行内部舞会,通常由各地的工会、共青团、妇联组织舞会,大家一起跳交谊舞。20 世纪 80 年代初,随着改革开放的进一步深入,体育舞蹈在我国也进入了一个新的发展时期。1989 年,中国舞蹈家协会正式成立了中国国际标准舞总会,90 年代后改名为"中国国际标准舞学会",并于 1987 年举办了第 1 届中国国际标准舞锦标赛,以后每年举行一次。1991 年 5 月 3 日,以国际体育舞蹈俱乐部为前身的中国体育舞蹈运动协会宣告成立。1993 年 12 月,举办了"中国上海·北京世界

拓展阅读

体育舞蹈
运动主要
赛事

杯体育舞蹈锦标赛"，这是我国首次获得世界认可的体育舞蹈国际性公开赛，也是中国最具规模的舞蹈大赛。

（二）体育舞蹈的项目分类、内容与特点

体育舞蹈按照舞的风格和技术结构，可分为摩登舞（现代舞）和拉丁舞两大类。

1. 摩登舞

摩登舞起源于欧洲，具有端庄、含蓄、稳重、典雅的风格和绅士风度。舞步流畅、轻柔潇洒、舞姿优美、起伏有序，音乐节奏清晰，舞蹈富于技巧性，是老少皆宜的舞系。现代舞包括华尔兹、探戈、狐步、快步和维也纳华尔兹。

2. 拉丁舞

拉丁舞起源于非洲和拉丁美洲，具有热情、奔放、浪漫的风格特点。舞蹈动作豪放粗犷，速度多变，手势和脚步内容丰富，充满激情，音乐节奏鲜明强烈，尤为中青年人所喜爱。拉丁舞包括桑巴、恰恰恰、伦巴、斗牛舞和牛仔舞。

知识链接

体育舞蹈的服装要求

摩登舞的男选手必须着深色燕尾服（黑色或深蓝色），穿黑裤子、黑鞋子、黑袜子，不能留长发；女选手要着长裙，梳宴会正式发型。拉丁舞服装一般以紧身为好，男士以黑色为主，女士着短裙，不应长于膝盖，以免影响运动。另外，拉丁舞的女选手，其内裤不能为肉色，应为深色。

二、体育舞蹈的练习方法

（一）学习体育舞蹈的准备工作

体育舞蹈是男女为伴的双人运动项目，但在学习的初期，我们可以不用为寻找舞伴而发愁，因为任何运动项目都需要进行单人的技巧训练。如果不是为了成为专业选手，而是出于爱好、健身、娱乐等其他方面的学习动机，那就更不必为没有舞伴而放弃体育舞蹈学习。体育舞蹈中拉丁舞舞系的五个舞种同样可以进行单人套路的学习。

选择一双舒适的舞鞋和一身适合练习的服装，这样会让你看起来更加精神，运动起来会觉得身体更加舒展，同时你的舞蹈道路会走得更加长远。如果是自学，需要做的就是寻找一个相对较好的学习场地，设施不需要很复杂，只要有平滑的地板、一面镜子、一台音乐机器就能够让你陶醉在自己的舞蹈世界里。

（二）体育舞蹈基础知识

1. 摩登舞

（1）方位：方位是指一个舞步结束时双脚相对于舞池所面对、背对或指向的方向。相对于舞池的 3 个主要指向是舞程线、墙壁和中央。

① **舞程线**：舞程线指舞者沿着舞池以逆时针方向行进的路线。这是一条沿着舞池四周运行并与墙壁平行的设想线。它是指移动方向，并非是一条一成不变的单道线，因此也称舞程向。

看一看

体育舞蹈
舞池形态
基本训练

② 墙壁："墙壁"是指舞蹈者沿舞程线运动时最接近的墙壁。当舞蹈者面对舞程线时，墙壁在其右手边。

③ 中央：舞池有两个中央，绝对中央指舞池内的实际中心点，相对中央指直接反向于舞蹈者最靠近墙壁的方位。如果面向舞程线，无论位于舞池何处，身体左侧即是相对中央。

看一看

体育舞蹈
方步转度

（2）转度：转度指舞者从一端到另一端，舞步运行之间身体与脚部旋转的方向和度数。一般情况下，身体与脚同转，但有时脚部转动要比身体要多。转度与方位是紧密相连的，若将坐落在舞池中央的圆周360°进行8等分，就能分成8个方位，每个方位之间夹角为45°。在做旋转动作时，均要标明旋转的方向，即左转或右转，然后标明旋转的周数。

（3）握持姿势：在摩登舞中，应特别注意握持姿势，握持不好不仅影响舞者的舞姿，而且严重地影响舞者的平衡和引导。

看一看

体育舞蹈
握持姿势

① 男士握持姿势：双脚并拢直立，腰部适当绷紧挺直，肩部自然放松成正常水平状态。左臂应适当下降，肘部稍低于肩部，否则会出现耸肩现象。左掌应斜向前方地面，以一种简单而舒适的方式持握女士右手。右臂由肩至肘应适当向下倾斜，与左臂尽可能成一条直线，角度很大程度上取决于舞伴的身高。右手应放置于女士左肩胛骨下方，不要过远，否则会使右肩下沉。男士应保持在体前稍偏右位置握持女士，但须注意不要过分错位握持。

② 女士握持姿势：身体直立，腰部适当紧绷挺直，不要耸肩。面对男士，稍向右侧错位站立。右手手指并拢举起，让男士握持至正常位置。右臂由肩至肘应适当向下倾斜，而前臂肘部抬起，使之与男士左手相握。左臂应轻放在男士右臂上，但不得向下压迫。左手手指应围扶在男士右臂肘肩之间，但更靠近肩部。

总而言之，男士与女士的握持姿势都是要达到自身身体舒展的最大程度，以便更好地发挥身体延展性的目标，而不是机械地进行固定架型。

（4）选手位置：见表9-2-1。

表 9-2-1　摩登舞选手位置

舞姿名称	不同位置舞姿要领介绍
闭式位置舞姿	男女舞伴相对站立，双足并拢，各自的右足尖对准对方的双足中线，头部各向左稍转，女伴上体稍向后倾。男伴左手侧平举，手掌向上，女伴举右手掌心向下，握手高度与肩平或略高于肩。男伴右手轻扶在女伴左肩胛骨的下方，女伴左手轻放在男伴右肩上。双方身体挺拔，运步时上体始终保持正直，握持的手不可推拉和摇晃，右胯轻贴
侧行位置舞姿	男女舞伴相对而立、身体稍向左错位，女士身体中部与男士体前右侧相接触，女士双脚应稍后于男士双脚站位。在侧行位置中，男士头部应左转，女士头部应右转，男士左侧和女士右侧稍微展开，呈"V"字形站立
外侧位置舞姿	男女舞伴相对而立，身体稍向左错位相触。舞伴的双脚错位使一方能够向另一方右腿外侧迈步行进。舞伴上体应稍向右转，使身体左侧前探

2.拉丁舞

（1）姿态：

① 伦巴舞和恰恰舞：两脚自然轻松地靠拢站好。挺胸、脊背伸直，不可耸肩。任一只脚

向侧跨出一步,支撑重心的另一条腿伸直,并将重量全部移到这只脚上面,骨盆可往旁边移动,感觉重量放在支撑腿的脚跟,其膝关节要向后锁紧。骨盆移动的幅度要以不影响上身的姿态为原则。

②桑巴舞和牛仔舞:两脚自然轻松地靠拢站好。挺胸、腰背伸直,不可耸肩。任一只脚向外跨出一步,支撑重心的另一条腿伸直,并将体重全部移到这只脚上面,使重量前移至前脚掌,而后脚跟仍不离地板,并且支撑脚的膝关节不可向后锁紧。某些舞步则是例外,如桑巴舞中的分式摇滚步、后退缩步和卷褶步,以及牛仔舞里的鸡仔步。

有一种舞姿除外,那就是西班牙舞姿。由于西班牙斗牛舞没有骨盆或臀部的运动,姿势与上述各种拉丁舞有些不同,具体如下:骨盆向前微倾,重量由两个脚掌均匀承受。当腿伸直时,膝关节不可向后扣紧。

（2）转度:在跳拉丁舞时,两脚一般不平行,除非两脚并拢时,才会平行。像这样的脚部转动,大半是向外转,是脚带着全部或部分的体重而转,是属于"被动式的转动"。由于跳舞时脚部转动与上身的转量多半不同,因此当跳完某个舞步,脚部带动的重心和身上所面对的方向不同时,当以其上身的转量为准,而非脚部。

（3）选手位置:见表9-2-2。

表 9-2-2　拉丁舞选手位置

舞姿名称	不同位置动作要领介绍
闭式位置	女伴稍靠男伴的右侧,男女重心在相反的脚上,男伴右手放在女伴的背后,托住女伴左肩胛骨的下方,男伴的左手轻握女伴的右手,男伴两肩同高,左手的高度与本身的耳朵齐高,相握的位置在两人的中间
开式位置	男女伴相距一臂,相互对视,重心在相反的脚上,握手是略向前互握,自然回收弯曲,双手的位置在胸骨以下,不握的手向侧伸出并略微回收。若双手分开不握时,双臂向前,肘部回收,手臂自然地靠近身体

（三）舞蹈风格与动作特点

1. 摩登舞

摩登舞是一种带有绅士风度的"游走型"舞蹈。通过跟、掌、尖和脚的内侧、外侧的技术动作来展现身体的升降、摆荡、倾斜和反身等,形成起伏荡漾、连绵流畅的舞姿。舞步风格平稳端庄、顿挫有力、轻盈活泼。

（1）华尔兹:华尔兹舞步不分慢步与快步,只分大步与小步。练习时可呼"1、2、3 或"蓬、嚓、嚓",第一拍一般用大步,第二拍与第三拍一般用小步,而在比赛表演时,第二拍也可用大步,并带有延长感。华尔兹舞步升降起伏非常明显,舞步的升降一般为"降、次升、升"。若从升降转化的透视角度仔细分析,第一步前半拍是降,脚跟着地、屈膝下降,而在后半拍时重心已从脚跟转向脚掌,屈膝已逐步转为伸膝,身体开始上扬,包含着开始降结尾升,先降后升,由降转升的降升转化形态;第二步时,脚掌逐步过渡到脚尖,身体继续上升;第三步前半拍两膝伸直、两脚尖上升至最高点,后半拍两脚掌下落着地、身体徐然降下,包含着继续升、结尾降,先升后降,由升转降的升降转化状态。这样就能把 3 个拍子连接起来,使 3 个步子连绵不断,此起彼伏,圆滑飘逸。华尔兹舞曲优美、抒情、明朗、动人,节拍是 3/4,节拍速度每

看微课

华尔兹左脚并换步

分钟 30~32 小节,三拍子音乐为"蓬、嚓、嚓",第一拍是强拍,第二拍是次强拍、第三拍是弱拍。

(2)探戈:探戈舞的风格特点是严肃、豪放、刚劲、平稳、高雅、洒脱。相传阿根廷人在跳探戈舞时,男士腰佩短剑,女士身穿长裙,两人共舞要防范情敌暗算,脸上不带丝毫笑容、神态严肃,头左顾右盼,迈步沉稳有力,没有升降起伏,舞蹈动作铿锵有力,顿挫分明,男士威风凛凛,女士英姿飒爽,其动作编排动静结合,有反身动作、闪势和造型。探戈舞步运行成弧形线,讲究脚内缘、脚外缘的变化,要掌握好"蟹行猫步"的步法,犹如螃蟹般横行、斜进、侧走,宛如猫般控制着出步,探索前进。探戈舞节拍为 2/4,其节拍速度为每分钟 33~34 小节,基本节奏为慢、慢快、快、慢。

(3)狐步:舞步根据狐狸走路的特色,是用 4 条腿左右交叉前进,因而其行走路线并非直线前进,也无合并式舞步。狐步舞的风格特点是潇洒、流畅,步幅宽且平滑,步态悠闲遄逸,步法迂回、圆滑,线路曲折、多变,富于线条美、流动感,宛如行云流水,给人一种飘逸超然的美感。狐步舞是一种流畅平稳的舞蹈,大幅度的行走动作中带有精细的升降动作,转动动作虽与华尔兹类似,但是带有更适度的升降动作和纵向动作。国际标准狐步舞动作纲要只有闭式位置,而美式狐步舞闭式和开式位置都是允许的。最初的狐步舞只有快和慢两种舞步,但是不久就发展成为包含有小跑步和快速滑步的各种舞步。狐步舞节拍为 4/4 拍,其节拍速度为每分钟 30 小节。舞步分为慢步与快步,基本节奏为慢、慢、快、快、慢。慢步占用 2拍、快步占用 1 拍。

(4)维也纳华尔兹:维也纳华尔兹的特点是轻快、活泼、流利、奔放。舞动时以连续旋转为主,给人以轻盈、流畅、热烈、愉快之感,充满着青春活力。舞步的跳法与华尔兹大同小异,第一拍跳大步,第二拍与第三拍跳小步。也有第一拍跳大步、第二拍与第三拍仅跳一小步,还有三拍子"蓬、嚓、嚓"仅跳一大步的。维也纳华尔兹的升降起伏比华尔兹要小,因为要在较快的速度中完成升降、倾斜、反身、摆荡等技巧,所以动作的幅度不宜太大,否则难以跟上较快的音乐节奏。舞步的升降一般为"降、升、升",若要从升降转化的角度来分析,第一步前半拍是降,后半拍就得升,包含着先降后升、由降转升的降升转化形态。第二步升。第三步前半拍是继续升,后半拍结尾时降,包含着先升后降,由升转降的升降转化状态。如此循环往复,使快三步跳得轻盈如燕。维也纳华尔兹的节拍是 3/4 拍,其节拍速度为每分钟 50~60小节,三拍子音乐为快的"蓬、嚓、嚓"。由于乐曲速度快,所以选手在跳维也纳华尔兹时,每 2 小节仅有 1 次升降起伏,而华尔兹是 1 小节 1 次升降。

(5)快步舞:快步舞与狐步舞的共同点是均有慢步与快步之分。不同点是快步舞有合并步,近年来快步舞又增加了不少跳跃性动作,近似跑步动作。快步舞将芭蕾舞中的一些小跳动作融合在内,而显得更加轻快灵巧,更具技巧性和艺术魅力。

跳快步舞时,由于节拍的速度较快,常有力不从心之感,初学者往往步子跟不上音乐节拍速度,乱了步法。为此,学习者要不断训练自己对节拍时值的反应,提高运步的动作速率,对于选手来讲,平时还得练一点速度耐力,因为跳一曲快步舞,对人的呼吸系统要求甚高,如若呼吸不匀,往往会导致步法混乱、姿态反常、动作失误。

如果说华尔兹舞主要是跳升降起伏和摆荡,探戈舞是跳反身动作,狐步舞是跳线条,维也纳华尔兹是跳旋转,那么快步舞是跳节奏,并对舞伴之间的默契配合要求很高,要快慢相

依、动静一致。在跳追步、跳步、跑步等舞步时,为使舞步跳得十分娴熟,掌握好跳快步舞的节奏是至关重要的。

快步舞的节拍为 4/4 拍,节拍的速度为每分钟 50 小节,基本节奏为慢、慢、快、快、慢,慢步占用 2 拍,快步占用 1 拍。

2. 拉丁舞

拉丁舞既是一种带有浪漫情调的"定位型"舞蹈,即在基本位置上,辐射型地变换方位、角度;又是一种热情奔放、不停游走、移位的"游走型""行进型"舞蹈。通过脚尖、掌、跟和脚内侧、外侧的运步技术来展现各种形式的身体动作和胯部摆动等,以展示抒情缠绵、诙谐幽默、热情奔放、热烈摇曳、豪爽刚健、婀娜多姿的风格。

(1)伦巴舞:伦巴舞被认为是一种热情的舞蹈。如果舞蹈得法,即使是最慢的伦巴舞也可以舞出激情。在古巴,人们吸收了西班牙的舞蹈动作,结合古巴劳动人民经常将物品顶在头上行走的习惯,为使身体保持平稳,移动时以胯部向两侧扭动来转换重心和调节步伐。伦巴的音乐节拍是 4/4 拍,第四拍为重拍,速度是每分钟 27~30 小节,舞步的节奏是第一步占 1 拍,第二步占 1 拍,第三步占 2 拍,其运步方法是先出胯、后出步,呼数为"2、3、4、1",即第一拍先出胯,第二拍才出步。

(2)恰恰舞:恰恰舞的动律和伦巴舞基本相同,由于伴奏舞曲及舞步速度轻快,因而具有活泼、热烈而俏皮的风格特点。跳每个舞步都应该在前脚掌施加压力,膝关节稍屈。当重心落到某条腿上时,脚跟放低,膝部伸直,臀部随之向侧后方摆动,另一条腿放松屈膝。臀部的摆动要明显,只有在跳快步时可不必强调。恰恰舞的曲调欢快而有趣,舞步和手臂动作配合紧凑,给人一种俏皮而利落的感觉。对初学者来说,要选用一些慢速的舞曲进行练习。恰恰舞(Cha-Cha-Cha)用 C 表示,节奏为 4/4 拍,每分钟 30~32 小节。每小节 4 拍,强拍落在第 1 拍。4 拍走 5 步,包括两个慢步和 3 个快步。

(3)桑巴舞:桑巴舞的风格特点概括起来可以说在音乐上热烈欢欣,舞步上摇曳粗犷,风格上激情豪放。桑巴舞的舞步主要强调上下的弹动,脚部动作应完全用脚掌来做,脚掌应是平面的踏地,脚跟不着地,所以在每一舞步中只有 1/4 拍的刹那重心的转换是用踮脚完成,这是桑巴舞的主要特点。桑巴舞的另一特点是,作为拉丁舞中游走型的舞蹈,髋部的运动既有前后的运动,又有左右的摆动。桑巴舞的音乐节拍是 2/4 拍,每分钟 48~56 小节。每小节的第一拍都是附点音符,因此舞步的节奏随之形成它独有的特点。

(4)牛仔舞:牛仔舞的舞姿是较松弛和自由的,所有的舞步都必须用脚掌来跳,踝关节要灵活有力而富有弹性,膝关节要自然地屈伸,胯部要经常随着步子呈钟摆式左右摆动。每个步子要小一些,步与步之间用踝与膝的弹动来连接。牛仔舞的舞步主要是运用向左、向右或是向前、向后的追步,而且往往是两次追步连在一起跳。因此它的动作节奏就成为 1、2、3a、4、5a、6。3、5 占用 3/4 拍的时间,a 占用 1/4 拍的时间。牛仔舞的舞曲节拍为 4/4 拍,音乐速度为每分钟 40~46 小节。这样,牛仔的舞步就是在 6 拍中跳 8 步。牛仔的特点概括起来是:音乐欢快跳跃,舞步活泼矫健,风格轻捷灵巧。

(5)斗牛舞:斗牛舞是用西班牙斗牛士风格的进行曲来伴奏的一种拉丁舞,它的舞步也都取自于西班牙舞蹈风格的动作。斗牛舞的音乐是 2/4 拍的节拍,第一拍是重拍。它的速度是每分钟 60~62 小节,一般都是一拍跳一步。在斗牛舞的舞蹈动作中,男伴是模仿斗牛

士,而女伴是象征斗牛士手中的斗篷,它是拉丁舞5个舞种中唯一表现男性的舞蹈。斗牛舞的特点在音乐上是雄壮威武,舞步上是奔突进发,风格上是剽悍兴奋。

三、体育舞蹈竞赛规则

体育舞蹈竞赛有两个系列舞蹈,即拉丁舞和摩登舞系列。摩登舞包括华尔兹、探戈舞、狐步舞、快步舞和维也纳华尔兹。拉丁舞包括伦巴舞、恰恰舞、桑巴舞、斗牛舞、牛仔舞。

比赛程序:一般比赛程序是必须经过初赛(淘汰赛)、复赛(选拔赛)、半决赛(资格赛)、决赛(名次赛)。

裁判的评定标准如下。

(1) 基本技术:足部动作、姿态、平衡和稳定、移动。

(2) 对音乐的表现力:节奏的正确表现、肢体语言对音乐的理解。

(3) 舞蹈风格的体现:不同舞种的风格表达正确。

(4) 舞蹈编排。

(5) 临场发挥。

(6) 舞者的赛场表现:总体形象、风度、仪表、状态等。

 思考题

1. 体育舞蹈包括哪几个舞种?
2. 不同舞种的舞蹈分别有哪些特点?
3. 体育舞蹈竞赛中裁判的评定标准有哪些?

▶▶ 第三节　瑜伽运动

一、瑜伽运动简介

(一) 瑜伽运动起源

瑜伽起源于印度,流行于世界。瑜伽(Yoga)是一种源远流长的古老的哲学体系,是一套人类控制自我精神和肉体机能的方法。古印度人希望通过修炼瑜伽达到身、心、灵合一的境界。瑜伽是来自印度的古老健身法,瑜伽是梵语译音,有“结合”“连接”的意思,指的是把精神和肉体结合到最佳状态,把生命和大自然结合到最完美的境界。

近年来,动作缓慢优雅,讲求身心平衡的瑜伽,掀起全世界的运动新风潮。从少数练习者的运动到时尚的最前沿,瑜伽的魅力吸引着越来越多的爱好者。拥有轻柔酥软的身躯、美丽纤细的腰身是每个女性的梦想。与在健身房蹦蹦跳跳、动感十足的塑身方式不同的是,历史源远流长、充满神秘色彩的瑜伽以独特的静感修身养性,以意识调整呼吸,以身体姿势达到全身平衡,恢复身体自愈能力。包含静坐、冥想、呼吸和肢体伸展的瑜伽,可以让人在繁

忙、快节奏的现实世界中,放慢脚步,重新体验身体与心灵的奥秘。一般的体育锻炼,往往注重的是外在的美丽,而内在的东西却很少顾及。瑜伽则不同,它在雕塑外在形象的同时,还给人一种源自内心的力量。经过一段由内而外、由外而内的锻炼后,会惊奇地发现心态已经变了个样子。不会再为了减几千克的体重而折磨自己,会因为快乐而美丽,因为美丽而快乐。

（二）瑜伽运动的分类

1. 传统瑜伽的分类

（1）哈达瑜伽:把体位法、身体洁净、呼吸锻炼结合在一起,是传统瑜伽体系中最基础、最普及的流派,动作相对缓慢柔和,在全世界传播范围最广。

拓展阅读

瑜伽运动
主要赛事

（2）阿斯汤加瑜伽:即八支分瑜伽,又称胜王瑜伽。以体位法、呼吸、冥想、三摩地等八个步骤著称,是最系统的瑜伽体系。

（3）实践派瑜伽:以身心的行动无私奉献世人的无我修行派瑜伽,提倡在工作中修行。

（4）语音冥想瑜伽:通过反复唱诵语音净化身心的瑜伽流派。

2. 现代社会派生的瑜伽种类

（1）阿斯汤加 Vinyasa:起源于印度的城市迈索,以"Vinyasa 动作呼吸紧密相连"为基础,动作前后连贯,一气呵成,是最系统、难度最高的瑜伽,有呼吸体操之称。阿斯汤加是一种自我挑战,能使全身的力量及协调、柔韧、平衡等能力全面发展的运动,练习后使人身心和谐,神清气爽。正因为如此,在欧美国家,这一运动成为田径、篮球、网球、自行车、高尔夫运动员理想的交叉训练项目。

（2）力量瑜伽:是阿斯汤加瑜伽的现代演绎,同样以"Vinyasa"为基础,动作更为活泼,可以穿插许多力量型的体位法,注重意志力和生命内在能量的锻炼。

（3）流瑜伽:在由哈达瑜伽向力量瑜伽和阿斯汤加瑜伽过渡的过程中产生,以阿斯汤加瑜伽的"Vinyasa"为主线,但动作缓慢而流畅,同时又可以穿插快速的节拍性练习,强度大于哈达瑜伽,小于力量瑜伽和阿斯汤加瑜伽,是练习阿斯汤加瑜伽和力量瑜伽的基础。

（4）热瑜伽:通过外在环境温度的控制(38℃~42℃)而达到减肥、塑身效果的瑜伽。

3. 按不同的功能分类

（1）力量类瑜伽:活力瑜伽(力量瑜伽)、阿斯汤加瑜伽、流瑜伽。

（2）放松类瑜伽:哈达瑜伽、心灵瑜伽、香熏瑜伽。

（3）减肥、塑身类:热瑜伽(高温瑜伽)、形体瑜伽、水中瑜伽。

（4）从功能看瑜伽的分类:孕妇瑜伽、妈妈瑜伽、理疗瑜伽、少儿瑜伽、亲子瑜伽。

（5）从锻炼形式看瑜伽的分类。双人瑜伽、辅助瑜伽。

（三）瑜伽的呼吸与控制

1. 瑜伽的呼吸方式

（1）胸式呼吸:仰卧或伸直背坐姿,深深吸气,但不要让腹部扩张,代替腹部扩张的是把空气直接吸入到胸部区域。在胸式呼吸中,胸部区域扩张,腹部应保持平坦。然后,当吸气越深时,腹部向内、朝脊梁骨方向收入。用这种方式吸气时,要注意肋骨是向外和向上扩张的;呼气时,肋骨向下并向内收。

看一看

瑜伽腹式
呼吸

（2）腹式呼吸:仰卧或伸直背坐着,把左手或右手轻轻放在肚脐上。吸气时,空气直接

吸向腹部。如果吸气动作做得正确,手就会被腹部向上(坐着时向前)抬起。吸气越深,腹部升起越高。随着腹部扩张,横膈膜就会下降。现在呼气,会发现腹部向内、朝脊柱方向收,可以凭着尽量收缩腹部的动作把所有空气呼出双肺之外。这样做时,横膈膜会自然而然地升起。

(3)完全式(瑜伽)呼吸:完全式呼吸是把以上两种呼吸方法结合起来进行的一种自然的呼吸方法。轻轻吸气,首先将气吸向腹部区域。在这块区域鼓起的时候,就开始充满胸部区域的下半部分,然后,又充满胸部的上半部分。尽量将胸部吸满空气而扩张到最大程度,此时双肩可能略微抬起,胸部也将扩大。在这种情况下,腹部将会向内紧收,吸气吸到双肺的最大容量。现在,按相反的顺序呼气,首先放松胸部,然后放松腹部,用收缩腹部肌肉的方法结束呼气,这将确保从肺部呼出最大量的空气。然后慢慢吸气,首先充满腹部,如此循环下去。完全的呼吸应是顺畅而轻柔的,整个呼吸应该作为一个顺畅的动作来做——像一个波浪轻轻从腹部波及胸腔中部再波及胸腔的上半部,然后减弱消失。呼气不应是匆忙或用力的,而应该是稳定、渐进的。

> **知识链接**
>
> ### 完全式(瑜伽)呼吸的健身价值
>
> 增加氧气供应,血液得到净化。肺部组织更强壮,从而增强了对感冒、支气管炎、哮喘或其他呼吸上的疾病的抵抗力,横膈膜和胸腔区域都得到锻炼,活力与耐力均会增长。面色更好,而且心灵会变得更清澈、更警醒。

2. 瑜伽运动的呼吸控制方法

(1)"昏眩"式呼吸

① 方法:按舒服的坐姿坐好,闭上眼睛,把头向后弯曲,同时深长而缓慢地吸气,然后慢慢呼气,逐渐把头恢复到正常的位置,做收颌收束法,这就完成了一个回合。之后重复练习。

② 功效:这是瑜伽冥想前一个很好的预备练习,会产生安宁和放松的感觉,有助于放松自我(注意:患有高血压、颅内压或昏眩病的人不应该做这个练习)。

(2)喉式呼吸

① 方法:通过两鼻孔呼吸,但却使人感到是用喉头来呼吸,因此得名,这种效果是由于收缩喉头声门产生的。喉式呼吸做得正确的时候,每次吸气,都听到一个像"萨"(sa)的声音,每次呼气,也听到像"哈"(ha)的声音,这声音和婴儿睡眠呼吸声或一种轻微鼾声相同。做喉式呼吸的时候,呼吸通常是相当深的,瑜伽练习中可用轻浅的呼吸也可用喉式呼吸的方式来做。可以说,喉呼吸是习瑜伽者的第二天性。

② 功效:喉式呼吸有奇妙的效果,它能使心灵和神经系统宁静安详。当人们练调息或瑜伽姿势感到疲倦时,就可以用仰卧放松功的姿势躺下,以喉式呼吸方式作休息性的呼吸,很快就感到精力恢复过来。

(3)清理经络调息功

① 方法:把食指和中指放在前额的中央。把大拇指放在右边鼻孔旁,因为要用它来控制

出入右边鼻孔的气流。把无名指放在左鼻孔旁,用大拇指轻轻按住右鼻孔,只用左鼻孔呼吸。呼吸应缓慢、稳定而深长,每次吸气要尽量充满双肺(但不要引起不舒服的感觉),呼气时应呼出全部空气,然后移开按住右鼻孔的大拇指,用无名指盖住左鼻孔来阻止气流通过它。只用右鼻孔呼吸,最好是当空气在鼻孔出入时,连一点声音也没有。呼吸模式如下:左鼻孔吸气,右鼻孔呼气,右鼻孔吸气,左鼻孔呼气。如此循环下去,每一次练习应做 25 个回合。

② 功效:清理经络调息的益处极大。在身体生活健康方面,此功法能清除血液系统的毒素。它给身体额外的氧气供应,从而滋养全身。二氧化碳被排除出体外,肺部所有的陈气也被清除。总的来说,如果做得正确的话,能使人体会精神焕发、宁静和平的感觉,心也变得更安详、清澈。

(4) 清凉调息功

① 方法:按舒适的瑜伽姿势打坐。背部要伸直,双手放在两膝上。张开嘴,把舌头伸出一点儿,卷成一条管子。通过舌头小管吸气,把舌头当作一条麦秆或吸管,用它吸入空气。吸气时,应能听到和感到清凉的空气经过舌头,沿气管向下送。吸气应缓慢而深长,在吸满空气之后,闭上嘴巴,悬息,把头向前放低,让下颌停落在两条锁骨之间的凹陷处。抬头,接着慢慢通过鼻孔呼出空气。

② 功效:当空气进入肺部时,清凉调息术使空气变得清凉,起到使全身清凉的作用。清凉调息术使各肌肉群放松,产生宁静安详的感觉。它促进肝和脾的活动,增强消化能力,帮助解渴。据说,它还能洁净血液,促进生命之气在全身的流通。

(5) 风箱式呼吸

① 方法:按舒服的坐姿坐好,做腹式呼吸,急促、有节奏、有力地连续吸气和呼气,让腹部扩张和收缩,但不宜猛烈地做,大约完成 20 次,次数不宜太多,否则会使身体受到损害。然后深深地吸气约几秒,同时做收颌收束法或会阴收束法,然后呼气。做大约 3 个回合。

② 功效:风箱式调息使腹部肌肉、脾、肝和胰活动旺盛有力。风箱式调息有助于清洁鼻窦,并清除喉部的黏液。它有助于治疗哮喘、肺结核和胸膜炎,还能洁净和加强肺功能。风箱式呼吸使人的心灵变得内向,从而使人做好瑜伽冥想的准备。它还能给人体"充氧"(注意:患高血压、低血压、心脏病、昏眩病的人不应练习它,身体虚弱、肺活量小的人以及患有严重耳、眼疾病的人也不应该练习)。

二、瑜伽的基本动作练习方法

(一) 基本体式

1. 莲花盘坐

盘腿坐,左脚放在右大腿上,右脚放在左大腿上,脚底朝天,脊柱保持正直,两膝尽可能贴地。尽量长久保持这个姿势。

健身效果:这个姿势有利于直身端坐,使呼吸系统毫不受阻,有利于呼吸畅通,因此,莲花坐对于患哮喘和支气管炎的人是有积极的治疗作用的。同时它可以提高两髋、两腿的柔韧性,有助于预防及治疗风湿病。

2. 山式

莲花盘坐,两臂上举,十指交叉,掌心向上,低头,下颌靠近胸骨。两臂尽量向后伸展,背

看一看

瑜伽冥想坐姿

191

部伸直,深长而平稳地呼吸。保持这个姿势1分钟。

健身效果:山式有利于神经安宁,扩张胸部,强壮腹部器官,并能消除双肩僵硬和风湿痛。

3. 转躯触趾式

坐下,两腿伸直分开(以自己的最大限度),两臂侧举。上体转向左侧,同时右手触左脚,眼视左手,两臂保持一直线。然后再反方向做。每组练习15~20次。

健身效果:这种体式按摩腹部脏器和肌肉,放松两肩关节和脊柱,同时伸展腿部肌肉,减少腰侧及腹部多余脂肪。

4. 船式

看一看

瑜伽仰位
体位

仰卧,两腿并排伸直,两臂平放体侧,掌心向下。吸气,同时将头部、躯干、两腿和双臂向上抬起,离开地面。脚趾和头部离地,身体约成45°角,双臂向前伸直并与地面平行。保持到不勉强费力为限。再慢慢地呼气还原,放松全身。

健身效果:改善腹部血液循环,增强腹肌力量,并消耗小腹多余的脂肪,促进肠道蠕动,改善消化功能,强壮腰背部肌肉。

5. 下半身转动式

仰卧,两腿并拢,两臂侧举。屈膝收腿,两腿慢慢倒向右侧,膝盖着地,头转向左侧。然后再反方向做。大约做12次。

健身效果:这种体式对背部和肩膀有很大的按摩效果。能增强血液循环和补养,加强大腿与腹部的运动能力。

6. 兔式

跪坐,臀部坐在脚跟上,两膝并拢,腰背挺直,两手在身后相握。呼气,弯腰至头顶地,臀部离开脚跟,两手尽量向上、向前伸到极限,下颌抵在胸前,保持3~5次呼吸后,吸气还原。

健身效果:脑部涌入大量血液调节松果腺和脑下腺,有助于缓解失眠和记忆力衰退的症状。改善肩部血液循环,缓解肩部僵硬强直的症状,使肩关节变得灵活松弛,对肩肘痛有一定的预防功效。有高血压和严重颈椎痛的人,请不要做这个动作。

（二）眼镜蛇转动式

看一看

瑜伽俯卧
体位

俯卧地上,屈肘,两手在胸两侧撑地。吸气,上体慢慢抬起至两臂伸直。头转向左侧,眼视左脚跟,保持几秒钟后再反方向做。上体随头的动作稍转动。

健身效果:可以使脊柱保持健康的弹性,舒缓及消除背部、颈部的紧张与僵硬,促进血液循环。同时它对生殖器官也有好处,有助于改善月经失调的症状。注意:不要勉强背部形成你想要做的姿势,要循序渐进。患甲状腺功能亢进、肠结石、胃溃疡和疝气的人不要做这个练习。

（三）蹬自行车式

仰卧,两腿上举,模仿脚蹬自行车的动作,想象自己正在骑自行车。然后再做反方向蹬自行车动作。大约做12次。

健身效果:这个姿势能加强大腿的力量,增加血液循环,对腹部器官和双膝有温和的增强作用。它把人的呼吸放慢,直到成为一股顺畅而有节奏的气流,使紧张的神经得到放松,心灵得到安宁;使全身恢复了能量,产生和平、宁静的感觉。对神经衰弱、失眠、哮喘、糖尿

病、消化不良等病症的康复都有很好的帮助。

（四）拜日式体位法组合

拜日式也称向太阳祈祷式,包括 13 个动作,具体如下。

（1）挺身站立,放松,两脚靠拢,两掌在胸前合十,正常地呼吸。

（2）两脚保持平放在地上。双臂高举头上(举臂时,两手食指相触,掌心向前),同时缓慢而深长地吸气,上体自腰部起向后方弯下。

（3）在这样做的过程中,两腿、两臂都伸直;上体后弯以增加脊柱的弯度。一边呼气,一边慢慢向前弯身,用双掌或两手手指触及地板(不要弯曲双腿)。以不感到太费力为限,尽量使头部靠近双膝。

（4）保持两掌和右脚在地板上稳定不动,慢慢吸气,同时把左脚向后伸展。

（5）在做上述动作的过程中,慢慢把头向后仰,胸部向前方挺出,背部则呈凹拱形。

（6）一边慢慢呼气,一边把右脚向后移,使两脚靠拢,两脚脚跟向上,臀部向后方和上方收起。两臂和两腿伸直。身体应该像一座桥的样子。

（7）一边呼气,一边让臀部微微向前方摇动,一直到两臂垂直于地面为止。然后蓄气不呼,弯曲两肘,把胸腔朝着地板方向放低(臀部和腹部比胸部离开地面还高少许)。

（8）一边保持胸部略高于地面,一边慢慢呼气,把胸部向前移,直到腹部和两条大腿接触地面。吸气,同时慢慢伸直两臂,上体从腰部向上升起。背部应呈凹拱形,头部像眼镜蛇那样向后仰起。

（9）呼气,同时把臀部升高到空中。

（10）一边吸气(双掌和右脚稳定地放落在地面上),一边弯曲左腿并将左脚伸向前边。向上看,胸腔向前挺,脊柱呈凹拱形。试着把这个动作做得连贯不断,一气呵成。

（11）一边保持两掌放在地板上,一边慢慢呼气,把右脚放在左脚旁边。低下头,伸直双膝。

（12）一边吸气,一边慢慢抬高身躯,两掌和背部向后弯。

（13）一边呼气,一边回复到开始的姿势,两掌在胸前合十。

健身效果:这个练习作为一个整体对身体各个不同系统产生良好影响,并有助于使各系统一起达到和谐状态。对人体各主要系统以及对人体整体的有利影响,会带来健康、精力充沛的状态,使心灵更加警醒、清晰。

（五）仰卧放松功

仰卧于地面,两臂放在体侧,掌心向上,两腿自然伸直。闭上眼睛,全身放松,平静而自然地呼吸。练习各种瑜伽姿势时,在姿势转换中间可以做 10～60 秒这个练习。如果在日间感到疲劳或精力不支,也可以做 10 分钟练习。

思考题

1. 瑜伽有几种呼吸法? 它们的呼吸特点分别是什么?
2. 瑜伽体式具有哪些功效?
3. 练习瑜伽时有哪些注意事项?

拓展阅读

健美运动
主要赛事

▶▶ 第四节 健美运动

一、健美运动简介

（一）健美运动的起源与发展

20 世纪 30 年代健美运动传入我国,当时仅局限于广州、上海等几个沿海大城市。40 年代初,曾维祺先生创办了现代体育馆,开展健美运动。1944 年,在上海八仙桥青年会举行了我国第一次男子健美比赛。20 世纪 80 年代,健美运动在我国蓬勃发展。1985 年,国际健美联合会主席本·韦德先生专程从加拿大来北京观看了第 3 届"力士杯"全国健美锦标赛,并给予了很高评价。同年 11 月,我国正式加入了国际健美联合会。

（二）健美运动的健身特点

1. 体育与美育融为一体

健美运动既要求"健",又要求"美"。它的练习动作和手段,教学训练的内容和方法,以至比赛的内容和评分标准等,都体现了这一点。所以,在练习中不应该单纯地追求把某些局部肌肉练得大一些,更要注意改善自己的体形体态,使其匀称、协调、优美;不仅要注意体形体态的仪表美,还要自觉陶冶自己美好的情操,加强思想修养,注意培养语言美、行为美、心灵美。真正把体育和美育,外在美和内在美很好地融合在一起。

2. 能最有效地发展肌肉

健美训练的主要目的之一是使身体各部位肌肉发达,健美比赛也是以全身肌肉发达程度为主要标准之一进行评分的。为此,健美训练中应经常采用各种各样的动作方式,进行反复多次的负重练习,每次练习的次数要接近或达到极限,给肌肉以强烈的刺激,从而促进新陈代谢活动,加强超量恢复过程,使全身各部位的肌肉得到最大限度的锻炼。

3. 设备简单,易于开展

健美运动可以通过徒手或克服自身重力进行练习,也可利用各种简单的轻重器械进行练习,还可采用一些自制的土器械乃至简单的家具进行锻炼,总的来说,健美运动所需的设备器材比较简单。对场地面积的要求则更低,只要有几平方米的地方就可以,因而比较容易开展。

4. 练习方式灵活多样

健美运动的练习动作多种多样,有徒手和自抗力动作,有利用轻重器械做的各种动作,即使是重器械,也可根据需要自由调节重量、次数、组数。所以它能够充分满足男女老少以及不同健康状况的人的不同的需要,从而获得广大群众的喜爱。

（三）健美运动注意事项

（1）锻炼前要做好准备活动。

（2）有针对性地制订锻炼计划。

（3）掌握正确的呼吸方法。

（4）循序渐进,持之以恒。

（5）合理安排运动量。

知识链接

健美运动员的选材

（1）**身体形态**：包括身高、体重、体形。

（2）**身体素质**：包括良好的力量、柔韧性、平衡能力、灵活性、协调性、弹跳力等素质。

（3）**心理素质**：应从气质类型、兴趣爱好、意志品质、记忆能力、注意力等几方面来考虑。

（4）**遗传因素**：主要看家族史、疾病史。

（5）**选材步骤**：由于健美操中有静力性和动力性动作，所以可以在静态与动态结合中进行，其过程可分为初选、复选、试训精选三个阶段。通过综合评定、观察各项指标以及运动损伤情况，挑选出运动才能卓越、成绩顶尖者。

二、肌肉健美的动作练习

（一）肩部动作

1. 直臂前平举或单臂交替前平举

（1）锻炼部位：锻炼三角肌前束、中束和肱三头肌。

（2）练习方法：身体直立，同肩宽正握杠铃或哑铃，两臂垂于体侧，向前抬至前平举（或前上举）位置，再用力控制还原。也可以坐姿背靠墙练习。

（3）动作要求：双臂伸直，不得借腰臀摆动助力完成动作。

看一看

健美运动
单臂屈伸

2. 直臂侧平举或侧上举

（1）锻炼部位：锻炼三角肌。

（2）练习方法：两脚开立，两手于体侧握铃，直臂经体侧向上抬至侧平举或侧上举，稍停，再缓慢用力还原。也可坐姿练习，用橡皮筋或拉力器代替哑铃均可。

（3）动作要求：用三角肌的力量完成动作，不得耸肩、提踵，还原过程需用力缓慢控制。

看一看

健美运动
侧平举

3. 俯身飞鸟

（1）锻炼部位：锻炼三角肌后束。

（2）练习方法：两脚开立，上体前屈90°，两手握哑铃，两臂直臂向两侧提举至最高点，再缓慢用力还原。

（3）动作要求：两臂伸直，同时挺胸紧腰。

4. 持铃耸肩

（1）锻炼部位：锻炼斜方肌。

（2）练习方法：两脚开立，挺胸塌腰，直臂正握杠铃，比肩稍宽，肩部尽量前倾下垂放松，两臂伸直不动；然后耸起两肩尽量上提，稍停后还原。也可进行耸肩静力练习。

（3）动作要求：上体不得前后摆动，两臂不得屈肘上提，耸肩时不得弯腰弓背。

看一看

健美运动
耸肩

（二）臂部动作

1. 站立弯举

（1）锻炼部位：锻炼肱二头肌。

（2）练习方法：两脚自然站立，上体正直，两手反握杠铃或哑铃于体前；然后弯举至胸前，稍停后再缓慢用力控制还原。也可以坐姿练习。

（3）动作要求：上体固定，不得晃动。

2. 臂固定弯举

（1）锻炼部位：锻炼前臂肌群、肱二头肌。

（2）练习方法：俯身坐于凳上，单手或双手反握哑铃（或杠铃），向上弯举至胸前，稍停后慢慢放下还原。

（3）动作要求：持铃手的肘关节顶住大腿，动作过程中上体保持前俯姿态。

3. 双杠臂屈伸

（1）锻炼部位：锻炼肱三头肌、胸大肌、背阔肌。

（2）练习方法：两臂支撑在双杠上，然后做双臂屈伸。撑起时双臂充分伸直，慢下快上。

（3）动作要求：动作稍慢，不得借摆动的惯性完成动作。

4. 宽握颈前或颈后推举

（1）锻炼部位：锻炼肱三头肌、肩部肌群。

（2）练习方法：身体直立挺胸塌腰，两手正握杠铃，置于胸前或颈后，将杠铃向头后上方推起至臂完全伸直，再缓慢复位。也可坐姿练习。

（3）动作要求：握距尽量放宽，复位动作缓慢。

（三）胸部动作

1. 仰卧推举

（1）锻炼部位：锻炼胸大肌、肱三头肌。

（2）练习方法：仰卧在长凳或卧推板上，两手正握杠铃于胸部上方锁骨部位，向上推举至两臂完全伸直，稍停后缓慢还原。握杠铃的方法分窄握、正常握和宽握三种，宽握主要锻炼胸大肌两侧翼中上部；正常握主要锻炼胸大肌外侧和下缘沟；窄握主要锻炼胸大肌的中间肌肉。也可采用上斜卧推和下斜卧推进行练习。

（3）动作要求：练习过程中要挺胸沉肩，避免拱腰用力，向上推举要快，下放要慢。

2. 仰卧飞鸟或上斜飞鸟

（1）锻炼部位：锻炼胸大肌、三角肌。

（2）练习方法：仰卧在长凳或上斜板上，双手握哑铃，两臂伸直于胸部上方，然后向体侧稍屈肘下放至最低点再上举还原。

（3）动作要求：练习过程中肘关节要稍屈，用胸大肌收缩使铃向上合拢，防止出现用肱三头肌的力量向上推起的错误动作。

3. 俯卧撑

（1）锻炼部位：锻炼胸大肌、肱三头肌、三角肌。

（2）练习方法：两手直臂撑地俯卧，身体挺直，臀部略隆起，两肘向外屈臂使身体直降至最低点，再伸直两臂将身体撑起。也可进行负重练习。

看一看

健美运动躬身单臂弯举

看一看

健美运动双杠双臂屈伸

看一看

健美运动上斜飞鸟

看微课

健美运动俯卧撑

（3）动作要求：屈臂时，肩尽量向下沉，向上撑起时，腰背肌肉保持紧张，不能松弛。

4．仰卧屈臂上拉

（1）锻炼部位：锻炼胸大肌上部、三角肌、肱三头肌。

（2）练习方法：仰卧在长凳上，双手握杠铃或哑铃，两臂伸直于胸部上方，然后两臂屈肘或直臂向头后放，至最低点再上拉还原。

（3）动作要求：练习过程中腰背挺直，不得借腹肌发力，慢下快上。

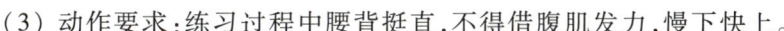

（四）背部动作

1．俯卧挺身

（1）锻炼部位：锻炼背阔肌、骶棘肌等腰背肌。

（2）练习方法：小腹和大腿俯卧在长高凳或跳箱上，两脚固定在凳子上或令一人骑在小腿上。练习者两手抱在头后，上体下垂，然后挺身弯起至全身成反"弓"形，抬头挺胸，稍停2~3秒后缓慢下降还原。也可进行负重练习。

（3）动作要求：练习过程中要尽量加大动作幅度。

2．直腿硬拉

（1）锻炼部位：锻炼背阔肌、斜方肌、骶棘肌、竖脊肌等腰背肌。

（2）练习方法：两脚开立与肩同宽，上体前屈，直臂握杠铃，挺胸、收腹、紧腰，用腰背肌群的力量上拉使身体直立。稍停，再缓慢前屈还原。

（3）动作要求：练习过程中始终保持挺胸塌腰姿势，不能松腰弓背，以免受伤。向前屈体速度缓慢，上拉身体成直立时，两肩向后展开，使胸腔尽力向前挺出，两臂保持伸直，不要用力。

3．站姿俯身弯起

（1）锻炼部位：锻炼骶棘肌、竖脊肌、臀大肌等腰背肌。

（2）练习方法：两脚开立比肩稍宽，两手握杠铃于颈后肩上，挺胸、塌腰，然后上体慢慢地前屈90°左右再还原。

（3）动作要求：练习过程中腰背必须始终挺直，不得松腰、含胸、弓背，上体前屈要缓慢，两腿尽量不要弯曲。

4．引体向上

（1）锻炼部位：锻炼背阔肌、大圆肌、肱二头肌。

（2）练习方法：两手稍宽于肩正握悬垂于单杠，然后拉杠至颈后或胸前，再慢慢放下还原。

（3）动作要求：练习过程中不得摆动躯干借力。

（五）腰腹部动作

1．仰卧起坐

（1）锻炼部位：锻炼腹直肌、髂腰肌等。

（2）练习方法：仰卧在长凳上或垫子上，两脚并拢并固定（屈腿或直腿均可），双手抱头，然后屈上体坐起，再向后还原。

（3）动作要求：练习过程中要快收慢放，最好两人一组相互帮助练习。

2．斜卧转体起坐

（1）锻炼部位：锻炼腹直肌、腹内斜肌、腹外斜肌等。

（2）练习方法：仰卧在斜板上，两脚固定，然后屈起上体，同时左转或右转至肘部触及异侧腿部再还原。

（3）动作要求：练习过程中要快收慢放，同时注意左转和右转的次数要相同，最好是左转和右转交替进行练习。

看一看

健美运动
仰卧举腿

3. 仰卧举腿

（1）锻炼部位：锻炼腹直肌下部、大腿上部。

（2）练习方法：仰卧在垫子或长凳上，两手抓住固定物，两腿伸直并拢上举过90°，然后放下还原。也可进行负重练习。

（3）动作要求：练习过程中，尽量使背部紧贴垫子或凳子，收腹抬腿和放下过程均要缓慢进行。力量要集中在腹肌上。

4. 悬垂举腿

（1）锻炼部位：锻炼腹直肌。

看一看

健美运动
负重深蹲

（2）练习方法：两手正握悬垂于单杠或肋木架上，然后两腿尽力直腿向上收起，尽量靠近杠面，稍停后用力控制缓慢放下。可在小腿上加沙袋进行负重练习。

（3）动作要求：两臂不得弯曲，不得借腰腹摆动助力完成。

（六）腿部动作

1. 深蹲

（1）锻炼部位：锻炼股四头肌、臀大肌等。

（2）练习方法：两脚开立与肩同宽，肩负杠铃，下蹲至最低点后再蹲起还原。也可做半蹲或坐蹲等姿势进行练习。

（3）动作要求：在练习过程中，腰背肌群不得放松，保持挺胸、塌腰姿势，不得突然下蹲，下蹲时，肩背部应有意识地稍向上顶；蹲起时，上体不得前倾、弓背，以免受伤。

看一看

健美运动
负重提踵

2. 负重提踵

（1）锻炼部位：锻炼小腿三头肌。

（2）练习方法：两脚开立或并立，脚前掌站在10厘米厚的垫木上，肩负杠铃，然后向上提踵至最高点，稍停后再缓慢落下还原。也可两人一组进行骑人负重练习。

（3）动作要求：练习过程中，膝关节不得弯曲，上体要挺胸、塌腰，动作要缓慢进行。

知识链接

练习健美运动的注意事项

（1）练习前做好充分的准备活动。

（2）合理安排锻炼计划。

（3）注意及时补充水分。

（4）进食后两小时才能进行锻炼。

（5）不可空腹锻炼。

（6）锻炼时选择有弹性、纯棉、柔软、舒适的服装。

3．俯卧腿弯举（负重收小腿）

（1）锻炼部位：锻炼股二头肌。

（2）练习方法：俯卧在凳子上或垫子上，小腿负重（或用橡皮带、拉力器套住），然后收小腿至最大限度，稍停后缓慢还原。也可采用站立形式进行单腿交替练习。

（3）动作要求：每次动作都必须从两腿伸直开始，大腿始终紧贴地面。

4．各种跳跃

蛙跳、纵跳、助跑跳起摸高、跳台阶、跑台阶等各种跳跃练习，均可锻炼小腿肌群。

注意：以上各部位的肌肉练习均可在综合力量练习架上进行练习。

三、健美竞赛规则

（一）健美比赛的规定动作

1．男子单人规定动作

男子单人规定动作有 7 个。

（1）前展肱二头肌

① 预备姿势：面对裁判自然站立，两脚稍分开。

② 动作过程：裁判发令后，两臂经体侧上举至肩部高度，即弯曲双肘，双手紧握拳，掌心向下，用力收紧两个臂的肱二头肌；与此同时挺胸抬头，目视前方，用力内收腹部，使胸部形成空腔（内脏上提）；绷紧股四头肌，充分展开背阔肌。当裁判再次发出信号后，还原成预备姿势。

（2）前展背阔肌

① 预备姿势：同前述。

② 动作过程：裁判发令后，两臂由体侧向正前方伸出，然后沿弧形慢慢收回两臂，并屈肘握拳用两手的第二指节处顶住腹部两侧。接着，挺胸、直颈，并用力展开背阔肌，两腿股四头肌用力收紧，腹部用力收紧，使内脏上提形成空腹状态。

（3）侧展胸部

① 预备姿势：同前述。

② 动作过程：先半面向左（或向右）转，弯曲右臂，左手压住其腕，形成对抗，使肱二头肌绷紧。与此同时，右腿弯曲脚趾踮地，绷紧小腿三头肌，用力挺胸收腹。

（4）后展肱二头肌和小腿

① 预备姿势：背向裁判，自然站立。

② 动作过程：与前屈肱二头肌相同处是弯曲臂、腕，使肱二头肌隆起；不同之处是要同时收缩上、下背部肌肉，收紧臀大肌、股二头肌，并将后伸小腿的肌肉收紧。

（5）后展背阔肌和小腿

① 预备姿势：同前述。

② 动作过程：与前展背阔肌基本相同。两手按插腰际，将两肘尽量向外扩展。一足向后移，足趾踮地。然后尽量扩张背阔肌，并让后足的足趾用力踮地以收缩小腿肌肉。

（6）侧展肱三头肌

① 预备姿势：正对裁判，自然站立。

② 动作过程：运动员可任选左侧或右侧朝向裁判，使他们能看到他那较为发达的一臂。然后把双臂伸向身后，双手的手指相互扣住，或让后手握住前臂的腕关节，弯曲靠近裁判一侧的前腿膝部，足趾稍向后踏地。要用后手下拉握住前臂，使肱三头肌尽量收缩。此外，还要挺胸、收腹，收缩大腿及小腿的肌肉，腹肌也要收紧，以便从侧面也能看出轮廓。

（7）前展腹腿部

① 预备姿势：面对裁判，自然站立。

② 动作过程：裁判发令后，即将双臂经侧上举然后旋腕，将两手插于颈后，同时高抬微向内夹的两肘，一脚向前点地，膝向外微分，脚跟抬起，绷紧小腿三头肌。

2. 女子单人规定动作

女子单人规定动作有 5 个，相比男子缺少前展和后展背阔肌两个动作。做法基本相同，但要体现女性特点，刚柔相济。

（1）前展肱二头肌：面对裁判，两臂上抬约与水平线成 45°角，两肘稍屈，手可张开，放松或握拳。髋部重心移向一侧腿，另一只腿向侧蹬伸，足趾踮地。用力收缩肱二头肌、腹肌及大腿和小腿肌肉。

（2）侧展胸部：可任选左侧或右侧对向裁判。两腿膝部稍屈，高抬脚跟，前肘屈成 90°角，掌心向上。后手握在前手腕的上面，收缩肱二头肌、胸大肌、大腿和小腿肌肉。

（3）后展肱二头肌和小腿：背对裁判。两臂上抬过颈，约和中线成 45°角。肘部稍屈、两手可张开，放松或握拳。一条腿后移，足跟提起，髋部重心移向一侧腿。用力收缩肱二头肌、上下背部、大腿和小腿肌肉。

（4）侧展肱三头肌：可任选左侧或右侧对向裁判。前腿后伸，两臂放在背后。用力收缩肱三头肌、胸大肌、腹肌、大腿和小腿肌肉。

（5）前展腹腿部：正对裁判。两手放在头后，一只脚踏前面，收缩胸大肌、腹肌和大腿肌肉。

（二）竞赛类别

按性别分为男子个人、女子个人、男女混合双人，还可增设男子身体造型和女子双人的表演赛。

（三）体重分级（表 9-4-1）

表 9-4-1　健美比赛体重分级

性别	序号	级别	体重
男子	1	羽量级	体重 60 kg 以下
	2	维量级	体重 60.01~65 kg
	3	轻量级	体重 65.01~70 kg
	4	轻中量级	体重 70.01~75 kg
	5	次中量级	体重 75.01~80 kg
	6	中量级	体重 80.01~85 kg
	7	轻重量级	体重 85.01~90 kg
	8	重量级	体重 90 kg 以上

续表

性别	序号	级别	体重
女子	1	轻量级	体重不超过 52 kg
	2	中量级	体重 52.01~57 kg
	3	重量级	体重 57 kg 以上

注:男女混合双人不分体重级别。

（四）运动员服饰

（1）男运动员穿规定式样的比赛三角裤。

（2）男女运动员比赛服颜色都必须是深色的。

思考题

1. 健美运动有哪些健身特点?

2. 健美运动的腿部练习有哪些?

3. 健美竞赛如何划分级别?

第五节　芭蕾形体

芭蕾起源于意大利,兴盛于法国,所以"芭蕾"一词本是法语"ballet"的音译,而它的词源则是意大利语的"balletto",意思是"跳"或"跳舞"。

芭蕾最初是欧洲的一种群众自娱或在广场表演的舞蹈,在发展过程中形成了严格的规范和结构形式。其主要特征是女演员要穿上特制的足尖鞋,立起脚尖跳舞。法国宫廷芭蕾在统一的主题下,把歌唱、舞蹈、音乐、朗诵和戏剧情节融为一体。1661 年,法国国王路易十四在巴黎创办了世界第一所皇家舞蹈学校,并使芭蕾有了一套完整的动作体系。芭蕾舞是用音乐、舞蹈来表演戏剧情节的一种艺术形式。传统芭蕾舞有一套完整的技术体系,包括脚的五种基本位置,三种基本舞姿,腿的伸展、打开、屈伸、抬腿、踢腿和画圆圈等动作,还有各种舞姿的跳跃、旋转和转身,各种舞步和连接动作。将动作按特定的结构、手法进行编排和组合,就能创造出富有感染力的舞蹈艺术作品。例如,《天鹅湖》是俄国作曲家柴可夫斯基的代表作品,是古典芭蕾舞剧的典范。芭蕾舞剧不仅观赏性极高,而且练习芭蕾舞可以提升个人气质,起到健身、塑形、美体的作用,使人充满自信。

芭蕾形体初级练习是针对初学者而编排的入门课,内容简单易学,着重提高学习者的基本舞蹈素质和培养优美的身体姿态。

一、芭蕾形体初级练习的基本内容和方法

（一）基本姿态

1. 站姿——提、收、松、挺

提、收是指腰带以下的部位，即膝关节、臀部、腹部，向上提收、绷紧；松、挺是指腰带以上的部位，即前胸、后背、颈部，用力向上挺，两肩自然放松。

2. 脚位（图9-5-1）

一位脚：两脚跟紧靠在一条直线上，脚尖向外成180°角。

二位脚：两脚跟相距一足的长度，脚部向外扭开，两足在一条直线上。

三位脚：两脚跟前后重叠放置，足尖向外张开。

四位脚：两脚前后保持一足的距离，两足趾踵相对成两条平行直线，腿向外转。

五位脚：两脚前后重叠，两足趾踵互触，腿向外转。

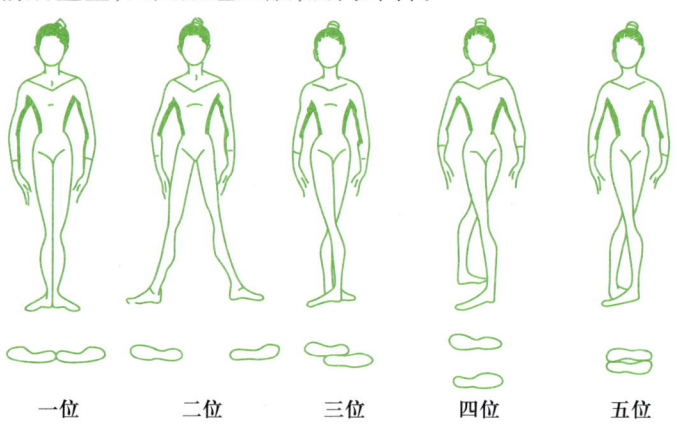

| 一位 | 二位 | 三位 | 四位 | 五位 |

图9-5-1　脚位

3. 手位（图9-5-2）

一位手：在基本站立形态的基础上，双手在身前下垂，手臂成弧形，两臂合成一个圆形，肘关节略用力前顶；手心朝前上方，两手中指指尖相距一拳，手掌与身体也相距一拳。

二位手：保持一位手的形态，两条手臂大臂带小臂向上端起，手心对着胸口正中，使肩到手指有一个下坡度，双肩及两条手臂仍保持一位时的弧度，有一种合抱大树的感觉。

三位手：保持二位手的形态，双臂同时向鼻子的上方抬起，手心朝头顶，肘关节略向后用力掰开，双臂仍保持弧形。

四位手：在手臂三位手位置的基础上，另一臂由原有形态变为二位手的形态。

五位手：停留在三位手的手臂仍保持不动，下降为二位手的手臂向外扩张，到与肩平齐稍靠前位置。肘关节向上抬起，手心向另一侧的斜前，从肩到手指也略有一点坡度。

六位手：已打开到体侧的手臂保持不动，另一手臂从三位手的位置下降到二位手的位置上。

七位手：原已打开的手臂仍保持不动，下降为二位手的手臂向外、向旁扩张到身旁。此时，双臂都到了身旁，要严防肘关节下坠，感觉上好像几个人在围抱一棵圆周更大的大树一样。

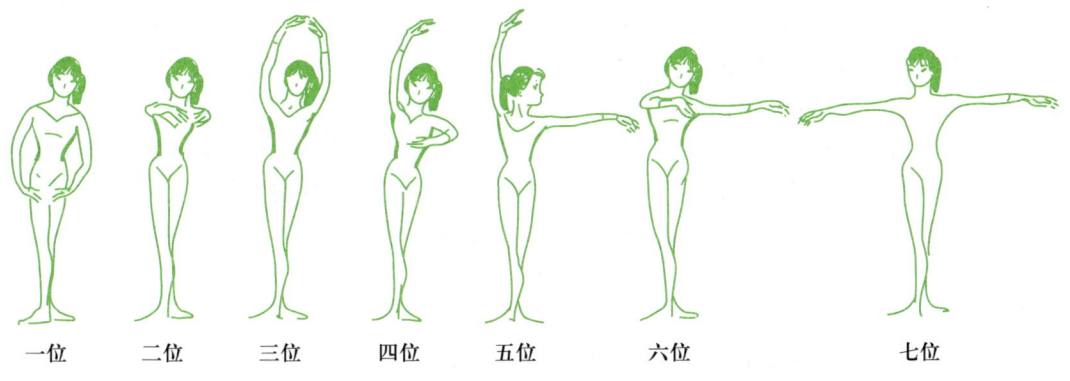

| 一位 | 二位 | 三位 | 四位 | 五位 | 六位 | 七位 |

图 9-5-2　手位

（二）基本练习

1. 把杆伸拉练习

正压腿、侧压腿、后压腿等。

2. 扶把练习

（1）巴特芒·当久（Battement tendu）。一位脚前、旁、后擦地。

（2）勒尔韦（Releve）。一位脚半脚尖。

（3）得米·普利耶（Demi plie）。一位脚半蹲。

（4）戈让德·普利耶（Grand plie）。一位脚全蹲。

（5）巴特芒·当久·日代（Battement tendu jete）。五位脚小踢。

（6）朗得让·巴特尔（Rond de jambe par terre）。五位脚地面画圈。

（7）巴特芒·风久（Battement fondu）。五位脚单脚蹲前、旁、后小踢。

（8）阿达久（Adagio）。慢板控制。

（9）阿提久（Attitude）。慢板"山羊腿"。

（10）戈让德·巴特芒·日代（Grand battment jete）。大踢腿。

3. 把下练习

（1）巴朗赛（Balance）。摇摆舞步。

（2）汤里也（Tempslie）。移动中心。

（3）艾莎贝（Echappe）。换位立。

（4）阿拉贝斯（Arabesque）。打开。

（5）苏伊韦（Suivi）。双脚快速行走。

（6）皮鲁艾特（Pirouette）。单足旋转。

4. 放松练习

伯德·博拉（Port bras）。下腰。

二、其他形体健身的普及与推广

（一）舍宾运动

1. 舍宾运动的起源与现状

舍宾是英文"shaping"的音译，起源于 20 世纪 90 年代的俄罗斯。其含义是形体整形、塑

造或雕塑,字面意思为塑造、成形。舍宾运动包括形体测试系统、形体锻炼系统、形体营养处方系统、形体模特服装参谋系统、发型优化系统、软组织运动雕塑程序方法体系。它是有别于健美操、有氧操的一种全方位追求形体美和形象美的运动,盛行于俄罗斯等部分欧洲地区。1995 年舍宾运动进入中国。舍宾运动在当今已经成为一种潮流。它融合了体育、营养、美容、舞蹈等众多学科对"美"的理解,是目前世界上唯一获得专利的形体雕塑系统。教练通常把舍宾运动的练习过程比喻成"捏泥巴",因为它能针对每个人不同的骨骼类型、不同的部位雕塑体形。

2. 舍宾运动的特点

现代人正在追求 5 个层次的人体美,即健康、静态形体美(外形、肢体围度、脂肪百分比、皮肤护理等)、动态美(姿势、表情、动作等)、气质美和整体美(包括自身和服饰、发型、化妆的协调配合)。舍宾运动是针对女性的生理特点,顺应现代人对全面美的追求,由许多致力于形体研究的运动学家、医学家、营养学家、美学家和电脑专家等经过多年的共同努力,全面研究了人类生命、健康、长寿、生长、发育以及肌肉、骨骼等领域,创造性地开发出的一套人类形体的计算机测评系统和骨骼结构分类形体模型标准设计方法。舍宾运动是一套全新的形体雕塑和形象美化的科学方法,具有很强的综合性、科学性和针对性。目前,练习舍宾运动的主要是女性。

舍宾运动设定的人体健美标准是形体的线条美和围度的比例美。为此,舍宾运动体系通过测量,把人类体形分为 9 种不同的类型,建立各种体形类型的最佳模型标准,使每个参加者都能从舍宾系统中找到适合自己遗传条件的分类标准,并通过电脑形体测评了解自己的形体现状与标准模型间的差距,然后根据舍宾体系提供的运动处方和营养处方,在教练的指导下,通过训练、调养来缩短、消除差距,达到一个围度比例日趋美好的形体。

舍宾运动以其独特的理论,先进科学的训练方法,明显的减肥健美效果,一经推出便赢得都市人士的广泛喜爱,风靡全球,迅速成为现代都市女性追求的时尚运动。舍宾运动是塑造女性形体的过程,舍宾舞蹈是表现形体语言的过程。国内外许多选美小姐、影视明星、模特、节目主持人等都通过舍宾运动和舍宾舞蹈来改善体形。

3. 简易的舍宾运动训练方法

(1)调适运动:身体直立,右脚前跨半步,与左脚成"丁"字形,双臂左右平伸,弯腰向前,左手在右脚前方触地,心中默数 1~10。身体直立,收回右脚,左脚前跨半步,与右脚成"丁"字形,双臂左右平伸,弯腰向前,右手在左脚前方触地,心中默数 1~10。如此,左右两侧弯腰转臂各做 5~10 次。弯腰时,上半身保持平衡,脊柱伸展有力,双臂左右摇摆,维持身体平衡。

(2)侧身运动:身体直立,右脚向外,左脚向前,两脚成"丁"字形,保持站立平稳。双臂向左右两侧平伸。然后,身体向左侧弯 30°,头略转,眼视线随右手臂方向凝视,心中默数 1~10。身体直立,左脚向外,右脚向前,两脚成"丁"字形,保持站立平稳。双臂向左右两侧平伸,然后,身体向右侧弯 30°,头略转,双眼向左手臂方向凝视,心中默数 1~10。如此,左右两侧弯腰展臂各做 5~10 次。注意挺胸收腹,肩臂展平,锻炼两侧均衡协调,肢体匀称发展。

(3)伸腿运动:身体直立,双腿分开,相距半步,双臂上举。然后,上半身向右侧弯,头与双臂同时向右,右腿稍弯,左腿向右伸直,脚尖着地,心中默数 1~10。身体直立复原,改为上半身向左侧弯,头与双臂同时向左,左腿稍弯,右腿向右伸直,脚尖着地,心中默数到 10。如

此,左右两侧侧弯腰、伸腿各做 5～10 次。保持伸腿平直有力,臀部紧缩,有利于大腿与小腿肌肉匀称发展,外形丰满圆润。

（4）展臂运动:身体直立,右脚向前跨出一步,与左脚形成"丁"字形。身体上半身平直,向前倾俯,左脚跟抬起,脚尖着地,身体与左腿成一条直线,与地面成 30°角。双手臂向身体两侧平伸,双眼目光俯视地面,心中默数 1～10。身体起立复原,改为左脚前跨一步,右脚跟抬起脚尖着地,身体俯倾,与右腿成一条直线,并与地面成 30°角,双手臂左右平伸,目光视地,心中默数 1～10。如此,两侧各做 5～10 次。注意腰背平直,俯倾适度,收腹缩臀,臀腿协调。

（5）弓腿运动:身体直立,双手臂在身体两侧平伸,左腿略弓,左脚站稳,支撑身体重心。右腿后伸,脚尖着地,保持平衡。身体向左前倾,双臂随之倾斜,上体平直,目视前方。心中默数 1～10。身体直立复原,然后变换方向,右腿略弓,左腿后伸,同样动作再做一遍。如此,双腿交替各做 5～10 次,注意弓腿有力,锻炼大腿小腿肌肉,协调四肢,挺胸收腹,保持平衡。

（6）踢腿运动:身体直立,右侧站稳,左腿前伸,用力挺直,左手臂后伸,右手臂前伸,掌心向上,目视右手,心中默数 1～10。身体直立复原,然后变换方向,左脚站稳,右腿前伸,用力挺直。同样动作再做一遍。如此,双腿交替各做 5～10 次。注意单腿直立时,重心平稳,力度均衡,踢腿用七分力,上体平衡。

（7）平衡运动:双腿分开,相距一步,双脚成"八"字站立,双手臂在身体两侧斜上方直伸,手指伸直。昂首收颌,挺胸收腹,心中默数 1～10。进行腹式呼吸,心境平和,神态自若,身体直立复原。再按同样动作重复做 10～20 次。注意身姿匀称,脊柱平直,双腿挺立,呼吸均匀,保持形体姿态平衡。

（8）举臂运动:双脚分开,相距一步,双脚成"八"字形站立。双手臂向身体两侧平伸。缓慢抬起右臂,略微屈肘,小臂上举,心中默数 1～10。进行胸式呼吸。身体直立复原,然后,双臂变换方向,左臂屈肘,小臂上举,重复做一遍同样动作。如此,双臂交替各做 5～10 次。注意举臂稍慢,脊柱挺直,同时收腹缩臀,双腿用力挺直。

（9）协调运动:身体直立,右脚向前跨出半步,双手臂在身体两侧左右平伸,这时右腿屈膝弓腿,左腿向后叠起,屈膝下弯,成半跪姿势。左手臂向内屈肘,右手臂向斜上方伸展。身体向左侧倾,头随之稍转,双目视右上方,心中默数 1～10。身体直立复原,然后变换方向,同样动作再做一遍。如此,身体两侧各做 5～10 次。注意肢体弯曲适度,动作准确,臂腿协调,呼吸均匀。

上述动作要一次连续做完。可自选一段轻松乐曲,身着弹力体操服,在清晨或是晚间饭后睡前进行,宜隔日做 1 次。每节做的次数亦可按自身的耐受力酌定。经常锻炼有益于规范形体姿态,促进身心健康。

知识链接

健美运动训练的营养规则

　1. 训练外的营养规则

　　① 建议少吃多餐,每天吃 4～5 次,食物以水果和蔬菜为主,少吃或不吃高热量的食品。

②无论是否训练日，睡前2~3小时不可进食。

③请在月经后的第一节课通知教练并预约测量时间，测量时间约定后不要迟到，以免错过测量时间。

星期五晚上自己去做舍宾运动，可以弥补平时的运动不足，满足现代文明社会里人性潜在的破坏欲，缓解生活压力。

2. 训练当天的营养规则

①训练前5小时和训练后5小时不能食用任何动物蛋白质食物，如鱼、牛肉、牛奶等。

②训练前3小时，可进最后一次正餐，可以食用少量主食及素菜类食物。

③训练前2小时，必须吃些少量水果或新鲜蔬菜。

④训练后不得马上饮水，训练1小时后方可喝水，但仅限于白开水、矿泉水、纯净水、无糖茶水。

⑤训练后经过3小时可以吃正餐，建议最好在吃正餐前先吃些水果，这样可以减轻胃部饥饿感。

舍宾运动体系旨在雕塑出人的整体美，以人的健康为中心，在外形、围度、脂肪百分比、皮肤等方面，对一个人进行全方位、综合系统的训练。

舍宾的营养系统依托于对个人饮食、维生素等营养信息的调查，以身体测量数据为基础，形成健康合理的饮食习惯，让人通过饮食使自己的身体曲线变得更迷人！

（二）普拉提

1. 普拉提的起源与现状

普拉提是一种舒缓全身肌肉及提高人体躯干控制能力的运动，它的起源要追溯到第一次世界大战。普拉提是一项历史超过80年的独特、神奇的组合运动系统疗法，得名于创始人约瑟夫·普拉提先生的名字。"快乐的第一需求是身体健康，我们对身体健康的理解是达到并保持身体与健全的思想相统一，保持充沛的自然运动能力，愉快并从容地完成日常生活中繁多的任务。"普拉提在1945年写下了上面这段话，这段话也充分显示了普拉提运动的真谛。

现在，普拉提演化为一个名词，泛指所有运用普拉提动作来锻炼的课程，可以是集体健身课程，也可以是由一个教练为了纠正某种特殊损伤、肌肉不平衡或其他身体问题而开设的私人训练课程。普拉提集体健身课是专为在办公室工作的人群设计的，他们由于长时间在办公桌和电脑前工作而肌肉发展失衡，这种课程主要是针对腹肌、髋肌群、肩、背等部位的肌肉训练。有规律地进行普拉提锻炼可纠正身体姿态，放松腰部、颈部，解决肩部问题，收紧手臂、腹部的松弛肌肉。现在很多专业的运动员也用普拉提来减少和改善运动损伤。

2. 普拉提运动的特点

锻炼绝不意味着满脸汗水，在崇尚有氧运动的今天，轻柔而曼妙的举手投足更有利于多余脂肪的消耗，就像普拉提。

（1）简单易学：普拉提最大的特点是简单易学，不仅动作平缓，而且可以有目的地针对

手臂、胸部和肩部进行锻炼,同时又能增强身体的柔韧性。而且,这项运动不受活动地点的限制,无论专业健身房还是起居室,都可以练习。

(2)东、西方运动的融合:西方人一向看重身体肌肉能力的训练,如腰、腹、背、胸等;而东方人关注呼吸和心灵集中的训练,瑜伽和太极就是好例子。普拉提把西方的刚毅和东方的柔韧合二为一,它的动作缓慢而清楚,每个姿势都必须和呼吸相协调。

(3)安全性强:普拉提的运动速度相对平和,几乎不会对关节和肌肉造成伤害。同时,动静结合的动作安排,使身体既有紧张的时候也有放松的时候,既有步伐的转换又有打坐的调吸,这就使锻炼的人更容易控制身体,减少因姿势错误造成的负面影响。普拉提借助非常简单的器具,给身体带来全面的锻炼,只要有一片安静的空间,有一块柔软的地毯,就可以进行练习,达到身体与意念的完美结合。

(4)强调在静止中控制:这使得训练者在增强肌肉力量的同时却不加大肌肉体积。普拉提的轻器械练习就是遵循着小重量、多次数的原则,令肌肉充满弹性而又不会使肌肉变得太突出。它的运动强度不是特别大,但它讲究控制、拉伸和呼吸,对腰、腹、臀等女性重点部位的塑造有非常好的效果。这更符合女子在现实生活中对形体美的要求。

在中国,普拉提已经悄然进入了人们的生活,各个健身房里都开设了相应的课程,并形成了一定规模的受众群体。

知识链接

为什么普拉提适合“办公室一族”

伸展、拉长也是普拉提中重要的训练之一,其特殊之处在于肌肉不会经运动而变得粗壮。通过对身体核心部位(由腰部和腹部肌肉组成,包括腹横肌、腹内斜肌、腹外斜肌、腹直肌、竖脊肌)的锻炼,使脊柱变得柔软而有韧性。长期伏案的办公室一族因缺乏运动,很容易出现肩颈酸硬、腰背疼痛的情况。对此,普拉提运动不但能改善身体线条,还对放松颈背部肌肉,有特别功效。

思考题

1. 芭蕾舞的站姿有几种?
2. 普拉提运动的特点是什么?

第十章　民族传统体育与防身术

▶▶ 第一节　太极拳运动

一、起源与流派形成

（一）太极拳的起源

党的二十大报告指出，中华优秀传统文化源远流长、博大精深，是中华文明的智慧结晶。太极拳是我国优秀传统文化的代表之一。太极拳运动创立于明末清初，迄今已有三百多年的历史。早期太极拳运动曾被称为"长拳""绵拳""十三势""软手"。至清朝乾隆年间，山西武术家王宗岳著《太极拳论》，用太极阴阳的哲理来解释太极拳，才确定了太极拳的名称。"太极"一词源自《周易·系辞》里的"易有太极，是生两仪"，"两仪"就是指"阴阳"（图10-1-1）。太极拳就是在符合阴阳对立统一的理论上，创造出的一套集刚柔相济、内外相合、上下相通、快慢相兼、形意结合等阴阳相合特征的动作套路。它综合性地继承和发展了明代在民间和军队中流行的各家拳法，结合了古代的导引术和吸纳术，吸取了古典哲学阴阳学说和中医基本理论的经络学说，成为一种内外兼修的拳种。

图 10-1-1　阴阳图

（二）十三势解

太极拳有5种步法，即前进、后退、左顾、右盼、中定。手法有8种，即掤、捋、挤、按、採、挒、肘、靠，分配在东、南、西、北、东北、西北、东南、西南8个方向。这些手法与之前的5个步法合称十三势（图10-1-2）。

（三）发展与传播

1956年，二十四势太极拳正式公布和推广，对国内外太极拳运动的普及和发展，起到了巨大的推动作用。

1978年，邓小平为日本友人题词"太极拳好"，使太极拳在国际上产生了更广泛的影响，越来越多的海外宾朋到中国学习太极拳。

图 10-1-2　太极拳运动

1982年，全国首届武术对抗项目散打、太极推手表演赛在北京举行，太极推手从此进入

对抗性竞赛行列之中。1986 年,国家体委将太极拳、剑、推手列为全国正式比赛项目,并决定每年举行一次比赛。1987 年 9 月,在日本横滨举行的首届亚洲武术锦标赛上,太极拳作为正式比赛项目出现。1988 年 4 月,日本武术太极拳联盟组织日本百名太极拳爱好者到北京参加中日太极拳比赛交流大会。日本成为除中国以外开展太极拳运动最广泛的国家。2000 年,国际武术联合会执委会会议通过决议,将每年的 5 月定为"世界太极拳月",得到了各成员国和地区的热烈响应,掀起了世界性的太极拳运动热潮。《"健康中国 2030"规划纲要》要求扶持推广太极拳、健身气功等民族民俗民间传统体育运动项目。如今,二十四势太极拳已经成为一项享誉中外的体育运动。

(四)太极拳的健身价值

太极拳简单易学、轻灵圆活、风格独特、老少皆宜,具有广泛的群众基础。长期练习可以提高身体的协调性、灵敏性和柔韧性,有助于身体各部位的均衡发展,改善神经系统机能,对心血管系统有良好的作用。

1. 练习太极拳对神经系统的影响

练习太极拳有利于改善神经系统的调节功能,缓解精神紧张的不良刺激。

2. 练习太极拳对心血管系统和呼吸系统的影响

练习太极拳能提高心脏功能,改善心肌营养状况,促进血液循环,因而对防治高血压、动脉硬化有明显作用;还能加大呼吸深度,增大肺活量,使肺泡通气量增大,改善气体交换,因而能提高呼吸器官功能。

3. 练习太极拳对骨骼、肌肉和关节活动的影响

练习太极拳对骨骼、肌肉和关节活动的影响很突出。以脊柱为例,经常练习太极拳,无论对脊柱的形态和组织结构都有良好作用。

4. 练习太极拳对消化系统的影响

练习太极拳可使胃肠蠕动加强,改善消化系统功能,促进营养物质充分吸收;对脂类、蛋白质以及无机盐中钙、磷的代谢有较好的影响。

5. 练习太极拳对心理及个性的影响

打太极拳可使人消除疲劳,情绪开朗,乐观向上;可以修身养性,改变人的消极个性;增进与他人的友谊,改善人际关系。

二、太极拳基础动作、基本功练习方法

(一)基本动作练习方法

1. 手型

(1)拳:四指并拢卷握,拇指压于中指和食指的第二关节上。

(2)掌:五指微屈分开,掌心微含,虎口撑圆,手指不可僵直或过分弯曲。

(3)勾:五指第一关节捏拢在一起,屈腕,用力自然,不可太紧。

2. 手法

手法分为掤、捋、挤、按。

3. 步型

步型分为弓步、仆步和虚步。

4．步法

步法分为进步、退步和碾脚。

（二）基本功练习方法

1．松静桩

（1）准备姿势：自然站立，两脚平行分开约与肩同宽，身体重心均衡地落在两腿上。全身放松，姿态端正，精神集中，呼吸自然。

（2）动作方法：两手臂徐徐上举，在胸前环抱，像抱着一个充满气的大气球。两手掌心向内，五指自然分开，手指微屈，掌心内含，指尖相对，相距大约一个拳头的宽度。眼睛平视前方。

（3）注意事项：身体不要紧张僵硬；不要耸肩抬肘、提气憋气；不要挺胸、挺腹；身体不要太松软，以免显得精神萎靡不振。

2．调息桩

（1）准备姿势：同上一动作。自然站立，两脚平行分开，与肩同宽，身体重心均衡地落在两腿上。全身放松，姿态端正，精神集中，呼吸自然。

（2）动作方法：两手从体侧画弧上举到肩的高度，同时均匀细长地吸气。两只手掌掌心翻转向内画弧，在头前交叉合拢，再经过胸前徐徐地落在腹前，同时呼气。如此反复练习。

3．升降桩

（1）准备姿势：姿势同松静桩。自然站立，两脚平行分开，与肩同宽，身体重心均衡地落在两腿上。全身放松，姿态端正，精神集中，呼吸自然。

（2）动作方法：两手徐徐前平举，高与肩平，掌心向下，与肩同宽。稍停后两腿徐徐屈蹲，两手随之向下轻按至腹前。稍停后再徐徐起立，两手提到原来的位置。如此反复练习。

（三）行步练习方法

太极拳的根基在腿，主宰在腰，要求行步如猫，轻灵沉稳。加强行步练习，对提高太极拳的基本技术、掌握太极拳的要领、培养下肢力量等都有着重要作用。

1．上步

（1）准备姿势：身体放松自然站立，脚跟靠拢，脚尖分开，两脚成"八"字形，两手叉腰。心平气和，精神集中，呼吸自然，眼睛向前平视。

（2）动作方法：上体左转，屈膝蹲坐，身体重心移到右腿上，左脚跟提起，头转看左前方。左脚向左前方上步，脚跟轻轻落地，脚尖翘起，左腿自然伸直，身体重心落在右腿上，上体姿势不变。眼平视左前方。左脚轻轻收回，脚尖点地，再向前上步轻落，如此反复练习 3~5 次。左脚收回踏实，身体重心移到左腿，上体右转，右脚提起，改为右上步练习。然后反复轮换练习。

2．进步

（1）准备姿势：身体放松，自然站立，脚跟靠拢，脚尖分开，两脚成"八"字形，两手叉腰。心平气和，精神集中，呼吸自然，眼睛向前平视。

（2）动作方法：屈膝蹲坐，身体重心移至右腿上，左腿提起，向前上步；身体重心继续前移，左脚踏实，左腿屈膝前弓，右腿自然蹬直成左弓步；左腿稍屈，重心后移，左脚尖翘起向外转动；随之，上体向左转动，身体重心移至左腿，左腿屈膝，右脚提起收在左脚的踝关节处；右

脚再向前上步,右腿屈膝前弓,左腿自然蹬直成右弓步;重心后移,右脚尖翘起外转,左脚提起,再向前上步,成左弓步。如此左右交替,反复进行。

3. 退步

(1)准备姿势:身体放松,自然站立,脚跟靠拢,脚尖分开,两脚成"八"字形,两手叉腰。心平气和,精神集中,呼吸自然,眼睛向前平视。

(2)动作方法:屈膝蹲坐,身体重心移在右腿上,左脚轻轻提起,后退一步,脚尖点地;身体重心渐渐移到左腿,左脚踏实,右脚扭直,脚前掌着地,成右虚步;右脚轻轻提起,后退一步,脚尖点地;身体重心后移,左脚扭直,脚前掌着地,成左虚步。如此反复交替,进行退步的练习。

4. 侧行步

(1)准备姿势:身体放松,自然站立,脚跟脚尖靠拢,两手叉腰。心平气和,精神集中,呼吸自然,眼睛向前平视。

(2)动作方法:屈膝蹲坐,身体重心移到右腿,左脚提起;上体右转,左脚向左侧移动一步,脚尖点地;上体左转,身体重心左移,左脚踏实,右脚收拢并步,两脚平行朝前,相距20厘米;上体右转,重心右移,左脚再向左侧移动一步,右脚收拢并步,动作同前。如此反复练习。

5. 跟步

(1)准备姿势:身体放松,自然站立,脚跟靠拢,脚尖分开,两脚成"八"字形,两手叉腰。心平气和,精神集中,呼吸自然,眼睛向前平视。

(2)动作方法:屈膝蹲坐,左脚向前上步,重心前移,左腿屈膝成左弓步;右脚轻轻提起收拢半步,脚前掌落在左脚后面,与前脚的距离约一脚长;身体重心后移,右脚踏实,右腿屈坐,左脚提起向前移动小半步,脚跟着地,脚尖上翘,成左虚步;上体左转,左脚尖外撇,身体重心前移,右脚前进一步,右腿屈膝前弓成右弓步;左脚跟进半步落在右脚后面,身体重心后移,右脚向前移动小半步,脚跟着地成右虚步。如此进行左右轮换练习。

(四)运臂练习方法

太极拳的主要技法,如掤、捋、挤、按、採、挒、肘、靠等都要通过上肢动作来完成,太极拳运劲如抽丝,具有连贯圆活,绵绵不绝,刚柔相济等特点,需要依靠上肢动作加以体现,所以太极拳有"根在腰腿、形于两手"的说法。进行运臂练习就是针对太极拳练习中的各种手型、手法以及肩、肘、臂、腕、手指等上肢各部位动作要求而采取的练习。

1. 分靠势

(1)准备姿势:自然站立,两脚分开平行与肩宽,两手垂于身体两侧。精神集中,呼吸自然,眼向前平视。

(2)动作方法:两臂徐徐向前平举高与肩平,距离与肩同宽,肩部放松、肘微沉,沉腕舒指,掌心向前下方;上体右转,两臂屈抱在胸前,两手上下相对成抱球状。右臂在上,右手高不过肩,左臂在下,左手低不过腰,两臂成弧形,两手掌心相对。上体保持端正,眼看右腕;上体转向前方,随之两臂交错向前上方和后下方分开。左掌停于体前,掌心向上,四指斜向前,高与肩平。右掌停于右胯旁,掌心向下,指尖向前。两臂分开后仍微屈成半圆,眼看左手掌指,为左分靠式。上体左转,两臂在左胸前屈抱成抱球状,左臂在上,右臂在下。其他要求同右转。上体再转向前方,两臂随之交错前后分开。右掌停于体前,左掌停于左胯旁,要求与

看微课
太极拳揽雀
尾掤捋挤按

左分靠势相同。如此反复交替练习。

2. 搂推势

(1) 准备姿势：自然站立，两脚分开平行与肩宽，两手垂于身体两侧。精神集中，呼吸自然，眼向前平视。两臂缓缓向前平举至两手与肩同高，松肩坠肘，沉腕舒指，掌心向前下方。

(2) 动作方法：上体右转，左手经脸前向右画弧摆至右肩前，掌心向下；同时，右手翻转下落，经腰侧向斜后方举起，高与肩平，掌心向上，眼看右手。上体转向前方，左手随之下落，经腹前左搂至左胯旁，掌心向下，五指向前；同时右手屈收，经肩上耳旁，向前推出，停于胸前，掌心向前，指尖与鼻尖平高，眼看前手。上体左转，右手随之经脸前向左上画弧摆至左肩前，掌心向下；同时左手翻转向侧后方上举，高与肩平，掌心向上。眼看左手。上体再转向前方，右手随之下落，经腹前右搂至右胯旁；左手屈收，经肩上耳旁向前推出，掌心向前，指尖向上，与鼻同高，眼看右手。如此反复练习。

3. 捋挤势

(1) 准备姿势：自然站立，两脚分开平行与肩宽，两手垂于身体两侧。精神集中，呼吸自然，眼平视前方。两臂缓缓向前平举，至两手与肩同高，松肩坠肘，沉腕舒指，掌心向前下方。

(2) 动作方法：上体右转，左手翻转伸至右前臂下方与右掌心相对，两掌右前左后，随上体左转屈臂后捋，收至腹前，眼看右前方。上体右转，两臂翻转屈收上举，右掌横于胸前，掌心向内，左掌指附于右腕内侧，掌心转向前方。两掌交搭，两臂撑展，向右前方挤出，与胸同高，两臂撑圆。眼看右前臂。上体转向左前方，左掌经右掌上面，向左前方平抹画弧，掌心向下。同时右掌略收，停于左前臂下，两掌心斜相对。眼看左掌。上体右转，两掌后捋至腹前。上体左转，两臂旋转屈收上举，两掌交搭在胸前，随之向左前方挤出。左掌横于胸前，右掌四指附于左腕内侧。两臂撑圆，两掌心相对。眼看左前臂。如此反复交替练习。

4. 架推势

(1) 准备姿势：同上一动作。自然站立，两脚分开平行与肩宽，两手垂于身体两侧。精神集中，呼吸自然，眼平视前方。两臂缓缓前平举至两手与肩同高，松肩坠肘，沉腕舒指，掌心向前下方。

(2) 动作方法：上体右转，两臂屈收，两掌在右胸前抱球，与分靠势的抱球动作相同。

上体转向左前方，随之左手经胸前翻转上举，架于头部左上方，掌心斜向上。右手下落经胸前向左前方推出，掌心向前，指尖朝上，与鼻尖同高。眼看右手。两手下落，在左胸前抱球，与分靠势左抱球相同。上体转向右前方，随之右手经胸前翻转上举，架于头部右上方，掌心斜向上；左手下落经胸前向右前方推出。掌心向前，指尖朝上，高与鼻尖平。眼看左手。如此反复练习左右势。

5. 云手势

(1) 准备姿势：同上一动作。自然站立，两脚分开平行与肩宽，两手垂于身体两侧。精神集中，呼吸自然，眼平视前方。两臂缓缓向前平举，至两手与肩同高，松肩坠肘，沉腕舒指，掌心向前下方。

(2) 动作方法：上体右转，右手随之右摆，掌心转向内，左手落于腹前，掌心向下。眼看右掌。上体继续右转，右手经脸前、左手经腹前同时向右画弧，至身体右侧时两手心翻转，变成右手向外，左手向内，头随右手转动。上体向左转，两手上下交换，随上体转动，同时向左

匀转画弧,眼看左手。上体继续左转,两手继续移动,至身体左侧时,两手同时翻转,变成左手心向外,右手心向内。上体向右转动,随之,右手经脸前,左手经腹前同时向右转画弧。如此反复练习。

思考题

1. 学习太极拳有哪些基本功法练习?
2. 太极拳有哪些步法,如何练习?
3. 太极拳上肢有哪些动作,如何练习?

第二节 散打运动

一、散打运动简介

(一) 散打运动的发展

散打运动是中国武术精华,它不仅具有强身健体等与其他体育项目共有的功能,还具有对抗性强、实用性强等特点,不仅能防身自卫还能在对敌斗争中克敌制胜。

中国武术散打项目是和中华民族的悠久历史同步发展的,它从先辈的生产劳动、生存斗争中产生,又服务于此,演化至今已成为华夏民族灿烂文化遗产中的瑰宝。据文献记载,我国历史上的技击种类有角力、搏刺、手搏、格斗、搏击等。到了近代,这些技击的形式,才被称为散打。为了使武术散打项目走向世界,中国武术协会做了大量有益的尝试,推动了武术散打项目的进一步发展。到目前为止,世界上已有七十多个国家和地区开展了散打运动,为武术散打项目真正走向世界打下坚实的基础(图 10-2-1)。

拓展阅读

散打运动
主要赛事

图 10-2-1 散打比赛

（二）散打运动的特点

1. 寓技击于体育

散打作为一项运动,有别于过去的武术技击中一招制敌的搏击术。散打属于体育运动范畴,与其他运动项目的共性在于比赛受到规则的严格限制;遵循公平、竞争、健康、安全和更高、更快、更强的原则。同时,散打又突出了武术的本质——技击性。如何在规则规定的范围内,最大限度地发挥人类自身的搏击潜能,是散打追求的目标。

2. 强对抗性

散打的内容和形式决定了散打强对抗性的特征。比赛双方在规则限定的范围内,运用打、摔技术,斗智斗勇,较技较力,身体接触对抗,因而具有极强的对抗性。

3. 民族性

散打是武术不可分割的一部分,是在继承传统武术文化精髓和吸收其他搏击类项目合理成分的基础上逐步发展形成的。散打拳、腿、摔三位一体的立体进攻模式体现了散打技击术的全面、灵活、多变的技术特点。"未曾学艺先识礼,未曾习武先明德""内外兼修"等范围广阔的武德规范,赋予散打与其他搏击类项目截然不同的思想内容,体现了中华民族特有的文化内涵和精神气质。

> **知识链接**
>
> ### 中国武术散打的民族性
>
> 　　中国武术散打不同于西洋拳击,也不同于跆拳道;更不同于使用腿击、肘撞、膝顶的泰拳和不能用踢打,只能用掉、拌、擒方法的柔道等项目;由于散打设擂比试,又不同于西方国家的自由搏击;也不同于日本的空手道、相扑、格斗术,以及法国的踢拳等。武术散打要求"远踢、近打、贴身摔",它的民族形式不是一成不变的,也不能理解为"过去形式"或"历史形式"。其民族形式有鲜明的时代性,因此形式不是单一的,而是多变的、演进的。

二、散打技术的练习方法

（一）柔韧性练习

1. 肩臂柔韧性练习

肩臂练习的方法有压肩、握杆转肩、开肩合肩、单臂绕环、双臂前后绕环、双臂交叉绕环、仆步抡拍等。

2. 腰部柔韧性练习

腰部柔韧性练习的方法有俯腰、甩腰、晃腰、翻腰、涮腰、下腰等。

3. 腿部柔韧性练习

（1）压腿:压腿的方法主要有正、侧、后、仆步等。

（2）劈腿:劈腿可结合压腿和搬腿进行练习。劈腿的方法有竖叉、横叉两种。

（3）踢腿:主要是通过腿部的动力性练习,提高腿部的柔韧、灵敏、速度等素质。踢腿的

方法有正踢、侧踢、斜踢、里合、外摆、后踢等。

（二）力量练习

1. 上肢力量练习

（1）俯卧撑：掌式、拳式、指式、单臂等。

（2）杠铃练习：握杠铃臂屈伸、站立推举、坐姿推举、仰卧推举、提拉杠铃等。

（3）其他：引体向上、双杠臂屈伸、爬杠、爬绳、靠墙倒立推手、手握哑铃冲拳、推小车等。

2. 下肢力量练习

下肢力量练习主要有负重深蹲、负重登台阶、负重半蹲跳、负重全蹲跳、负重马步跳、负重跳换腿、跳绳、腿绑沙袋的各种练习，以及蛙跳、跨步跳等。

3. 躯干力量练习

躯干力量练习主要有负重转腰、（负重）仰卧起坐、（负重）俯卧体后屈、两头起、立卧撑、悬垂举腿等。

（三）抗击打能力练习

抗击打能力，就是人的机体各组织对外界击打的承受能力。

1. 肩、臂、背的靠撞练习

（1）单人练习：可对着沙袋、木桩、墙等物体进行身体各部位的靠撞练习。

（2）双人练习：有臂对臂、肩对肩、胸对胸、背对背等靠撞练习。

2. 排打练习

排打主要是采用一定的器具对身体各部位进行击打，增强身体各部位抗击打能力的练习。

（四）跌扑滚翻练习

跌扑滚翻练习能改善身体内脏器官的承受能力，起到自我保护的作用，提高身体的协调、灵敏、力量等素质。其主要内容有前滚翻、后滚翻、栽碑、后倒、扑虎、盘腿跌、抢背、鲤鱼打挺等。

三、基本技术与战术的练习方法

散打基本技术主要内容有基本姿势、步法、拳法、腿法、摔法和防守技术等。

（一）基本姿势

两脚前后开立，距离稍大于肩；两脚尖微内扣，后脚跟稍离地；两膝微屈，身体重心落在两腿之间；两臂弯曲，左臂屈肘约成90°，肘尖向下，左拳置于体前，拳眼斜朝上，高与鼻平；右臂屈肘小于90°，右拳置于右肋前，略高于下颌，大臂内侧紧贴右侧肋部，肘自然下垂。胸、背保持自然，下颌微收，两眼平视前方。左脚在前称"正架"，右脚在前称"反架"。

（二）步法

1. 前进步

基本姿势站立（以下均同），前脚先向前进半步，后脚紧接着跟进半步。

2. 后退步

后脚先向后退半步，前脚紧接着向后回收半步。

3. 上步

后脚向前上一步，左右拳前后交换成右脚在前的反架实战姿势，两眼平视前方。

4．撤步

左脚向后撤一步，右脚在前、左脚在后，左脚跟离地，右脚尖外展，重心偏右脚。

5．垫步

后脚蹬地向前脚内侧并拢，同时前腿屈膝提起。

6．插步

重心前移，同时后脚经前脚后面前插，两脚成交叉状，前脚随之向前上步。

（三）拳法

1．冲拳

（1）左冲拳：基本姿势站立，右脚蹬地，上体微右转。同时左拳内旋，直线向前冲出，力达拳面，右拳收至下颌处。

（2）右冲拳：右脚蹬地，并以前脚掌向内转，转腰送肩，上体左转。同时右拳内旋，直线向前冲出，力达拳面。左拳收至右肩前。

2．掼拳

（1）左掼拳：上体微右转，同时左臂内旋，抬肘至水平，使拳向外、向前、向内成平面弧形横击，臂微屈，拳心朝下，力达拳面。

（2）右掼拳：右脚蹬地，上体左转，同时右臂内旋，抬肘至水平，使右拳向外、向前、向内成平面弧形横击，拳心朝下，力达拳面。

3．抄拳

（1）左抄拳：上体先向左转，重心微下沉。随之，左膝及上体瞬间挺伸，并向右转体。同时，左臂外旋，左拳由下向前上方勾起，拳心朝里，力达拳面。

（2）右抄拳：右脚蹬地，扣膝合胯，腰稍右转。同时右臂外旋，右拳由下向前上方勾起，拳心朝里，力达拳面。

（四）腿法

1．蹬腿

（1）左蹬腿：右腿直立或微屈支撑，左腿屈膝前抬，脚尖勾起。当膝高于髋关节时，膝关节快速蹬伸，力达脚跟，亦可送髋，脚掌下压，力达前脚掌。

（2）右蹬腿：重心前移，左腿直立或微屈支撑，右腿屈膝向前抬起，勾脚，膝关节快速蹬伸，力达脚跟，亦可送髋，脚掌下压，力达前脚掌。

2．侧踹腿

（1）左侧踹腿：重心右移，右腿直立或微屈支撑。同时，左腿屈膝抬起与髋同高，小腿外翻，脚尖勾起，展髋、挺膝向前踹出，上体微侧倾，力达脚底。

（2）右侧踹腿：身体左转180°，重心移至左腿，左腿直立或微屈支撑。同时，右腿屈膝抬起与髋同高，小腿外翻，脚尖勾起，展髋、挺膝向前踹出，上体微侧倾，力达脚底。

3．鞭腿

（1）左鞭腿：重心后移，右腿直立或微屈支撑，上体稍右转并侧倾，右脚跟内转。同时，左腿屈膝内扣、绷脚背向左侧提起，随即伸髋、挺膝、向前鞭甩小腿，脚面绷平，小趾外侧朝上，力达脚背。

（2）右鞭腿：重心移至左腿，上体向左转，左脚跟内转。同时，右腿扣膝、绷脚背向右侧

摆起,随即右腿经外向斜上、向里、向前鞭甩小腿,脚面绷平,小趾外侧朝上,力达脚背。

4. 勾踢腿

左腿稍屈支撑,上体左转,同时,右脚尖勾紧,大腿带动小腿以踝关节与脚背接合部为力点,向前弧形勾踢,脚底内侧贴地面擦行,右手向右斜下拨搂对方颈部。

看微课

散打左右
直拳加右
鞭腿组合

（五）摔法

1. 抱腿前顶

上左步,身体下潜,双手抱住对手的双腿,用力回拉,同时用左肩前顶对手的大腿或腹部,将对手摔倒。

2. 夹颈过背

右臂夹住对手颈部,右侧髋部贴紧对手小腹,两腿屈膝,随即两腿蹬直,向下弓腰、低头,将对手背起后摔倒。

3. 夹颈打腿

左手夹住对手颈部,同时右脚变步与左脚平行,随即右转体,用左小腿向后横打对手左小腿外侧,将对手摔倒。

4. 抱单别腿摔

抱住对手左腿后,用左腿别住对手右腿膝窝,用胸、肩贴住对手左腿向前下靠压,将对手摔倒。

5. 接腿勾踢

左手抄抱住对手右腿,右手向对手颈部下压,右脚勾踢对手左脚,同时上体右转,右手回拉,摔倒对手。

6. 接腿上托

两手抓住对方的脚后跟,屈臂上抬,两手迅速上托并向前上方推送,使对手向后倒地。

（六）防守技术

1. 后闪

重心后移,上体略后仰闪躲。

2. 侧闪

两膝微屈,俯身,上体向左侧或右侧闪躲。

3. 拍挡

左手以掌心为力点向里横向拍挡。

4. 勾挂

左臂以肘关节为轴,由上向下、向外伸肘下挂于身体左侧,随即前臂内旋,以前臂和勾手勾挂住对手的来腿。

5. 前抄抱

左手由上向下、向右上屈肘画弧,掌心向上,以前臂里侧部位为接触点,向上抄抱对手的来腿;同时,右臂贴腹夹紧,以掌心为接触点向前推抱。

四、散打运动规则简介

（一）场地

散打运动比赛场地为高 60 厘米、长 800 厘米、宽 800 厘米的木结构的台。台面上铺有

软垫，软垫上有帆布盖单，台中心画有直径 100 厘米的阴阳鱼图。台面边缘有 5 厘米宽的红色边线，台面四边向里 90 厘米处画有 10 厘米宽的黄色警戒线。台下四周铺有高 20～40 厘米、宽 200 厘米的保护软垫。

（二）竞赛办法

每场比赛采用三局两胜制，每局净打 2 分钟，局间休息 1 分钟。净打 2 分钟是指运动员除暂停之外的实际比赛时间是 2 分钟。局间休息 1 分钟是指每局之间的间歇时间是 1 分钟。

（三）体重分级（表 10-2-1）

表 10-2-1　武术散打项目体重分级

级别	体重 W
48 kg 级	W ≤ 48 kg
52 kg 级	48 kg < W ≤ 52 kg
56 kg 级	52 kg < W ≤ 56 kg
60 kg 级	56 kg < W ≤ 60 kg
65 kg 级	60 kg < W ≤ 65 kg
70 kg 级	65 kg < W ≤ 70 kg
75 kg 级	70 kg < W ≤ 75 kg
80 kg 级	75 kg < W ≤ 80 kg
85 kg 级	80 kg < W ≤ 85 kg
90 kg 级	85 kg < W ≤ 90 kg
90 kg 以上级	W > 90 kg

（四）禁击部位、得分部位、禁用方法和可用方法

1．禁击部位

后脑、颈部、裆部（如有违反警告或取消比赛资格）。

2．得分部位

头部、躯干、大腿和小腿（击中可得 4、2、1 分）。

3．禁用方法

（1）用头、肘、膝和反关节的动作进攻对方。

（2）用迫使对方头部先着地的摔法或有意砸压对方。

（3）用腿法攻击倒地对方的头部。

（4）用死拉硬推的方法将对方推拉下台（如有违反可警告或取消比赛资格）。

4．可用方法：除禁用方法外的武术各流派的攻防招法。

（五）得分标准

1．得 4 分

（1）在一局比赛中,一方第一次下台,对方得 4 分。

（2）用转身后摆腿击中对方躯干部位而自己站立着。

（3）用主动倒地的动作致使对方倒地,而自己即刻站立。

（4）使用腾空腿法击中对方躯干部位,而自己站立着。

2．得 2 分

（1）一方倒地(两脚以外任何部位支撑台面),站立者得 2 分。

（2）用腿法击中对方躯干部位,得 2 分。

（3）被强制读秒 1 次,对方得 2 分。

（4）受警告 1 次,对方得 2 分。

3．得 1 分

用手法击中对方得分部位。

（1）用腿法击中对方头部和下肢(脚除外),对方得 1 分。

（2）运动员消极比赛 8 秒。被指定进攻但 8 秒内仍不进攻,对方得 1 分。

（3）主动倒地超过 3 秒不起立,对方得 1 分。

（4）受劝告 1 次,对方得 1 分。

（5）使用合法方法先后倒地,后倒地者得 1 分。

4．不得分

方法不清楚,效果不明显的动作不得分,如以下动作。

（1）双方下台或同时倒地。

（2）双方互打互踢。

（3）主动倒地,对方不得分。

（4）抱缠时击中对方。

（六）犯规与罚规

1．犯规种类

（1）技术犯规。

① 消极搂抱对方。

② 处于不利状况时,举手要求暂停。

③ 在比赛中对裁判员有不礼貌的行为或不服从裁判。

④ 在比赛中大声叫喊。

⑤ 有意拖延比赛时间。

⑥ 上场不戴护齿或吐落护齿,有意松脱护具。

⑦ 运动员不遵守礼节(每出现一次技术犯规,劝告一次)。

（2）侵人犯规。

① 在口令"开始"前或喊"停"后进攻对方,击中对方禁击部位。

② 用不允许的方法击中对方(每出现一次侵人犯规,警告一次)。

2．罚规

　　每出现一次技术犯规,劝告一次;每出现一次侵人犯规,警告一次;受罚失分达6分者,判对方为胜方;运动员故意伤人,取消比赛资格,判对方为胜方;运动员使用违禁药物,或局间休息时输氧,取消比赛资格。

（七）胜负判定

1. 优势胜利

（1）在一场比赛中,3次有效使用4分动作者(下台除外)。

（2）在比赛中,双方实力悬殊,台上裁判员征得裁判长同意后,判技术强者为该场胜方。

（3）一场比赛中,被重击强制读秒(侵人犯规除外)达3次,判对方为该场胜方。

（4）比赛中,运动员出现伤病,经医生诊断不能继续比赛者,判对方为该场胜方。

2. 局胜利

（1）在每局比赛结束时,依据裁判员的评判结果,判定每局胜负。

（2）一局比赛中,一方受重击被强制读秒(侵人犯规除外)2次,另一方为该局胜方。

（3）一局比赛中,一方2次下台,另一方为该局胜方;两次有效使用2分动作者为该局胜方。

（4）一局比赛中,双方出现平局,按下列顺序判定胜负。

① 本局受警告少者为胜方。

② 本局受劝告少者为胜方。

③ 体重轻者为胜方(以当天体重为准)。

④ 上述三种都相同,则为平局。

3. 一场胜利

（1）一方犯规,另一方诈伤,经医务监督确诊后,判犯规一方为该场胜方。

（2）因对方犯规而受伤,通过医务监督检查确认不能再比赛者,为该场胜方,但不能参加以后的比赛。

（3）淘汰赛时,在一场比赛中,如获胜局相同,按下列顺序决定胜负。

① 受警告少者为胜方。

② 受劝告少者为胜方。

③ 体重轻者为胜方。

④ 上述三种情况仍相同,则加赛一局。依此类推,循环赛时,一场比赛中,如果获胜局数相同,则为平局。

 思考题

1. 散打运动有哪些特点?

2. 如何进行抗击打能力练习?

3. 散打比赛中如何判断胜负?

第三节 长拳运动

一、长拳运动简介

长拳是传统北派武术中的一部分拳术,查拳、华拳、炮捶、红拳均属于长拳,古代也有专称长拳的拳种。现代新编国标武术长拳是中华人民共和国建立后发展起来的一个拳种,在武术运动中影响较大,有广泛的群众基础。国标武术长拳吸取了查、花、炮、红诸拳种之长,把长拳类型的手法、手型、步型、步法、腿法、平衡、跳跃等动作规格化,按照长拳运动方法编成各种拳械套路。它的特点是姿势舒展大方,动作灵活快速,出手长、跳得高、蹦得远,刚柔相济、快慢相间、动迅静定、节奏分明,是全国武术表演和比赛项目之一。

拓展阅读

长拳运动
主要赛事

长拳比赛的观赏性强,动作演练起来挺拔舒展、劲顺击长、快速有力、灵活多变,窜、硼、跳、跃,腿法较多,节奏鲜明、气势磅礴。长拳技法要求手要捷快、眼要明锐、步要稳固、精神要充沛、气要下沉、力要顺达。长拳适合于青少年练习。从编排上看,它既有适合于基础训练的一面,又有适合竞赛提高的一面。它的内容包括拳、掌、勾三种手型,弓、马、仆、虚、歇五种步型,还有一定数量的拳法、掌法、肘法和伸屈、直摆、扫转、击响等不同组别的腿法及平衡、跳跃、跌仆、滚翻动作(图10-3-1)。

图 10-3-1 长拳运动

二、长拳基本技术的练习方法

(一)手型、手法练习

1. 手型

(1)拳:四指并拢握紧,拇指扣在食指和中指的第二指关节上。

要领:拳要握紧,拳面要平。

(2)掌:四指并拢伸直,拇指弯曲紧扣于虎口处。

要领:手掌要外撑。

(3)勾:五指第一指关节撮拢、屈腕。

要领:五指撮紧,尽量勾腕。

2. 手法

(1)冲拳:两拳收抱于腰间,右(左)拳由屈到伸,迅速向前冲出,高与肩平,拳眼朝上为立拳,拳背朝上为俯拳。

要领:冲拳一瞬间要拧腰、送肩、急旋臂。两臂一冲一拉形成合力。

看一看

武术基本
手型

（2）架拳：右拳向左，经体前，向头上方架起，拳轮朝上，臂成弧形。

要领：松肩、屈肘、旋臂，力达前臂外侧。

（3）劈拳：右拳向左、向上经头前向右下快速劈击，臂伸直与肩同高。

要领：肩要松，拳要握紧，力达拳轮。

（4）推掌：右拳变掌，向前猛力推击，高与肩平，成侧立掌，同时左肘向后拉紧。

要领：要拧腰，送肩，沉腕，侧立掌，快速有力，力达掌外沿。

（5）亮掌

右拳变掌，经体侧向左向上画弧，至头部右前上方时，抖腕亮掌。臂微屈，掌心斜向上。

（二）步型练习方法

看一看

武术手型
步型组合

1. 弓步：前脚微内扣，全脚着地，屈膝使大腿接近水平；后腿挺膝伸直，脚跟后蹬，脚尖内扣，挺胸立腰。

要领：前腿弓平，后腿蹬直。

2. 马步：两脚左右开立至脚长的 3~3.5 倍，脚尖正对前方，屈膝使大腿接近水平。

要领：顶平、肩平、腿平；挺胸、立腰、裹膝、扣足。

3. 仆步：一腿全蹲，全脚着地，膝和脚尖向外展；另一腿伸直，全脚着地，脚尖内扣。

要领：挺胸、立腰、开髋、全蹲。

4. 虚步：后腿屈膝半蹲，大腿接近水平，脚尖外展；前腿微屈，脚面绷直，以脚尖虚点地面。

要领：挺胸、立腰，两脚虚实分明。

5. 歇步：两腿交叉屈膝全蹲，前脚全脚着地，脚尖外展；后脚跟离地，臀部坐于小腿上。

要领：两腿交叉叠紧，挺胸立腰。

（三）腿法练习方法

1. 正踢腿

右手扶助木，左手叉腰或侧平举，身体侧向站立，一条腿支撑，另一条腿向前额上方踢起，两腿交替练习。

要领：踢腿时要做到三直一勾，即上体直，支撑腿直，摆动腿直，摆动腿脚尖要勾紧。

2. 侧踢腿

面对肋木，双手抓扶肋木。一条腿支撑，另一条腿由体侧向耳上方踢起。

要领：上体、支撑腿、摆动腿均挺直，摆动腿脚尖勾紧。

3. 里合腿

支撑腿自然伸直，全脚掌着地，另一条腿由体侧踢起，向异侧做扇形摆动落下。

要领：做到三直一勾。摆动腿的幅度要大，速度要快。

4. 外摆腿

动作与里合腿同，唯摆腿方向相反。

要领：做到三直一勾。摆动腿的幅度要大，速度要快。

5. 弹腿

两腿并立，一条腿屈膝提起，当大腿接近水平时，小腿迅速弹踢，力达脚尖。

要领：小腿弹击要快速，膝部挺直，脚面绷紧。

6. 蹬腿

除脚尖外,动作与弹腿同,脚尖勾起,力达脚跟。

要领:同弹腿,唯绷脚尖与勾脚尖不同。

7. 侧踹腿

一条腿伸直支撑,另一条腿屈膝提起,脚尖勾紧,脚跟用力向侧上方踹出。

要领:膝部挺直,脚尖勾紧,踹出的一瞬间扣膝送髋。

(四) 平衡练习方法

1. 提膝平衡

右腿伸直支撑,左腿屈膝提起(过腰),脚面绷直,并垂扣于右腿前侧。右臂上举于头上亮掌,左臂反臂后举成勾手。

要领:挺胸、塌腰、收腹,站稳,提膝过腰,脚内扣。

2. 扣腿平衡

右腿屈膝全蹲,左腿屈膝勾脚贴于右膝窝处,脚背朝里。左臂上举于头上架掌,右手向侧立拳冲出。

要领:挺胸、塌腰、扣腿、平稳。

3. 燕式平衡

左腿屈膝提起,两掌在体前交叉,掌心向内。然后,两掌向两侧直臂分开平举,上体前屈,左脚绷平向后上蹬伸。

要领:挺胸、抬头、弓腰、两腿伸直,静止。

(五) 跳跃练习方法

1. 腾空飞脚

左腿向前上摆踢,右脚蹬地跃起,身体腾空,右腿向前上方弹(摆)踢,脚面绷直,右手迎击右脚面。同时左腿屈膝收控于左胸前,脚面绷直,脚尖向下。

要领:① 右腿在空中摆踢时,脚必须过腰,在击响的一瞬间,左腿屈膝收控于左胸前;② 在腾空最高点完成击响动作。拍击动作必须连续、准确、响亮。

2. 旋风脚

左脚向左上步,同时左掌前推。右脚随即上步,脚尖内扣,准备蹬地踏跳。左臂随上步向下摆动并屈肘收至右胸前,同时右臂向上、向前抢摆,上体向右旋转前俯。重心右移,右腿屈膝蹬地跳起,左腿提起向左上方摆动,上体向左上方翻转,同时两臂向下、向左上方抢摆。身体旋转一周,右腿作里合腿,左手在面前迎击右脚掌,左腿自然下垂。

要领:右腿作里合腿时,要贴近身体;摆动时,膝挺直,由外向里成扇形。

思 考 题

1. 长拳运动有哪些特点?
2. 长拳的手法如何练习?
3. 长拳的步型练习有哪些?

第四节　八段锦

一、健身气功八段锦简介

八段锦功法是一套独立而完整的健身功法,起源于北宋,至今有八百多年的历史。古人把这套动作比喻为"锦",意为五颜六色,美而华贵! 其动作舒展优美,编排精致。这种健身延年的功法一共只有八式,操练简单,健身效果显著,故名为"八段锦"。八段锦练习时无须器械,不受场地局限,简单易学,适于各种年龄、各种身体状况的人锻炼。

二、八段锦动作要领与基本手型

(一)手型

(1)单指:食指伸直,其余四指弯曲。

(2)握拳:大拇指扣于虎口,其余四指屈1、2指节。握固:先屈大拇指,再屈其余四指,大拇指在拳心。

(二)动作要领

1. 预备势

两臂侧起时掌心向后,抬至45°时掌心转向前;合抱于腹前时立项竖脊,舒胸收腹,松腰敛臀,放松命门,中正安舒,如坐高凳(图10-4-1)。

2. 第一式:两手托天理三焦

两掌向上举至胸部高度时,翻掌上托,舒胸展体,抬头看手;抻拉时下颌微收,头向上顶,略有停顿,脊柱上下对拉拔长,力由夹脊发,上达两掌;两掌下落时要松腰沉髋,沉肩坠肘,松腕舒指,保持上体中正(图10-4-2)。

图10-4-1　预备势　　　　图10-4-2　两手托天理三焦

3. 第二式:左右开弓似射雕

两腕交搭时沉肩坠肘,掌不过肩;开弓时力由夹脊发出,扩胸展肩,坐腕竖指,充分转头,侧拉之手五指要并拢屈紧,臂与胸平,八字掌侧撑需立腕、竖指、掌心涵空。略停 2 秒,保持押拉,有开硬弓射苍鹰之势(图 10-4-3)。

①　　　　②　　　　③　　　　④　　　　⑤

图 10-4-3　左右开弓似射雕

4. 第三式:调理脾胃须单举

单臂上举和下按时,要力达掌根,舒胸展体,拔长腰脊,要有撑天挂地之势(图 10-4-4)。

①　　　　②　　　　③　　　　④

图 10-4-4　调理脾胃须单举

5. 第四式:五劳七伤往后瞧

两掌伏按时立项竖脊,两臂充分外旋,展肩挺胸,转头不转体(图 10-4-5)。

①　　　　②　　　　③　　　　④

图 10-4-5　五劳七伤往后瞧

6. 第五式:摇头摆尾去心火

马步扶按时要悬项竖脊、收髋敛臀、上体中正;侧倾俯身时,颈部与尾闾对拉拔长;摇头时,颈部尽量放松,动作要柔和缓慢,摆动尾闾力求圆活连贯(图10-4-6)。

① ② ③ ④ ⑤

图 10-4-6　摇头摆尾去心火

7. 第六式:两手攀足固肾腰

双手反穿经腋下尽量旋腕,俯身摩运时脊柱逐节放松,至足背时要充分沉肩;起身时两掌贴地面前伸拉长腰脊,手臂主动上举带动上体立起(图10-4-7)。

① ② ③ ④ ⑤ ⑥

图 10-4-7　两手攀足固肾腰

8. 第七式:攒拳怒目增气力

马步下蹲时要立身中正,马步的高低可根据自己腿部的力量灵活掌握;左右冲拳时怒目瞪眼,同时脚趾抓地,拧腰顺肩,力达拳面,旋腕要充分,五指用力抓握(图10-4-8)。

① ② ③ ④ ⑤ ⑥

图 10-4-8　攒拳怒目增气力

9. 第八式:背后七颠百病消

提踵时脊柱逐节拉长,脚趾抓地,脚跟尽量抬起,两腿并拢,提肛收腹,头向上顶,略有停顿,保持平衡;下落时沉肩,颠足时身体放松,咬牙,轻震地面(图10-4-9)。

10. 收势

体态安详,周身放松,气沉丹田,心情愉悦(图10-4-10)。

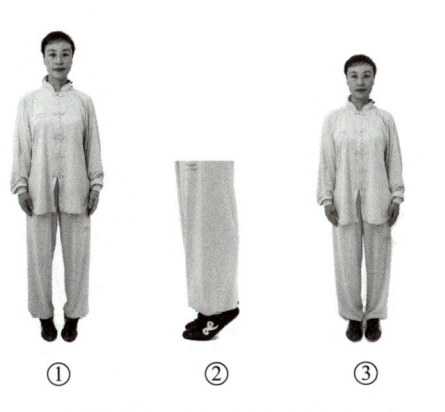

① ② ③

图10-4-9　背后七颠百病消

图10-4-10　收势

(三) 功法特点

1. 柔和缓慢,圆活连贯

柔和,是指练习时动作不僵不拘,轻松自如,舒展大方;缓慢,是指身体重心平稳,虚实分明,轻飘徐缓;圆活,是指动作路线要带有弧形,不起棱角,不直来直往,符合人体各关节自然弯曲的状态,它是以腰脊为轴带动四肢运动,使身体上下相随,节节贯穿;连贯,是要求动作的虚实变化和姿势的转换衔接,不僵不滞,无停顿断续之处。

2. 松紧结合,动静相兼

松,是指习练时肌肉、关节以及中枢神经系统、内脏器官的放松,在意识的主动支配下,逐步达到呼吸柔和、心静体松,同时还要松而不懈,保持正确的姿态,并将这种放松的程度不断加深;紧,是指练习中适当用力,且缓慢进行,主要体现在前一动作的结束与下一动作的开始之前。"双手托天理三焦"的上托、"左右开弓似射雕"的马步拉弓、"调理脾胃须单举"的上举、"五劳七伤往后瞧"的转头旋臂、"攒拳怒目增气力"的冲拳与抓握、"背后七颠百病消"的脚趾抓地与提肛动作,都体现出这一点。紧在动作中只是一瞬间,而放松是贯穿动作的始终;功法中的动和静主要是指身体动作的外在表现;动,就是在意念引导下动作轻灵活泼,节节贯穿,舒适自然;静,是指在动作的节分处做到沉稳,特别是在前面所讲八个动作的缓慢用力之处,在外观上看要略有停顿之感,但内劲没有停,肌肉继续用力,保持牵引伸拉。

3. 神与形合,气寓其中

神,是指人体的精神状态和正常的意识活动;形,是指人体的动作姿势。神与形合就是要体现出内实精神、外示安逸、虚实相生、刚柔相济,做到意动形随、神形兼备。本功法中的意识活动主要是意念动作的规格、要领。以做好动作为主,待完全掌握动作后根据动作要求适当注意某些重点穴位的意念配合。例如,丹田、命门、劳宫、大椎等;气寓其中,是指通过精神的修养和形体的锻炼,促进真气在体内的运行。习练本功法时,呼吸应顺畅,采用自然呼

吸方式,不可强吸硬呼。待动作熟练后,可采取常用的腹式呼吸方法,结合动作的升降、开合适当进行配合练习。并注意用自然呼吸法进行调整,顺其自然,最后达到不调而自调。

(四)练习要求

(1)动作协调、节奏和劲力运化程度合理。

(2)手眼身法配合协调一致。

(3)动静有致、快慢有韵及圆润连活的节奏变化。

(4)劲力运化顺达。

(5)呼吸与动作的匹配;开为吸,合为呼;提为吸,沉为呼;内为吸,外为呼。

(6)精神贯注以及眼神与动作匹配。

(7)演示风格与功法特点相符。

(8)安静祥和、沉稳但又富有生机的状态。

(9)体现出技术特点和运动风貌。

(10)伴奏音乐的韵律与动作匹配。

 思考题

1. 学习八段锦有哪些基本功法练习?

2. 八段锦上肢有哪些动作,如何练习?

第五节 空竹运动

一、空竹运动简介

空竹属于一种中国民间传统玩具,按照轮的数量分为单轮和双轮两种,传统的空竹是主要以竹子或木为材料。双轮空竹外形类似腰鼓,两头是两只扁平状的圆轮,轮内是空心的,上面还有四五个小孔,小孔内存放有竹笛,两轮间有轴相连;而单轮空竹顾名思义则是一侧有轮且型如陀螺,同样为空心且内置竹笛。因其材料多为竹且为空心,所以将其命名为"空竹"(图10-5-1)。

空竹运动一般称为抖空竹,也叫抖空钟、抖空筝、抖嗡子,江南地区又称之为扯铃,不过,一般大都简称为"空竹"。空竹运动是一种利用线绳的抖动而令空竹快速转动,并且在运动过程中利用绳与杆的来回缠绕、转动做出一系列令人眼花缭乱动作的运动形式。今天我们经常看到的空竹有单人、双人和集体等多种运动形式,也有很多爱好者参照羽毛球和网球等项目的竞赛规则,结合空竹的运动技法,演变出了隔网对抗的竞技空竹。

图10-5-1 空竹

二、空竹运动的历史

抖空竹在中国有着悠久的历史。明刘侗、于奕正在《帝京景物略·春场》中记载说:"空钟者,刳木中空,旁口,荡以沥青,卓地如仰钟,而柄其上之平。别一绳绕其柄,别一竹尺有孔,度其绳而抵格空钟,绳勒右却,竹勒左却。一勒,空钟轰而疾转,大者声钟,小亦蛚蜥飞声,一钟声歇时乃已。制径寸至八九寸,其放之,一人至三人。"古代的这类所谓"空钟",北京俗称"抽绳转",天津人叫它"闷壶卢",有的地方叫"地铃",李家瑞《北平风俗类征·游乐》引坐观老人的《清代野记》说:"京师儿童玩具,有所谓'空钟'者,即外省之地铃。两头以竹筒为之,中贯以柱,以绳拉之作声。唯京师(指北京)之空钟,其形圆而扁,加一轴,贯两车轮,其音较外省所制,清越而长。"

综上所述,空钟也罢,闷壶卢、地铃也罢,都是同一玩具。不过,一般所说的"空竹",是专指抖在空中嗡嗡作响的那一种。到了清代,有关记述渐渐增多起来,抖空竹遂成为人们喜爱的一种游戏。这种典型的空竹,一般分为单轴和双轴两种,轮和轮面为木制,轮圈为竹制,竹盆中空,有哨孔,旋转时可发出嗡嗡嗡的响声。空竹中柱腰细,以便于缠线绳抖动时旋转。抖空竹者双手各持两根二尺左右长短的小木棍(或小竹棍),其顶端皆系一根约五尺长的棉线绳,两手握住小木棍的两端,使线绳绕轴一圈或两圈,一手提一手送地抖动,加速旋转使之发出鸣叫声。

清代的空竹除了在民间儿童中流行,还被传入宫中,为宫中妇女所喜爱,并出现了不同形式的抖的方式。舞式有"鹞子翻身""飞燕入云""响鸽铃"等。抖空竹的花样也不算少,如"攀十字架""扔高""张飞骗马""猴爬竿"等。尤其是"扔高",有的能将空竹抛向空中达数丈高,待其下落再以抖线承接,准确无误,堪称一绝。

抖空竹自清代以后得到了继续发展,并在民间广为流传,同时也成了杂技艺术中的重要表演形式。2006年5月20日,抖空竹经中华人民共和国国务院批准列入第一批国家级非物质文化遗产名录。

三、空竹运动练习方法

要想学好抖空竹,就要熟悉身法。人体分为上、中、下三盘:上盘包括头、颈;中盘包括肩、胸、腹,即躯干;下盘是从胯到脚的部位。在上、中、下三盘中的身法,包含以下7项要求。

(1)提顶:论身法,得从"头"说起,要保持头部的端正。因为人体神经中枢位于大脑,身体的一切行动都是通过大脑指挥的,所以头顶就像"定盘星",无论身形步法怎样变化,"定盘星"都要保持稳定,否则身体就会失去平衡。所谓提顶,就是眼睛平视前方,不可低头或摇头,提顶必须有始有终。

(2)松肩坠肘:松肩的作用是把全身的力量传到手上。松肩练习时,将肱骨头向肩胛骨靠拢,然后向外拉开。肩松气到肘,肘沉气到手,动作则流畅自如,刚柔相济。坠肘又称沉肘,坠肘与松肩有着密切的关系。

(3)含胸拔背:含胸即空胸之意。含胸的目的是便于跳跃。含胸时不能将两肩向前合。拔背也要求身弓,但不可用力过大,否则身体容易摇晃。

(4)收腹塌腰:收腹时两眼平视,胸向内微收合,有内含之感。收腹时须塌腰。抖空竹

是由腰的运动带动四肢的运动,塌腰,是将脊椎向上轻提,背部内拔收起。

（5）松腰养气:抖空竹较大的特点是转腰,做抖、拉、盘等动作时都需要转腰。腰部是人体气力之源,腰紧则束气,腰松则养气。松腰的方法就是收肚脐,肚脐内收则腰部灵活。

（6）收臀抽胯:收臀也叫敛臀,要使臀部与脊柱保持一条直线。抖空竹时,要求重心降低,底盘稳重。换步时要注意胯的动作,胯的动作准确,骨盆就能托起脊柱来,保持身体的正直。抽胯还可以弥补松腰的不足,增强腿部力量,还有益于心、肝、脾、胃、肾等内脏器官,既可健身又可练习抖技。

（7）裹裆收气:裹裆的方法是肚脐内收,使腰、臀部肌肉放松,继续内收,则好似用布从后往下再往前一兜,把骨盆包裹起来,一直兜至小腹为止。松腰、收臀、裹裆、包腹,有连带关系,但不可用力过猛,否则容易收缩肛门括约肌,难以释放中气。

抖空竹的动作刚柔相济,身法随空竹的变化而变化。身法的变化又与步法的变化密切相关。

四、空竹运动竞赛规则

1. 场地

空竹比赛场地由"回"字形外环（场地）和内环（安全线）组成。其中,外环场地标准:20米×18米。安全线标准:18米×16米。外环场地由挡板围成,内环场地由胶带或者彩旗线圈出。两个比赛场地之间,相隔6米以上。可以根据实际情况选择比赛场地。建议比赛在塑胶地面或者平坦地面进行。室内场地的地面空间高度,不低于6米。

2. 音乐以及解说词

选手参加空竹规定动作、自选套路或者规定套路比赛,一般应根据编排内容及时长,自备音乐和解说词,比赛在音乐伴奏下进行。解说词由参加单位或者个人提供。

3. 服装

运动员应身着体现当代空竹运动特征和参赛项目内涵的服装。

4. 赛制

个人项目一般实行预赛、决赛制（个别直接进行决赛的项目除外）。在预赛中,选手展示预赛规定动作、自选动作或者套路,完成者进入决赛。入围决赛的选手展示决赛规定动作、自选动作或者套路,角逐名次。团体比赛赛制参考个人项目规定。

5. 评分

（1）个人项目评分标准

起评分5分;完成质量,加0.1～1分;表演水平,加0.1～1分;动作难度,加0.1～1分;技术水平,加0.1～1分;项目编排,加0.1～1分。

（2）个人项目评分方法

每场比赛,由7～9名裁判采取背对背打分方式,去掉1个最高分,去掉1个最低分。有效分值之和,除以本场打分裁判总数减2的平均分,为最后得分。

（3）团体项目评分标准

起评分5分;动作整齐,加0.1～1分;服装整齐,加0.1～1分;动作无失误,加0.1～1分;动作新颖,加0.1～1分;动作观赏性,加0.1～1分。

（4）团体项目评分方法

每场比赛，由7~9名裁判采取背对背方式同时打分，去掉1个最高分，去掉1个最低分。有效分值之和，除以本场打分裁判总数减2的平均分，为最后得分。

思考题

1. 空竹分为哪两种类型？
2. 空竹运动有哪些动作要领？

▷▷ 第六节　踢毽子运动

一、踢毽子运动简介

（一）踢毽子的起源

踢毽子是中国民间传统运动项目之一，又名毽球，源于汉代，兴盛于南北朝与隋唐时期。踢毽子由古代蹴鞠发展而来，唐宋时期，已有专门制作毽子的店铺，到了清代已经有了踢毽子大赛，距今已有两千多年的历史。踢毽子运动强度适中，有较强的观赏性和趣味性，深受人们喜爱，是大众喜闻乐见的体育运动。踢毽子丰富了中华民族传统文化内容。

（二）踢毽子功效

踢毽子可以充分锻炼全身，增强下肢力量，提高身体灵敏度和反应速度及身体平衡能力和肌肉协调能力，经常进行踢毽子运动能够帮助提高注意力，预防亚健康，增强自信，陶冶情操。

（三）踢毽子需注意事项

（1）穿着舒适的鞋子，以运动鞋为主，这样既方便运动，也能起到保护脚踝的作用。

（2）踢毽子的过程中，不可用力过猛，开始运动前需要充分热身并舒展身体，避免造成肌肉拉伤或者关节错位等运动损伤。

（3）餐后不宜立即进行踢毽子运动，否则会导致肠胃出现问题，引发各种不适。

（4）经常踢毽子会使腿部肌肉得到有效锻炼。但是也要注意适量运动，过度运动可能会造成两腿肌肉大小不一，影响腿部线条的美观。

二、踢毽子基本技术和练习方法

（一）踢毽子的姿势

1. 内踢的姿势

在身体的正前方踢毽子，是最基本的一种技术。身体站直，大腿抬起，与身体成90°角，小腿横向抬起，与大腿成90°角，用脚的内侧去踢毽子。

2. 侧踢的姿势

当毽子飞到身体的一侧靠近大腿处，用侧踢快速接毽子。侧踢时身体站直，踢毽腿向同

侧抬起小腿自由伸屈,可以踢到稍远的地方和近身的地方。这个动作是用脚的外侧去踢毽子。

3.交叉踢的姿势

交叉踢可用于踢近身毽子和身体稍后方的毽子。身体站直,重心右移,左脚抬起,向右后方踢出,并用脚掌接毽,可自由调节踢向偏后方还是近身位置。

（二）踢毽子的练习方法

（1）踢毽子应选择在比较平坦开阔的场地进行,一方面是踢毽子的过程中需要走动,一方面也是避免风的干扰。

（2）正式开始踢毽子前,可以先尝试进行空踢,熟练踢毽子的动作并培养身体的平衡感。

（3）踢毽子时两眼要注视毽子,不要因看脚的动作正确与否,而忽略了掌握毽子落下的时间点。只有掌握毽子落下的时间点才能更好地接到毽子。

（4）在掌握基本方法后,需要长期练习,才能熟能生巧,由基本的内踢动作升级到花式动作,例如盘踢、交叉踢等。

（5）在练习和比赛中,要进行情绪与心理的把控,这是重中之重,假如因一个毽子没接到就否定自己,对后期的训练或比赛肯定会产生负面影响。

三、踢毽子竞赛类型

（一）单人赛

单人赛时两人在场地中进行竞赛,每人占据一方,双方进行对踢。单人赛对个人的技术要求相对全面,而且对个人的体力要求也更高。

（二）团体赛

团体赛时在场地中共6人进行竞赛,双方各3人进行对踢。高水平的团体赛,无论是对整体的战术配合还是对个人的技巧都有很高的要求。竞赛一般采用三盘两胜制。

（三）单项赛

单项赛一般分为3项:盘踢、磕踢、跳踢。规则为在以1分钟内完成次数多少排出单项名次。单项赛要求运动员的基本功要扎实,既要求有速度又要求有准度,要取得好成绩也有一定的动作难度。

（四）花样竞赛

花样竞赛是在北方传播较广的一种踢毽子比赛。特点是观赏性强,花式繁多,其竞技性和对抗性与其他踢毽子比赛相比相对较弱,观赏性较高,其竞赛内容分为规定动作与自选动作两种。按运动员完成动作的流利性与难度进行评分。

四、踢毽子运动规则

（一）场地

1.场地面积

踢毽子运动比赛场地采用羽毛场双打场地,长11.88米,宽6.1米。场地上空6米以内（由地面计算）和场地四周2米以内不得有障碍物。

2．界线

比赛场地应画出清晰的界限,线宽 4 厘米,线的宽度包括在场地面积之内。较长的两条边界叫边线,较短的叫端线。连接场地两边线的中点与端线平行的线叫中线。中线将场地分为均等的两个场区。在中线两侧各画一条与中线平行的线叫限制线(此线包括在限制区内)。中线至限制线的距离为 2 米。

3．发球区

距两端线中点两侧各 1 米处向场外各画一条长 20 厘米与端线垂直的短线叫发球区线(此线不包括在发球区内)。发球区线向后无限延长的区域叫发球区。

4．毽球

毽球由毽毛、毽垫等构成。毽毛为四支白色或彩色鹅羽成十字形插在毛管内,每支羽毛宽 3．20～3．50 厘米。毽垫直径 3．80～4 厘米,厚 1．30～1．50 厘米。毛管高 2．50 厘米。毽球的高度为 13～15 厘米。毽球的重量为 13～15 克。

（二）竞赛规则

1．比赛规则

（1）团体比赛每队由 6 人组成,上场队员 3 人,其中队长 1 人(左臂应佩戴明显标志)。比赛前,各队应将参赛队员(包括替补队员)的姓名、号码登记在积分表上。未登记的队员不得参加比赛。

（2）也可因时、因地、因人制宜,增加单人、双人赛,规则与 3 人制团体赛大体相同,记分可采取直接得分法。

（3）教练员和替补队员应坐在指定的位置上。

2．场上位置

（1）双方队员必须站在本方场区内,靠近球网的两名队员从左至右分别为 3 号位和 2 号位队员,靠近端线的队员为 1 号队员。场上队员的位置必须与登记的轮转顺序相符合。

（2）发球的一方 2、3 号位的队员在发球队员的前方,彼此间相距不得少于 2 米。球发出后,双方队员可以在本方场区内任意交换位置。

（3）每局比赛结束之前,队员的轮转顺序不得调换。

（三）竞赛细则

1．比赛赛制

（1）比赛采用三局两胜制,第三局采取每球得分制。

（2）比赛前选择场区或发球权。第一局结束后双方交换场地和发球权。

（3）决胜局开始前,正裁判员召集双方队长重新选择场区或发球权。决胜局比赛中,任何一队先得 8 分时两队应交换场地。交换时,教练员不得进行场外指导。交换场区后,双方队员的轮转位置不得变换。经记录员核对后,由原发球队员继续发球。如未及时交换场区,一旦裁判员或一方队长发现时,应立即交换。比分不变。

2．暂停

（1）比赛成死球时,教练员或队长可以向裁判员要求暂停。

（2）暂停时,教练员可以在场地外进行指导,但场上队员不得出场,也不得与场外其他任何人讲话,场外人员不得进入场内。

（3）每局比赛中,每队可以要求两次暂停,每次暂停时间不得超过 30 秒。若某队在一局中请求第 3 次暂停,应判该队失发球权或对方得 1 分。

3. 换人

（1）在比赛中成死球时,教练员或队长可以向裁判员要求换人。换人时,场外人员不得对队员进行指导,场内队员不得离开场地。

（2）每个队在每一局比赛中换人不得超过三人次。

（3）替补队员在上场前,应在记录台附近做好准备,换人时间不得超过 15 秒,否则判该队 1 次暂停。如该队在该局已暂停过两次,则判该队失发球权或对方得 1 分。

（4）教练员或队长要求换人时,应向裁判员报告下场和上场队员的号码。

（5）比赛中因故被取消比赛资格的队员,不能继续参加该场比赛,可由替补队员替换。如该队在该局已换人 3 人次,或场外无人替换时,则判为负局。

4. 局间间隙

一局比赛结束,下局比赛开始前,中间最多可有 2 分钟时间,供两队交换场地、换人和记录员登记号码,双方教练员在不影响上述工作的情况下,可以进行场外指导。

思考题

1. 进行踢毽子运动之前要做好哪些准备?
2. 踢毽子运动有哪些基本方法?

第十一章　冰雪与水上运动

▶▶▶ **第一节　滑冰运动**

一、滑冰运动简介

（一）滑冰运动的起源

滑冰运动有着悠久的历史。古代生活在寒冷地带的人们，在冰封的江河湖泊中以滑冰作为交通运输手段。随着社会进步，滑冰逐步发展为游戏，直到发展到现代的竞技运动。

国际性速滑比赛，始于19世纪末。1889年，在荷兰的阿姆斯特丹举行了第1届国际速滑比赛。1892年，国际滑冰联盟正式成立。男、女速滑运动分别于1924年、1960年被列为冬季奥运会比赛项目。

中国的滑冰活动历史悠久，早在宋代就出现了由滑雪发展而来的"冰嬉"。元代以后，"冰嬉"更为盛行，而且规模更大。明代有了关于"冰床、冰擦"的记载。清代乾隆年间，更设"技勇冰鞋营"，并有一套管理制度和训练方法，管理机构叫"冰处"。

19世纪末，欧洲的滑冰运动传入中国，速滑运动逐渐成为北方人民群众爱好的冬季运动项目，特别是在哈尔滨、佳木斯、长春、吉林等城市，群众性冰上运动开展得很活跃。中国女子速度滑冰队是世界体坛的一支劲旅，多年来取得了辉煌的战绩，涌现出一批在重要国际比赛中夺取冠军的优秀运动员，如叶乔波、杨扬、王濛、张虹、李坚柔等。

拓展阅读

滑冰运动
主要赛事

（二）滑冰运动的价值

1. 改善和提高神经系统的功能

滑冰运动能提高人体对外界环境、周围突然变化的情况的适应能力。

2. 全面、协调地增强身体素质

滑冰运动对人的身体素质提出了很高的要求。它能全面、协调地锻炼和提高速度、力量、耐力、灵敏性等身体素质与平衡能力，使人们体魄强壮、精力充沛。滑冰运动对青少年全面、协调的发展也有很大的益处。

3. 改善和提高内脏器官的功能

滑冰产生的持续巨大的身体负荷量，对人体机能系统提出了相当高的要求。对正在发育的青少年更有促进健康成长的良好作用。

4. 提高抗寒能力

滑冰经常是在低温下运动，它会使机体对寒冷产生高度的适应能力，提高神经系统对体温的调节能力,提高机体对伤风、感冒等疾病的抵抗能力。

5. 锻炼意志品质

滑冰运动能很好地培养和锻炼人们机智、勇敢、顽强、果断、坚韧不拔和勇于拼搏的优秀品质。这些品质在工作和学习中,对于克服困难、战胜困难、完成繁重的工作任务,都具有十分重要的意义。

知识链接

花样滑冰

世界上有30多个国家开展花样滑冰运动,世界花样滑冰锦标赛每年都会举行。花样滑冰包括单人滑、双人滑和冰上舞蹈。单人滑又分男子和女子两种,除了完成规定图形、规定自由滑动作以外,还可由运动员自选音乐,在规定的时间内(男子5分钟,女子4分钟)完成一套自由滑动作。自由滑的内容有跳跃、旋转、步伐的姿态。跳跃有130多种,旋转更是多种多样。双人滑中还加进双人旋转、托举、跳跃和双人步伐。双人滑是世界比赛中颇受观众欢迎的一个项目,因而技术发展也较快。冰上舞蹈,是伴随音乐的节奏滑行,并加入一些姿态的表演,如华尔兹、探戈、狐步、吉利安等舞蹈。

二、滑冰运动基本技术的练习方法

(一) 初学者

初学滑冰,平衡是基础,蹬冰是核心,弯道是关键。

1. 陆地上穿冰刀站立

穿冰刀(带刀套),在平坦地面上站立、蹲起、踏步、移动重心、单脚支撑等,体会和尽快掌握冰刀窄刃支撑的身体平衡动作。

要领:冰刀立起来,平刃支撑;体重交替移到支撑冰刀上,重心通过冰刀刃中部。

2. 陆上穿冰刀走步

穿冰刀(带刀套),在平坦地面上向前、向后、向左、向右交叉步走;向左、向右转走。

3. 陆上穿冰刀平衡

借助同伴的帮助或自己手扶器械,保持滑行姿势做单脚支撑平衡练习。逐渐延长单脚平衡的时间,并且不断提高平衡的动作质量。

要领:低姿势、支撑腿蹲屈至最大限度,鼻、膝、脚成三点一线;体重完全移至支撑冰刀的平刃中部。

4. 陆上穿冰刀移重心

在同伴的帮助下或手扶器械,保持滑行姿势,做向左、右侧方或交替移动重心练习。体会重心的移动交接。

要领:上体、臂部平行移动;移重心后,在左、右侧均应成鼻、膝、脚三点一线;两膝前顶、腿部主动屈伸承接体重。

5. 冰上站立及走步

动作方法、要领、易犯错误同上。

6. 冰上滑跑姿势

原地上体前倾至与冰面平行,放松团身,头正,目视前方 10～20 米处。腿深蹲,膝关节约成 90°角,踝关节约成 55°角,静止不动。弯道姿势是身体向左倾斜,用左刀外刃支撑。逐渐延长保持正确姿势的静止时间。

要领:上体放松,团身;腿部膝前顶,臀后坐,重心通过冰刀的中后部;双膝、双脚并拢;弯道姿势,重心偏于左外侧。

7. 单蹬双滑

单脚蹬冰双脚并拢滑行、两脚交替滑行。弯道转弯时,右脚向外侧蹬冰,双脚并拢滑行。在场中小圆周上适当增加此练习。

要领:直线滑行时,双脚平刃支撑滑进;转弯时重心左移,左脚外刃,右脚内刃,支撑滑进。

8. 移动重心

滑进中移动重心:助蹬几步,在有一定的滑行惯性后,两脚分开,保持同肩宽,完成前面的动作,转弯时重心向左侧移动,左脚外刃支撑。在半径 5～6 米的小场地上,反复练习。

要领:直线滑行时,同上练习 4;弯道滑行时,体重完全移至左脚上,重心投影点在左脚左外侧。

9. 单蹬单滑:一脚蹬冰后,另一腿维持平衡滑进。两脚交替反复练习。

要领:体重完全移至滑行脚上;冰刀立起来,平刃支撑滑进。

10. 交叉压步滑行

在半径为 4～6 米的圆周上滑行,左脚用外刃支撑,右脚冰刀从左脚冰刀上方越过,在左脚左前方着冰,平稳转移重心。此练习较难,可从滑两个直线步伐做一次交叉过渡开始,逐渐完成连续交叉压步。从此时起,要增加弯道练习的比重,至少不应低于总练习时间的50%。要多进行场中小圆周上的弯道练习。

要领:保持身体的倾斜度;右刀跟从左刀尖上方越过;左冰刀外刃支撑,左小腿前倾,踝关节紧张。

11. 直弯道平衡滑行

在半径为 8～10 米的小场地上,进行直弯道结合的平衡滑行。提高直刃滑行能力和弯道左脚外刃平衡能力。练习要逐渐增加滑行圈数,提高动作质量。

要领:直线平衡滑行时,支撑腿深屈,降低重心,鼻、膝、腿成三点一线,保持平刃滑进。弯道平衡滑行时,重心大胆左移,延长左脚外刃滑进。

知识链接

滑冰摔倒时的自我保护

防止向后摔倒的办法是,随着冰刀的滑进,重心及时跟上去,大胆地前移重心。同时,上体前倾,重心降低。一旦身体向后滑倒,应迅速收腹、低头,以体侧或臀部先着冰,保护头部。切不可抬头、挺胸、展体,避免损伤头部。

（二）直道滑跑

1. 蹬冰动作

（1）同蹬同收：从蹲屈的滑行姿势开始，两脚冰刀同时向身体的侧方伸展蹬冰，直至充分伸直。收回两冰刀尖相对内扣，带回。在20~40米距离内反复练习。

要领：向身体的正侧方蹬冰；双脚蹬、收同步活动；两冰刀不离开冰面。

（2）单脚侧蹬：从深蹲屈的滑行姿势起，在向前移动的过程中，两脚交替向身体的侧方蹬出，直至充分伸直。收回时，刀尖回扣，大腿内侧自然带回。在20~40米的距离内反复练习。

要领：两冰刀不离冰，始终保持平行移动。蹬冰方向始终保持在身体的正侧方。

（3）移动重心：从深蹲屈的滑行姿势开始，助跑几步借助惯性滑行，身体重心大幅度地向左、右来回移动。在50~100米的距离内反复练习。

要领：重心完全移至支撑冰刀上，鼻、膝、脚成三点一线；两脚冰刀保持平行滑进；移重心时，原支撑腿压冰，推动上体的移动。

2. 单腿平衡滑进

（1）单腿滑进：一条腿连续蹬冰，另一条腿连续滑进。在直线段落内，两条腿交替反复练习。

要领：后腿不间断地向后侧方蹬冰；前腿一直保持平刃支撑，不抬离冰面；体重保持在前腿上。

（2）单脚平衡：经过深蹲姿势后向前滑进，一条腿后引，另一条腿承担体重，借助惯性维持平衡。

要领：重心在前脚冰刀支点上，鼻、膝、脚成三点一线；后引腿必须稳定地保持在后位中心面上。

（3）侧平衡：保持深蹲姿势向前滑进，重心在一条腿上，另一条腿大腿抬起。保持这种姿势惯性滑进，直至停止。

要领：重心在支撑冰刀支点上；浮腿抬起后静止不动。

3. 摆臂动作

（1）慢速中摆动配合：经过深蹲屈后的滑进姿势，慢速滑进时，两臂与两腿协调配合练习。

要领：展腿摆臂；收腿收臂；臂、脚动作同步。

（2）快速中摆动配合：开始动作同上。待慢速中动作协调起来后，逐渐加快节奏，提高频率，提高滑速，直至最大速度。臂、腿在快速摆动中协调配合。

（三）弯道滑跑

1. 弯道倾斜姿势

（1）惯性倾斜转弯：从直线加速滑入弯道，当滑入直弯道交界线时，身体果断地向左倾倒，重心迅速左移，双脚并拢，左脚用外刃、右脚用内刃支撑身体。保持这种姿势，顺着圆弧向前惯性滑行，直到降速停止。倾斜角度越大滑进距离越长。反复练习。

要领：入弯道速度要大；倾斜动作迅速、果断，重心移至左脚，重心投影点要保持在支点的左侧。

（2）右脚蹬冰倾斜：从小圆周加速后，右脚反复向圆周外侧方蹬冰，身体顺势反复向左移，重心倾倒，左脚反复用外刃支撑滑进。右脚全力蹬冰，提高滑速，以加大身体的倾斜度。

要领：身体倾倒借助于右脚向外侧蹬冰的力量；左脚始终不离冰，以外刃咬住冰面支撑滑进。

（3）双人牵引倾斜：动作同上。不同的是在有同伴牵引与保护的情况下，身体要以更大的倾斜度完成。

要领：双人手拉手牵引，倾倒动作应与牵引力量协调配合。其他要领同上。

（4）左脚外刃平衡：从直线助跑入弯道，当右脚最后一步蹬冰动作完成后，身体果断向内侧倾倒，准确地用外刃支撑身体，力求单脚维持平衡，惯性滑进。

要领：身体重心投影点在支点的左侧；全部体重的压力中心在左脚冰刀外刃中部。

2. 弯道蹬冰

（1）交叉步蹬冰：在半径为 6~8 米的小圆周上起速后，左脚用外刃支撑滑进。当右脚冰刀从左脚冰刀上方越过时，左腿压冰，同时伸展髋、膝、踝关节蹬冰，右脚冰刀在左腿即将伸直时着冰，双腿成交叉步状态完成重心转移。反复练习。

要领：左腿外刃平稳支撑；左冰刀蹬冰方向为离心力方向；右腿冰刀在左脚冰刀的左前方用内刃着冰。

（2）左腿重心蹬冰：在半径为 6~8 米的小圆周上滑行，当左腿蹬冰时，充分利用自身体重，压向左冰刀外刃中部。随之，左腿髋、膝、踝关节急速伸展，直到充分伸直。

要领：体重自始至终保持在蹬冰的左腿上；浮腿协调配合蹬冰腿用力。

（3）右腿重心蹬冰：动作同上，由右腿完成。

（4）弯道滑跳：弯道左、右腿蹬冰是用快速爆发力量，以大幅度的跳步完成。

要领：蹬冰腿蹬冰时用最大力量；浮腿协调配合蹬冰腿用力；用冰刀中部在身体的正侧方完成蹬冰；落冰时，屈膝缓冲，平衡支撑。

3. 弯道摆臂动作

（1）慢速滑行中臂腿配合：在场地中小圆周上，高速慢速滑行中，臂、腿像行走时一样，自然、协调配合。

（2）快速滑行中臂腿配合：在场中半径为 8~10 米的小圆周上，从慢速滑行中的摆臂开始，待臂、腿动作协调后，两臂紧贴身体摆动。

要领：注意臂与腿的配合，展腿摆臂、收腿收臂；蹬冰结束时，臂摆至最高点；收腿收脚结束；臂回落至下垂点。

 思 考 题

1. 练习滑冰应该如何开始？
2. 滑冰运动中有哪些注意事项？

拓展阅读

滑雪运动
主要赛事

第二节 滑雪运动

一、滑雪运动简介

（一）滑雪运动

滑雪是运动员把滑雪板装在靴底上，在雪地上进行竞速、跳跃和滑降的竞赛运动。滑雪运动（特别是现代竞技滑雪）发展到当今，项目不断增多，领域不断扩展，目前世界比赛中正规的雪上大项目分为高山滑雪、北欧滑雪（越野滑雪、跳台滑雪）、自由式滑雪、冬季两项滑雪、雪上滑板滑雪等。纯竞技滑雪具有鲜明的竞争性、专项性，相关条件要求严格，非一般人所能具备和适应。旅游滑雪是出于娱乐、健身的目的，受人为因素制约很少，男女老幼均可在雪场上轻松、愉快地滑行，饱享滑雪运动的无穷乐趣。由于高山滑雪具有惊险、优美、自如、动感强、魅力大、可参与面广的特点，故高山滑雪被人们视为滑雪运动的精华和象征，更是旅游滑雪的首选和主体项目。通常情况下，评估人们滑雪技术水平的高低，多以高山滑雪为尺度。

> **知识链接**
>
> 中国第一次滑雪比赛：1957 年 2 月，中国第一次滑雪比赛在吉林省通化市举行。
>
> 中国第 1 届全国冬季运动会：1959 年 2 月在吉林市举办了第 1 届全国冬季运动会。
>
> 中国首次参加冬奥会滑雪比赛：1980 年 2 月，中国首次参加在美国普莱西德湖举办的第 13 届冬季奥林匹克运动会。

（二）项目分类

滑雪运动从历史沿革角度可划分为古代滑雪、近代滑雪、现代滑雪；从滑行的条件和参与的目的可分为实用类滑雪、竞技类滑雪和旅游类（娱乐、健身）滑雪。实用滑雪用于林业、边防、狩猎、交通等领域，现多已被机械设备所替代，逐渐失去昔日的应用价值。竞技滑雪是将滑雪升华到在特定的环境条件下，运用比赛的功能，达到竞赛的目的。娱乐健身滑雪是适应现代人们生活、文化需求而发展起来的大众性滑雪。

（三）滑雪运动着装口诀

靴子首先要合适，平时尺码就可以。

胫骨脚跟和脚面，不感压迫又紧固。

脚趾能动踝微屈，靴子与脚成整体。

雪地行走步适中，靴子后跟先着地。

先支雪杖后穿板，两支雪板放平地。

挂佩带时（由）下向上，革根同握手心里。

穿板之前先察看，后部固定器抬起。

脚掌置入固定器，对准后槽压后跟。

必须听见"啪"声响，雪靴紧卡机关里。

固定强度可调整，初学易摔别太紧。

雪杖两侧助平衡，两脚踩板前后移。

着装完毕先别急，活动身体再练习。

滑行基本
姿势

二、滑雪基本技术的练习方法

（一）基本姿势练习口诀

双板平行同肩宽，上体直立微前倾。

重心下沉不发虚，膝富弹性向前顶。

收腹臀部略上提，两眼前看约 10 米。

实实踩住滑雪板，两脚前掌承重心。

手同腰高微外展，肩体放松杖提起。

面带笑容不紧张，神经放松肌绷紧。

切忌弯腰臀后坐，小腿僵直不前顶。

平地滑行

（二）基本技术的练习口诀

一练转圈和行走，反转正转加横行。

板头板尾不交叉，步幅要小板平行。

失去平衡别挣扎，顺其自然加滑行。

二练原地向后转（180°），左右交替做练习。

两杖体前侧支撑，左腿前抬板直立。

上体、腿、板向左转，板尖朝后体反拧。

板着地时承重心，右板左转站平行。

三练跌倒与站起，避免撞击化险情。

（跌倒动作两要领）

急蹲臀部向侧坐，面朝坡下防翻滚；

顺其自然向下滑，脚、板、臂、杖要抬起。

（站起动作三要领）

犁式直滑
降与制动

犁式转弯

侧坐雪地面朝下，双板收拢到臀下；

双（山上）韧平行刻雪面，雪板垂直滚落线；

手或雪杖做支撑，先蹲身体后站起。

四练雪上能滑、走，先走后滑渐适应。

双板走时体前倾，两板压雪交替行；

体重领先走直线，前弓后绷前顶膝；

雪杖随臂作撑动，支点与脚心平行。

双板滑时臂前伸，体前点杖向后撑；

前倾、屈膝、体下降，收雪杖时起重心；

抬起一脚练单板，一（板）实一（板）虚前滑行。

五练雪上蹬冰式，一脚出板一脚蹬。

平行转弯

板尖打开呈"V"形(约45°),膝关微屈体前倾。

重心移向蹬板腿,蹬腿立轫内转膝。

蹬雪方向为垂进(与滑向垂直),出板方向随重心。

蹬板蹬后迅速收,不要落地接前伸(出板);

伸脚落地接滑行,滑行过后接侧蹬。

重心移动要迅速,蹬伸之前体先移。

体重两板来回移,髋部发力跟上体。

六练斜坡能站立,纹丝不动保稳定。

双板垂直"滚落线",上外(刃)下内(刃)嵌山体;

下腿膝关向里(雪面)压,下(腿)实上(腿)虚体内(山下)倾;

肩髋上体往(山)下拧,下板内刃承重心。

七练行走上斜坡,横向、倒八(字)往上行。

三、滑雪运动的注意事项

(1)滑雪前要了解雪道的长、宽、高、坡度和走向,以免滑行中出现意外而措手不及。

(2)根据自身水平选择雪道,切不可对自己估计过高。

(3)要了解雪场的气候特点和天气状况,防范天气突变的情况。

(4)滑雪时中途不能停在陡坡下,要停在较缓的雪道边上,并注意上面滑下来的滑雪者。

(5)滑行时如对前方情况不明或感觉滑雪器材有异常,应停下检查,切勿冒险。

(6)滑行时注意拉开距离,不可追赶同伴,以免摔倒或相撞。

(7)如果在滑行中失去控制跌倒,要立刻降低重心,向后坐,不要随意挣扎,可举起四肢。

(8)发现有人受伤,切勿随意搬动,应马上报告雪场管理人员。

(9)下滑时避免头朝下,更要绝对避免翻滚。遵守滑雪场的各项规章制度。

(10)学习一些自救、急救常识,注意保暖,防止冻伤。

知识链接

衣服防进雪技巧

　　滑雪时难免会有跌倒的时候,如果没有专用滑雪服,跌倒后雪会从脚踝、手腕、衣服领子等处钻进服装里,引起不适。有什么办法能解决这一问题呢?其实非常简单,您只要备一副护膝,一条宽条松紧带外加一条围巾即可解决问题。将长护膝一头套在滑雪靴上半部,另一头套在腿上,即可有效防止进雪。用一条宽尼龙贴扣的松紧带将滑雪手套腕口紧紧扎住,雪就进不去了。另外,用一条围巾将衣服领子与颈部之间的空间稍加填充,可保证雪不会进入领口,而且还能起到保温的作用。这些物品既便宜又实用,采购起来还很方便。

思考题

1. 如何穿戴滑雪装备？
2. 滑雪运动中有哪些注意事项？

第三节 游泳运动

一、游泳运动简介

（一）游泳运动的发展

游泳是一种人类凭借自身肢体动作和水的作用力，在水中活动或前进的技能活动。人类的游泳是一种有意识的活动，一直与生存、生产、生活紧密联系，是人类在同大自然斗争中为求生存而产生，随着人类社会的发展而逐渐成为体育运动的重要项目。

游泳是水浴、空气浴和日光浴三者有机结合的运动，不仅能给人带来心理上的愉悦，塑造流畅和优美的体型，还能够增强心血管系统功能，增强体质，提高协调性。对于身体瘦弱和各种慢性病患者来说，游泳还是一种有效的体育医疗手段。游泳已成为一项大众喜爱的终身体育锻炼项目，对丰富人们的精神文化生活有着积极的作用。

游泳是国际体育比赛不可缺少的项目，在第 33 届奥运会游泳比赛中设有 35 个项目，仅次于田径运动。在综合运动会中，素有"得田径、游泳者得天下"之说。我国近代游泳运动是 19 世纪中叶，由欧美传入并逐渐流行起来；刚开始在香港地区及沿海各省流行，而后逐渐普及。1953 年第 1 届国际青年友谊运动会上，我国优秀运动员吴传玉获得男子 100 米仰泳冠军。1957—1960 年，我国著名游泳运动员戚烈云、穆祥雄、莫国雄 3 人，先后 5 次打破男子 100 米蛙泳世界纪录，为我国游泳事业创造了辉煌成就。

（二）游泳运动的学习特点

1. 水环境——活动环境的改变

游泳首先要适应水的浮力，能使身体漂浮起来并保持平衡；其次，人在水中会受到水的压力，造成呼吸困难，需要适应水的压力并形成一种新的呼吸节奏；第三，在陆地上，人们一般都以直立行走的行式进行各种运动，但游泳通常是采用俯卧、仰卧和侧卧姿势，人们不习惯卧姿加上水的刺激，人体前庭器官的感觉和分析会受影响，增加学习的难度。由于运动姿势的变化，人们在长期日常生活中所形成的走、跑、跳、投等技能，都不能直接在水中运用。因此，初学者首先必须适应水环境，学会在水中行走、漂浮、呼吸和滑行等基本技能，过好这一关，才可以开始学习动作技术。

2. 呼吸——呼吸方式的改变

人在陆地上的呼吸是自如的，通常是用鼻子呼吸，运动时呼吸与动作的配合方式也比较简单。而游泳时的呼吸却复杂得多，要用口在水面上吸气，用口、鼻在水中呼气。在吸气和呼气之间有一个短暂的闭气阶段。游进过程中，呼吸还必须与肢体动作密切配合，有节奏地进

拓展阅读

游泳运动
主要赛事

行。由于水对胸廓的压力,初学者必须加大呼吸肌的用力程度。所以,呼吸已成为游泳技术的重要组成部分。如果呼吸不得法,则动作不协调,无法长游,还容易呛水。所以,呼吸是游泳的难点,也是决定能不能学会游泳的关键因素。

3. 动作——身体姿势的改变

学习任何一种运动技能都应力求掌握正确的技术,这点对于游泳来说显得尤为重要。人在陆上运动时,空气阻力的影响一般可以忽略,运动动力来源于固定的支撑反作用力。而游泳是在水中进行的运动,水的阻力比空气的阻力大 800 多倍,肢体往任何一个方向运动都会受到水的极大阻滞。所以,学习游泳时必须努力减小阻力。同时,水是流动的,肢体在水中的动作失去了固定支撑,加大了获取动力的难度。如果动作不正确、不合理,身体姿势又不好,即使用了很大的力气也很难向前游进。因此,学习游泳必须掌握正确的动作要领,初学者要不断纠正错误动作,才能形成正确的动作定型。

4. 方法——水陆结合学习模式的改变

初学游泳时,由于身体姿势的改变和水的刺激,视觉受限制,肌肉的本体感觉变差,往往不能清楚地感知自身的动作,不能精确地控制肢体的运动。所以,游泳中许多动作的学习,都有必要经过一个由陆上练习转为水中练习的过程。陆上练习是在简化条件下的练习,是水中练习的必要准备。但是,陆上练习是不能代替水中练习的,水中练习时的身体姿态、关节、肌肉、皮肤感觉、用力部位、用力程度、方向等都与陆上练习有明显区别。所以,学习游泳,必须在水中进行大量练习。在进行一定的陆上练习,粗略地体会动作之后,就应适时转入水中练习,以形成正确的游泳技能。不下水或少下水都是学不会游泳的。

二、游泳基本技术练习方法

(一)熟悉水性

(1)水中行走:主要是使初学者体会并适应水的浮力和阻力,初步学会在水中站立和行走时如何维持身体平衡,从而消除怕水心理。

(2)憋气:主要是使面部适应水的过程,保持吸气的状态,或者慢慢吐气的状态。可以采用下蹲或站立低头,使水淹过整个脸部或者头部。

(3)呼吸:游泳时的呼吸,要用口在水面上吸气;吸气后脸浸入水中稍闭气,然后用口或鼻子在水中缓缓呼气;当气快呼完时,慢慢抬头,在口出水面时快速把气吐完,并把嘴里的余水吐尽,然后立即快速张嘴用力吸气。吸气的时间短,呼气的时间稍长,普通游泳者其吸气和呼气的时间比例大约为 1∶3。总的来说,水中呼吸要按照"快吸—稍闭—慢呼—猛吐"的节奏进行。

(4)漂浮:人体吸足气后,胸腔会充分扩张,像一个充满气体的气球一样,这时人体的密度略小于水,就能轻松漂浮起来了。所以,在水中漂浮时,要充分吸足气,然后屏气。

漂浮的练习方法有两种:团身漂浮(抱膝漂浮)和展体漂浮。

(5)滑行

① 蹬地滑行:两腿并拢站立水中,两臂前伸并拢。深吸气后上体前倒,一腿向前迈出,略屈膝下蹲。头和肩浸入水中后,两脚掌依次用力蹬池底,两腿随即伸直上浮并拢,身体成流线型,贴近水面向前滑行。

②蹬壁滑行：两脚并拢背对池壁站立水中，两臂并拢前伸。深吸气后闭气低头，上体前倒成俯卧姿势浸入水中，头夹在两臂之间。同时，两腿轻蹬池底向上屈膝收腿，迅速将两脚掌贴在池壁接近水面处，臀部提高至水面，两腿随即用力蹬壁，全身充分伸展成流线型，贴近水面向前滑行。

③助力滑行：协助者站在侧前方。练习者先做蹬壁滑行或蹬地滑行，当滑行速度减慢时，协助者抓住练习者的双手用力前拉，然后再抓住双脚用力前推，以延长滑行距离。

（二）学好蛙泳

1. 蛙泳腿部技术练习方法

（1）坐撑蛙泳腿模仿练习：坐在泳池边上，腿放在水中，臀部尽量贴近游泳池的边缘。慢慢屈膝，收腿，两脚尽量靠近臀部。脚外翻，在臀部和膝关节不动的情况下尽量增大外翻的幅度。开始时动作慢一点，用脚掌内侧对着水，然后蹬出。在蹬腿即将结束时脚翻转，脚掌从朝前转为朝内。这个练习不仅可以提高脚的协调性，而且可用来培养正确的技术和水感。

看一看

游泳蛙泳腿部动作模仿练习

（2）扶池边蛙泳腿和呼吸练习：用两手扶池边或水槽，身体俯卧漂浮，低头，使头部与身体成直线。按照正确的技术收腿、翻脚、蹬夹，两腿并拢后抬头吸气。

（3）扶板蛙泳腿和呼吸练习：两手扶打水板，蹬边后低头，身体伸展并滑行。抬头吸气后，收腿，低头，蹬夹水后滑行。滑行结束，即将收腿时抬头吸气，重复练习。注意吸气时下颌要微收，目视前下方。滑行时低头，肩臂伸展，略压胸，使臀部和腿升到水面上。

看微课

游泳蛙泳腿部动作

（4）徒手蛙泳腿和呼吸练习：动作与上个练习基本相同，只是不用打水板，两臂前伸成流线型。吸气时仍然要收下颌，两手始终前伸并拢。在蹬夹水时要刻意向前伸肩。

（5）反蛙泳蹬水练习：仰卧蹬边后成流线型漂浮于水面，从1默数到3后，做一次蛙泳蹬夹水。在每次动作之间数3下。注意上体要保持稳定，头不要没入水中。身体保持流线型，两手应恰好在水面下。每次蹬夹水结束时身体呈漂浮状态，脚绷直并接近水面，两膝不能露出水面。为防止收腿后两膝分开过宽，或两腿动作不对称，可在大腿之间夹一块打水板，使板不掉落。

（6）抬头背手蛙泳蹬水练习：俯卧蹬边漂浮于水面，两手背在背后，头始终露出水面，目视前方，两腿做蛙泳蹬夹水动作，每次收腿结束蹬水之前，用脚碰手。注意躯干保持一定的紧张度，头始终在水面上，身体不能有明显的上下起伏。每次收腿用脚后跟去碰手，不要主动用手碰脚后跟。由于头露出水面，腿有下沉的趋势，容易导致慌乱紧张，导致动作做不完全，因此要在蹬夹腿并拢伸直后再做下次动作。这个练习有较高难度，需要练习者有一定的训练和技术水平。

（7）直立蛙泳腿踩水练习：在深水中进行练习。身体直立，头露出水面，手臂前伸于胸前，两腿反复做向下的蛙泳踩水动作。注意身体保持直立，主要靠小腿内侧和脚内侧蹬夹水来维持身体平衡。为增加练习难度，手臂可抱头或上举过头顶。

看一看

游泳蛙泳手臂练习

2. 蛙泳划水和呼吸技术练习方法

（1）陆上划水和呼吸模仿练习：站在池边，弯腰低头，目视地面。按照技术要求缓慢地做向外划水和抓水、向内划水、伸臂动作。收臂时，肩、胸上升，上体抬起吸气；伸臂时，伸肩送胸，体会身体的波浪运动以及加速划水的节奏。

（2）半陆半水划水和呼吸练习：俯卧在池边，上体在水中，胸以上在岸上。按照上个练习要求和动作要点进行划水和呼吸模仿练习。呼气时，头放水中，手臂在水中划水和伸臂，感受水的阻力。

（3）水线上蛙泳划水练习：这个练习在齐胸深的水中进行，（如果是深水，可用腿夹一块打水板或助浮器）。站在水中，将腋窝架在泳道线上。开始时两臂前伸成流线型，脚踩池底，抬头，目视手臂。手臂做蛙泳的曲线划水动作，在划水过程中逐渐加速。手臂前伸成流线型后暂停。泳道线的作用是帮助手臂保持正确位置。在划水过程中，手一定要始终感觉到压力，加速划水可以帮助达到这个要求。千万不要减速划水，否则手将失去压力。开始练习时，速度可慢一些，保证技术动作的准确，然后逐渐加快到正常速度。

3. 完整配合技术练习方法

（1）路上站立蛙泳配合模仿练习：直立，双臂上举，双手并拢。用口令进行练习，1 表示划水和收手，2 表示收腿，3 表示伸手，4 表示蹬腿。动作熟练后，用口令 1 表示划水、收手、收腿动作，2 表示伸臂和蹬腿动作，直到过渡到不用口令也能配合娴熟的程度。

（2）半陆半水蛙泳配合模仿练习：俯卧在池边，头放在水里或者把脚放在水中，练习蛙泳配合动作。同前做口令练习。

（3）二次蹬水一次划水练习：按照下面的节奏练习。划水，吸气，蹬水，滑行；然后是呼气，蹬水，滑行。滑行时数 3 下。注意用稳定的节奏蹬水，不划水时手的位置要稳定，拇指相扣可以帮助双手保持稳定。划水时要加速，使身体得到充分的升力，控制头的姿势。每趟默数蹬水次数，尽量减少蹬水次数。

（4）完整配合练习：按照正确的完整配合要求进行完整配合练习。练习距离由短到长，可以先从 25 米开始，在保证正确技术的基础上增加练习距离。

（三）学好爬泳

1. 腿部鞭状打水练习方法

（1）俯卧模仿打腿：这个练习的目的是体会打腿的用力顺序，体会正确的鞭打动作。俯卧凳上、池边或出发台上，直腿模仿爬泳上下打水动作，逐渐过渡到直腿上抬、屈膝下打的鞭状动作。

（2）仰坐模仿打腿：这个练习的目的是自己纠正错误动作，体会正确的鞭打动作。坐在池边，上体稍后仰，两手后撑，两腿前伸，两脚掌稍内旋，脚尖自然伸直，模仿爬泳的打腿动作。先直腿练习，然后膝关节放松，逐步过渡到鞭状打腿。

（3）扶边打腿：这个练习的目的是体会在水中漂浮时鞭状打腿动作技术。一手抓住池边，前臂贴在池壁上，另一手指尖朝下在水下撑住池壁，身体成水平姿势俯卧水中。可低头或抬头，两腿伸直稍内旋，脚尖自然伸直，做直腿的快频率、小幅度上下打水动作。然后逐步过渡到直腿上抬、屈膝下打的鞭状打腿。反复练习，逐步延长每次练习的时间，使动作趋于熟练、放松、自如。

（4）滑行打腿：这个练习的目的是在滑行过程中体会打腿动作的有效性，滑行中两腿漂浮在水面上，容易体会鞭打动作技术。蹬边滑行后继续低头闭气，两臂前伸并拢，头夹在两臂之间，保持好流线型，做上下交替鞭状打腿动作向前游进。可以边打腿边抬头吸气，逐渐增加打腿练习的距离。

2. 风车转动划水练习方法

（1）陆上或水中原地模仿划臂：陆上原地站立，上体稍前倾，一臂前伸不动，另一臂模仿爬泳划臂动作，初步体会动作后，左右交换练习。然后，左右臂轮流做划水动作。

（2）陆上或水中原地模仿划臂加转头呼吸：原地开立，上体前倾，一臂前伸，另一臂划水，当手后划推水时做侧转头吸气动作。要求头绕着身体的纵轴转动，按"快吸—稍闭—慢呼—猛吐"的节奏反复进行练习。

（3）单臂扶板划水加呼吸：这个练习目的是体会划臂和呼吸配合的时机，同时体会身体沿着纵轴转动的动作。双手扶板于水中漂浮，用一手扶板，另一手做划臂动作，在推水阶段，侧转头呼吸。反复练习，交换手练习，直至熟练。

（4）徒手单臂划水加呼吸：在练习（3）的基础上，去掉扶板，徒手练习。熟练后可两手交换，车轮式划水练习。

（5）完整动作配合练习：做爬泳臂、腿、呼吸的完整配合练习向前游进。两臂交替不要太快，争取各划水 1 次、呼吸 1 次。在做转头呼吸和划水时，腿部打水不要停顿。反复练习，逐渐增加距离，提高配合的协调性和打腿、划臂的动作效果。

（四）了解仰泳

（1）坐撑池边大腿练习：坐池边，上体后仰，双手后撑，腿前伸，双脚浸入水中，做仰泳上下交替打腿动作。先直腿练习，逐步过渡到鞭打动作。要求上踢时搅出水花，注意不要做成"踏自行车"动作。

（2）仰卧漂浮：水中原地站立，身体慢慢后倒，两臂平伸，挺身举腿成仰卧姿势漂浮水中。初学者可由同伴站在侧面托住腰部，或站在前方托住头部，体会仰卧漂浮的身体姿势。熟练后，可蹬池壁进行仰卧滑行动作。

（3）漂浮打腿：利用打水板或各种助浮器使身体漂浮水面，做打腿练习。熟练后，做臂前伸滑行打腿练习，进一步体会打腿的动作效果。

（4）陆上模仿手臂交替划水练习：站立模仿手臂划水练习，逐步过渡到仰卧模仿手臂划水练习。

（5）仰卧水中划臂练习：同伴托扶划臂练习，双腿挂在水线上进行划臂练习，夹板漂浮划臂练习。同时配合有节奏的呼吸。保持一臂空中前移时吸气、另一臂空中前移时呼气的节奏。

（6）完整配合技术练习：仰泳的完整配合技术应是 6：2：1，但练习时不必太强求精确的配合，可在不断打腿的基础上逐渐练习手臂的配合技术。

（五）欣赏蝶泳

蝶泳的身体姿势与其他泳姿不同，它没有固定的身体位置。在游进中躯干各部分和头不断改变彼此间的相对位置。头和躯干有时露出水面，有时潜入水中，形成波浪式上下起伏的变化位置。

蝶泳在游进中，是以横轴（腰际）为中心，躯干和腿做有节奏的摆动，发力点在腰腹部。然后以大腿带动小腿，两腿一起做上下的鞭状打水动作。而这些动作与头和臂部的动作紧密联系在一起，形成蝶泳所特有的波浪动作，因此前进时身体的阻力较小。

蝶泳臂、腿、呼吸的配合比例一般为 1：2：1，即一次手臂动作，两次腿的动作，呼吸一

次。当然在某些情况下,也有做 N 次($N>1$)臂、腿配合再做一次呼吸的技术。两次打腿的力量一般是第一次轻、第二次重,要有所区别。

完整的配合技术是两臂入水时做第一次向下打腿;臂抱水时腿向上;当两臂划至腹部下时,开始做第二次向下打水的动作,并且抬头吸气。推水结束时打腿也结束。移臂时腿又向上,准备做下一周期的打腿动作;移臂的初期,头部还处于水面上,移臂过身体时低头。

（六）掌握反蛙泳

（1）游反蛙泳时,身体仰卧水中,两腿同时做蛙泳腿的蹬夹动作,两臂同时经空中前摆入水,然后在体侧同时向后划水。

（2）反蛙泳腿的蹬夹动作是推进身体前进的主要因素。腿的动作从身体伸直仰卧滑行姿势开始。收腿、翻脚、蹬夹三个环节是紧紧相连的,收腿尚未完成就开始翻脚,在翻脚的开始阶段继续完成收腿动作;翻脚尚未完成即开始蹬夹,在蹬夹的开始阶段继续完成翻脚动作。整个动作要连贯,中间不能有明显的停顿。尤其应注意的是,在收腿、翻脚、蹬腿的全过程中,膝关节不能露出水面。

（3）两臂动作从贴于体侧的滑行姿势开始。首先,以小指领先,两臂自然伸直提出水面,并放松地沿体侧的垂直面,经空中向前摆动。两臂摆过脸部上方时开始内旋,小指一侧转向水面。然后,两臂在肩前伸直入水,配合反蛙泳的腿部动作,推动身体前进。配合方式是两臂提出水面,经空中前移时,做收腿和翻脚的动作;两臂摆至头前即将入水时,两腿开始向后蹬夹;蹬夹结束两腿伸直并拢时,两臂在体侧向后划水;划水结束后,两臂贴于体侧,身体自然伸直向前滑行。

（七）踩水练习方法

（1）两条腿的动作可同时进行,也可交替进行。若同时蹬水,与蛙泳腿动作相似,但方向以向下为主。两大腿动作幅度较小,在两腿未完全蹬直时就开始收腿,没有蛙泳腿的停顿滑行阶段,动作比较连贯。

（2）两腿交替蹬水使身体在水中保持比较平稳的姿势,不会有大的起伏。先屈右膝,右小腿和右脚向外翻,用右小腿内侧和右脚掌向侧下夹水,不等腿完全蹬直,就开始向后上方收小腿,同时左腿蹬夹水,两腿交替进行。

（3）手臂根据需要可做单臂划水、双臂同时划水或双臂交替划水动作。手臂在胸前平屈,手心向下,肘关节略弯曲,手和前臂在胸前做向外和向内的横"8"字形拨水动作。动作幅度不要太大,向外拨水时掌心朝向外下,向内拨水时掌心朝向内下方。

（八）领悟侧泳

1. 身体姿势

身体侧卧水中,稍向胸侧倾斜,头的侧下部浸入水中(近似于爬泳的吸气动作),下面的臂前伸,上面的臂置于体侧,两腿并拢伸直,游进时身体绕纵轴转动。

2. 腿部运动

腿部动作分为收腿、翻脚和蹬剪腿三部分。

（1）收腿:上腿向前收,下腿向后收,注意尽量少收大腿,特别是下面的腿,大腿几乎不动。

（2）翻脚:收腿后,上腿勾脚尖以脚掌向后对准水;下腿将脚尖绷直,以脚背和小腿前面

向后对准水。

（3）蹬剪腿：上腿用大腿带动小腿稍向前伸，以脚掌对准前侧后加速蹬夹水；下腿以脚背和小腿对准侧后方伸膝踢水，与上腿形成剪水的动作。

3．臂部动作

（1）上臂动作：上臂经空中（或在水中接近水面）往前移至头的前方入水，入水后前伸下滑，手和前臂对准水，然后沿着身体屈臂加速用力向后划水至大腿外侧，其动作基本与爬泳臂划水动作相似。

（2）下臂动作：下臂在身体下部前伸抱水，屈臂划水至腹部下方，掌心向上，以小臂带动大臂，沿身体向前做边伸边外旋的动作，伸直时掌心向下。

（3）两臂配合动作：下臂开始划水，上臂前移；上臂开始划水时，下臂开始做前伸动作，并稍做短暂的滑行，两臂在胸前夹叉。

4．完整配合

（1）臂和腿：上臂入水下臂前伸时，收腿；当上臂划至腹下时，腿用力向后蹬剪水。

（2）臂、腿和呼吸：侧泳的呼吸和爬泳的呼吸基本相似，只是勿把头埋入水中呼气。上臂推水和出水时吸气，并且头部也少有转动，移臂时还原，做憋气和呼气。为了保证呼吸舒畅，一般是移一次腿，两臂各做一次划水，呼吸一次。

 思 考 题

1．为什么初学爬泳时出水移臂很困难？

2．做蛙泳腿部动作练习时，为何下肢总是下沉很多，而且前进不了？

第十二章 休闲运动

▶▶ 第一节 定向越野运动

一、定向越野运动简介

定向越野运动起源于瑞典,最初只是一项军事体育活动,后来逐渐演变为一项户外体育运动项目。所谓定向越野运动,是指利用地图和指南针到达地图上所指示的各个点标,以最短时间到达所有点标并返回者为胜。野外定向是一项高度发挥个人智慧和体能的户外运动。运动员须凭个人定向技术、地图阅读能力和指南针运用及思考判断,在陌生野外环境中,寻找比赛预先放置的各控制点。控制点的位置会预先绘在地图上,当运动员到达控制点时,可以找到控制点标志。控制点标志是三面一方尺(30厘米×30厘米)的旗号,对角分为白色和橙红色,控制点编号印在上方白色的位置,运动员利用附在标志上的密码夹,在控制点适当的位置上打孔做记号,证明曾到达该处。控制点与控制点之间的路线没有限制,通常两点之间会有两个以上的路线选择,寻找完所有须到达的控制点后,必须到达终点报到。定向运动通常设在森林、郊外和城市公园里进行,也可在大学校园里进行(图12-1-1)。

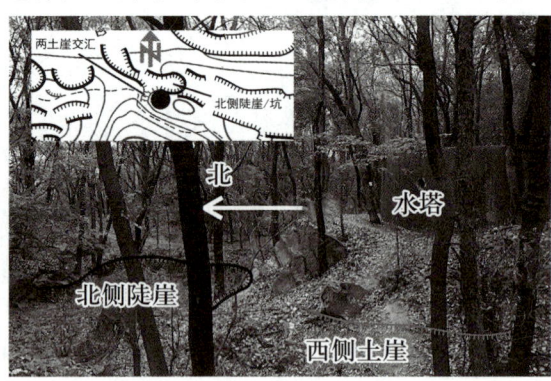

图 12-1-1 定向越野运动

知识链接

中国定向运动协会

中国定向运动协会成立于1995年,简称"中国定协",英文名称为"Orienteering Association of China",英文缩写是"OAC"。中国定协是在民政部注册,由国家体育总局主管的国家级单项体育协会,是具有独立法人资格的全国性群众体育组织,是由定向爱好者、定向专业人士、从事定向活动的单位或团体自愿结成的全国性、专业性、非营利性社会组织,是中华全国体育总会的团体会员,是代表中国加入国际定向运动联合会(IOF)的唯一合法组织(图12-1-2)。

图12-1-2　中国定向运动协会徽标

拓展阅读

定向越野运动主要赛事

二、定向越野的场地与器材

(一)定向越野的场地

1. 比赛区域的地形

地形是地物和地貌的总称。地物是指地面上的固定性物体,如居民地、建筑物、道路、河流、树木等。地貌是指地面的高低起伏状态,如山地、丘陵、平地、洼地等。由于地形对定向越野比赛的难易程度和用时长短有较大的影响,因此要根据比赛需要选择地形。

2. 对比赛区域地形的要求

(1)要有与比赛的等级相适应的难度,并保证它能够使运动员充分发挥自己的定向越野技能。

(2)比赛区域必须是所有选手都不熟悉或不太熟悉的,应防止赛区当地的选手在比赛中明显得利。为保证这一点,有的国家规定,三年内不得在同一地点举行两次比赛。

(3)比赛区域的选择与确定在赛前必须严格保密。通常情况下,合格的定向越野比赛地域应具备下列特点:中等起伏的森林地、植被适度;地形变化多样的有限通视地域、人烟稀少的生疏地区。当然,在组织一般的定向越野活动时,城市公园、近郊区以及未耕种或未长成的田地也是可供选择的地点。

3. 起点和终点

定向越野比赛的起点与终点最好设置在同一处,这样能方便比赛的组织工作。起点与终点一般设在地势平坦且面积足够大(与比赛规模相适应)的开阔地段。用作终点通道的地段就更要平坦和有足够的长度,这样才能让裁判人员与观众看清楚跑回来的选手。

4. 比赛路线

定向越野比赛路线通常按环形设计。

定向越野比赛路线的距离只是个相对准确的数字,因为它是按从起点经各检查点至终点的图上最短水平距离计算的。比赛路线的距离一般要根据运动员的水平和比赛时间确定。

比赛路线的质量标准,简单地说,有如下几点:具有可选择性,使运动员能够根据自己的能力对前进的方向和路径进行选择;具有可判读性,只有这样才能迫使选手依赖识图用图的能力参加比赛,体现出定向越野的特点。

(二) 定向越野的器材

开展不同等级、不同项目的定向运动,所需的物质条件也不尽相同。下面介绍的是个人徒步定向越野所需的基本物质条件,原则上它们也适用于其他定向运动项目。

定向越野的常用器材有以下几种。

1. 号码布

号码布尺寸一般不超过 24 厘米×20 厘米,号码数字的高不小于 12 厘米,字迹要清晰,字体要端正。正规的比赛还要求将号码布佩戴于前胸及后背两处。

2. 指北针

指北针多由组织者提供,如要求自备,则可能会对其性能、类型做出原则上的规定。当今世界上已出现的指北针类型主要有简单式、液池式、透明式、照准式和电子式五种。

目前国际上的定向越野比赛常使用由透明有机玻璃材料制作的指北针(有关该指北针的使用方法详见《国际定向越野图与指北针的使用》)。

3. 检查卡片

检查卡片主要用于判定运动员的成绩,由厚纸片制成,分为主卡和副卡两部分。主卡由运动员在比赛中携带,并按顺序将每个检查点的点签图案印在空格中,到达终点时交由裁判人员验证。副卡在出发前交给工作人员留底和在公布成绩时使用。检查卡片的尺寸一般为 21 厘米×10 厘米。若规定比赛完毕,必须交回地图,可以将检查卡片的内容直接印在地图空白处,样式可自行确定。

4. 地图

地图是定向越野最重要的器材,它的质量的好坏直接影响到运动员比赛的成绩和公正性,因此,国际定联专门为国际的定向越野比赛制定了《国际定向运动图制图规范》。

三、定向越野的技能

(一) 野外辨别方向

1. 利用地物特征

下述地物可以帮助我们辨别方向。

(1) 房屋:房屋一般门朝南开,在我国北方尤其如此。

(2) 树木:树木通常朝南的一侧枝叶茂盛,色泽鲜艳,树皮光滑,向北的一侧则相反。同时,朝北一侧的树干上可能生有青苔。

(3) 凸出地物:例如,墙、地埂、石块等,其向北一侧的基部较潮湿,并可能生长苔类植物。

(4) 凹入地物:例如,河流、水塘、坑等,其向北一侧的边缘(岸、边)的情况与凸出地物相同。

2. 利用太阳与指针式手表判定

在上午 9 时至下午 4 时之间,按下面这句话去做,就能较快地辨别出大概方向——"时

看一看

定向越野
判定方向

数折半对太阳,'12'指的是北方"。如在上午9时,应以4时30分的位置对向太阳;如在下午2时40分(即14时40分),则应以7时20分的位置对向太阳,此时"12"时的刻度的方向即为北方。为提高判定的准确性,可在"时数折半"的位置上竖一细针或草棍,并使其阴影通过表盘中心。

注意:

(1)"时数"是用24小时制,例如,下午1时,就是13时。

(2)在判定方向时,时表应平置(表面向上)。

(3)此方法在南、北纬度20°30′之间地区的中午前后不宜使用。

(4)要注意时差的问题。即要采用"以标准时的经线为准,每向东15°加1小时,每向西15°减1小时"的方法,将标准时间换算为当地时间。

3. 利用指北针

当指北针的磁针静止后,其 N 端(通常都有标志)所指的方向即为北方。利用指北针辨别方向是十分简便快捷的,但是需要注意以下几点。

(1)尽量保持指北针水平。

(2)不要距离铁、磁性物质太近。

(3)不要错将磁针的 S 端当作北方,造成180°的方向误判。

4. 夜间利用星体

(1)利用北极星:北极星位于正北天空,观察时,其距离地平面的高度约相当于当地的纬度。寻找时,通常要根据北斗七星(即大熊星座)或 W 星(即仙后星座)确定。北斗七星是七个比较亮的星,形状像一把勺子,将勺头甲乙两星连一直线向勺口方向延伸,约为甲乙两星间隔的五倍处,有一颗略暗的星,即北极星。

当地球自转,看不到北斗七星时,则可利用 W 星寻找。W 星由五颗较亮的星组成,形状像个"W"字母,向"W"字母的缺口方向延伸至缺口宽度的两倍处,就是北极星。

(2)利用南十字星:在北纬23°30′以南的地区,夜间有时可以看到南十字星,它也可以用于辨别方向。南十字星由四颗较亮的星组成,形同"十"字。在南十字星的右下方,沿甲乙两星的连线向下延长约该两星的四倍半处(无可见的星),就是正南方。

(二)使用越野图的比例尺

比例尺是地图上最重要的参数之一。要想学会识别、使用越野图,首先应懂得地图比例尺。

1. 比例尺的概念

图上某线段的长度与相应实地水平距离之比,叫作地图比例尺。

地图比例尺=图上长度/相应实地水平距离

如某幅图的图上长度为1厘米,相应实地的水平距离为15 000厘米,则这幅图是将实地缩小15 000倍测制的,1与15 000之比就是该图比例尺,叫1∶15 000或1∶1.5万地图。

2. 比例尺的特点

(1)比例尺是一种没有单位的比值,相比的两个量的单位必须相同,单位不同不能相比。

(2)比例尺的大小是按比值的大小衡量的。比值的大小,可按比例尺分母来确定,分母

看一看

定向越野
基本技术

小则比值大,比例尺就大;分母大则比值小,比例尺就小。如 1∶1 万大于 1∶1.5 万,1∶25 万小于 1∶1 万。

（3）一幅地图,当图幅面积一定时,比例尺越大,其包括的实地范围就越小,图上显示的内容就越详细;比例尺越小,图幅包括的实地范围就越大,图上显示的内容就越简略。

（4）比例尺越大,图上测量的精度越高;比例尺越小,图上测量的精度也就越低。

3. 图上距离的量算

（1）用比例尺量读:当利用刻有直线比例尺的指北针量读时,可根据刻在尺上的数值在图上直接读出相应实地的距离。

当利用厘米尺量读时,要先从图上量取所求两点间的长度,然后乘以该图比例尺分母,即得出相应的水平距离(须将结果换算为米或千米):

$$实地距离=图上长度\times 比例尺分母$$

当量算某两点间的弯曲(如公路)距离时,可将曲线切分成若干短直线,然后分段量算并相加。

（2）估算法:估算法又叫心算法,这种方法在定向越野比赛中最有实用价值。要掌握它,需要具备下述两方面能力。

① 能够精确地目测距离,包括图上的距离和实地的距离。在图上,能够辨别 0.5 毫米以上尺寸的差异;在实地,目测距离的误差不超过该距离总长度的 1/10,如某两点间的准确距离为 100 米,目测距离应在 90～110 米。

② 熟知几种图上常用的尺寸单位与相应实地水平距离的对应关系。例如,在 1∶1.5 万图上,1 毫米相当实地 15 米,2 毫米相当实地 30 米,1 厘米相当实地 150 米等。

（3）图上量算距离应注意的问题:从越野图上量得的距离,不论是直线还是曲线距离,都是两点间的水平距离。如果实地的地形平坦,图上所量距离接近于实地水平距离;如果实地两点间的地形起伏,则两点间的实际距离大于图上量得的水平距离。因此,在计算行进里程时,必须根据地形的起伏情况进行具体分析。

（4）越野图的注记。

① 地名注记:在越野图上,地名的表示并不重要,除非对运动员判定方向与确定站立点非常有用,地名(包括村镇、河流、高地等)一般不表示。

② 高度注记:高度注记分为等高线注记(注在等高线上)、高程注记(地面高程注记绘有测注点".",水面高程注记旁则不绘测注点)和比高注记三种。

③ 图外说明注记:越野图图外说明注记包括比例尺、等高距、图名、图例、出版单位、出版时间、成图方法、用图要求等。有时越野图上还会印有检查卡片、检查点说明表、赞助广告等。

（三）越野跑

虽然从总的方面来说,定向越野的成绩是由野外运动能力和识图、用图的能力决定的,但在野外人们应该掌握什么样的奔跑技术? 注意哪些问题才能发挥更大的体能优势? 在比赛中如何既有高速度,又能避免一切可能发生的危险? 要想取得更好的定向越野成绩,还需要经过科学的越野跑训练。

四、定向越野的基本规则

（一）定向越野比赛的基本规则

（1）必须按顺序到访路点的所有点标。

（2）在起点处领取地图、电子打卡器或检查卡片。在途中找到每一个点后，打卡做标记。在终点处必须将电子打卡器或检查卡片交回，并记录时间，领取成绩单。

（二）定向越野比赛的犯规与处罚

1. 犯规

有下列行为之一者即为犯规，应取消比赛资格。

（1）有意妨碍他人比赛（包括犯有同样性质的其他任何不良言行）者。

（2）蓄意损坏点标、点签和其他比赛设施者。

（3）比赛中搭乘交通工具行进者。

（4）未通过全部检查点却伪造点签图案者。

2. 违例

有下列行为之一者被视为违例，应给予警告。裁判人员将根据违例的性质和程度，采取从降低成绩直至取消比赛资格的处罚。

（1）在出发区越位（提前）取图和抢先出发者。

（2）接受别人的帮助，如指路、寻找点标、使用点签者。

（3）为别人提供帮助，如指路、寻找点标、使用点签者。

（4）为从对手的技术中获利，故意在比赛中与对手同路或跟进者。

（5）故意不按比赛规定顺序行进者。

（6）不按规定位置佩戴号码布者。

（7）有其他违反比赛规则行为者。

3. 成绩无效

有下述情况之一者，比赛成绩将被判为无效。

（1）有证据表明在比赛前勘察过路线者。

（2）未通过全部检查点，即检查卡片上点签图案不全者。

（3）点签图案模糊不清，确实无法辨认者。

（4）在检查卡片上不按规定位置使用点签者。

（5）在比赛结束（指终点关闭）前不交回检查卡片者。

（6）超过比赛规定的终点关闭时间（检查点一般也在同一时间撤收）而尚未返回会场者。如确系迷失方向，应向附近任意一条大路或原检查点位置靠拢，等候工作人员的引导。

（7）有意或无意地造成国家或他人的重大经济损失和破坏自然风景者。由此带来的一切后果，责任由肇事人承担。

4. 特殊情况的处置办法——仲裁方法参考

在定向越野比赛中，某些特殊的情况是可能出现的。例如，检查点被无关人员拿走或遭自然破坏；检查点的位置与图上的位置不符；比赛中出现个人或团体的成绩完全相同。

对于这类问题，通常应在比赛前的准备阶段由筹备组长领导各委员仔细地研究，确定处

置办法,形成文字,由技术委员在制定《比赛规程》时列入。如果这些问题是出现在比赛的过程中,则应由裁判长决定处置办法(参见裁判长职责)。当某个领导小组成员对裁判长的决定有异议时,应经比赛领导小组组长同意,召集全体成员,以举手表决的方式另行选择处置办法,但必须获得委员会 3/4 人数以上多数通过。对于在比赛后提交到领导小组的诉讼,原则上也应按此办法处理。

思考题

1. 定向越野运动中需要哪些装备?
2. 定向越野运动中需要用到哪些技巧?

▶▶ 第二节　轮滑运动

一、轮滑运动简介

(一)轮滑发展简史

轮滑运动是从滑冰运动演化而来,据有关资料记载,轮滑是在 18 世纪由荷兰人发明。最初,有位荷兰的滑冰运动员,创造了用轮子鞋"滑冰"的历史,从此轮滑运动在欧洲诞生、兴起并得到了较快的发展。

20 世纪初,轮滑运动在美国和欧洲得到广泛开展,一些国家纷纷成立了速度轮滑俱乐部。1910 年,欧洲开始出现了轮滑球赛,英国于 1908 年修建了世界上最大的轮滑场。

1924 年 4 月,国际轮滑联合会由瑞士、英国、德国、法国发起成立,目前有协会会员 98 个,分属国际轮滑联合会承认的非洲、亚洲、欧洲、大洋洲和泛美地区轮滑联合会。速度轮滑是亚运会的正式比赛项目,还是奥运会的候选项目之一。

拓展阅读

轮滑运动
主要赛事

拓展阅读

轮滑运动
优秀运动员

> ### 知识链接
>
> #### 轮滑世界杯马拉松
>
> 轮滑世界杯马拉松,简称 WIC,全称是 World Inline Cup,是国际轮滑联合会的官方世界轮滑马拉松巡回赛,是世界最高水平的轮滑马拉松赛事,在国际上具有很大的影响力。该项赛事每年都会举办数场,在全世界范围内挑选出多个城市展开角逐。

(二)轮滑项目分类

轮滑既是一种休闲运动,又是一种竞技运动项目,随着它的不断发展完善,目前已形成极限轮滑、速度轮滑、花样轮滑、休闲轮滑、自由式轮滑等多种形式。本文介绍轮滑技术的基本动作。

（三）轮滑运动特点

1. 娱乐性

轮滑有很强的娱乐性和趣味性,这项运动可使人们从平时紧张、繁重的学习和工作中解脱出来,达到身心放松的目的。

2. 健身性

轮滑是一项全身性运动,它能改善心脑血管系统和呼吸系统机能并加强代谢作用,能增强臂、腿、腰、腹等肌肉的力量和身体各个关节的灵活性,特别是对训练平衡能力有很大作用。

二、轮滑基本动作练习方法

1. 平衡动作的练习方法

平衡是掌握轮滑的基础。由于轮滑鞋与地面接触面积小,加之滑轮与地面摩擦后滚动,因而不易掌握平衡。练习平衡动作是非常重要的,具体的做法如下。

（1）原地踏步:练习静平衡,熟悉轮滑的性能。

（2）用互助法和扶助法练习平衡:两个人相互扶助或双手扶住身边的其他物体,前后左右移动,练习平衡技术。

（3）借助外力练习平衡:比如可以通过对静止物体的反作用力使自己滑动,或让别人用力将自己推动,也可以抓住正在移动的人或其他物体上,使自己前进或后退。

2. 移动重心的练习方法

（1）原地站立与踏步:穿好轮滑鞋,两脚平行站立,与肩同宽,两腿微屈,上体稍前倾,两臂自然下垂。身体重心移至左腿,右腿稍抬起、放下。然后身体重心移至右腿,左腿稍抬起、放下。反复进行练习,逐渐加快速度。

（2）单脚支撑平衡:在掌握原地踏步基础上,保持原来姿势,手扶栏杆或同伴,将重心移至一条腿上,另一条腿向侧伸出再收回成开始姿势,换脚重复以上动作。

（3）模仿滑行姿势的蹲起练习:速度轮滑的滑跑姿势直接关系到滑行速度的快慢。正确的滑跑姿势是上体前倾接近水平,肩背稍高于臀部,腿部弯曲。上体与地面成 15°~20°角,大腿和小腿成 90°~110°角,踝关节成 50°~70°角。两手互握,放于背后或在体侧自然摆动,头部自然抬起,眼向前看 5~10 米处。

（4）"八"字行走练习:两脚成外"八"字站立,保持好站立的姿势,重心移至左腿上,右脚向前迈一小步,重心随之移至右腿上,然后抬左脚向前迈一步。重心随着移至左腿上,然后抬右脚向前迈一步,重心随着移至右腿上,重复上述练习。

（5）交叉步行走:原地站立,先将重心移至左腿上,收右腿,向左腿前外侧迈步成交叉姿势,重心随着移至右腿上,接着收左腿左侧跨一步,成开始姿势,反复练习。

3. 直道滑行的练习方法

（1）单脚蹬地双脚滑行练习:右脚用内刃蹬地,将重心推送至向前滑行的左腿上,右脚蹬地后迅速与左腿并拢成两脚滑行。接着用左脚蹬地,将重心推送至向前滑行的右腿上,左脚蹬地后迅速与右腿并拢成两脚滑行。

（2）单脚蹬地单脚滑行练习:上体前倾,两臂自然下垂,两脚稍分开,成外"八"字站立,

重心移至右腿上,用右脚内切蹬地,左脚用力向前滑出。随着蹬地动作结束,把重心推送至左腿上,左腿成半蹲支撑惯性滑行,接着向前收右腿,同时左脚蹬地。随左腿蹬地动作结束,把重心推送至成半蹲支撑惯性滑行的右腿上。

（3）初步体会直道滑行方法:上体前倾,肩背稍高于臀部,两手互握放于背后或自然摆动,腿部弯曲,上体与地面成 15°~20°角,膝关节成 90°~110°角,踝关节成 50°~70°角。保持这种姿势做单脚蹬地、单脚支撑惯性滑行练习。

（4）直道滑行的摆臂动作:有力的摆臂是顺着身体纵轴前后加速摆动,当两臂向上摆动时,可增加蹬地腿的蹬地力量。同时,两臂摆动越快,身体重心的移动也越快。所以要提高滑动的频率,就必须减小摆臂的幅度,加快摆臂的频率。

4. 弯道滑行的练习方法

弯道滑行技术和直道滑行技术有明显的区别。弯道滑行技术特点在于练习者用交叉步滑行。由于向心力的作用,上体不仅前倾,而且还要向左倾。

（1）左脚支撑、右脚连续蹬地的滑行:从站立姿势开始,右脚用外切支撑蹬地后迅速与左脚并拢;接着右脚再做一次蹬地动作,左脚继续做前外曲线滑行。

（2）在弧形路线做不连贯的交叉步滑行:在弧形路线上用直线滑行步法,中间插入弯道交叉步。当左脚有稳定的平衡时,右脚向左脚左侧前方迈一小步;只要右脚有短暂的滑行之后,左脚就迅速从右腿后方收回,同时右脚蹬地左脚直线滑进。重复上述动作。

5. 停止滑行的练习方法

在滑行中,有时需要及时停止滑行,所以在初步掌握滑行基本动作的同时,就要学会停止滑行的方法。常用的停止法有"T"形停止法和双脚急停法。

（1）"T"形停止法:在向前滑行中,将重心放在右脚上,右膝弯曲;同时抬起左脚横放在右脚后成"T"形。然后以左脚四轮的侧面摩擦地面,减缓滑行速度,直到停止滑行。

（2）双脚急停法:在向前滑行的过程中,两脚并拢,两脚同时向逆时针方向（或顺时针方向）转 90°,右脚以内侧轮、左脚以外侧轮压紧地面;同时屈膝后坐,上体前倾,身体向左（右）倾倒,两臂前伸,两脚用力压紧地面,就会停止滑行。

三、轮滑安全措施

（1）练习轮滑前,应先做好准备活动,尤其是手腕和下肢各关节及韧带,要充分活动开。

（2）戴上防护用具,如轮滑专用的护腕、护肘、护膝及头盔等。

（3）练习前要检查轮滑鞋的螺丝等紧固部件,以免滑行中因轮滑鞋出问题而受伤。

（4）初次学习轮滑时,最好有滑行熟练的同伴或指导员辅导。

（5）初学者应在初级场地内或规定范围内练习,或尽可能在人少的地方练习,不要任意滑行。

（6）禁止在人多的公共轮滑场内做危险或妨碍他人的动作。最好在人少车少的地方练习。

（7）学习轮滑时摔跤是不可避免的,但要学会在摔跤时做自我保护。

（8）患有严重疾病的人（如有心脏病、高血压等）不宜参加激烈的轮滑活动,最多可以慢速滑锻炼一下。此外,饮酒后和过度疲劳的人也不宜参加轮滑活动。

> **知识链接**
>
> *轮滑鞋的保养*
>
> 　　（1）切勿穿轮滑鞋在草地、泥地上经过，因为这样做会让碎石磨损轮滑鞋的轮子，而且沙子会跑到轴承中，需要经常清洗轴承。
>
> 　　（2）下雨天尽量不要玩轮滑，因为水会让轴承生锈。
>
> 　　（3）轴承生锈了须买一小瓶润滑油（汽油、机油也可），200毫升就够。将轴承放进去泡上三四天，就可将锈去掉。

思考题

　1. 轮滑运动中应该注意哪些安全问题？

　2. 轮滑过程中如何停止滑行？

▶▶▶ 第三节　街舞运动

一、街舞运动简介

（一）街舞运动的起源和功效

　　街舞运动最早起源于美国。20 世纪 80 年代中期街舞传入中国，并逐渐作为健身活动传播开来。街舞经过多年的发展，已经成为一种全世界流行的生活方式，甚至是精神象征，代表了追求自由、张扬个性、享受生活、勇于挑战的生活观。

　　长期坚持街舞练习，有益于肌肉、骨骼、关节的和谐发展，有效消除体内多余脂肪，改善体型，提高身体各部分的协调性和灵活性，缓解心理压力，增强自信，陶冶情操。

拓展阅读

街舞运动
主要赛事

（二）街舞的舞种（表 12-3-1）

表 12-3-1　街 舞 种 类

分类	舞种
旧派街舞（Old School）	霹雳舞（Breaking）、锁舞（Locking）、机械舞（Popping）
新派街舞（New School）	Hiphop、House、Jazz、Krump、Waacking、Ragrea

二、街舞的动作简介

（一）霹雳舞

　　霹雳舞是类似体操的一种地面动作，其动作是以旋转为主，翻身为辅，以手部为主要支撑点，肢体在空中的翻腾、旋转为特色的技巧性街舞。尽管霹雳舞看起来包含许多复杂

的动作,但是它们都是由基础的摇摆步、地板步衔接,加入复杂的技巧性的动作或定招,使整个舞蹈向更广更高的方向发展。

1. K踢

K踢又叫作L踢(L-Kick)。这一动作来自坎波舞。单手撑地,双腿踢向头部上方,随着非支撑臂的位置和双腿的弯曲形态不同而有多种变形。双腿向两侧尽量分开,成“V”字形。

2. 侧手转

肘部支撑于体侧,双腿并拢,上下叠放,身体侧立做圆周旋转。

3. 蛙跳

蛙跳是像青蛙一样身体下蹲向前跳,然后双手撑住地面,再接双腿的蛙跳,重复动作。

4. 蟋蟀跳

蟋蟀跳也叫跳飞机。双手撑于体下,双肘抵住腹部,双脚离地,身体平行伏于地面,双手推动身体上下跳动着旋转。注意只能用手接触地面。这个动作可以连接地板步、托马斯、蠕虫和其他飘浮动作。

5. 头转

头转是以头支地的旋转动作。先以头顶地倒立,双手扶地,然后两腿分开做圆周摆动,带动身体旋转,双手离地。在旋转中,朝上的双腿可以摆出各种造型或做出各种动作。

6. 分腿全旋

分腿全旋(托马斯),来自体操的旋转动作,在动力和平衡中,使双腿保持在空中,围绕身体前后旋转。

(二)机械舞

机械舞起源于机械人动作及形态,是利用肌肉的紧绷与放松来产生身体的震动与定格。其动作规格要求有突然停顿,但不能太重,是将力量释放出来的“划过骤停”的感觉。动作要配合音乐的节拍点“卡住”,卡拍时肌肉瞬间收紧,在不卡拍时肌肉相对放松,在肌肉紧张和放松之间把握好“度”。由于动作要求细腻,对基本功要求特别高。

1. 弗雷斯诺

弗雷斯诺是机械舞的基本动作。身体斜向一侧,抬起该侧手臂震动,然后身体斜向另一侧,抬起该侧手臂震动。做手臂弗雷斯诺的同时,加入同侧腿部动作:猛烈向后抽动该侧腿部的膝盖,感觉像是在极力扩张肢体。这样平滑地交替做下去。

2. 眼镜蛇

眼镜蛇是舞者用一只手做波浪的动作,并通过肩膀传到另一只手,然后再把它传送回来,有些类似眼镜蛇的活动。

3. 玩具人

玩具人是模仿玩偶形态的动作。

(三)新派街舞

新派街舞是极其自由的舞蹈,没有固定的舞蹈体系,可以采用任何舞蹈元素,身体可以像心灵一样奔放不羁,它似乎就是一种对原始非洲舞蹈精神的回归。初学者可以从律动、波浪、滑步、转身学起。

1. 律动

律动是嘻哈舞蹈的基本动作形式，也是体现舞蹈风格的主要内容。律动表现为身体随音乐的起伏和摇摆，分为重拍向上和重拍向下两种，前者多用于疯克（Funky）和豪斯舞蹈。

2. 波浪

波浪是身体做波浪式传动，令人感觉就像一股看不见的力量穿过舞者的整个身体。可以是两臂之间水平的波浪，也可以是从头到脚垂直的波浪，还有双腿之间、肩臂之间等众多身体部位的波浪，不同的波浪动作可以相互组合，自由发挥。波浪动作要流畅连贯，充满律动。

3. 哈林抖动

哈林抖动来自摇摆舞的动作，通过胯和肩的配合造成双肩抖动，肩部随音乐每一个拍子抖动一下，然后猛然停顿一下，干净利索。

4. 性感抖动

性感抖动以胯部抖动为特色，胸部和肩部配合震动的动作。每一拍抖动多次，速度快，视觉效果强烈。多为女子动作，非常性感。

 思考题

1. 街舞有哪些分类？
2. 街舞有哪些基本动作？

第四节　攀岩运动

一、攀岩运动简介

（一）攀岩运动的起源和发展

攀岩运动，又被人们誉为"岩壁上的芭蕾"。攀岩技术的发展已有 100 多年的历史。根据不同的地貌特点，可将攀登技术分为岩石作业和冰雪作业两大类。早在 1865 年，英国登山家、攀岩运动创始人埃德瓦特首次用简单的钢锥、铁锁和登山绳索等技术装备，成功地攀登上了险峰。1890 年，英国登山家马默里又改进了攀登工具，发明了打楔用的钢锥和钢丝挂梯以及各种登山绳结，把攀岩技术推进到了新的阶段。但是，难度较大的攀岩竞赛，则是在 20 世纪 50 年代末 60 年代初才出现。1974 年 9 月，苏联和捷克斯洛伐克的登山组织，在苏联克里米亚地区发起举办了首届国际攀岩锦标赛，英国、民主德国、联邦德国、意大利等 12 个国家的 213 名选手参加了比赛。此后，国际登山联合会决定，每年举办 1 次国际攀岩锦标赛。1991 年 1 月，亚洲攀登比赛委员会成立，并决定每年举办亚洲竞技攀岩锦标赛。同年 12 月在香港地区举办了首届亚洲攀岩锦标赛。2007 年 1 月 27 日，国际攀岩联合会在法兰克福宣布成立，48 个成员组织一致通过了国际攀岩联合会章程和规则。2016 年 8 月 2 日，国际奥委会表决通过将竞技攀岩等 5 项运动一起纳入 2020 年东京奥运会比赛项目，竞技攀

拓展阅读

攀岩运动
竞赛规则

拓展阅读

攀岩运动
优秀运动员

岩圆奥运梦。

我国从 1987 年起已先后举办了 5 届全国性的攀岩比赛，比赛项目有男、女单人攀登赛，双人结组攀登赛和人工岩场的攀登比赛。但无论哪种比赛，都是以攀岩技术为基础发展起来的。攀岩技术还可以运用在科学考察、工程技术、消防、建筑等广泛领域。开展这项运动，不但经费开支少，而且装备简单，还具有难、险、新以及竞争性和实用性强等特点，因此，深受广大群众喜爱，全国各地每年都会举办丰富多彩的攀岩活动。在 2006 年 5 月 21 日举行的第三届全国体育大会攀岩项目的比赛中，来自全国的 27 支代表队的 136 名选手，在 6 个小项上展开了激烈的角逐。

如今，攀岩运动已经正式成为 2017 年天津全运会、2018 年雅加达亚运会、2020 年东京奥运会的比赛项目。

（二）攀岩运动分类

1. 按地点分类

（1）自然岩壁攀登：在野外攀爬天然生成的岩壁，一般沿着清理过的抱石设计路线攀登。

① 优点：可以接近自然，充分体会攀岩的乐趣；岩壁角度、石质的多样性使攀登路线千变万化；由于岩壁固定，路线公开且可长期保留，所以自然岩壁的定级可经多人检测对比，成为攀岩定级的主要依据。

② 缺点：野外岩场地处偏僻，交通不便，时间和金钱成本都较大；路线开发也比较费力。路线开发时间过长会导致综合价值下降。

（2）人工岩壁攀登：在人工制造的攀岩墙上攀登，包括室内攀岩馆和室外人工岩壁。

① 优点：安全性较高；交通方便，省时省力；不可预见因素少，可以定期训练或进行专项训练；人员密集，便于交流切磋；另外，人工岩壁可以对路线进行保密性设置，从而成为攀岩比赛的主要形式。

② 缺点：缺少特殊地形，创意性少，自由发挥余地小；支点的可调性使得人工岩壁路线常变，定级主观性更强，准确度偏低，相比自然岩壁线路，问题会比较严重，人工线路难度越大，对选手力量要求高。

知识链接

难　度

难度是攀岩专业术语，难度级别是线路或抱石的一种表达形式。难度的诞生是因为人们想用一种方式来表示他们攀登或走过的路有多难，于是决定用一个量化的指标来描述它。在 20 世纪 30 年代，美国的塞拉俱乐部制定了一个难度系统，也就是现在的约塞米提难度系统，这个系统分为 6 个级别。

一级：徒步，一般不需要用手保持平衡。

二级：有时需要用手来保持平衡。

三级：需要携带绳子，但是几乎用不到。

四级：通常需要绳子，很容易找到天然的保护点，但攀岩手脱落是致命的。

五级：技术攀登，要有一定的攀岩技术，绳子和保护是必须的。

六级：必须借助器械才能进行的攀登。

2. 按攀登形式分类

（1）自由攀登：不借助保护器械（主绳、快挂、铁锁等），只靠自身力量攀爬。此种攀登形式在我国占主导地位，较符合体育的含义范畴，考验人体潜能。自由攀登又细分为以下几种。

① on sight：是指事前不知道某路线的攀爬信息，第一次爬该路线就无坠落地成功攀完。

② red point：是指允许在练习时多次坠落，但必须至少有一次做到从底部爬到顶部且没掉下来。

（2）器械攀登：借助器械攀登。器械攀登在大岩壁攀登中较为常用，对于难度超过攀登者能力范围的路线有时也可借助器械通过。其意义存在于攀登者的项目目标和活动历程中，而不在于攻克难度动作，对器械操作的要求较高。

（3）顶绳攀登攀岩：在岩壁上端预先设置好保护点，主绳通过保护点进行保护，攀登者在攀登过程中不需进行器械操作。顶绳攀登攀岩比较安全，脱落时无冲坠力，适合初学者使用；但对岩壁的要求苛刻，岩壁必须高度合适（8～20米）且路线横向跨度不大，由于需要绕到顶部进行预先操作，架设和回撤保护点的工作都比较烦琐。有时为了方便初学者，可在先锋攀登的路线上架设顶绳。

（4）先锋攀登：路线预先打上数个膨胀钉和挂片，攀登过程中将快挂扣进挂片成为保护点并扣入主绳保护自己，攀登者需要边攀登边操作。先锋攀登在欧洲尤其法国最为盛行，它比传统攀登安全性高，可以降低心理恐惧对攀爬的影响，从而全力以赴地突破生理极限，挑战最高难度。另外，在角度较大或横向跨度较大的路线中，先锋攀登方式比顶绳保护有更大的便利，可以让攀登者脱落后很容易地重新回到脱落处，对难点进行反复练习。由于这种方式使攀岩由冒险的刺激运动变成安全的体育训练，所以先锋攀登称为"sport climbing"。

3. 按比赛形式分类

（1）难度攀岩：是以攀岩路线的难度来区分选手成绩优劣的攀岩比赛。难度攀岩的比赛结果是以在规定时间里选手到达的岩壁高度来判定的。在比赛中，队员下方系绳保护，带绳向上攀登并按照比赛规定，有次序地挂上中间保护挂索。比赛岩壁高度一般为15米，线路由定线员根据参赛选手水平设定，通常屋檐类型岩壁难度较大。

（2）速度攀岩：如同田径比赛里的百米比赛充满紧张感和跃动感，按照指定的路线，以时间区分优劣。

（3）抱石比赛：线路短小，难度较大，需要较好的爆发力和柔韧性。比赛设置结束点和得分点，抓住得分点并做出一个有效动作得分，双手抱住结束点3秒即可计算得分。比赛有4～6条线路，一条线路需要5分钟时间。判定名次首先看结束点的多少，如果结束点同样多，看得分点数量，最后看攀爬次数。

（4）室内攀岩：是在一个高而大的房间内设置不同角度、不同难度的人工岩壁，上面装有许多大小不一的岩石点，供人用四肢借助岩点的位置，手攀脚蹬。室内攀岩的难易程度可由人直接控制。岩壁也分为人工岩壁和天然岩壁。人工岩壁是人为设置岩点和路线的模拟墙壁。可在室内和室外进行攀岩技术的训练，难易程度可随意控制，训练时间比较机动，但高度和真实感有限。

（三）攀岩的装备

攀岩的装备器材是攀岩运动的一部分，是攀岩者的安全保证，尤其在自然岩壁的攀登过程中。因此，平时要爱护装备并妥善保管。攀岩装备分为个人装备和攀登装备。

1. 个人装备

个人装备指的是安全带、下降器、安全铁锁、绳套、安全头盔、攀岩鞋、镁粉和粉袋等。

高空装备

（1）安全带：攀岩用安全带与登山安全带有所不同，属于专用，并不适合登山，但登山用安全带可在攀岩时使用。我国大部分攀岩者多使用登山安全带。

（2）下降器："8"字环下降器是最普遍使用的下降器。

（3）安全铁锁和绳套：是攀登过程中休息或进行其他操作时自我保护之用。

绳结

（4）安全头盔：一块小小的石块落下来，砸在头上就可能造成极大的生命危险，因此，头盔是攀岩的必备装备。

（5）攀岩鞋：是一种摩擦力很大的专用鞋，穿起来可以节省很多体力。

（6）镁粉和粉袋：手出汗时，抹一点粉袋中的镁粉，立刻就不滑手了。

2. 攀登装备

攀登装备指的是绳子、铁锁、绳套、岩石锥、岩石锤、岩石楔等，有时还要准备悬挂式帐篷。

（1）绳子：攀岩使用粗9~11毫米的主绳，最好是11毫米的主绳。

（2）铁锁和绳套：连接保护点，下方保护攀登法必备的器械。

（3）岩石锥：固定于岩壁上的各种锥状、钉状、板状金属材料做成的保护器械，可根据裂缝的不同而使用不同形状的岩石锥。

（4）岩石锤：钉岩石锥时使用的工具。

（5）岩石楔：与岩石锥的作用相同，但可以随时放取的固定保护工具。

（6）悬挂式帐篷：当准备在岩壁上过夜时使用的夜间休息帐篷，须通过固定点用绳子固定保护起来悬挂于岩壁上。

攀岩的其他装备还有背包、睡具、炊具、炉具、小刀、打火机等用具，视活动规模、时间长短和个人需要携带。

知识链接

攀岩小技巧及日常锻炼建议

攀岩是一项锻炼综合素质的运动，不仅可以获得惊人的勇气、过人的力量、极好的柔韧性，更可以提高耐力和判断力。

攀岩小技巧：手指并拢才能牢牢抓住岩点；手脚轮流用力可以节省体力，必要时向上"悠"一下更是事半功倍；下降时面向岩壁，四肢伸开就不会在岩壁上碰疼；攀岩时可以穿小半号的薄底鞋，用力容易多了；攀登前观察岩点，选好路线，可以提高攀岩的速度。

日常锻炼建议：引体向上可增加臂力和手指的力量；跳绳可以锻炼身体的柔韧、协调性；乒乓球和棋类对培养判断力大有益处；游泳可以锻炼心肺功能，增强全身力量和耐力。

二、攀岩运动的基本方法

三点固定法是攀岩运动的基本方法，对身体各部位的姿势和动作有一定的要求。

1. 身体姿势

攀登岩石峭壁时身体要自然放松，以 3 个支点稳定身体重心，而重心要随攀登动作的转换移动，这是攀岩能否稳定、平衡、省力的关键。要想身体放松，就要根据岩壁陡缓程度，使身体和岩壁保持一定距离，靠得太近，会影响观察攀岩路线和支点的选择。除了在攀登人工岩壁时要贴得很近。在攀登自然岩壁时，上、下肢要协调舒展，攀岩动作要有节奏，上拉、下蹬要同时用力，身体重心一定要落在脚上，保持面向岩壁、三点固定支撑的攀登姿势。

看一看

攀岩基本方法

2. 手臂的动作

手在攀登中是抓住支点、维持身体平衡的关键，手臂力量的大小直接影响攀登的质量和效果。因此，一个优秀的攀岩运动员必须有足够的指力、腕力和臂力。对初学者来说，在不善于充分利用下肢力量的情况下，手臂的动作显得更为重要。手臂如何用力，在人工岩壁攀登和自然岩壁攀登时情况不同，前者要求第一指关节用力抠紧支点的同时，手腕要紧张，手掌要贴在岩壁上，小臂也要随手掌紧贴岩壁而下垂，在引体时，手指（握点）有下压抬臂动作，其动作规律是，重心活动轨迹变化不大，节奏更为明显。但攀登自然岩壁时其动作就变化很大，要根据支点不同采用各种用力方法，如抓、握、挂、抠、扒、捏、拉、推、压、撑等。

3. 脚的动作

一个优秀攀岩运动员的攀登技术发挥得好坏，关键是两腿的力量是否能得到充分利用。只靠手臂力量攀登不可能持久。脚的动作要领是：两腿外旋，大脚趾内侧贴近岩面，两腿微屈，以脚踩支点维持身体重心，要在自然岩壁支点大小不一和方向不同的情况下灵活运用。切记，膝部不要接触岩面，否则会影响到脚的支撑和身体平衡，甚至会造成滑脱而使膝部受伤。另外，在用脚踩支点时，切忌用力过猛，并要掌握用力的方向。

4. 手脚配合动作

凡是优秀攀岩运动员，上、下肢力量是协调运用的。对于初学者或技术还不熟练的运动员来说，上肢力量显得更为重要，攀登时往往是上肢引体，下肢蹬压抬腿而移动身体。如果上肢力量差，攀登时就容易疲劳，手臂无力，酸疼麻木，逐渐失去抓握能力。失去抓握能力后，即使有好的下肢力量，也难以继续维持身体平衡。所以学习攀岩，首先要练好上肢力量，上肢力量又要以手指和手腕、手臂力量为主。再配合以脚踝、脚趾以及腿部的力量，使身体

重心随着用力方向的不同而协调地移动,手脚动作的配合也就自如了。

思考题

1. 进行攀岩运动之前要做好哪些准备?
2. 攀岩运动有哪些基本方法?

▶▶ 第五节　跆拳道运动

一、跆拳道运动简介

(一) 跆拳道运动的起源与发展

拓展阅读

跆拳道运动
主要赛事

跆拳道是一项利用拳脚进行搏击的对抗性运动,是朝鲜民族一项传统的体育运动项目。主要内容包括品势、搏击(竞技与格斗)、功力检测三部分。现代的跆拳道被韩国人视为国技。"跆"的意思为脚的蹬、踢;"拳"是指用拳击打和防御;"道"即为练习的方法,同时也是一种精神的体现。

跆拳道是由朝鲜半岛古代三国之一新罗的跆根、花郎道演化而来,当地民间较普遍流行的一项技击术,一项运用手脚技术进行格斗的民族传统的体育项目。跆拳道源于朝鲜半岛三国时代的跆拳,其根源甚至可以追寻到古代的徒手搏击,另外还有当地民间秘密流传着的民族武术。虽然跆拳道从搏击、跆根、花郎道发展而来,但真正被大众接受,还是20世纪50年代。那时,其内涵、风格以及名字均得到规范和统一。"跆拳道"一词,是1955年由韩国的崔泓熙创造。据说崔泓熙早年在留学日本时,学习了日本的空手道,并将其技术融入跆拳道中去,因此在跆拳道的品势中,可以看到少数空手道的手部招式。1988年,跆拳道成为汉城奥运会示范项目;1992年,跆拳道成为巴塞罗那奥运会试验比赛项目;2000年,跆拳道成为悉尼奥运会正式比赛项目。

(二) 跆拳道运动的特点

1. 腿法为主,拳脚并用

由于竞赛的需要、规则的限制和跆拳道进攻方法的特点,使得跆拳道以腿法攻击为主。据统计,在跆拳道技术当中,腿法约占总技法的70%。腿击无论在攻击范围、攻击力量等方面都远远超过拳法的攻击。而拳法的招式,一般偏重防守和格挡。

2. 追求速度、力量和效果

跆拳道不讲究花架子,所有动作都以技击格斗为核心,要求速度快、力量大、击打效果好。在功力的检测方面,则以击破力为测试重点。就是选手以拳脚击碎木板等,以击碎木板的厚度来判定功力。

3. 强调呼吸,发声扬威

在跆拳道的练习当中,要求在气势上给人以威严的感觉,练习者常以洪亮并带有威慑力的声音来显示自己的威力。日本有关研究资料证明,人在无负荷工作时,10%的肌肉会由于

发声,收缩速度提高9%;在有负荷工作时,更是可以提高14%。这就是为什么在比赛当中运动员会发出响亮喊叫声的原因。在发声的同时停止呼吸,可以使人体内部的阻力减小,提高动作速度,集中精力,使动作发挥出更大的威力。

4. 以刚制刚,方法简练

受跆拳道精神影响,运动员在比赛当中多是直击直打,接触防守、躲闪技术运用得比较少。进攻都采用直线连续进攻,以连贯快速的脚法组合击打对手。防守多采用格挡技术,或采取以攻对攻,以攻代防的技术。

5. 礼始礼终,内外兼修

在任何场合下,跆拳道练习者始终以礼相待。练习活动都要以礼开始,以礼结束,以养成谦虚、友好、忍让的作风,在道德修养方面不断提高自己。

二、跆拳道基本技术练习方法

(一) 基本步型练习方法

1. 准备势

两脚开立与肩同宽,身体自然直立,两脚尖略外展,两手握拳置于腹前,两手之间间隔一拳距离。

2. 马步

两脚开立,略宽于肩,两脚尖平行或略内扣,挺胸直背,两腿屈膝半蹲,重心在两腿之间,收拳放于腰际,拳口朝上。

3. 弓步

弓步又称前屈立,前后脚分立,两脚相距一步半,前腿屈膝,后腿伸直,前腿膝关节与脚尖垂直,重心大部分在前脚上。左脚在前,称为左弓步,右脚在前,称为右弓步。

4. 三七步

三七步又称后屈立,前后脚分立,两脚相距约一步,后脚尖外展90°,后腿屈膝如骑马状,前腿膝关节略屈,重心在后脚上。

5. 前行步

前行步又称高前屈立,如走路姿势。两脚之间距离小于弓步,上体略前倾,前腿膝关节略屈,重心大部分落在前脚上。左脚在前称左前探步,右脚在前称右前探步。

6. 虚步

虚步与后弓步相似,前脚掌点地,脚跟提起,重心落在后脚。

(二) 基本手型练习方法

1. 直拳(也称平冲拳或正拳)

将手的四指并拢握紧,拳面要平,然后拇指压贴于食指和中指的第二指节上。使用正拳时用拳的正面的食指和中指部分击打。

2. 手刀

四指伸直,拇指弯曲靠近食指,用小指侧的掌外沿攻击对方。只局限于在品势、防身术中使用。

（三）准备姿势及步法练习方法

1. 准备姿势（实战姿势）

准备姿势也称实战姿势或预备姿势，是跆拳道比赛中双方开始时的基本站立姿势。在立正站好的前提下，右腿向体后拉出宽于肩的距离，身体斜侧位，双手握拳放于体前。准备姿势应便于进攻和防守反击以及步法的移动。

2. 品势准备姿势

两脚与肩同宽，自然站立，两手握拳，屈臂于腹前，拳心向内，眼睛平视前方。

3. 步法

（1）上步：右架准备姿势（以下简称"右架"）站立，以左脚为轴，右脚向前上一步，成为左架准备姿势（以下简称"左架"）；左架反之。

要领：上步时通过转髋带动身体移动，两臂在体侧自然地上下移动，重心不要上下起伏过大，上步时贴着支撑腿移动。

（2）后撤步：右架站立，左脚向后撤一步，成为左架准备姿势；反之左架亦然。

要领：膝关节夹紧，向前提膝，尽量走直线。支撑脚外旋180°。髋关节前移，身体与大小腿成直线，严格注意击打的力点在正脚背，踝关节放松。横踢攻击的主要部位有头部、胸部、腹部和肋部。后撤步时重心保持平稳移动，通过向左拧腰转髋完成，两臂在体侧自然上下移动。

（3）前跃步：右架站立，两脚同时向后跃进一步，保持右架准备姿势；左架反之。

要领：向前跃步时，重心不宜起伏过大，尽量使重心平稳移动，两脚稍离地即可。

（4）后跃步：右架站立，两脚同时向后回撤一步，保持右架准备姿势；左架反之。

要领：向后回撤时，重心不宜起伏过大，尽量使重心平稳移动，两脚稍离地即可。

（5）原地换步：右架站立，两脚原地前后交换，由右架换成左架；左架反之。

要领：重心不宜起伏过大，尽量使重心平稳移动，两脚稍离地即可。

（6）侧移步：第一种步法是以前脚为轴，后脚向左（右）侧方向移动，用以改变与对手的相对位置；第二种步法是右架站立，右脚先向右（或向左）侧移动一步。随之，左脚也迅速向右（或向左）侧移动一步。

要领：一般是将身体重心移向前脚，以利于后脚进攻。

（7）垫步：右架站立，右脚向左脚内侧上步。同时，左腿迅速抬起，以便进攻和防守。

要领：身体随步法同时移动，重心平稳。

4. 准备姿势和步法的练习步骤

（1）练习左架准备姿势。

（2）练习右架准备姿势。

（3）练习左架与右架之间的原地换步。

（4）练习上步和后撤步（左架与右架都要练）。

（5）练习前跃步和后跃步。

（6）练习侧移步。

（7）练习连续向前跃步和连续向后跃步。

（8）练习连续侧移步。

（9）练习（左架）左脚先上步接左脚后撤步。

（10）练习（右架）右脚先上步接右脚后撤步。

（11）练习弹跳步和垫步。

（12）练习连续垫步。

（13）几种步法熟练后,可组合起来练习。

（14）结合教练员的手势或声音信号练习。

（15）两人配合练习,一人用进攻步法,一人用防守或反击步法。

（16）将两个以上的步法组合起来练习。

（17）结合横踢、后踢等动作练习步法。

5. 训练中拿靶的方式

（1）前踢握靶法:主要训练前踢。

（2）横踢握靶法:主要训练后横踢、前横踢、旋风踢等。

（3）高横踢握靶法:主要训练高后横踢、高前横踢和后旋踢等。

（4）劈腿握靶法:主要训练前腿下劈、后腿下劈。

（5）后踢握靶法:主要训练后踢、侧踢、推踢等。

（6）双飞握靶法:主要训练双飞踢。

（四）基本腿法练习方法

1. 前踢

以左势实战姿势开始,右脚蹬地,身体重心前移至左脚,右脚蹬地屈膝提起,左脚以前脚掌为轴外旋。同时,右腿迅速以膝关节为轴伸膝、送髋、顶髋,把小腿快速向前踢出,将力传达到脚面。踢击目标后,右腿迅速放松弹回,落回原地仍成左势实战姿势。

要领:膝关节上提时大小腿折叠,膝关节夹紧,小腿和踝关节放松,有弹性;踢击时向前送髋,高踢时往上送髋。前踢攻击的主要部位是头部。

2. 横踢

以左势实战姿势开始,右脚蹬地,重心移到左脚,右腿屈膝上提;左脚前脚掌辗地内旋,旋转约180°,髋关节左转,同时右腿膝关节向前抬至水平状态,肩、胯、膝关节在一线上;小腿快速向左前横踢出;击打目标后迅速放松,收回小腿。右脚落回,成实战姿势。

要领:膝关节夹紧,向前提膝,贴紧支撑腿走直线;支撑脚外旋180°;髋关节尽量送出;身体与大小腿成直线,严格注意击打的力量点,踝关节放松。横踢攻击的主要部位有头部、胸部、腹部和肋部。

3. 后踢

以实战姿势开始,以左脚掌为轴外旋,向身体右后转体;同时右腿屈膝上提,大小腿加紧折叠,勾脚尖,眼睛透过肩峰看目标;送胯,右腿顺势向后平伸后踢出;击打后,右腿收小腿,自然落下成左架,然后后撤右腿,还原成准备姿势。

要领:起腿时要贴紧支撑腿,转体动作与提膝动作同时进行,要注意重心放在支撑腿上;踢腿时用整个脚力击打,力量由腰、胯送出。

4. 劈腿下压

实战姿势开始。右脚蹬地,重心前移至左脚。同时,右腿以髋关节为轴屈膝上提,两手

握拳置于胸前;随即充分送髋,上提膝关节至胸部,右小腿以膝关节为轴向上伸直,将右腿直举于体前,右脚过头。然后向下以右脚后跟(或脚掌)为力点劈击,放松收腿成实战姿势。

要领:腿尽量向头后高举,向上展髋,重心高起;脚放松前落,落地有控制;起腿快速、果断,踝关节放松。劈腿的主要攻击部位有头、脸部和锁骨。

5. 推踢

实战姿势开始,右脚蹬地,重心前移,右脚以髋关节为轴提膝前蹬,用右脚掌向前蹬推,力点在脚掌,推力向正前方。

要领:提膝后尽量收紧膝关节;重心前移,利用身体重量为力量;推的时候向前伸展、送髋;推的路线水平向前。推踢的攻击目标是腹部。

6. 后旋踢(简称后旋)

实战姿势开始。两脚以两脚掌为轴均内旋约180°,身体随之右转约90°,两拳置于胸前。上体右转,与双腿拧成一定角度。右脚蹬地,将蹬地的力量与上体拧转的力量合在一起,以髋关节为轴将右腿向后上直腿摆起,右腿继续向右后旋摆鞭打,同时上体向右转,带动右腿弧形摆至身体右侧,右腿屈膝回收。右脚落至右后成实战姿势。

要领:转身、旋转、踢腿连贯进行,一气呵成,中间没有停顿;击打点应在正前方,呈水平弧线;屈膝起腿的旋转速度要快;重心在原地旋转360°。后旋腿攻击的主要部位是头部。

7. 侧踢

以实战姿势开始。右脚蹬地,重心前移,右脚以髋关节为轴提膝前蹬,用右脚脚掌向前蹬推,力点在脚掌,推力向正前方。

要领:提膝后尽量收紧膝关节;重心前移,利用身体的重量作为力量来源;推的时候,腿向前伸展、送髋;推的路线水平向前。推踢的攻击目标是腹部。

8. 旋风踢

以实战姿势开始。以左脚为轴,向体后转体180°,右腿沿左腿转动,空中转髋换腿支撑,以右脚击打目标。

要领:转体时,起动腿贴紧支撑腿转动;重心往前移动,髋部带动腿部;转体时动作平稳。

9. 双飞踢

以实战姿势开始,攻方先用右横踢攻击对方左肋部,同时,左脚蹬地起跳,身体腾空右转,腾空高度在膝关节以上,但不宜过高;左脚起跳后,在空中用左横踢迅速踢击对方胸部或腹部;左右脚交换,右脚落地支撑,左脚横踢目标后迅速前落,成左势实战姿势。

要领:右腿横踢目标的同时,左脚蹬地跳起;左脚起腿击打目标后迅速右转换腿再次横踢目标;两腿在空中交换,右脚先落地。

三、跆拳道基本战术

(一) 压迫式强攻战术

压迫式强攻是一种先发制人的主动进攻,是一种有计划、有准备的战术行动。在比赛开始后就猛烈进攻,连续使用攻击技术,借以扰乱和破坏对方的心理平衡、战术准备和距离感,使对手忙于防守,疲于招架,消耗对手大量体力,以便在短时间取得胜利或掌握场上主动权。

压迫式强攻战术的优点是直接掌握主动权,迫使对方只能招架,没有反攻的机会。这种

战术的缺点是自己的体力消耗得较快，容易露出破绽，对手也可能用以逸待劳的战术克制自己。

运用时机：力量、速度、耐力素质比较好，但技术不如对方时；身体素质好，技术比较全面，但比赛经验不如对方时；对方的近战能力比较差时；对方的心理素质比较差时。

（二）引诱式进攻战术

引诱式进攻战术是跆拳道比赛中最常用的基本战术之一，它是指交替使用假动作与真动作迷惑对手，借机找出对方漏洞得分。例如，在推踢的假动作加后横踢的进攻或反击腿法，在使用踢腿时，可亦真亦假。例如，对方后撤可以接后横踢进攻；对方不后撤，可直接变为高腿的前横踢。在跆拳道训练和比赛中，一般采用的引诱式进攻有上下动作结合、左右动作结合、前后动作结合，多采用的声东击西、指上打下的战术，引诱对手"上当"。

运用时机：对手体力好，但技术不太全面，战术不灵活时，则可以使用这种战术。在双方选手实力相当时，试探对方长处时应用，以克其长。

（三）克制对手长处战术

每一个运动员都有自己擅长的技术，如有的运动员擅长使用横踢进攻，有的运动员擅长用劈腿阻击。在比赛中，运动员要能及时发现对方使用的技术，然后及时调整自己的战术，采用相应的方法，使其不能正确发挥其特长技术，并克制对方短处，就必定能取得胜利。采用克制对手长处战术的方法具体如下：第一，克制善于打贴身战的对手，可始终与其拉开距离，可用侧推踢蹬击等技术；第二，克制擅长主动进攻的对手，可采用自己先进攻，迫使对方防守的战术；第三，克制擅长防守反击的对手，可引诱对方主动进攻，自己进攻时使用不易被反击的战术。

（四）边角战术

边角战术是在比赛中利用场地优势得分的一种战术。如在比赛中，对手处于防守状态时，利用警戒线给对方制造陷阱，迫使对方犯规而失分。比如引诱对手到场地边缘，然后利用猛攻迫使其出界，使对方犯规或被扣分。

（五）心理战术

比赛开始前，利用情绪、动作和表情等威慑对手。比赛中，用气势压倒对手，或利用规则允许的各种手段干扰对方情绪，给对方造成心理负担，使对手技能战术发挥失常，挫伤对方的锐气，发挥自己的优势，在气势上战胜对方。

四、跆拳道竞赛规则

（一）比赛场地

跆拳道比赛场地是无障碍物的 12 米×12 米正方形场地。比赛场地应是有弹性的垫子。必要时，比赛场地可根据实际情况高出地面 50~60 厘米。

（二）运动员

（1）参加比赛的运动员必须穿戴中国跆协认可的道服和保护用具。

（2）比赛选手应戴好护身、头盔、护裆、护臂、护腿后进入比赛区域，护裆、护臂、护腿应戴在道服里面。

（三）体重级别（一般国内比赛）（表12-5-1）

表 12-5-1　跆拳道比赛体重分级

男子	女子
54 kg 以下	47 kg 以下
54~58 kg	47~51 kg
58~62 kg	51~55 kg
62~67 kg	55~59 kg
67~72 kg	59~63 kg
72~78 kg	63~67 kg
78~84 kg	67~72 kg
84 kg 以上	72 kg 以上

（四）比赛时间

男子比赛为3局，每局比赛3分钟，局间休息1分钟。女子和世界青年锦标赛比赛为3局，每局比赛2分钟，局间休息1分钟。经世界跆拳道联合会批准，男子比赛也可设为每局2分钟。

（五）获胜方式

（1）击倒胜（KO胜）。

（2）主裁判终止比赛胜（RSC胜）。

（3）比分或优势胜（判定胜）。

（4）对方弃权胜（弃权胜）。

（5）对方失去资格胜（失格胜）。

（6）主裁判判罚犯规胜（犯规胜）。

思考题

1. 跆拳道运动的准备姿势和步法应该怎么练习？

2. 跆拳道运动有哪些战术？

3. 跆拳道运动员如何分级别？

▶▶ 第六节　气排球运动

一、气排球运动简介

排球运动对于中国人来说并不陌生，但竞技排球终究对参赛选手的技术和各项素质要求都很高，在百姓中推广普及有着一定的难度。

气排球是我国土生土长的一项群众性排球活动。1984 年,呼和浩特铁路局集宁分局为了开展老年人体育活动,在没有规则限制的情况下,组织离退休职工用气球在排球场上打着玩。由于气球过轻且易爆,他们将两个气球套在一起打,最后又改用儿童软塑球。随后又参照 6 人制排球规则制定了简单的比赛规则,并将这种活动形式取名为"气排球"。

气排球运动是一项集运动、休闲、娱乐于一体的群众性体育项目,作为一项新生的体育运动项目,如今已经受到越来越多排球爱好者的青睐。

气排球由于运动适量、不激烈,男女可以混合进场参与,适合各个年龄层次的人进行强身健体活动。

气排球还有以下特点:

（1）球质软:富有弹性,手感舒适,不易伤人。

（2）球体大:圆周为 80~83 厘米;重量为 100~120 克,在空中运行速度缓慢、容易控制。

（3）球网低:男子网高 2.10 米,女子网高 1.90 米。男女混合网高 2 米,打球时可减少跳跃,运动安全性高。

（4）场地小:全场长 12 米,宽 6 米,在室内外均可开展。

（5）运动量适宜:气排球活动有跑、跳、蹲、转身,使脑、眼、手、腰、脚等都参与运动,但活动量不大,有利于健身强体。

（6）集体性极强:必须协调配合,有利于团结奋进和展现高尚的道德风范。

（7）规则宽泛:只要按规则要求,将球打到对方场内地面上皆为有效。

二、气排球运动的基本技术和练习方法

（一）基本技术

1. 准备姿势、预判和脚步移动

准备姿势、预判得好坏,直接影响着脚步移动的及时与准确性;而脚步移动得好坏,又直接影响技术动作完成的质量。据统计,在防守中因移动慢而使球落地的占防守失误总数的50% 以上。

准备接球或接球时,膝关节略弯曲,为准备起步姿态,不应为放松自然站立姿态;或呈半蹲姿势,但要区分中心脚,或使身体处于灵活移动的状态。在球落地前或裁判鸣哨前各队员均应处于随时准备移动的状态。

预判极其重要。对方球一出手,应该由谁接球要明确;注意对方球出手后的情况,包括球的力度、角度以及是否旋转等等,有助于提高预判的准确性——对每个球进行预判,可加快掌握预判要领,而不是仅对可能由自己接的球进行判断;预判完成后脚步进行移动,忌伸手或握手移动,避免速度受限。

脚步移动到位的同时完成手上动作,或托或垫,只有脚步到位,才可能做到手上动作从容。不论什么时候,身体应随球的移动而转动,尽可能正面面对来球。

2. 发球

发球以击球过网落入对方球区并尽可能提高攻击性为总体目标。

发球包括下手发球、上手大力发球、上手飘球、侧面下手发球、勾手大力发球、勾手飘球、高吊球、跳发球等,各人可结合自身情况加以选择。

发球除常规发球外,还可发出正旋、反旋、下旋球。

发球时不要急,应根据选择的发球手势抛球到位。同时,发球力度大小和击球速度快慢决定球速和球的路线,快速击球有利于提高球的力度和速度。

攻击性发球可以直接得分,也可以破坏对方一传,从而降低对方攻击力,动摇其士气。由此,提倡在加强练习、相对稳定的情况下进行强力发球。

3. 传球

接发球(即一传)是组织进攻战术的基础技术,要求准确地、平稳地把球接送给二传队员或攻手(即一传到位),尽量减少失误,以便组成有力的进攻战术。

二传是接应一传或防守后,把球传给攻手进攻的技术。二传要求不仅要把球稳、准地托起,而且要求球不转,并要尽可能迷惑对方,避开拦网,组成快速多变的进攻战术,以达到助攻的目的。

传球的基本手法包括托球、垫球、捧球、挡球。

4. 扣球

扣球是战术配合的最后一球,是进攻中最积极有效的技术,也是得分与获得发球权的重要手段,它是衡量一个队进攻实力的要素之一。一个队扣球技术水平越高,越能为提高拦网及防扣球技术提供有利条件。扣球的攻击威力主要表现在高度、速度、力量、变化和突然性上。有威力的扣球往往是在球路的变化和与轻打软吊相结合中突破拦网的。优秀的扣球手应该既能强攻,又会快攻,还要有自己的击球特点。强攻扣球是扣球的基础,它一般包括近网高球强攻(平网扣球)和调整强攻(斜网扣球)。

5. 拦网

拦网是在网上拦截对方来球。它是防守反击的第一线,又是强有力的得分手段。拦网可以有效削弱对方进攻锐气,或者减轻本队防守的压力,为组织反攻创造机会。拦网有单人拦网、双人或三人的集体拦网。拦网时手可以过网,使拦网成为攻击性技术,拦网时首先力争拦死,其次才是把球拦起以便反击。

(1)拦网队员应当紧紧盯住对方传球的路线,判断对方向本方击出的球在空中的位置,然后迅速移动(采用并步移动或交叉步移动)至球网本方一侧的对应位置后,原地起跳拦网。

(2)拦网起跳时,重心降低,控制身体平衡垂直起跳。拦网跳起时要直上直下,拦网结束身体下落时,手臂不要弯曲,仍保持拦网时的伸展状态,待与球网保持一定距离后,身体方能放松,以避免触网。

(3)拦网起跳的时间必须掌握好,应根据对方二传传球的高低、远近、快慢以及扣球队员的起跳时间和动作特点来决定。拦高球时,拦网队员一般应比扣球队员晚跳;拦快球时,可以和扣球队员同时起跳或提前起跳。起跳同时,两手从额前贴近并与球网平行,向网上沿的前上方伸出,两臂伸直,前臂靠近网,两手尽量伸向对方上空接近球。

(4)拦网时两手自然张开,两手之间距离不能超过一个球,以防止球从两手间漏过。站在边线附近的队员,为了防止打手出界,外侧手掌心在拦击球时要内转。

(5)双人或三人拦网时,要密切协同配合,主拦队员确定拦网中心点(扣手的左右45°方向和直线方向概率较高);配合队员要及时选好起跳点,起跳时应避免互相冲撞和干扰。不同身高的队员要加强起跳时间的配合,一般来说,高个子队员起跳时间应稍晚于矮个子

队员。

（6）如未拦到球，在身体下落时要随球转身向着球飞出的方向准备救球。

6. 防守

救球反击是防守体系中的一个重要组成部分，是反攻的基础。一场比赛中最多有 1/3 的扣球可能拦住，还有 2/3 的扣球需要救球。从这个意义上讲，没有防守就没有反攻。实践证明，只有在接发球进攻稳定的基础上，也具有高水平防守反击的球队，才可能进入先进行列。只有防起更多的好球，才能更好地组织反攻，而掌握多种多样的防守技术和不断加强防守战术意识，特别是顽强的战斗意志，则是防守成功的先决条件。

当对方扣球过网后，防守一方在防守的一刹那就转入了进攻。前排参加拦网的队员，在完成拦网动作之后，必须立即转身或后撤，准备接应或反攻扣球。前排未参加拦网的队员，在后撤防守之后，转入接应或反攻扣球。接球人员应有目的地将球传到预定目标，组织进攻。

（二）动作要点

1. 半蹲准备姿势

两脚左右开立稍比肩宽，两脚尖稍内收，两膝弯曲成半蹲姿势。脚跟稍提起，身体重心前移，两臂放松，自然弯曲，双手置于腹前。两眼注视来球，两脚始终保持微动放松。

2. 垫球（图 12-6-1）

图 12-6-1　垫球

垫球技术动作要点可用"插、夹、抬、压"四个字概括。

插：双手互握插入球下。

夹：两臂夹紧伸直。

抬：提肩抬臂。

压：手腕下压。

击球时，用手腕上方 10 厘米的前臂区域击球的后中下部。

3. 捧球（图 12-6-2）

上体稍微前倾，两脚开立，呈半蹲姿态。两肘弯曲，上臂与前臂夹角大于 90°，两手形成一个平面，置于腹前。来球时，前臂前伸，掌心向上，五指分开，手指呈半紧张状，两手形成一个平面。击球瞬间，两手插入球底部，捧住来球，前臂上抬，自下而上用全手掌击球的后下部，利用手腕手指触球形成弹力将球捧起。

击球手型：双手自然张开捧在腹前，成半球型，注意击球部位在手指。

4. 托球（图 12-6-3）

图 12-6-2　捧球

图 12-6-3　托球

两脚开立与肩同宽，两肘弯曲，两手掌跟相对，一只手五指分开，手心向上，另一只手五指分开，手心向着来球方向，击球瞬间，一只手托在球的下部，另一只手同时触球的后中下部，两臂同时上抬，利用手指手腕力量将球托起。

5. 正面下手发球

准备姿势：面对球网，两脚前后开立，左脚在前，两膝微屈，上体前倾，重心偏后脚，左手持球于腹前，右臂自然下垂。

引臂：击球的同侧手臂直臂向后摆动。

抛球：左手将球平稳地向上托送竖直抛起，抛球高度为 30 厘米左右。

挥臂击球：右腿蹬地，身体重心随着右臂的直臂前摆而前移，在腹前用掌跟击球的后下部。

6. 正面上手传球（图 12-6-4）

准备姿势：看准来球方向，迅速移动到球的落点处，正对来球，两脚左右开立，约同肩宽，左脚稍前，右脚脚跟稍提起，两膝微屈，上体稍前倾，两臂弯曲置于胸前，两肘自然下垂，两手成传球手形，眼睛注视来球方向。

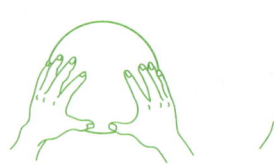

图 12-6-4　正面上手传球

手型：当手触球时，手腕稍后屈，两手自然张开，手指微屈成半球状。两拇指相对成"一"字形或"八"字形，两拇指间的距离不能过大，以防漏球。

击球点：击球点在前额上方一球左右距离。

球触手的部位：拇指外侧，食指全部，中指的二三指节，无名指第三指节和小指第三指节的半个指节。简称为"3、2、1、半和拇指外侧"。

击球部位：后中下部。

用力顺序：蹬腿、展腹、伸臂最后用手指手腕的弹力将球向前上方传出。

7. 正面上手大力发球(图 12-6-5)

准备姿势:面对球网站立,两脚自然开立,左脚在前,左手持球于体前。

抛球:左手将球平稳地垂直抛于右肩的前上方,抛球高度为 1.5 米左右。

引臂:屈肘后引,上体稍向右转,手停于耳旁。

挥臂击球:收腹、振胸、挂肘,大臂带动小臂向前上方弧形挥摆,伸直手臂,在肩的上方用全掌击球的后中部。

击球手法:包满打转,边包裹边推压;全手掌击球,使球呈上旋飞行姿态。

图 12-6-5　正面上手大力发球

8. 扣球(图 12-6-6)

图 12-6-6　扣球

准备姿势:两脚自然开立,两膝微屈,上体稍前倾,观察二传来球。

助跑:左脚先向前迈出一步,接着右脚迅速跨出一大步,左脚及时跟上落在右脚侧前方,两脚尖稍向右准备起跳。

起跳:两臂自后积极向前摆动,随着双腿蹬地向上起跳,两臂协调配合起跳动作用力上摆。

空中击球:起跳至接近最高点时用正面上手大力发球的挥臂动作在右肩前上方击球的中上部。

落地:完成击球动作后,身体自然下落,应尽量用双脚的前脚掌先着地,同时顺势屈膝,

缓冲身体下落的力量。

（三）气排球技术练习方法

（1）气排球技术练习包括有球技术练习和无球技术练习，有球技术练习包括个人技术练习和场上配合练习，无球技术练习主要在场下进行。

（2）个人技术练习主要包括发球、传球、扣球。以一定数量的成功个数计组进行。

（3）发球练习可个人或两人互发进行。

（4）传球练习可单人进行，包括近距离对着墙托球固定手势、对头顶上方托球等，或两人互传、三人、四人互传。

（5）扣球练习可两人配合进行。

（6）每天可定个目标，进行专项练习或综合练习但有所侧重，如是要练习预判，还是脚步，或者其他，分阶段进行。

（7）多看、多自我总结、多练习是提高技术水平的有效手段。

三、气排球基本战术

（一）阵型

五人制阵型队员场上位置：双方队员各分为前排三名，后排二名。前排左边为 4 号位，中间为 3 号位，右边为 2 号位，后排左边为 5 号位，右边为 1 号位。发球时判断队员的位置是否正确，应以队员身体着地部分为依据，在发球队员击球的一刹那，球未击出前，同排队员的站位不得左右超越或与之平行，前后排队员不得前后超越或平行。即 4 号位队员不得站在 3、2 号位队员的右边，2 号队员不得站在 3、4 号位队员的前面或与之平行。否则，应判发球队失球权或对方得分。发球队员与本方 5 号位队员不受站位的限制。每局比赛开始后，场上队员必须按位置表排定的次序站位，在该局中不得调换。在新的一局，每个队上场队员的位置可重新安排。

（二）战术配合

（1）对方发球时，对方球一出手即应完成预判，各队员即应明确由谁接球。

（2）球在队员之间时，原则上球在谁的右手侧就谁接，除非球距离左手侧队员很近。

（3）五人制比赛时，最后一个位置队员即 1 号位队员，应随着球的方向左右移动保护两侧底角，如前方队员已接球则及时回位。

（4）应注意首发阵容和位置。本方发球，强二传为前二传，对方发球，强一传为后二传。

（5）队员应通过场上配合练习，提高队员间的默契。

（三）气排球战术训练方法

（1）基本功前期训练以两人对传或三人互传为主，传球时根据球的位置情况采用上手托球、下手垫球或捧球，综合运用。传球要求有一定高度（不能忽高忽低）并且到位（以对方跨出不超过两步为准），根据训练情况以连续互传 10~20 个为一组计算。

（2）基本功后期训练可 4~6 人围成一圈，互相随意传球。

（3）发球训练和接球训练可同时进行，发球手练发球，另 5 名队员在对侧练接球；每发球成功 10 次即可换人发球；依此类推进行。

（4）阵型训练在赛前半个月前后进行，侧重于提升队员间的配合、默契。

（5）队员在训练期间应自我总结，有利经验总结强化，没打好的球也应自我评判，有利快速提高。

四、气排球规则

（一）队员

（1）每队最多可有 10 名队员，队员上衣必须有号码，应为 0～9 号。身前号码 10 厘米，身后号码 15 厘米。场上队长上衣胸前应有一明显标志。

（2）教练员和队员应了解并遵守规则，以良好的体育道德作风服从裁判员的判罚。如有疑问只有场上队长可向裁判员请求解释，教练员不得对判罚提问异议或要求解释。

（3）教练员和队员必须尊重裁判和对方队员，不得以任何行为影响裁判的判断。不得以任何行动和表现去拖延死球时间或被认为有意延误比赛。

（二）比赛进行

（1）队员场上位置：双方队员各分为前排三名，后排两名。前排左边为 4 号位，中间为 3 号位，右边为 2 号位，后排左边为 5 号位，右边为 1 号位。每局比赛开始后，场上队员必须按照位置表排定的次序站位，在该局中不得调换。在新的一局，每个队上场队员的位置可重新安排。

（2）暂停：每局比赛中，每个队可请求 2 次暂停，每次暂停时间为 1 分钟。只有成死球时经教练员或场上队长向第二或第一裁判员请求后才准予暂停。第一裁判员鸣哨后，比赛应立即继续进行。某队请求第三次暂停，应予拒绝，并提出警告。第一裁判员已鸣哨发球，队员尚未将球发出或与鸣哨的同时请求暂停，均应拒绝，如第二裁判员在此时间错误鸣哨允许暂停，第一裁判员也不得同意，应再次鸣哨发球。

（3）换人：每局每队最多可替换 6 人次，一下一上为 1 人次。某队换人时应由教练员或场上队长在死球时向第二或第一裁判员提出要求并说明替换人数和队员的号码。裁判员准许换人时，上场队员应已做好准备并从前场区上场，如队员未做好准备，则判罚该队 1 次暂停。

（三）成绩计算

（1）得分：比赛采用每球得分制，当某队胜一球时，即得 1 分，同时获得发球权。

（2）胜一场：比赛采用三局两胜制，胜两局的队为胜 1 场。如果 1：1 平局时，进行决胜局（第三局）的比赛。

（3）胜一局：第一、第二局先得 21 分同时超过对方 2 分为胜 1 局，当比分为 20：20 时，比赛继续进行至某队领先两分为胜一局。决胜局，先得 15 分同时超过对方 2 分的队获胜，当比分 14：14 时，比赛继续进行至某队领先两分为胜一局。决胜局任一队先得 8 分时双方队员交换场地进行比赛，比赛按照交换时的阵容继续进行。

（4）某队被召唤后拒绝比赛或无正当理由而未准时到达比赛场地，则宣布该队为弃权。对方以每局 21：0 的比分和 2：0 的局分获胜。某队被宣布一局或一场比赛阵容不完整时，则输掉该局或该场比赛，判给对方胜该局或该场比赛所必要的分数和局数。阵容不完整的队保留其所得分数和局数。

（四）动作和犯规

1. 发球

（1）发球队胜一球或接发球队取得发球权时，该队队员必须按顺时针方向轮转一个位

置,由轮转到 1 号位的队员发球。如没有按发球次序轮转发球,则为轮转错误,必须立即纠正,并判失去发球权。

（2）发球队员必须在第一裁判员鸣哨发球后 8 秒内将球发出,球被抛出而发球队员未击球,球也未触及发球队员而落地,允许继续发球。

（3）发球队的队员不得以任何方式阻挡对方观察发球队员和球的飞行路线。

（4）发球时判断队员的位置错误,应以队员身体着地部分为依据,在发球队员球未击出前,后排队员的站位不得左右超越或平行,前后排队员不得前后超越或平行。否则,应判失球权或对方得分。发球队员与本方 5 号位队员不受站位的限制。

（5）发球触网算违例,发球和比赛过程中球触屋顶按违例处理。

2．击球

队员击球时,有意或无意把球接住停在手中或用双臂将球夹住停留时间较长或用手将球顺势接至停留时间较长再将球送出,判击球犯规。队员身体任何部位连续触球多于一次,则判连击犯规(拦网除外)。

3．过中线和触网

比赛进行中,队员踏越中线,应判过中线犯规,队员身体任何部位触及球网,判触网犯规,因对方击球入网而使网触及本方队员时,不算触网犯规。

4．进攻性击球

（1）队员在后场区可以对任何高度的球做进攻性击球,但在起跳时不得踏及或踏越限制线,否则即为违例犯规。

（2）队员在前场区,采用攻击力强的扣、抹、压吊动作,将高于球网上沿的球击入对区,则判犯规。如采用攻击力小的传、顶、挑的动作,击球的底部或下半部,使球具有一定向上的弧度过网不算犯规。

（3）队员在前场区,对低于球网上沿的球,可用任何击球动作将球击入对区。

5．拦网与过网

（1）后排两名队员不得拦网。如有参加拦网并起到拦网作用时应判犯规。

（2）拦网不算一次击球,还可再击球一次。

（3）不得拦对方的发球和对方队员进入前场区直接击过网的球,只允许拦对方队员在后场区直接击过网的球。

（4）甲方队员完成直接向对方击球前,乙方的手触及甲方地区上空的球时,应判乙方队员过网犯规。

 思考题

1．气排球运动使用的战术有哪些?
2．气排球运动有哪些特点?

▶▶ 第七节　门球运动

一、门球运动简介

门球是在平地或草坪上,用木槌击打球穿过铁门的一种室外球类游戏,又称槌球。门球是高尔夫球与撞球的混合体,不但规则简单、轻松有趣,而且可以激发脑力、促进身心发展,是老少皆宜的新运动。

门球起源于法国 ,13 世纪传入英国,17 世纪传入意大利,之后传到美国。20 世纪 30 年代传入中国,当时只在燕京大学作为游戏课内容。1948 年门球在日本兴起 ,1970 年开始作为老年人的活动项目推广开来 。门球运动占地少,参与成本低,安全性强,且技术简单,比赛时间短,运动量也不大,适于中老年人。

> **知识链接**
>
> **中国门球协会**
>
> 中国门球协会,简称"中国门协"。英文缩写为"CGA"。成立于 1987 年,中国门协成立后,随之北京、上海、天津、内蒙古等地方也相继成立了门球协会,1989 年 10 月,中国门协加入世界门球协会,1991 年 5 月又加入了亚洲门球联合会。

二、门球场地

(1)门球场地为矩形,是由限制线圈定,无任何障碍物。

(2)比赛场地线长 20~25 米,宽 15~20 米。

(3)限制线在比赛线外 1 米处。

(4)原则上,比赛线宽 5 厘米,限制线及其他线要易于识别,场地的尺寸以线的外沿为准。

(5)线的颜色与场地地面要有差别。

(6)比赛线构成 4 个外角,自发球区开始,依逆时针顺序,依次为第 1 角,第 2 角,第 3 角,第 4 角。

(7)第 1 角和第 2 角之间的线为第 1 线;第 2 角和第 3 角之间的线为第 2 线;第 3 角和第 4 角之间的线为第 3 线;第 4 角和第 1 角之间的线为第 4 线。

(8)发球区是一个矩形,其边线由第 4 线及其外线,以及从第 1 角向第 4 角方向的 1 米和 3 米距离的垂直线组成。

三、门球运动规则

门球运动是一项两队共 10 名队员进行比赛,每名队员各有自球,独立击球又相互合作

的体育运动。

门球运动规则规定依次使球通过球门,撞击终点柱,完成比赛。比赛时,两队各 5 个球,一方红球,一方白球,从 1 号到 10 号交替击红、白球。队员每人 1 球,称为"自球",球号和队员号一致,也就是击球员在开球区首次击球过一门时的序号,其余的球为"他球"。如果击球员成功将球击过一门,称为通过第一门,该球员可再次击球,过二门、三门同样如此。此外,如果球成功通过第三门后撞柱,即可在下一回合重新再进 1、2、3 门,撞柱。

在击球时,如果自球触及他球,称为撞击。如果自球和被撞他球停在比赛线内,击球员需用脚踩住自球,并将他球与自球贴靠,然后,用球槌击打自球,利用冲击力把他球震出,称为闪击。无论是成功击球过门还是闪击,击球员都得到一次续击权。

每球按顺序每通过一个球门获得 1 分,撞柱获得 2 分。以比赛结束时每队队员所得分值相加来判定胜负,总得分多者为胜。

 思考题

　　1. 参加门球运动之前要做好哪些准备?
　　2. 门球运动可以发展哪些身体素质?

▶▶▶ 第八节　跳绳运动

一、跳绳简介

跳绳是一项古老的民族体育运动,它集运动性、技巧性与趣味性于一体,有益于增强心肺系统功能与身体协调性,并且器材简单,方便易行,深受人民群众喜爱。跳绳,是一人或多人在一根环摆的绳中做各种跳跃动作的运动游戏。这种游戏唐朝称"透索",宋称"跳索",明称"跳百索""跳白索""跳马索",清称"绳飞",清末以后称作"跳绳"。跳绳不是简单的体力活动,需要身体协调配合才能做出令人眼花缭乱的花式动作,在练习跳绳的时候注意多思考并和同伴讨论,累积做到一定程度就会突破,跳绳的花样繁多,可简可繁,随时可做,一学就会,适合各个年龄段的人练习。

跳绳可分为竞技跳绳和花样跳绳,竞技跳绳在国内尚不多见。花样跳绳简便易行、投入少、锻炼价值高,不受空间、时间限制,安全系数高,具有娱乐性、多样性、观赏性、表演性和竞技性等多种特质,是适合学校根据自身情况开展的特色项目、优势项目、展示项目。另外,花样跳绳有提高参与者身体协调性、力量、耐力、灵敏等素质的作用。无论是对于专业运动员还是普通学生,跳绳都是一项很好的强化身体协调性与节奏感的运动,能提高人体在快速运动中的身体平衡能力和协调能力。

二、跳绳的种类

跳绳运动繁多,但归纳起来可分为四大类:速度、体力、行进、花样。而练好基本动作又

是学好跳绳的关键。其四个基本动作如下。

（一）双踏锣

1. 练习目的

练习跳绳时的姿势、跳法、速度。

2. 技术要领

屈腿收腹、抬头挺胸、两眼直视前方；两臂紧靠身体，两手外侧旋转绳；前脚掌着地，后脚跟抬起，跳起约 2 厘米，脚掌落地，脚尖点地，全身像个弹簧，两脚交换跳起。如此长期坚持练习，1 分钟可连跳三百多次。

（二）双脚一股两响

1. 练习目的

提升练习者的弹跳能力、体力。

2. 技术要领

双脚前掌弹起，直上直下，两臂紧靠身体，以肘关节、手关节分别为轴，按节拍加快旋转绳子，每跳起一次绳通过两次。长期练习，1 分钟可连跳二百多次。注意不要屈腿、伸腿，屈腿容易勾绳，速度慢，浪费体力；伸腿重心向后，容易后倒。

（三）前后打

1. 练习目的

学习抡绳法和花样跳法。

2. 技术要领

两拍三个动作——打、分绳、打。绳从头上左右过，不从脚下过，即绳从前身右边抡至左边，立即两手分开，绳到头顶，向后移动，手心始终向上，绳从身后右边抡动到左边，前后抡绳方向一致，然后又将绳从身后左边翻抡到身前右边，以此类推，连续完成动作。

（四）蹲下式

1. 练习目的

练习蹲下动作。

2. 技术要领

蹲下后，两脚前掌着地，两腿两脚并拢，抬头挺胸，两眼直视前方，上体垂直于地面，两臂分开，手腕抡绳，下弹上跃，可跳多种花样。

三、跳绳的练习方法

（1）跳绳主要用到的部位是手腕，所以要用手腕发力，而不是用整个上肢发力。

（2）跳起的高度不要太高，一般跳起 3～5 厘米就可以。跳起时，双腿和膝盖应该保持一条直线。

（3）在跳绳的过程中，呼吸要有节奏，让全身肌肉放松。

（4）落地时膝关节微屈，这样可以缓冲对膝关节、脚踝的冲击。起跳和落地时前脚掌着地，因为如果后脚掌着地，时间长了会产生很多隐患，大脑、脚踝和脊柱都有可能受到不同程度的损伤。

（5）跳绳者应穿质地柔软、重量轻的高帮鞋，避免脚踝受伤。

（6）绳子软硬适中,粗细适中,初学者通常宜用硬绳子,熟练后可改为软绳。

（7）选择软硬适中的草坪、木质地板和泥土地的场地为好,切莫在硬性水泥地上跳。

（8）跳绳时需要放松肌肉和关节,脚尖和脚踝需要用力协调,防止扭伤。

四、跳绳规则

（一）单人赛规则

（1）比赛时间:1分钟。

（2）比赛人数:每队5人。

（3）比赛规则:1分钟的时间内,计算单人跳绳次数决定名次。跳绳过程中可以停顿,以1分钟结束时的总次数为个人最终成绩。5人总成绩为班级团体成绩。

（二）双人赛规则

（1）比赛时间:2分钟。

（2）比赛人数:每队2人。

（3）比赛规则:2分钟的时间内,计算双人跳绳次数决定名次。跳绳过程中可以停顿,以2分钟结束时的总次数为最终成绩。

（三）集体赛规则

（1）比赛时间:3分钟。

（2）比赛人数:每队10人（2人摆绳、8人跳绳）。

（3）比赛规则:比赛队员要从绳子的一边按顺序依次跳过绳子跑到另一边。如果跳绳者不能跳过绳子,不计数但比赛继续进行。比赛结果以3分钟内通过绳子的累计总人数为最终成绩。

（四）比赛顺序

比赛顺序由各队领队抽签决定。单人比赛1次完成,不分轮次,以成绩最好者为胜。集体赛每队有1次机会,取1次成绩计总成绩为该队的最终成绩。

五、跳绳的注意事项

跳绳对心脏机能有良好的促进作用。连续跳绳可以使呼吸加深,心跳加快,加速新陈代谢,使血液获得更多的氧气,使呼吸和心血管系统得到充分锻炼。

跳绳时,可以先用双腿同时跳（注意:要用脚尖着地而不是全脚掌或脚后跟）,然后再过渡到两只脚轮流跳。跳绳时不必跳得过高,以能让绳子通过为限,在跳绳的过程中不要急于求成,由于各人的体质不同,所以运动坚持的时间也不同。进行锻炼应该循序渐进,耐力不好的人可以第一天先跳5分钟,第二天跳10分钟,第三天跳15分钟,经过一段时间的磨合和训练,坚持的时间就可以越来越长。

跳绳应该采取单脚交换点地的方法,尽量少用双脚一起点地的方法,且不宜把脚抬得太高。采取单脚交换点地的方法不但可以减少在运动过程中的疲劳感,而且可以避免小腿因过分承担体重而肌肉酸痛并长出难看的"萝卜腿"。同时,在跳绳前后还应注意做好充分的准备和拉伸活动。

思 考 题

　　1. 跳绳的规则有哪些？

　　2. 跳绳的注意事项是什么？

第四篇

体质健康篇

● 导言

体质健康是学生参与体育锻炼的根本目标和强身健体基本保障。随着人们对健康生活方式的日益重视，体育锻炼已成为许多人日常学习生活的一部分。然而，有效的体育锻炼不仅要遵循科学的方法，还需要对个体的体质有深入的了解，同时关注运动损伤的预防、常见职业病与体育运动疗法等知识。除此之外，还要掌握运动营养的补充与健康的基本知识，才能制定可行的锻炼计划。

● 教体之窗 ●

科学锻炼助力徐梦桃圆梦北京冬奥会

　　徐梦桃,中国自由式滑雪空中技巧运动员,参加了 2010 年温哥华冬奥会、2014 年索契冬奥会、2018 年平昌冬奥会,她在 2022 年之前最好的成绩是在索契冬奥会上获得的银牌。

　　作为自由式滑雪空中技巧运动员,历经 12 年,在原本短暂的运动生涯中,她经历了无数的伤病和挫折,但她从未放弃。她始终坚持训练,不断提升自己的技术和能力。在训练时,她会进行周密的准备,寻求科学的训练指导,制定详细的训练计划,并严格按照计划执行,最终在 2022 年北京冬奥会上实现了自己多年的金牌梦。这也是中国在自由式滑雪空中技巧女子项目的奥运首金。

　　这块金牌对徐梦桃来说意义重大。它不仅是对她多年努力的回报,更是对她坚持和信念的肯定,同时也印证了科学训练计划的重要性。这块金牌也为中国自由式滑雪空中技巧项目赢得了荣誉,推动了该项目在中国的发展。

第十三章　体质评价与运动损伤

第一节　体质评价

为促进学生积极参加体育锻炼,养成良好的锻炼习惯,提高体质健康水平,教育部和国家体育总局于 2014 年 7 月正式颁布《国家学生体质健康标准(2014 年修订)》(以下简称《标准》)和实施办法。《标准》从身体形态、身体机能和身体素质等方面综合评定学生的体质健康水平,是促进学生体质健康发展、激励学生积极进行身体锻炼的教育手段,是国家学生核心素养体系和学业质量标准的重要组成部分,是学生体质健康的个体评价标准。

一、《国家学生体质健康标准》说明

(1)《标准》是国家学校教育工作的基础性指导文件和教育质量基本标准,是评价学生综合素质,评估学校工作和衡量各地教育发展的重要依据,是《国家体育锻炼标准》在学校的具体实施,适用于全日制普通小学、初中、普通高中、中等职业学校和普通高等学校的在校学生。

(2)本标准将适用对象划分为以下组别:小学、初中、高中,按每个年级为一组,其中小学为 6 组、初中为 3 组、高中为 3 组;大学一、二年级为一组,三、四年级为一组。

(3)小学、初中、高中、大学各组别的测试指标均为必测指标,其中,身体形态类中的身高、体重、身体机能类中的肺活量以及身体素质类中的 50 米跑、坐位体前屈为各年级学生共性指标。

(4)本标准的学年总分由标准分与附加分之和构成,满分为 120 分,标准分由各单项指标得分与权重乘积之和组成。满分为 100 分。附加分根据实测成绩确定,即对成绩超过 100 分的加分指标进行加分,满分为 20 分;小学的加分指标为 1 分钟跳绳,加分幅度为 20 分;初中、高中和大学的加分指标为男生引体向上和 1000 米跑,女生 1 分钟仰卧起坐和 800 米跑,各指标加分幅度均为 10 分。

(5)根据学生学年总分评定等级:90.0 分及以上为优秀,80.0~89.9 分为良好,60.0~79.9 分为及格,59.9 分及以下为不及格。

二、大学生体质健康标准评价指标与权重

大学生体质健康的评价指标与权重如表 13-1-1 所示:

表 13-1-1 大学生体质健康标准评价指标与权重

评价指标(测试项目)	权重
体重指标(BMI)	15
肺活量	15
50 米跑	20
坐位体前屈	10
立定跳远	10
引体向上(男)/1 分钟仰卧起坐(女)	10
1 000 米跑(男)/800 米跑(女)	20

注:体重指标(BMI)= 体重(千克)/身高^2(平方米)。

三、大学生体质健康评价指标与评分表

1. 体重指数(BMI)评分表

体重指数(BMI)评分表如表 13-1-2 所示:

表 13-1-2 大学生体重指数(BMI)评分表(单位:千克/米^2)

等级	单项得分	大学男生	大学女生
正常	100	17.9~23.9	17.9~23.9
低体重	80	≤17.8	≤17.1
超重		24.0~27.9	24.0~27.9
肥胖	60	≥28.0	≥28.0

2. 肺活量、50 米跑、坐位体前屈评分表

肺活量、50 米跑、坐位体前屈评分表如表 13-1-3 所示:

表 13-1-3 大学生各测试项目评分汇总表(一)

等级	/分	肺活量/毫升				50 米跑/秒				坐位体前屈/厘米			
		大一、大二		大三、大四		大一、大二		大三、大四		大一、大二		大三、大四	
		男生	女生	男生	女生	男生	女生	男生	女生	男生	女生	男生	女生
优秀	100	5 040	3 400	5 140	3 450	6.7	7.5	6.6	7.4	24.9	25.8	25.1	26.3
	95	4 920	3 350	5 020	3 400	6.8	7.6	6.7	7.5	23.1	24.0	23.3	24.4
	90	4 800	3 300	4 900	3 350	6.9	7.7	6.8	7.6	21.3	22.2	21.5	22.4

续表

等级	/分	肺活量/毫升				50 米跑/秒				坐位体前屈/厘米			
		大一、大二		大三、大四		大一、大二		大三、大四		大一、大二		大三、大四	
		男生	女生	男生	女生	男生	女生	男生	女生	男生	女生	男生	女生
良好	85	4 550	3 150	4 650	3 200	7.0	8.0	6.9	7.9	19.5	20.6	19.9	21.0
	80	4 300	3 000	4 400	3 050	7.1	8.3	7.0	8.2	17.7	19.0	18.2	19.5
及格	78	4 180	2 900	4 280	2 950	7.3	8.5	72	8.4	16.3	17.7	16.8	18.2
	76	4 060	2 800	4 160	2 850	7.5	8.7	7.4	8.6	14.9	16.4	15.4	16.9
	74	3 940	2 700	4 040	2 750	7.7	8.9	7.6	8.8	13.5	15.1	14.0	15.6
	72	3 820	2 600	3 920	2 650	7.9	9.1	7.8	9.0	12.1	13.8	12.6	14.3
	70	3 700	2 500	3 800	2 550	8.1	9.3	8.0	9.2	10.7	12.5	11.2	13.0
	68	3 580	2 400	3 680	2 450	8.3	9.5	8.2	9.4	9.3	11.2	9.8	11.7
	66	3 460	2 300	3 560	2 350	8.5	9.7	8.4	9.6	7.9	9.9	8.4	10.4
	64	3 340	2 200	3 440	2 250	8.7	9.9	8.6	9.8	6.5	8.6	7.0	9.1
	62	3 220	2 100	3 320	2 150	8.9	10.1	8.8	10.0	5.1	7.3	5.6	7.8
	60	3 100	2 000	3 200	2 050	9.1	10.3	9.0	10.2	3.7	6.0	4.2	6.5
不及格	50	2 940	1 960	3 030	2 010	9.3	10.5	9.2	10.4	2.7	5.2	3.2	5.7
	40	2 780	1 920	2 860	1 970	9.5	10.7	9.4	10.6	1.7	4.4	2.2	4.9
	30	2 620	1 880	2 690	1 930	9.7	10.9	9.6	10.8	0.7	3.6	1.2	4.1
	20	2 460	1 840	2 520	1 890	9.9	11.1	9.8	11.0	-0.3	2.8	0.2	3.3
	10	2 300	1 800	2 350	1 850	10.1	113	10.0	11.2	-1.3	2.0	-0.8	2.5

3. 立定跳远、引体向上、1 分钟仰卧起坐、男生 1 000 米跑、女生 800 米跑评分表

立定跳远、引体向上、1 分钟仰卧起坐、男生 1 000 米跑、女生 800 米跑评分表如表 13-1-4 所示：

表 13-1-4　大学生各测试项目评分汇总表(二)

等级	/分	立定跳远/米				引体向上、1分钟仰卧起坐/次				男生 1 000 米、女生 800 米跑			
		大一、大二		大三、大四		大一、大二		大三、大四		大一、大二		大三、大四	
		男生	女生	男生	女生	男生	女生	男生	女生	男生	女生	男生	女生
优秀	100	273	207	275	208	19	56	20	57	3分17秒	3分18秒	3分15秒	3分16秒
	95	268	201	270	202	18	54	19	55	3分22秒	3分24秒	3分20秒	3分22秒
	90	263	195	265	196	17	52	18	53	3分27秒	3分30秒	3分25秒	3分28秒
良好	85	256	188	258	189	16	49	17	50	3分34秒	3分37秒	3分32秒	3分35秒
	80	248	181	250	182	15	46	16	47	3分42秒	3分44秒	3分40秒	3分42秒
及格	78	244	178	246	179		44		45	3分47秒	3分49秒	3分45秒	3分47秒
	76	240	175	242	176	14	42	15	43	3分52秒	3分54秒	3分50秒	3分52秒
	74	236	172	238	173		40		41	3分57秒	3分59秒	3分55秒	3分57秒
	72	232	169	234	170	13	38	14	39	4分02秒	4分04秒	4分00秒	4分02秒
	70	228	166	230	167		36		37	4分07秒	4分09秒	4分05秒	4分07秒
	68	224	163	226	164	12	34	13	35	4分12秒	4分14秒	4分10秒	4分12秒
	66	220	160	222	161		32		33	4分17秒	4分19秒	4分15秒	4分17秒
	64	216	157	218	158	11	30	12	31	4分22秒	4分24秒	4分20秒	4分22秒
	62	212	154	214	155		28		29	4分27秒	4分29秒	4分25秒	4分27秒
	60	208	151	210	152	10	26	11	27	4分32秒	4分34秒	4分30秒	4分32秒
不及格	50	203	146	205	147	9	24	10	25	4分52秒	4分44秒	4分50秒	4分42秒
	40	198	141	200	142	8	22	9	23	5分12秒	4分54秒	5分10秒	4分52秒
	30	193	136	195	137	7	20	8	21	5分32秒	5分04秒	5分30秒	5分02秒
	20	188	131	190	132	6	18	7	19	5分52秒	5分14秒	5分50秒	5分12秒
	10	183	126	185	127	5	16	6	17	6分12秒	5分24秒	6分10秒	5分22秒

4. 加分指标评分表

1 000 米跑、800 米跑均为低优指标,学生成绩低于单项评分 100 分后,以减少的秒数所对应的分数进行加分。引体向上、1 分钟仰卧起坐均为高优指标,学生成绩超过单项评分 100 分后,以超过的次数所对应的分数进行加分(表 13-1-5)。

表 13-1-5 大学生加分指标评分表

项目加分/分	1 000米跑/秒	800米跑/秒	仰卧起坐/次	引体向上/次
10	−35	−50	13	10
9	−32	−45	12	9
8	−29	−40	11	8
7	−26	−35	10	7
6	−23	−30	9	6
5	−20	−25	8	5
4	−16	−20	7	4
3	−12	−15	6	3
2	−8	−10	4	2
1	−4	−5	2	1

思考题

1. 大学生体质健康常用指标有哪些?
2. 测一测自己的体重指数,若体重指数不正常,该如何锻炼。

第二节 常见运动损伤

一、运动损伤概述

运动损伤,从广义上而言,就是发生在体育运动过程中的机体伤害,不管是直接的还是间接的身体损伤,统称为运动损伤。

造成运动损伤的原因是多方面的,概而言之包括主观因素和客观因素。主观因素,包括缺乏安全意识、体质水平较差、体育基础薄弱、运动情绪低落、准备活动不充分、身体状态不佳等。客观因素方面,包括环境气候恶劣、运动负荷过大、运动技术较难、场地器材不当、违反规则等。

（一）运动损伤的分类

按照不同的标准,运动损伤的分类方法很多。

（1）按损伤程度分:轻伤,仍可进行正常锻炼;中等伤,须停止或减少伤部的体育运动;重伤,完全不能参加运动。

（2）按损伤病程分:急性损伤,多指一瞬间遭受直接暴力或间接暴力造成的损伤;慢性损伤,指机体局部负荷过度、多次微损伤累计而造成的劳损和陈旧伤。

（3）按损伤性质分：开放性损伤，伤后皮肤和黏膜不再完整，受伤组织有裂口与体表相通，如擦伤、刺伤、裂伤等；闭合性损伤，伤后皮肤或黏膜仍保持完整，无伤口与外界相通，如挫伤、肌肉拉伤、关节扭伤、腱鞘炎、闭合性骨折等。

（二）运动损伤的处理方法

运动损伤的一般处理方法有冷敷法、热疗法、加压包扎法、按摩法、理疗法、药物疗法、针灸法。

二、常见运动损伤及处理方法

（一）肌肉拉伤

1. 症状

损伤后伤处肿胀，有压痛感，肌肉痉挛，严重时出现肌肉撕裂，产生剧烈疼痛。

2. 处置

轻者可即刻冷敷，局部加压包扎，抬高患肢，24 小时后可进行按摩或理疗。如果肌肉已大部分或完全撕裂时，在加压包扎后应立即送往医院进行手术治疗。

3. 预防

主要针对发生的原因进行预防，特别要做好运动前的准备活动，防止运动量过大和过度疲劳，注意提高身体的协调性和动作技巧，切勿操之过急。

（二）肌肉挫伤

1. 症状

单纯挫伤在损伤处出现红肿、皮下出血，并有疼痛。严重的挫伤会造成内脏器官损伤，并可出现头晕、脸色苍白、心慌气短、出虚汗、四肢发凉、烦躁不安，甚至休克。

2. 处置

立即冷敷后进行加压包扎，抬高患肢，以防止继续出血。24 小时后可进行按摩或理疗，也可用热敷，以活血消肿。如果怀疑内脏损伤，则送医院进行进一步诊治。

3. 预防

练习者要控制好适宜的运动量，避免在过度疲劳的状况下继续进行锻炼。锻炼时要注意身体的协调性、灵活性，避免不必要的冲撞，特别要提高自我保护能力。

（三）肌肉痉挛

1. 症状

肌肉痉挛，俗称抽筋，这是一种常见的运动损伤。肌肉痉挛是肌肉不自主的强直收缩所致。在运动中常发生痉挛的肌肉是小腿腓肠肌、足屈拇肌和屈趾肌。肌肉发生痉挛时，局部肌肉坚硬或隆起，疼痛难忍且一时不易缓解。

2. 处置

对痉挛部位的肌肉施行牵引，使之伸长和松弛。例如，腓肠肌痉挛时，即强制性伸直膝关节，并将脚掌和脚趾缓慢地向上扳起。若屈拇肌或屈趾肌痉挛，同样将脚趾上扳，但切忌施加暴力。

3. 预防

锻炼前要做好准备活动，对容易发生痉挛的肌肉可事先做好按摩。冬季室外锻炼时要

注意保暖,夏季锻炼时要适当补充淡盐水及维生素 B_1。特别是在游泳前先用冷水淋浴,游泳时在水中停留时间不要太长,疲劳时不要进行剧烈运动等。

（四）韧带扭伤

1. 症状

韧带轻度扭伤,只是产生轻微的疼痛或局部水肿,关节功能也不会有明显的影响。严重扭伤时,会造成韧带撕裂,并丧失其功能。其主要症状,表现为伤处疼痛、肿胀和皮下淤血。

2. 处置

受伤后,应立即冷敷,加压包扎,抬高伤肢。24 小时后对伤部热敷或按摩,重度损伤乃至韧带撕裂时,可用绷带固定伤肢后立即送医院治疗。

3. 预防

韧带扭伤易发部位是踝关节、腕关节和膝关节。所以平时要加强对这些易伤关节周围韧带、肌肉的练习,以提高其抗伤能力。对曾经发生扭伤的部位,锻炼时可采用护踝、护膝、护腕等保护措施。

（五）腰扭伤

1. 症状

腰部扭伤后,当场疼痛,有时会听到瞬间"咯咯"响声,有时出现肌肉痉挛,活动受限。

2. 处置

发生腰扭伤后,立即停止运动,让患者平卧,一般不应移动。如果疼痛剧烈,则应送医院诊治。处理后,应卧硬板床,腰下可垫薄软枕头,以放松腰部肌肉,减轻疼痛。腰扭伤 24 小时后,可采用热敷和外敷伤药,也可进行按摩、针灸。

3. 预防

运动前要做好全身性准备活动,特别是腰部准备活动。如前后弯腰、左右转身、身体绕环、上伸下蹲等,运动时注意姿势的正确性、动作的协调性,用力要得当,平时要加强腰部肌肉的锻炼,以提高腰部肌力。

（六）骨折

1. 症状

骨折可分为完全性骨折和不完全断裂(如裂缝骨折、青枝骨折等),骨折后的症状一般都比较严重,主要表现为疼痛、肿胀、皮下淤血、功能丧失、肌肉发生痉挛,有时在骨折部位出现畸形,移动时可听到摩擦声。严重时,伴有出血,神经损伤、发热、口渴,甚至休克。

2. 处置

骨折发生后,立即停止运动,并进行急救。如果患者有休克症状,应先进行点按人中穴,必要时进行口对口人工呼吸或心脏胸外挤压,如伴有伤口出血时,应同时实施止血和包扎。骨折后切忌移动患肢,应用夹板或其他代用品固定伤肢,随后护送医院诊治。

3. 预防

运动前要做好充分的准备活动,运动时要提高动作的协调性和机体的灵敏性,并尽量减少冲撞性动作。

（七）脑震荡

1．症状

头部受到外力打击后,发生意识丧失,呼吸表浅,脉搏徐缓,肌肉松弛,瞳孔稍大但对称。伴有头痛、头晕、恶心、呕吐、耳鸣、心悸、多汗、失眠等神经功能紊乱症状。

2．处置

立即让患者安静、平卧,头部冷敷,身上保暖。若有昏迷,可指压人中、内关穴。若呼吸发生障碍,立即进行人工呼吸。若昏迷时间较长,两瞳孔放大且不对称,或耳鼻口内出血,表明情况严重,进行一般处理后,应立即送医院诊治。在运送途中,要让患者半卧,头部固定,避免颠簸。轻微脑震荡一般都可自愈,无须住院治疗。但要注意休息和辅以必要的药物治疗,保持情绪稳定,减少脑力劳动。

三、运动损伤的急救

（一）止血法

看微课

现场急救

1．冷敷法

冷敷法常用于急性闭合性软组织损伤。最简便的方法是用冷水冲洗或冷毛巾敷于伤处。冷敷可以使血管收缩,减少局部充血,有止血、止痛和减轻局部肿胀的作用。

2．抬高伤肢法

抬高伤肢法即将出血的肢体抬高超过心脏水平。抬高伤肢可以降低出血部位的血压,以减少出血。如果已采用加压包扎后,仍应抬高伤肢。

3．压迫法

压迫法可以分为指压法、止血带法、包扎法等。

（1）指压法:常用于动脉出血。方法是在出血部位盖上消毒纱布后,用手指压迫出血部位,以切断血流渠道。

（2）止血带法:常用止血带有布条、皮带、皮管、毛巾等。先将伤肢抬高,然后在患处上方缚扎止血,缚扎时最好在伤处加垫,应松紧适中,以防肢体组织坏死。

（3）包扎法:主要用绷带包扎,并根据不同部位和伤势进行不同方法的包扎。如环形包扎、螺丝形包扎、反折螺旋形包扎等。

（二）搬运法

伤员经过现场急救后,应迅速和安全地转运到安全地带休息或直接送医院治疗,其中包括扶持法、托抱法、椅抬法和三人托抱法等。

1．扶持法

施救时挽住伤员的腰部,并让伤员一臂搭扶在自己肩上。此法适用于神志清醒、伤势较轻、自己基本能步行的伤员。

2．托抱法

急救者托抱住伤员,并让伤员一臂挽住自己的肩颈部位。此法适用于身体虚弱的伤员。

3．椅抬法

两名急救者两手搭成像椅子一样,让患者像坐椅子一样进行运送。

4. 三人托抱法

三人站在同一侧,将伤员托抱起来,并协调地行走。此法适用于体力严重衰弱和神志不清的伤员。

(三)人工呼吸法

人工呼吸法有举臂压胸法、仰卧心脏胸外挤压法、俯卧压背法、口对口呼吸法等。其中以仰卧心脏胸外挤压法和口对口呼吸法效果最好。

1. 仰卧心脏胸外挤压法

使患者仰卧,急救者两手上下重叠,掌根置于患者的胸骨下半段处,借助于体重和肩臂力量,均匀而有节奏地向下施加压力,将胸骨下压 3~4 厘米为度,然后迅速将手轻轻提起,胸骨也自然地弹回,如此反复进行,每分钟以 60~80 次的节律进行,直至恢复心脏跳动为止。

2. 口对口人工呼吸法

将患者仰卧,头部后仰,托住下颌,捏住鼻孔,压住环状软骨(即食管),防止空气吹入胃里,急救者深吸一口气,两口相对,将大口气吹入患者口中,吹气后将捏鼻子的手松开。如此反复进行,吹气频率每分钟 16~18 次,直至患者恢复自主呼吸为止。如患者牙关叩紧,一时撬不开,则采取口对鼻吹气法。进行时,其他操作方法同上。

(四)溺水及其急救

1. 症状

患者窒息昏迷后,脸色苍白而肿胀,双眼充血,口鼻充满泡沫,肢体冰冷,又因胃内充水,而上腹部胀大,甚至出现呼吸、心跳停止。

2. 处置

(1)第一步:立即就地抢救,清除口腔中分泌物和其他异物,并迅速进行倒置控水。

(2)第二步:若心跳已停止,应同时使用心脏胸外挤压法或口对口人工呼吸法。急救者之间应相互协调配合,直至患者恢复自主呼吸为止。

(3)第三步:患者苏醒后,立即护送医院,做进一步检查和治疗。在运送途中,必要时继续进行人工呼吸。

3. 预防

入水前应做好充分的准备活动,对最易发生痉挛的小腿加强预防练习。入水后运动量要循序渐进,在水中时间不要过长,切忌莽撞和冒险,初学者应在同伴看护下进行学练。

思考题

1. 骨折发生后应如何处置?
2. 简述口对口人工呼吸的要领。

▶▶ **第三节　常见职业病与体育运动疗法**

一、职业病简介

职业病,是指企业、事业单位和个体经济组织(以下统称用人单位)的劳动者在职业活动中,因接触粉尘、放射性物质和其他有毒、有害物质等因素而引起的疾病。

在生产劳动中,接触生产过程中使用或产生的有毒化学物质、粉尘气雾、异常的气象条件、高低气压、噪声、振动、微波、X射线、γ射线、细菌、霉菌以长期强迫体位操作、局部组织器官持续受压等,均会引起职业病,一般将这类职业病称为广义的职业病。广义的职业病一般有尘肺、职业中毒、职业性皮肤病等。

> **知识链接**
>
> **尘肺、职业中毒和职业性皮肤病**
>
> (1)尘肺:因长期吸入一定量的生产性粉尘而引起肺组织纤维化的疾病。
>
> (2)职业中毒:发生在接触有害物质的工人中。因长期接触铅、汞、锰、苯、有机磷农药、一氧化碳、砷、磷等生产性毒物而引起的中毒。
>
> (3)职业性皮肤病:由于职业性因素(化学、物理、生物)引起的皮肤及其附属器官的疾病,主要表现为皮炎(变应性)、痤疮、烧伤、黑变病等。

同样,在日常工作中,由于长期重复性工作,容易颈椎疲劳,引起颈椎病,出现骨质增生等症状,有的影响血液循环,出现习惯性头晕等症状。由于工作方式的机械性,经常以固定姿势进行操作,各部分的肌肉容易出现劳损。长时间的坐姿、站姿、弯腰等工作形式,也容易引起腰肌劳损,甚至导致腰椎间盘突出症,出现便秘等不良症状。此类由于特殊的工作造成的职业性损伤一般有颈椎病、椎间盘突出、下肢静脉曲张、肩周炎等。该类由于长期固定的或重复的动作造成的职业病需要通过一定的体育运动疗法加以治疗。

对其中某些危害性较大,诊断标准明确,由政府有关部门审定公布的职业病,称为狭义的职业病,或称法定(规定)职业病。我国1972年首次公布职业病14种,至2013年国家卫生和计划生育委员会(现国家卫生健康委员会)公布的最新《职业病分类和目录》,确定职业病132种。我国政府规定,诊断为规定职业病的,需由诊断部门向卫生主管部门报告,规定职业病患者在治疗休息期间,以及确定为伤残或治疗无效而死亡时,按照国家有关规定,享受工伤保险待遇或职业病待遇。有的国家对职业病患者给予经济赔偿,因此,也有称这类疾病为需赔偿的疾病。职业病的诊断,一般由卫生行政部门授权,在具有一定专门条件的单位进行。

二、工作场所的职业卫生要求

工作场所存在职业病危害因素是难以避免的,除了极少数国家明令禁止使用的设备或

者材料外,大部分可能产生职业病危害因素的设备、材料,国家并没有禁止使用。例如,触电会致命,火可引起火灾导致重大伤亡,但我们照样要用电、用火,问题是我们是否采取严格、有效的职业病预防措施。

由于不少企业作业场所缺乏应有的通风、排尘、排毒设施,车间布局不合理,有毒作业与无毒作业场所不分开,存在严重的先天不足。随着新材料、新工艺、新技术的不断引进,加上境外不少职业病危害项目往内地转嫁,所带来的职业病危害日趋严重,群体职业病危害及死亡事故不断发生,尤其是到了 20 世纪 90 年代中后期,职业病发病已呈上升趋势,不少新的职业病病种也因此而生。分析我国近些年来发生的职业病事故,建设项目未实行"三同时"、车间布局不合理、作业场所缺乏必要的职业病防护设施,是事故发生的主要原因。

> **知识链接**
>
> ### 什么是"三同时"
>
> 　　根据《中华人民共和国安全生产法》第二十八条规定:"生产经营单位新建、改建、扩建工程项目的安全设施,必须与主体工程同时设计、同时施工、同时投入生产和使用,安全设施投资应当纳入建设项目概算。"根据《中华人民共和国职业病防治法》第十八条规定:"建设项目的职业病防护设施所需要费用应当纳入建设项目工程预算,并与主体工程同时设计、同时施工、同时投入生产和使用。"

三、常见职业病的体育疗法

现对颈椎病、腰椎间盘突出症和肩周炎这三种常见职业病的体育疗法进行简单阐述。

(一)颈椎病的体疗方法

颈椎病的体疗方法主要有医疗体操、牵引疗法和按摩法。

1. 医疗体操

医疗体操是积极预防和治疗颈椎病的有效方法,下面介绍一套实用医疗体操。

(1)伸颈拔背:两足分开同肩宽站立,两手叉腰。两肩下垂,同时作引颈向上伸的动作,保持此姿势 3~8 秒,然后放松,还原至预备姿势。如此连续做 8~10 次。

(2)与颈争力:两足分开同肩宽站立,双手十指交叉置于头后。头颈用力向后仰,同时双手用力向前拉,保持此种姿势 3~8 秒,然后放松,还原至预备姿势。如此连续做 6~8 次。

(3)头颈侧屈:两足分开同肩宽站立,双手叉腰。

① 先向右侧屈颈 8~10 次。

② 再向左侧屈颈 8~10 次。侧屈头颈时不能耸肩,尽可能使耳触及肩部,向两侧屈头颈可多做几次,动作宜缓慢柔和。

(4)回头望月:头向左转,眼望左后上方,然后头向右转,眼望右后上方。左右各做 8~10 次,动作宜协调、柔和、缓慢。

(5)头颈绕环:头颈向顺时针方向绕环 4~6 次,然后头颈向逆时针方向绕环 4~6 次。动作要柔和、缓慢,活动幅度逐渐增大。

医疗体操每天做 2~3 次。

2. 牵引疗法

颈椎病的牵引疗法已被国内外普遍采用,且在医生指导下可在家里进行。患者可仰卧位或坐位,每天牵引 1~3 次,每次时间为 10~30 分钟,总时间为 30~60 分钟。牵引的重量从 3~4 千克开始,逐渐增加到体重的 1/18~1/10,应根据年龄、颈部肌力情况而定。神经根型的颈椎病患者,在坐位下颈前屈约 20°时做牵引的效果更好。2~3 周为 1 疗程,需要时可休息 1~3 周后再做牵引。

3. 按摩法

(1)擦、揉、捏颈后肌肉和两侧斜方肌。

(2)打八邪。两手十指分开,手指相互交叉,做两手指根相互冲撞动作,做 3~4 分钟。

(二)腰椎间盘突出症的体疗方法

腰椎间盘突出症的体疗方法主要有医疗体操、牵引疗法和按摩法。

1. 医疗体操

医疗体操是积极有效治疗腰椎间盘突出症的实用方法,下面介绍一套医疗体操。

(1)预备姿势:患者仰卧于床上,腰部垫一小枕。

(2)屈踝运动:四肢放松,两踝关节做尽力屈伸运动,重复 20~30 次。

(3)交替屈伸腿:左腿用力屈曲,膝关节贴近胸部,随后用力踢腿伸直。左右腿交替,重复 10~18 次。

(4)举臂挺腰:两手用力后举同时用力挺腰,尽量使腰部抬离床面,重复 10 次,

(5)交替直抬腿:两腿重复做直腿抬高动作,重复 18 次。

(6)"五点"式挺腰:屈双膝,两手握拳,屈双肘置于体侧,头顶、双肘、双足同时用力尽量撑高腰部,在最高处停留 3 秒复原,重复 10 次。

(7)"三点"式挺腰:两手握拳,屈双肘置于体侧,头、双肘同时用力抬起腰部,重复 10 次。

(8)屈膝屈髋:屈两膝用力贴近胸部,双手抱住两膝停留 2 分钟。

(9)抱膝滚腰:完成抱膝滚腰后,继续用腰作为接触面做前后轻轻晃动,重复 18 次。

2. 牵引疗法

利用自身的重量进行的牵引。患者牵引前,先温水浴(水温 37℃,持续 15 分钟)使背肌松弛,然后自己用手掌对脊柱由下而上进行轻缓地推摩。最后床头垫高约 30 厘米,再在床头上固定两条软带(长 1.8 米、宽 7~8 厘米),带中装填棉花,拴套在腋部,利用自身体重进行牵引治疗。牵引时间开始为每次 30 分钟,若无不适,可逐渐增加到 1~2 小时。如需要增加牵引力量,可在骨盆上部附加腰带,腰带左右两侧各拴两根布带,布带下端各挂 1 个 3~4 千克的重物。

3. 按摩法

(1)患者俯卧在硬板床上,床面垫上厚约 2 寸(6.7 厘米)的被褥。先在腰、臀部做擦、揉、滚等动作,反复多遍,然后用肘尖用力点按臀部环跳穴约 30 分钟。

(2)擦摩、揉捏患侧大腿、小腿后群肌,用掌根揉小腿外侧部,反复几遍。

(3)用手指点、按揉承山、承筋、委中、风市穴各 30 秒左右。

（4）双手拍击臀部、大腿和小腿，反复来回几次，然后双手五指并拢，用指端自下而上叩击患腿后部及外侧部，反复几遍。

（5）斜扳法：即对患者先施行腰臀部一般按摩后，患者取右侧卧位，左腿屈曲，右腿伸直。按摩者面对患者而立，首先双肘分别抵住患者上体前部和髂后，然后令患者上体慢慢向左后方旋转，当旋转到最大范围时，按摩者双手略施巧力（切忌暴力），使患者的左臀与左肩做相反方向的轻轻扳动，此时常听到清脆的一声轻响。接着患者取左侧卧位，再做斜扳法一次，方法同前。

（6）晃背法：做晃背法时，患者直立，按摩者背对背立于患者身后，用双肘勾住患者对肘，用臀部顶住患者腰部，把患者背起离地颠 3 次，然后再左右晃 3 次，再轻轻放下患者。

（三）肩周炎的体疗方法

肩周炎的体疗方法主要有医疗体操和按摩法。

1. 医疗体操

（1）弯腰画圈：双足分开同肩宽站立。

① 向前弯腰 90°，患侧上肢自然下垂，先做顺时针方向画圈 20~30 次。

② 还原至预备姿势，休息约 1 分钟。

③ 再弯腰，患臂沿逆时针方向画圈活动 20~30 次。

④ 还原至预备姿势。画圈的幅度逐渐加至最大，画圈的次数也应逐渐增加。

（2）屈肘摸背：双足分开同肩宽站立。

① 患臂屈肘置于身后，手背贴在腰部，手指徐徐向上摸背，直至最高限度。

② 患臂放松，手指沿背后慢慢落下置于腰部。如此反复做 7~8 次。

（3）旋转上肢：两足分开同肩宽站立。

① 患侧上臂屈肘上举，先由后向前做肩关节旋转运动 18~20 次。

② 再做由前向后旋转运动 18~20 次。动作应柔和，运动幅度要逐渐增大。

（4）手指爬墙：面对墙而立，两足分开同肩宽。

① 患侧手指扶墙，沿墙徐徐向上爬行，直至最高限度。

② 手指沿墙下落回至原处。如此做 7~8 次。手指向上爬墙时，不要扭动身体或提踵，患臂要尽量上举。每次锻炼都要使手指爬墙的高度逐渐增加，直至恢复正常。

（5）滑车举臂：先在门架或树枝上吊一滑轮，然后用一条细绳穿过滑轮后在细绳两端系一短棒。锻炼时，双手握住短棒，以健肢的活动来带动患肩的活动。每次练习 3~4 分钟，中间可以休息一会。患肩活动要柔和，运动幅度逐渐增加，也要注意用患肩的运动来带动健肢活动，以发展患肩肌肉力量。

2. 按摩法

以疼痛为主要表现者，应以按摩为主，配合轻微体操活动。在后期，以肩关节活动障碍为主要表现时，则以医疗体操为主，并配合按摩。

按摩的操作步骤与方法如下。

（1）患者取坐姿，患肩疼痛时，按摩者用拇指用力点揉下肢的金门穴、申脉穴、跗阳穴、公孙穴各 30 秒，具有解除痉挛、镇静止痛之效果。

（2）按摩者站在患者身后，用单手揉捏颈后肌肉，反复数遍。

（3）揉、揉捏肩部三角肌、肱二头肌、斜方肌，掌根揉背部肌肉，反复几遍；弹拨肩前肱二头肌腱 2~3 次；点揉风池穴、肩髃穴、肩井穴、外关穴等穴位。

（4）双手夹住患肩，一手在肩前，另一手在肩后，搓动肩部 30 秒，然后轻轻拍击患肩 20~30 下。

（5）按摩者站在患者身后，一手扶住患侧肩部，另一手握住患臂，做肩关节的外展、旋转等被动活动。动作要轻柔，活动幅度逐渐增大，以不引起明显疼痛为宜。

（6）患者取立姿。按摩者一手握住患者的手，另一手按住患者肩部，做患肢抖动约 1 分钟。抖动的幅度要小，抖动的频率一般较快。

以上按摩每天 1 次。做完按摩后，嘱咐患者做肩部主动活动或医疗体操，以提高医疗效果。

思 考 题

1. 什么是职业病？
2. 分别简述运动损伤的急救有几种方法。

第十四章　运动营养与锻炼计划的制订

▶▶▶　第一节　运动营养与健康

一、食物与营养素

食物是生命之源,健康之本。为了维持生命与健康,保证正常的生活与劳动,人们每日必须摄取一定数量的食物,从中获取各种营养素。人们把获取和利用食物的过程称之为营养过程,把食物中具有营养功能的物质称为营养素。

营养素一般分为 6 大类,即糖类、脂肪、蛋白质、维生素、矿物质和水。

（一）糖类

糖类是人体内最主要的能源物质,它是由碳、氢、氧三种元素组成,其中氢和氧之比为 2∶1,与水相同,故有碳水化合物之称。营养学上所称的碳水化合物包括食物中的单糖、双糖、多糖和膳食纤维。

1. 糖类的功能

糖类是人类最经济和最主要的能量来源,它在我国人民膳食结构中占比 60% 以上。糖类在人体内转化的热能,不仅数量多,而且速度快;糖类还可促进其他营养素的代谢,与蛋白质、脂肪结合成糖蛋白、糖脂,组成抗体、酶、激素、细胞膜、神经组织、核糖核酸等具有重要功能的物质;糖类还具有保肝解毒的作用,当肝糖原贮存充足时,肝对毒物的解毒能力会增强。

当糖类缺乏时,人体会表现出热能缺乏,出现消瘦、生长缓慢、低血糖、头晕、无力,甚至休克的症状。当糖类过量时,会导致肥胖、血脂升高。一般认为,糖类在总热能物质摄入量中占 60%~65% 为宜。

2. 糖类的来源

一日三餐的主食中含有大量的糖类,可满足日常生活、工作的需要。多糖类主要存在于谷类、米、面、土豆中,双糖类存在于蔗糖、牛奶、糖果、甜食中,单糖类存在于水果、蜂蜜中。

（二）脂肪

脂肪由一分子甘油和三分子脂肪酸化合而成。脂肪酸又有饱和脂肪酸和不饱和脂肪酸之分。一般来说,动物脂肪含饱和脂肪酸多,植物油含不饱和脂肪酸多。脂肪酸在人体内不能合成而必须由食物供给,故称为必需脂肪酸,它是维持人体正常生长发育和健康所必需的。

看微课

饮食营养
与健康

303

1. 脂肪的功能

脂肪是保持健康体魄的必需物质,是人体的"燃料库"。脂肪是组成人体细胞的重要成分,它有利于脂溶性维生素 A、维生素 D、维生素 E、维生素 K 的吸收,从而维持人体正常的生理功能。体表的脂肪可隔热保温,减少体热散失,保护脏器。食物中的脂肪可增加食物的美味,提高人的食欲和维持饱腹感。

当脂肪摄入不足时,机体会出现皮肤干燥、脱发等症状,机体的正常生长发育受到影响。而脂肪摄入过多时,机体会出现肥胖,导致心血管疾病的发生。我国人民脂肪的推荐供给量(以脂肪能量占总能量的百分比)如下:儿童与青少年为 25%～30%,成年及中老年人为 20%～25%。另外,不饱和脂肪酸的摄入量也不是越多越好,一般认为不饱和脂肪酸/饱和脂肪酸≥1 即可。

2. 脂肪的来源

动物性脂肪来自肉、鱼肝油、骨髓、蛋黄等食物,肥猪肉中的脂肪含量最高(90.8%)。动物性食物主要提供饱和脂肪酸,但鱼类除外,鱼肉内含不饱和脂肪酸较多。植物性食物中的油料作物,如大豆、花生、油菜籽、葵花籽、核桃仁等含油量较丰富,且以不饱和脂肪酸为主。

(三) 蛋白质

蛋白质是一切生命的物质基础。人体是由细胞构成的,蛋白质又是构成细胞的主要成分。蛋白质由 20 多种氨基酸组成,不同种类的蛋白质中氨基酸的数量和排列顺序不同,人体中蛋白质种类超过 10 万种。

1. 蛋白质的功能

蛋白质是构成和修补人体组织的主要原料,它是人体肌肉、内脏、皮肤、毛发、大脑、血液、骨骼等组织的组成部分。人体的代谢、更新需要蛋白质的参与;人体受到外伤后,需要大量的蛋白质对损伤的组织进行修补;各种酶和激素对体内生化反应进行调节,维持肌体正常的免疫功能。维持机体内的体液平衡,传递遗传信息,无一不是蛋白质在起作用。

如果缺乏蛋白质,成年人会表现为肌肉消瘦、机体免疫力下降、贫血,严重者将出现水肿;未成年人表现为生长发育停滞、贫血、智力发育差、视觉差。另一方面,蛋白质在体内不能贮存,如果摄入过多机体也无法吸收。

我国推荐的每日膳食中蛋白质供给量为:成年轻体力劳动者男 70 克、女 65 克,并随劳动强度增加而增加。蛋白质的供给量按能量计算,占总能量的 11%～14%,其中青少年儿童为 13%～14%,以保证膳食中有充足的蛋白质供给生长发育的需要;成年人为 11%～12%,以确保维持正常的生理功能。

2. 蛋白质的来源

蛋白质的食物来源主要有鱼、蛋类、豆制品、坚果(如花生、葵花籽、杏仁等)、肉类(如牛肉、猪肉、鸡肉、羊肉等)、小麦、乳制品等。

(四) 维生素

维生素也称维他命,是维持人的生命与健康所必需的有机化合物。它存在于天然食物中,人体一般不能合成,需要量甚微。每种维生素各有特殊生理功能,是既不参与机体组成也不提供热能的有机物。维生素分为两大类:水溶性维生素(维生素 B、维生素 C)和脂溶性维生素(维生素 A、维生素 D、维生素 E、维生素 K 等),人体所需主要维生素的来源

和功能见表 14-1-1。

表 14-1-1　人体所需主要维生素的来源和功能

维生素	来源	功能
维生素 A	动物肝脏、奶类、蛋黄、鱼肝油、蔬菜	① 维持眼底视网膜的正常功能 ② 预防干眼症 ③ 促进钙化作用 ④ 维持表皮黏膜细胞的功能
维生素 B_1	米糠、全麦、燕麦、花生、西红柿、茄子、牛奶等	① 促进发育 ② 预防及治疗脚气病 ③ 促进食欲
维生素 B_2	动物肝、肾脏及谷类、肉类、奶类、绿色蔬菜	① 促进细胞中的氧化还原作用 ② 维持皮肤、神经系统和细胞的正常功能
维生素 C	绿叶蔬菜、青椒、番茄、辣椒、菜花、猕猴桃、柑橘等水果	① 预防及治疗"坏血病" ② 维持牙龈、皮肤和血管的正常功能 ③ 增强免疫系统能力 ④ 促进荷尔蒙分泌及伤口愈合 ⑤ 促进体内的氧化作用
维生素 D	鱼肝油、肝、蛋黄、鱼	① 增进钙化 ② 维护骨骼和牙齿的正常机能 ③ 增强免疫力
维生素 E	糙米、麦芽、干果、大豆、绿叶蔬菜	① 预防心血管疾病有显著效果 ② 维持血红蛋白及循环系统的正常功能 ③ 抗氧化作用,延缓老化

（五）矿物质

　　矿物质是构成人体组织的重要原料,是维持正常生理功能不可缺少的重要元素,可帮助调节体内酸碱平衡、肌肉收缩、神经反应等。人体内的各种矿物质约占体重的 4%,大致可分为常量元素和微量元素。常量元素包括钙、磷、钠、氯、镁、钾、硫 7 种;微量元素包括铁、锌、碘、硒、镍、钼、氟、铜、钴、铬、锰、硅、锡、钒 14 种。两者之间的差别在于,常量元素在机体中的含量>0.01%,每日膳食中的摄入量>100 毫克,而微量元素则低于此值。人体所需主要矿物质的来源和功能见表 14-1-2。

表 14-1-2　人体所需主要矿物质的来源和功能

矿物质	来源	功能
钙	牛奶及奶制品,大豆及所有豆类,花生,甘蓝类蔬菜,西兰花,绿色叶菜,核桃,葵花子等	① 促进体内钙化 ② 节制心肌伸缩 ③ 调节其他矿物质的平衡 ④ 帮助血液凝固

续表

矿物质	来源	功能
铁	动物肝、瘦肉、贝类、坚果、桃、芦笋、菠菜、燕麦、豆类等	① 预防贫血 ② 帮助氧的运输
锌	肉类、动物肝、海鲜、啤酒、南瓜子、栗子、蛋、乳品、芝麻、芥末等	① 维持再生器官的正常发育和前列腺的正常功能 ② 加速伤口和骨折的愈合 ③ 保持皮肤健康 ④ 与角蛋白(一种存在于头发和指甲中的物质)的形成有关 ⑤ 增强免疫力
镁	无花果、杏仁、坚果、深色绿叶蔬菜、香蕉等	① 是保持与能量代谢有关的酶活性的一种重要催化剂 ② 在钙、维生素 C、磷、钠、钾等的代谢过程中,镁是必需的物质,镁能帮助它们的吸收 ③ 在神经肌肉的机能正常运作、血糖转化过程中扮演着重要角色
磷	鱼类、瘦肉、谷类、蛋、干果类等	① 组成细胞核蛋白质 ② 构成软组织 ③ 维持酸碱平衡
硒	海产品、动物肝、肾、麦麸、洋葱、西红柿、西兰花、芹菜、草菇、牛奶等	① 抗氧化,维持组织弹性 ② 增强免疫力
铜	豆类、全麦、草菇、花生、橄榄、动物内脏、贝类、虾、蟹等	① 促进铁的吸收,有助于血红蛋白和血细胞的形成 ② 保护机体,预防动脉粥样硬化的发生 ③ 胶原、某些激素和酶的合成也依赖于铜的水平

(六) 水

水是人体内含量最多的一种化学物质,是生命赖以生存的重要条件。人们对水的需求仅次于氧气。水可以促进体内的一切化学反应,转运生命必需的各种物质及排除体内不需要的代谢产物,对关节滑液、呼吸道及胃肠道黏液均有良好的润滑作用。泪液可防止眼睛干燥,唾液有利于咽部湿润及吞咽食物。不可否认,水是最重要的物质。一个人可以7天不吃饭,但不能3天不喝水。健康的成年人每天的水需要量为每千克体重0.125~0.15升,水主要来源于饮料与食物。

二、运动中的能量代谢

新陈代谢是生物体在不断与环境进行物质和能量交换中实现自我更新的过程。物质代谢是指人体与周围环境之间不断进行的物质交换以及物质在体内的转变过程。而能量代谢

看微课

运动与健康

则是指物质代谢过程中所伴随的能量释放、储存、转移与利用的过程。食物中的糖类、蛋白质、脂肪既是建造机体结构，实现组织自我更新的原料，又是体内能量的来源。

进行体育锻炼时，体内代谢过程比平时增强，能量消耗增加。锻炼后，能量物质的恢复更充分，可达到比锻炼前更高的水平，各器官系统功能增强，这是体育锻炼增强体质的重要因素。同时，人体在参与运动时，能量的供应是保持充沛体力及良好运动成绩的重要条件。运动时的能量供应有一定的生理规律，认识这些规律，对正确选择运动内容、方法及提高运动成绩有一定的帮助。

知识链接

什么是超量恢复

超量恢复也称超量代偿。有关运动时和运动后休息期间能量物质消耗和恢复过程的超量恢复学说，是由苏联学者雅姆波斯卡娅提出来的，作为健身和肌肉锻炼的理论基础而被健身界熟知。她的研究证明：

（1）在适宜的刺激强度下，运动肌糖原消耗量随刺激强度增大而增加。

（2）在恢复期的一个阶段中，会出现被消耗的物质超过原来数量的恢复阶段，称为超量恢复。

（3）超量恢复的数量与消耗过程有关，在一定范围内，消耗越多，超量恢复效果越明显。

（一）人体进行运动时能量的供应

1. 运动时的直接能源

人体运动时的直接能源是体内一种特殊的高能磷酸化合物——三磷酸腺苷（ATP）。肌肉活动时，肌肉中的 ATP 在酶的催化下，首先迅速分解为二磷酸腺苷与磷酸，同时放出能量供肌肉收缩。但是人体肌肉内 ATP 含量甚微，只能供极短时间消耗，因此肌肉要持续运动，就要及时补充 ATP。最终补充体内 ATP 的是糖类、脂肪、蛋白质等体内能量物质。

2. 运动时三个供能系统

人体运动时，当 ATP 分解放能后需要及时补充，补充的途径是磷酸肌酸（CP）分解、糖的无氧酵解及糖与脂肪的有氧代谢，生理学上称之为运动时的三个供能系统。人体从事的各种不同运动项目，其能量供应都分别属于这三个供能系统，而发展这三个供能系统的方法又各不相同。

（1）磷酸原系统（ATP-CP 系统）：这个系统是当 ATP 分解放能后，CP 立刻分解放能以补充 ATP 的再合成，这一过程十分迅速，不需要氧气也不会产生乳酸，因此也称非乳酸供能系统。但这个供能系统持续供能时间很短，生理学研究证明，全身肌肉的 ATP-CP 系统供能能力仅能持续 8 秒左右。这一系统供能能力的强弱，主要和绝对速度有关，如果要提高 100 米、200 米跑的绝对速度，就要发展磷酸原系统的供能能力。发展这一系统供能能力的训练，最好是采用每次持续 10 秒以内的全速跑进行重复练习，中间间歇休息 30 秒以上。如果间歇短于 30 秒，由于磷酸原系统恢复不足，就会产生乳酸积累。

（2）乳酸能供能系统：当人体肌肉快速运动时间持续较长后（8～10秒），磷酸原系统供能已不能及时供ATP补充，于是动用肌糖原进行无氧酵解供能。这一系统供能不需要氧，但产生乳酸积累。人体乳酸能系统供能能力最大持续时间约33秒。乳酸能系统供能能力的优劣主要和速度耐力有关。中距离跑主要需要速度耐力。要提高速度耐力，就要发展乳酸能供能系统的能力，而最适宜的手段是全速（或接近全速）跑30～60秒，间歇休息2～3分钟。这种手段能使血乳酸达到最高水平，能锻炼和提高对高血乳酸的耐受能力，提高乳酸能系统供能能力。

（3）有氧供能系统：人体运动在氧供应充分的条件下，由糖类和脂肪有氧代谢供能。长距离跑等耐力项目需要此系统的供能能力，不少球类运动员也需要良好的有氧代谢能力。这一供能能力主要与人体心肺功能有关，是耐力素质的基础。要提高有氧供能系统的供能能力，主要采用较长时间的中等强度或较低强度的匀速跑、较长段落的中速间歇训练等手段。

> **知识链接**
>
> ### 混 合 供 能
>
> 从事任何一种运动时，大多数情况下是上述三个供能系统均参与供能，只不过不同的运动项目，三个供能系统所占的比例各不相同。如100米跑，主要是磷酸原系统及乳酸能系统供能；长跑则主要由有氧供能系统供能；400米跑等练习以乳酸能系统供能为主；1 500米跑则对三个供能系统均有较高要求。因此，在锻炼中应根据自己的需要，选择发展相应的供能能力，恰当地选择练习手段与方法。

（二）运动时能源物质的消耗与补充

人体运动时直接消耗ATP，但最终消耗的是糖类、脂肪和蛋白质（主要是糖类和脂肪）。

1. 糖类与脂肪的供能特点及比例

糖类和脂肪是ATP的主要来源，但不同时间和强度的运动，两者供能特点和比例并不相同。因为糖类能进行无氧酵解和有氧代谢，而脂肪不能无氧酵解，只能进行有氧代谢。正是这一特点使不同运动中两者供能比例不同。

（1）运动强度和运动持续时间：时间短、强度大的运动，主要是消耗糖。因为时间短、强度大的运动（如短跑等）主要是无氧代谢过程。持续时间长、强度较小的运动（如长跑、步行等）中脂肪的消耗比例较高，在马拉松跑等长时间持续运动的后期，大约80%的ATP供能来自脂肪的氧化。因此，想消耗体内多余脂肪的人，应进行一些强度不大但持续时间长的体育运动，如健身慢跑、较长时间步行、健美操等练习，以增加脂肪的消耗量。

（2）膳食的类型：从营养观点来看，经常变换、调配适合而足量的饮食，可以保证身体进行有效的机体活动。当进行力量项目锻炼时，蛋白质和无机盐类的量可以略微增加。运动或比赛前如食物中含糖高一些（或称高糖膳食），有助于比赛开始后糖能源的利用，运动能力比食用普通膳食者有所提高。

2. 运动竞赛前的糖补充

在运动竞赛开始前若干天，通过调整膳食结构，使肌糖原含量增加，称糖补充（或肌糖原

补充),这对提高运动能力取得良好成绩有重要意义。

调整膳食,达到肌糖原补充目的的方法有3种,可以根据实际情况选择使用。

(1)临赛前3~4天从吃普通膳食改为吃高糖类膳食,这样可使每千克肌肉中糖原的储量从原来的15克增加到25克。在赛前吃高糖膳食的3~4天中,不要进行大运动量或消耗过大的耗竭性运动,可以安排一般性的运动。

(2)在吃高糖膳食的前几天,进行剧烈的运动,使肌肉中原有的肌糖原尽可能多地消耗。然后吃3~4天高糖膳食,同时只做一般性运动,可使赛前体内肌糖原含量增加1倍。

(3)先采用上述方法进行剧烈的运动,使肌肉中原有的肌糖原尽可能多地消耗,接着让运动员吃3天低糖高蛋白膳食,同时继续进行耗竭性运动,使糖原进一步消耗,临赛前最后3~4天不进行耗竭性运动,同时吃高糖膳食,这种方法可使每千克肌肉中肌糖原贮量增至50克。

这几种方法都可使赛前肌糖原储量增加,但第三种方法对身体素质要求比较高。在低糖高脂膳食时会有疲劳感,可在重大比赛时使用。至于平时比赛时用哪一种方法补充肌糖原,应根据个人体质状况、面临比赛激烈程度及饮食习惯等合理安排。

知识链接

赛前饮食原则

有些同学在参加各种运动竞赛之前不知道如何安排饮食,可能由于饮食不当而使运动成绩受影响。下面介绍比赛之前饮食的六项原则,供大家参考。

(1)赛前应该吃容易消化吸收的食物,少吃高脂类食品,以免比赛时腹部有饱胀感而影响成绩。饮食约八分饱即可。

(2)赛前饮食中的液体摄入量应适宜,不要过多,一般和平常摄入量相近。

(3)戒刺激性食品。

(4)赛前食物的类型最好和平常食品习惯相同,要为参赛者所熟悉,以符合心理因素的要求。

(5)应在临赛前2~3小时进餐。

(6)适当饮用咖啡和茶,有助于运动时脂肪能源的利用。

(三)体育运动后能量物质的恢复

运动时体内代谢过程加强,以满足运动时能源的需要,运动中及运动停止后,能量物质需要不断进行补充与恢复。能量物质的恢复过程大致可分为三个阶段:

第一阶段是运动进行当中,恢复过程就已开始。这时机体一边进行锻炼而消耗能量。同时也进行能量物质的恢复补充。但由于锻炼中消耗多,此时的恢复跟不上消耗的量,因此能量物质储备逐渐下降。

第二阶段是运动结束后。此时体内能量物质消耗逐渐减少,而恢复过程却不断加强,锻炼中消耗的能量物质不断得到补充,直至补充到锻炼前的原有水平。

第三阶段是超量恢复阶段。能量物质恢复到原来水平时并未停止,而是继续恢复补充,在一段时间中,能量物质的恢复可超过原来储备的水平,比锻炼前能量物质的储备量还要

多,称超量恢复。过一段时间后能量物质的储备又回到原来水平。如果坚持体育锻炼,体内能量物质不断消耗,而恢复过程也不断加强,超量恢复便可以达到更高的水平,体质也就随着超量恢复的不断加强而增强。

三、平衡膳食

饮食是人最重要、最经常的一种行为,但有相当部分的大学生对科学的饮食方法缺乏了解。一部分学生对饮食不甚关注,抱着无所谓的态度;另一部分学生则过分讲究,片面理解一些传言,听信广告,结果顾此失彼,事与愿违;还有一部分学生经常纵欲进食,造成消化系统功能紊乱,影响了身体的正常生长发育。因此,要保证身体健康发展,必须培养良好的饮食习惯。

(一)大学生常见的不良饮食习惯

1. 纵欲式进食方式

纵欲式进食方式指有时暴饮暴食,有时忍饥挨饿。饥饿多半是因为睡懒觉,错过了早餐时间,空腹去上课,或夜间看书学习过久;暴饮暴食则多发生在亲朋聚会、过生日、野餐等场合。早餐不吃就去上课,随着大脑和其他器官机能活动所需能量的消耗,血糖就会下降。当血糖含量降低到每 100 毫升血液中不到 45 毫克时,就会严重影响脑组织的机能活动,全身乏力,注意力分散。暴饮暴食,会使消化器官的功能发生紊乱,从而使机体代谢功能失去平衡,产生多种疾病。

2. 盲目节食

盲目节食是指以减肥为主要目的而过度限制饮食。限制饮食虽然可以使人消瘦,但体内的营养物质也随之匮乏,可能出现种种功能障碍或疾病,轻则头昏眼花、四肢乏力,重则出现贫血、低血糖、月经失调等情况。有的学生明知道过分限制饮食对身体有害,但仍乐此不疲,甘愿付出巨大代价。这就不是单纯地缺乏知识,而涉及现代大学生的心态问题。例如,"肥胖恐惧"心理导致的饮食紊乱,不良后果包括病理性肥胖及危险的体重过低,表现为神经性厌食和饥饿症,这些人对于消瘦的形体,表现为一种病理性的需要,他们摄入的热量仅能维持其生存,不仅不能满足生活的需要,还会严重影响其学业,造成终身遗憾。

3. 追求高蛋白、高能量饮食

盲目追求高蛋白、高能量饮食,大量食用牛奶、鸡蛋、面包,向欧美模式靠拢。其实东西方饮食习惯的差异由来已久,东方饮食所含的能量和蛋白质,虽明显比西方饮食低,但东方人的体形和需求也小,体内酶含量和消化液分泌量已与饮食结构适应。盲目模仿他人,很容易造成消化不良和营养素的失衡。现在西方发达国家已经认识到,营养过剩会引起心血管病、结肠癌、糖尿病、胆结石病等许多所谓的"富裕病"。东西方饮食模式各有利弊,可以互相取长补短,但须根据自身体质状况适配,并辅以科学的分析监测,这样才能使饮食科学化、合理化。

4. 偏食

一部分大学生片面理解食物的作用而长期偏食,导致营养摄取不平衡和一些营养元素缺乏。如有的学生不吃肉,结果身体不能及时补充蛋白质,造成发育迟缓或发育不良。有的不吃蔬菜,引起多种维生素和矿物质的缺乏,为成年后患高血脂、高血压、动脉硬化留下隐患。特别是一些同学因为怕胖,盲目限制饮食,结果面黄肌瘦,弱不禁风,学习时注意力不能集中,精力不充沛,影响学习效果。

5. 偏爱营养补剂

有些学生听信广告对营养补品作用的夸大,过分依赖营养补剂,甚至以此代替食品。其实,营养补剂仅能提供一小部分营养素,而且只对缺乏某些营养素的人起作用。至于补剂,不是人人皆宜,更不能替代食物。

> **知识链接**
>
> ### 食物多样是平衡膳食模式的基本原则
>
> (1)每天的膳食应包括谷薯类、蔬菜水果类、畜禽鱼蛋奶类、大豆坚果类等食物。
>
> (2)每天摄入 12 种以上食物,每周 25 种以上。
>
> (3)每天摄入谷薯类食物 250~400 克,其中,全谷物和杂豆类 50~150 克,薯类 50~100 克。
>
> (4)食物多样、谷类为主是平衡膳食模式的重要特征。

(二)平衡膳食,合理营养

平衡膳食是指膳食中的食物种类齐全、数量适当、营养素之间的比例合理,并且与身体消耗的营养素保持相对的平衡。平衡膳食要求每日膳食中的各种营养素应品种齐全、比例恰当;所提供的热量和各种营养素符合身体每天的生活、学习、劳动需要,对于学生,还包括生长发育的需要。那么,怎样才能做到平衡膳食呢?那就是要根据人体每天的生活、学习、劳动等的需要量,摄入相应数量的热量和蛋白质、脂肪、维生素、矿物质、水等各种营养素。概括来说,平衡膳食应做到以下原则:

看微课

良好膳食
行为与方法

1. 保持三大营养成分供热的最佳比例

每日饮食中三大营养成分所提供热量最佳比例为:50%的热量来自糖类,20%来自蛋白质,30%来自脂肪。

2. 合理安排一日三餐

一日三餐的食物分配应与学习、运动和休息相适应,高蛋白质食物应在学习、运动和工作前摄取,不应在睡眠前摄取,这是因为蛋白质消化比较慢,会影响睡眠。

(1)早餐:热能摄入量占全天的 25%~30%,蛋白质、脂肪食物应较多,以便满足上午学习、工作的需要。有些同学早餐分配偏低,仅占全日总热能量的 10%~15%,甚至不吃早餐,这与上午学习、工作的热能消耗是很不适应的,既影响健康,又影响学习效果。

(2)午餐:热能摄入量占全天的 40%,糖类、蛋白质和脂肪的供给均应增加。因为既补偿上午的热能消耗,又储备下午学习、运动和工作的需要,所以在全天各餐中应是热能最多的。

(3)晚餐:热能摄入量应占全天的 30%~35%,宜多供给含糖多的食物。晚餐可多吃谷类、蔬菜和易消化的食物,应少吃富有蛋白质、脂肪和较难消化的食物。大学生晚餐后,仍有晚自习,用脑时间较长,所以晚餐不可减量。

3. 食物要力求多样化

任何一种食物都不能包含机体所需要的全部营养物质,为了保证营养充足、均衡,进食食物要力求多样化,不能偏食。

4.节食减肥不可压缩维生素的摄入

为减肥而进行节食,不可压缩富含维生素的食物的摄入,如水果和蔬菜。为了促进沉积脂肪燃烧和防止肌肉总量减少,还要参加运动锻炼。

5.大运动量时的饮食

参加耐力性运动的人,当运动量较大时,可适当补充糖类食品。一般的健身运动,多加一杯低糖饮料即可。

知识链接

中国居民平衡膳食宝塔

中国居民平衡膳食宝塔(图14-1-1)是根据中国居民膳食指南结合中国居民的膳食结构特点设计的。它把平衡膳食的原则转化成各类食物的重量,并以直观的宝塔形式表现出来,便于群众理解和施行。平衡膳食宝塔提出了一个营养上比较理想的膳食模式。它所建议的食物量,特别是奶类和豆类食物的量可能与大多数人当前的实际膳食还有一定距离,对某些贫困地区来讲可能距离还很远,但为了改善中国居民的膳食营养状况,这是不可缺少的。应把它看作一个奋斗目标,努力争取,逐步实现。

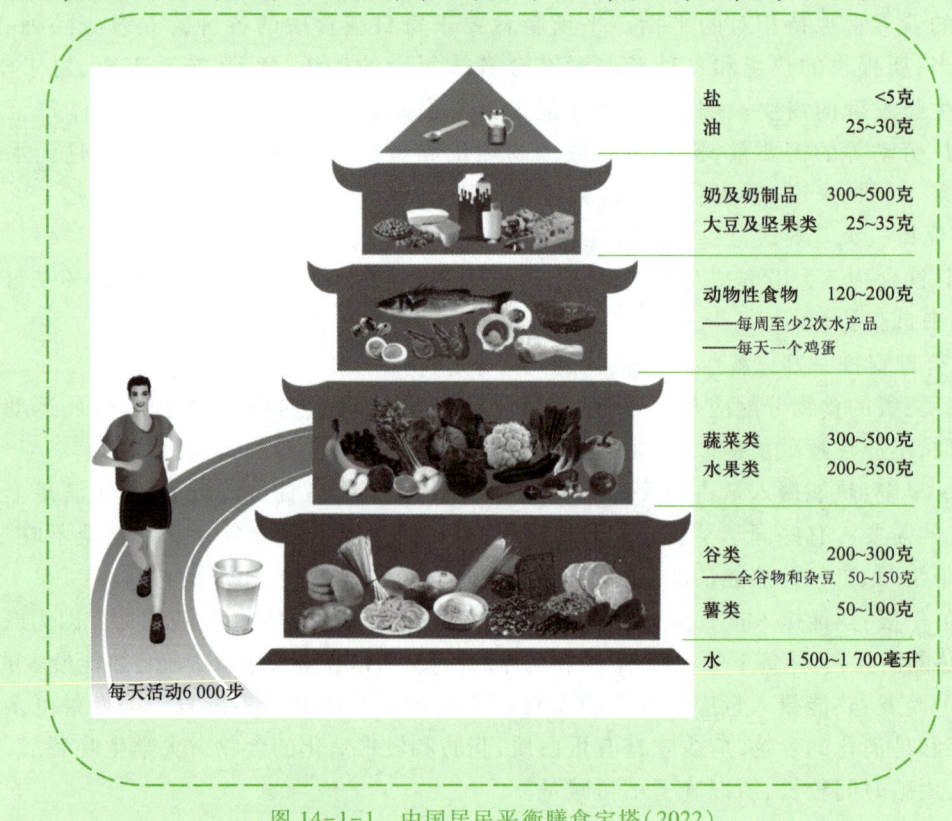

图14-1-1　中国居民平衡膳食宝塔(2022)

思考题

　　1. 营养素分为几大类？
　　2. 怎样合理安排一日三餐？

▶▶ 第二节　锻炼计划的制订

　　在参与体育运动时,有一个安全、有效、可持续的锻炼计划作为依据,不仅能有效地规划训练的内容、时间等,同时也能最大限度地发挥运动对健康和身体素质的提升作用。因此,学会结合自身锻炼需求,制订相应的锻炼计划,是进行有效的体育锻炼的基础。更是"终身化"体育锻炼的重要保障。

一、锻炼计划制订的主要原则

1. 循序渐进原则

　　体育锻炼的关键原则之一是渐进式安排负荷,即随着时间的推移逐渐增加运动强度、持续时间或频率,以促进持续身体机能改善。这可以通过一些技巧来实现,比如在力量训练中增加举重的重量,增加运动的距离或速度,或者在锻炼过程中增加新的练习或活动。提升锻炼水平时一定要循序渐进增加训练负荷、强度等,切忌急于求成,造成运动损伤。

2. 个性化原则

　　个性化原则即根据个人的独特需求和能力来定制锻炼计划。包括调整运动项目以避免受伤,或调整运动强度和持续时间以适应个人当前的健康水平。

3. 适时调整原则

　　随着身体状况和训练目标的变化,锻炼计划需要适时调整,以保持锻炼的有效性和安全性。这就要求定期回顾和调整锻炼计划,以适应身体状况的变化。观察身体信号,如感到持续疲劳或疼痛,应及时调整训练计划或休息。

　　总的来说,科学的锻炼计划是实现锻炼目标的重要保障。遵循运动科学的原则,根据个人的需要和目标量身制订运动计划,才有可能使运动收益最大化,同时将受伤或过度训练的风险降至最低。

二、锻炼计划制订前的自我评估

　　在制订锻炼计划之前,我们先要了解自我的实际情况,结合自身身体实际情况,进行运动处方的制订。同时,由于个体的时间安排、场地设备、地理环境、季节天气等原因的不同,在进行锻炼前需要进行深入分析,并结合自身条件,选择有效可行的锻炼方案。在运动前我们先进行个体分析,主要从基本条件、身体形态、身体机能、运动能力、生活方式出发,进行自我评估。

1. 基本条件

基本条件包括个体的职业、性别、年龄、工作特点等。比如学生，属于中等体力人群，但是不同的专业活动量并不同，可能有些课程比较多的同学，一天中大多时间都处于静态，体力活动少。又比如年龄不同，可以接受的运动量也会不同，对于青少年来说，每天的中等强度运动应在 60 分钟以上，一周要有 3 次以上 75 分钟的高等强度运动。

2. 身体形态

身体形态主要包括身高、体重、体脂率、腰围、臀围、腰臀比等，这些指标应控制在一个合理的范围内。有些学生盲目减肥，只通过体重判断自己胖瘦，追求极致的瘦，而忽视健康问题，这是一种审美畸形，需要摒弃。

3. 身体机能

身体机能包括安静心率、血液检查、疾病史等，评估时通常会对运动者进行 Par-Q 量表询问，如果存在"是"的选择，那么运动必须经医生的评估同意才能进行，以避免意外发生。锻炼前应对所有人群进行健康筛查、健康行为评估、体力活动水平评估、运动风险评估，排除运动风险。

4. 运动能力

通过对运动者进行身体素质的评估，比如灵敏、柔韧、力量、心肺能力等素质评估，判断其需要提高的方面，也可以增加 FMS 功能性动作筛查，识别有问题的运动模式。

5. 生活方式

通过"运动 333 法则"判断评估对象是否为运动人群（有氧运动提升身体能量至少要运动后每分钟心跳达 130 次的有氧运动，达到每周 3 次，每次 30 分钟），如果不是，应该考虑后续如何建立和培养运动习惯。

三、锻炼计划制订的基本内容

锻炼计划的制订，通常遵循"FITT-VP"原则。该原则是健身计划中制订运动方案的核心内容，包括运动频率（Frequency）、运动强度（Intensity）、运动时间（Time）、运动方式（Type）、运动总量（Volume）和运动进度（Progression）六个关键要素。这些要素共同构成了一个全面、个性化的锻炼计划，旨在帮助人们实现特定的健康或健身目标。

1. 运动频率

运动频率指每周进行锻炼的次数。根据个人目标和体能水平，每周至少安排 3～5 次有氧运动，以及 2～3 次无氧运动。确保肌肉有充分的恢复时间，避免过度训练。例如，可以安排周一、三、五进行力量训练，周二、四、六进行有氧运动，周日休息。

2. 运动强度

运动强度指锻炼时身体所承受的负荷大小。在有氧运动期间，可以通过心率来监测运动强度，将心率保持在最佳区间。这个区间通常可以通过（220-年龄）×0.6 至（220-年龄）×0.8 来计算。例如，一个 20 岁的人，其有氧运动的心率应保持在 120～160 次／分钟。无氧运动的强度则可以通过完成一次某项动作能承受的最大负荷（1RM）的 60%～70% 来确定，并根据实际情况逐渐递增。

3. 运动时间

运动时间指每次锻炼的持续时长。锻炼时,每天至少进行 30 分钟的中等强度有氧运动,每周累计时间不少于 150 分钟。无氧运动则建议每个主要肌群进行 3~4 组,每组重复 8~12 次,总时间不少于 30 分钟。随着适应能力的提高,可以逐渐增加运动时间。

4. 运动方式

运动方式指锻炼的具体形式或项目。可根据个人喜好和锻炼目标,选择有氧运动和无氧运动相结合的方式。有氧运动如跑步、游泳、骑自行车等,有助于提高心肺功能和减脂;无氧运动如力量训练、俯卧撑等,则有助于增肌和提高基础代谢率。

5. 运动总量

运动总量指每次锻炼消耗的总热量或完成的总工作量。成年人每日运动消耗热量应达到 300~500 千卡,每周达到 1000~2000 千卡。同时,要确保每日摄入热量不低于 1200 千卡,以维持身体所需的营养和能量。锻炼前,可以了解自身的基础代谢率,以便计算热量的均衡性。

6. 运动进度

运动进度指锻炼计划的达成情况。随着锻炼的深入和身体适应能力的提高,应逐渐增加运动强度、时间和总量,以促进身体素质的提升。这可以通过增加重量、次数、组数或改变运动方式来实现。同时,要注意适时调整锻炼计划,以避免过度训练和受伤。

四、大学生锻炼计划制订的建议

大学生最常见的健身诉求就是减肥、增强肌力以及提升心肺功能,由于知识储备限制,大学生在健身过程中,常常出现问题。

(一)减肥的健身建议

"运动+合理饮食"是减肥最经济、有效、安全的方法。

1. 运动干预方法

减脂运动干预以持续性有氧运动为主、以力量训练和拉伸训练为辅,既可以通过有氧运动对脂肪进行消耗,又可以通过力量训练保持全身肌肉含量,最终达到改善身体成分的目的。

(1)运动强度:有氧运动根据强度不同分为低强度有氧运动、中等强度有氧运动和高强度有氧运动,建议采用中等强度有氧运动。

(2)方式分类:根据个人爱好以及适宜情况,选择目前比较流行的运动方式:跑步、健步走、骑自行车、游泳、跳健身操,以及利用椭圆机或划船机等器械锻炼。

(3)运动持续时间:通常持续运动 30 分钟以上的有效运动才能燃烧脂肪。根据靶心率计算公式,有效有氧运动为中等强度。如果减脂运动者为低风险人群,则可以适当增加高强度运动。如果是中风险人群,并且没有运动习惯的,或者体质虚弱的,则可以从较低强度有氧运动开始,或者全天分散时间进行有氧运动,累计达到目标时间即可,但是每次运动时长不得低于 10 分钟。

(4)运动频率:以运动强度 60%~80% 的最大有氧强度,每周达到 150 分钟或者每周达到 3 次以上。

2．饮食干预方法

减控体重主要在于能量平衡，应努力做到以下六点。

（1）限制总能量，但是保证营养素全面性。

（2）选择能量密度低的食物。

（3）提高蛋白质的摄入量。

（4）注意选择低糖的碳水化合物。

（5）保证充足的水分摄入。

（6）肉碱缺乏导致肥胖的人群需要补充肉碱以达到减脂效果，其主要来源是肉类。

（二）增强肌力的健身建议

肌肉一般占体重的 35%～40%，具备一定的骨骼肌力量水平也是人体进行各种体力活动的基础。增强肌肉力量，首先需增加肌肉量。增肌遵循的原则为"能量正平衡"和"促肌肉蛋白合成，抗肌肉蛋白分解"，即训练、营养和休息是增肌的三大要素。力量训练是增肌的常用训练方法，不同人群的训练方案不同。初学者主要是发展肌肉耐力，提高肌肉适应能力，掌握正确的动作模式，之后才能逐渐增加负荷。

1．训练方法

（1）训练动作：对于初学者来说，尽量选择多关节肌肉，重点在肌肉募集，而不是每块肌肉的训练量。大重量多关节动作还会促进激素分泌，增加蛋白质合成速度。

（2）训练量：训练量和增肌之间存在正相关关系，肌肉为了适应给予的压力，会大量分泌激素，合成肌肉，达到适应效果。

（3）渐进超负荷：按照压力-恢复-适应训练的顺序，身体每一次适应压力，都需要大量的恢复时间，通过一次次的适应最后达到增肌效果。而恢复期主要是靠充足的休息和营养促进肌肉合成。

2．营养补充

（1）足够的能量摄入：人体每增加 0.45 千克肌肉，就需要 2500 千卡能量，如果按每周增加 0.25～0.5 千克体重的速度制订计划，每日能量摄入需要增加 200～400 千卡。或者可以采用粗略的估算方法，如果每日总能量需求为 40～50 千卡/千克/天，则比普通成年人每日能量高出 30%～40%。

（2）合理的膳食比例：不同训练强度对三大能量物质需求不同，为了保证肌肉生长需要的原料，蛋白质摄入量可能达到总能量的 15%～30%，而正常成年人的蛋白质摄入量为 10%～12%。对于中大强度力量训练的增肌人群，推荐的膳食比例为糖类 60%，蛋白质 20%，脂肪 20%。

（3）选择优质糖类：8～12 单组可重复的最大次数是增加肌肉体积较适合的强度，为了保证蛋白质在这样的强度下不被消耗，可以选择优质碳水化合物。高水平运动员糖类推荐女性每天 4.4～5.5 克/千克体重，男性 5.5～7.7 克/千克体重，当然存在个体差异，所以仍然需要科学精准的评估。

（4）合理选择蛋白质：优质蛋白质占总蛋白质摄入的 1/3 以上。应选择不同蛋白质食物搭配食用，增加蛋白质多样性。尽量选择高蛋白、低脂肪的食物种类。

（5）摄入充足水分：肌肉中含有大量的水，在肌肉的合成过程中，需要水的参与，水合作

用在运动人群中非常重要。运动中身体会丢失大量的水,一般推荐补充丢失体重的 1.5 倍。另外要注意运动前中后的补液方式。

(三)提升心肺功能的健身建议

心肺功能是指人体心脏泵血及肺部吸入氧气并将氧气通过血液循环输送到全身各部位,同时排出二氧化碳等代谢废物的综合能力。这是评估一个人身体健康状况的重要指标之一,直接关系到身体的耐力、运动表现以及整体生活质量。通过有氧无氧运动等训练,结合营养补充,可以有效提升心肺功能。

1. 训练方法

(1)有氧运动:有氧运动是提升心肺功能的主要方法。如慢跑、游泳、骑自行车、跳绳,这些运动都能有效增加心脏泵血量和肺部氧气交换效率。例如,坚持每周三次,每次 30 分钟的中等强度慢跑,不仅能显著提高心肺耐力,还能促进内啡肽释放,改善心情。

(2)间歇训练:间歇训练,即在短时间内进行高强度运动,随后是短暂的休息或低强度活动,再重复此过程。这种训练方式能迅速提高心率,促使心脏更有效地泵血,同时增强肌肉对氧气的利用效率。比如,进行 30 秒全力冲刺后慢跑或步行 1 分钟,重复 8~10 次,对于提升心肺功能效果显著。

(3)力量训练:虽然力量训练不直接作用于心肺,但它能增强肌肉力量,改善体态,减少日常活动中的能量消耗,间接提升心肺工作效率。全身性的力量训练,如深蹲、硬拉、俯卧撑等,每周 2~3 次,每次 45~60 分钟,是不错的选择。

2. 营养补充

(1)补充蛋白质:蛋白质对于运动后肌肉的修复和增长至关重要。心肺功能的提升伴随着肌肉量的增加,摄入足够的优质蛋白(如鸡胸肉、鱼、豆制品)对于训练效果至关重要。

(2)补充铁质:铁是血红蛋白的重要组成部分,负责将氧气从肺部输送到全身组织。缺铁会导致贫血,影响心肺功能。富含铁的食物包括红肉、菠菜、豆类等,必要时可考虑补充铁剂,但需遵循医嘱。

(3)补充抗氧化剂:剧烈运动会产生大量自由基,对心肺细胞造成损害。抗氧化剂(如维生素 C、E,以及硒)能帮助中和这些有害物质,保护心肺健康。多吃水果、蔬菜和坚果是获取抗氧化剂的好方法。

(4)及时补充水分与电解质:充足的水分摄入对于维持血液循环、调节体温、促进废物排出至关重要。运动时,随着汗液的流失,电解质(如钠、钾)也需及时补充,以避免脱水和电解质失衡。运动饮料或自制电解质水(含少量盐和糖的水)是不错的选择。

(四)特殊人群——经期女子运动建议

女性不同生理时期的运动处方要有差异性,比如经期常见经前期综合征,在月经期间可以选择舒缓放松,低、中强度有氧运动。在月经开始期间,最常见的是痛经,可分为原发性痛经和继发性痛经。从生理角度来说月经期间可以参与体育活动,而且适当运动可以有效改善女大学生子宫缺血、缺氧情况、减轻痛经症状,提高体质,调节情绪状态。推荐运动处方如下(表 14-2-1)。

表 14-2-1　女性经期运动处方示例

运动处方要素	内容
运动强度	低强度(57%~64%最大心率)
运动方式	有氧运动+瑜伽/普拉提/中医传统导引术,辅助练习-呼吸模式训练,有利于全面提升女性月经期的身心健康。月经期每天或隔天建议进行运动强度稍大的伸展练习和有氧运动。
运动时间	呼吸模式训练 6~10 次/分钟,10~15 分钟/天;每次进行伸展练习 20~30 分钟/次,有氧锻炼 30~40 分钟/次,若存在疼痛、腰骶部酸胀不适则减少运动时间。
运动频率	呼吸模式训练 3~5 次/月经期,伸展练习 2~3 次/月经期,有氧运动锻炼 2~3 次/月经期。
运动周期	一般 4 周后如果进展顺利,就适当调整运动处方。

注意:禁止参加剧烈运动,不要做俯卧撑等让腹压增加的力量性训练,以预防大量流血、子宫移位,建议避免水中运动。

 思 考 题

1. 锻炼计划制订的重要原则有哪些?
2. 锻炼计划制订的自我评估有哪些内容?
3. 简述锻炼计划制订的基本内容。
4. 增强肌力的训练方法有哪些?

▶▶ 第三节　锻炼计划实例

一、肥胖体质锻炼计划的制订实例

(一) 基本情况

王某,男性,20 岁,铁道信号自动控制专业大学生,自述平时没有锻炼习惯,晚上喜欢熬夜和吃夜宵。

(1)体质测试信息:身高:1.86 米,体重:100 千克,腰围 92 厘米,臀围 100 厘米,体脂百分比:26.8%;台阶指数评分为 44 分;握力测试:左手 40 千克、右手 46 千克,坐位体前屈:4 厘米,俯卧撑:20 次。

(2)医学检查信息:脉搏:70 次/分钟,血压:121/77 毫米汞柱,血清总胆固醇 4.8 摩尔/升,空腹血糖 4.61 摩尔/升;无相关确诊疾病,无用药,无相关疾病症状或体征;双亲身体健康,无心血管病史。

（二）锻炼计划

1. 运动方式

（1）起始阶段（4周）：以中小强度有氧耐力运动为主（步行、走跑结合、骑自行车、游泳等），对身体大肌群进行动力性训练，以闭链运动方式为主（俯卧撑、深蹲、臀桥等）（表14-3-1）。

表 14-3-1　一次有氧训练结合下肢力量训练方案示例（起始阶段）

训练类型	训练内容	强度	次数或时间	组数	间歇时间
热身训练	田径场慢跑1圈+徒手操	50%~55%最大心率	1	1	0
抗阻训练	徒手深蹲	自重	12	3	60秒
	站姿起踵	自重	12	3	60秒
	箭步蹲	自重	10	3	90秒
	臀桥	自重	10	3	90秒
有氧训练	田径场走跑结合	60%~70%最大心率	40分钟	1	0
拉伸训练	站姿踝背伸	VAS（主观疼痛评估法）评分:6	20~30秒	2	0
	站姿膝后屈	VAS评分:6	20~30秒	2	0
	站姿髋前屈	VAS评分:6	20~30秒	2	0
	跪姿后伸展	VAS评分:6	20~30秒	2	0

（2）提高阶段（5~6月）：以中强度有氧耐力性运动为主（跑步、骑自行车、游泳等），对身体大肌群进行动力性训练，开链和闭链动作结合（深蹲、硬拉、卧推、卷腹等）。

（3）维持阶段（运动后6~8月）：以中大强度有氧耐力性运动为主（跑步、骑自行车、游泳等），对身体大肌群进行训练（深蹲、硬拉、卧推、卷腹等），对身体小肌群进行训练（肩部内外旋转、蚌式开合、平板支撑等）。

2. 运动时间与运动频率

（1）运动时间：有氧耐力训练时间为20~40分钟，力量训练时间为20~40分钟。

（2）运动频率：每周进行3~5次（表14-3-2、表14-3-3、表14-3-4）。

表 14-3-2　一周三次锻炼计划示例

周一	周二	周三	周四	周五	周六	周日
有氧训练+下肢力量训练+拉伸训练	休息	有氧训练+上肢力量训练+拉伸训练	休息	休息	有氧训练+全身力量训练+拉伸训练	休息

表 14-3-3 一周四次锻炼计划示例

周一	周二	周三	周四	周五	周六	周日
有氧训练+下肢力量训练+拉伸训练	有氧训练+上肢力量训练+拉伸训练	休息	有氧训练+核心力量训练+拉伸训练	休息	有氧训练+全身力量训练+拉伸训练	休息

表 14-3-4 一周五次锻炼计划示例

周一	周二	周三	周四	周五	周六	周日
下肢力量训练+拉伸训练	上肢力量训练+拉伸训练	有氧训练+拉伸训练	休息	有氧训练+核心训练+拉伸训练	全身力量训练+拉伸训练	休息

3. 运动总量

（1）起始阶段（4 周）：每周至少完成 100 分钟的中小强度有氧训练，每周至少完成 20 组力量训练动作，每组 8~12 次。

（2）提高阶段（5~6 月）：每周至少完成 150~300 分钟的中等强度有氧训练，或 75~150 分钟较大强度的有氧训练，每周至少完成 2 天中等或更高强度的肌肉力量训练。

（3）维持阶段（运动后 6~8 月）：每周至少完成 150~300 分钟的中等强度有氧训练，或 75~150 分钟较大强度的有氧训练，每周至少完成 2 天中等或更高强度的肌肉力量训练。

4. 运动进阶

当训练者能够轻松完成持续有氧训练，熟练地完成力量训练动作，体重每周减轻 0.5~1 千克，并且不产生疲劳，则可以进行第二阶段训练。

训练者能够连续以中等到较大强度运动 30~60 分钟，体脂百分比持续优化，肌肉力量明显增长，并且不产生疲劳后可以进行第三阶段训练，通常持续 5~6 个月。

（三）三种营养素全日应提供的能量

已知王同学每日能量需要量为 3 011 千卡，糖类的摄入为总热量的 50%，蛋白质的摄入为总热量的 25%，脂肪的摄入为总热量的 25%，则可以算出三种能量营养素全日需要量如下。

糖类：1505.5 千卡÷4 千卡/克=376.4 克

蛋白质：752.75 千卡÷4 千卡/克=188.2 克

脂肪：752.75 千卡÷9 千卡/克=83.6 克

计算出三种能量营养素全日需要量后，按照主餐能量的适宜分配比例——早餐占 30%，午餐占 40%，晚餐占 30%，可以算出早、中、晚三餐各需要摄入的三种能量营养素重量如下。

早餐：糖类：376.4 克×30%=112.9 克

蛋白质：188.2 克×30%=56.5 克

脂肪：83.6 克×30%=25 克

午餐:糖类:376.4 克×40% = 150.6 克

   蛋白质:188.2 克×40% = 75.3 克

   脂肪:83.6 克×40% = 33.4 克

晚餐:糖类:376.4 克×30% = 112.9 克

   蛋白质:188.2 克×30% = 56.5 克

   脂肪:83.6 克×30% = 25 克

二、力量薄弱锻炼计划的制订实例

(一)基本情况

张某,男性,21 岁,铁道机车专业大学生,平时没有锻炼的习惯。

体质测试信息:身高:1.68 米,体重:52 千克;肺活量:3200 毫升;握力测试:左手 36 千克、右手 39 千克,坐位体前屈:2 厘米,俯卧撑:10 次,引体向上:2 个,立定跳远成绩为 1.80 米。

医学检查信息:脉搏:73 次/分钟,血压:125/85 毫米汞柱,血清总胆固醇 4.56 摩尔/升,空腹血糖 5.03 摩尔/升;无相关确诊疾病,无用药,无相关疾病症状或体征;双亲身体健康,无心血管病史。

(二)锻炼计划

1. 运动方式

(1)起始阶段(4 周):以中小强度有氧耐力性运动为主(步行、走跑结合、骑自行车、游泳等),对身体大肌群进行动力性训练,以闭链运动方式为主(俯卧撑、深蹲、臀桥等)(表 14-3-5)。

表 14-3-5 一次胸部力量训练方案示例(起始阶段)

训练类型	训练内容	强度	次数或时间	组数	间歇时间
热身训练	田径场慢跑 1 圈+徒手操	50%~55%最大心率	1	1	0
抗阻训练	双杠臂屈伸	自重	12	3	60 秒
	俯卧撑	自重	12	3	60 秒
	跪姿俯卧撑	自重	12	3	90 秒
	坐姿臂屈伸	自重	10	3	90 秒
有氧训练	田径场走跑结合	60%~70%最大心率	20 分钟	1	0
拉伸训练	站姿单臂固定转体胸部	VAS 评分:6	20~30 秒	2	0
	站姿单臂颈后臂屈曲	VAS 评分:6	20~30 秒	2	0
	站姿单臂肩内收	VAS 评分:6	20~30 秒	2	0

(2)提高阶段(5~6 月):以力量训练为主(深蹲、卧推、硬拉、划船等),配合中强度有氧耐力性运动(跑步、骑自行车、游泳等)。

(3)维持阶段(运动后 6~8 月):对身体大肌群进行训练(深蹲、硬拉、卧推、卷腹等),对身体小肌群进行训练(肩部内外旋转、蚌式开合、平板支撑等),中大强度有氧耐力性运动

（跑步、骑自行车、游泳等）。

2. 运动时间与运动频率

（1）运动时间：有氧耐力训练时间为 20~30 分钟，力量训练时间为 30~50 分钟。

（2）运动频率：每周进行 3~5 次（表 14-3-6、表 14-3-7、表 14-3-8）。

表 14-3-6　一周三次锻炼计划示例

周一	周二	周三	周四	周五	周六	周日
下肢力量训练+有氧训练+拉伸训练	休息	上肢力量训练+有氧训练+拉伸训练	休息	休息	全身力量训练+有氧训练+拉伸训练	休息

表 14-3-7　一周四次锻炼计划示例

周一	周二	周三	周四	周五	周六	周日
下肢力量训练+有氧训练+拉伸训练	上肢力量训练+有氧训练+拉伸训练	休息	核心力量训练+有氧训练+拉伸训练	休息	全身力量训练+有氧训练+拉伸训练	休息

表 14-3-8　一周五次锻炼计划示例

周一	周二	周三	周四	周五	周六	周日
胸部力量训练+拉伸训练	腿部力量训练+拉伸训练	背部训练+有氧训练+拉伸训练	休息	全身力量训练+拉伸训练	核心训练+有氧训练+拉伸训练	休息

3. 运动总量

（1）起始阶段（4 周）：每周至少完成 100 分钟的中小强度有氧训练，每周至少完成 2 天中等强度的肌肉力量训练。

（2）提高阶段（5~6 月）：每周至少完成 150~300 分钟的中等强度有氧训练，或 75~150 分钟较大强度的有氧训练，每周至少完成 2 天中等或更高强度的肌肉力量训练。

（3）维持阶段（运动后 6~8 月）：每周至少完成 150~300 分钟的中等强度有氧训练，或 75~150 分钟较大强度的有氧训练，每周至少完成 2 天中等或更高强度的肌肉力量训练。

4. 运动进阶

当训练者能够轻松完成持续有氧训练，熟练地完成力量训练动作，体重每周增加 0.3~0.8 千克，并且不产生疲劳后可以进行第二阶段训练。

训练者能够连续以中等到较大强度运动 30~60 分钟，肌肉力量明显增长，并且不产生疲劳后可以进行第三阶段训练，通常持续 5~6 个月。

（三）三种营养素全日应提供的能量

已知张同学每日能量需要量为 2 472 千卡，糖类的摄入为总热量的 60%，蛋白质的摄入

为总热量的 20%,脂肪的摄入为总热量的 20%,则可以算出三种能量营养素全日需要量如下。

糖类:1483.2 千卡÷4 千卡/克 = 370.8 克

蛋白质:494.4 千卡÷4 千卡/克 = 123.6 克

脂肪:494.4 千卡÷9 千卡/克 = 54.9 克

计算出三种能量营养素全日需要量后,按照主餐能量的适宜分配比例——早餐占 30%,午餐占 40%,晚餐占 30%。可以算出早、中、晚三餐各需要摄入的三种能量营养素重量如下。

早餐:糖类:370.8 克×30% = 111.2 克

　　　蛋白质:123.6 克×30% = 37.1 克

　　　脂肪:54.9 克×30% = 16.5 克

午餐:糖类:370.8 克×40% = 148.3 克

　　　蛋白质:123.6 克×40% = 49.4 克

　　　脂肪:54.9 克×40% = 22.0 克

晚餐:糖类:370.8 克×30% = 111.2 克

　　　蛋白质:123.6 克×30% = 37.1 克

　　　脂肪:54.9 克×30% = 16.5 克

思考题

结合自身评估结果,为自己制订一份锻炼计划。

参 考 文 献

[1] 张宝峰,许晓部,吴勇. 拓展训练理论与实操[M]. 苏州:苏州大学出版社,2022.

[2] 陆阿明,陆勤芳. 科学健身[M]. 苏州:苏州大学出版社,2020.

[3] 周胜华. 职场保健手册[M]. 长沙:湖南科学技术出版社,2021.

[4] 从云飞. 职业体能素养训练[M]. 北京:华文出版社,2023.

[5] 王静,戴彬,苟婷婷. 高职体育与健康教程[M]. 重庆:重庆大学出版社,2022.

[6] 唐流泉,邓清波,张燕. 高职体育与健康教程[M]. 重庆:重庆大学出版社,2022.

[7] 薛茂云,郭旭东. 大学生健康教育教程[M]. 南京:江苏凤凰教育出版社,2018.

[8] 张立军. 高职体育与健康教程[M]. 北京:北京体育大学出版社,2023.

[9] 尹大川. 体育健身——高职体育实践教程[M]. 4 版. 北京:高等教育出版社,2021.

[10] 夏晶. 体育与健康[M]. 3 版. 北京:北京出版社,2023.

[11] 杨铁黎. 体育与健康[M]. 3 版. 北京:外语教学与研究出版社,2022.

[12] 方儒钦. 现代高职体育与健康[M]. 北京:教育科学出版社,2022.

[13] 傅学红. 大学生健康教育[M]. 2 版. 上海:上海交通大学出版社,2021.

[14] 秦虎,邢峰,姚证. 高职体育教程[M]. 6 版. 重庆:重庆大学出版社,2020.

[15] 尹军,武文强. 高职体育与健康(微课+AR 演示)[M]. 北京:人民邮电出版社,2022.

[16] 郎松亭,曹振波. 体育与健康[M]. 6 版. 北京:高等教育出版社,2022.

[17] 赫忠慧,张凯. 体育与健康[M]. 北京:北京理工大学出版社,2024.

[18] 杜少辉. 新时代高职信息化体育与健康[M]. 北京:北京体育大学出版社,2021.

[19] 苏立,孙雄华. 高职立体化体育教程[M]. 北京:北京体育大学出版社,2018.

[20] 邱团. 体育健康与职业体能训练教程[M]. 北京:北京体育大学出版社,2018.

[21] 梁培根. 高职体育[M]. 北京:高等教育出版社,2021.

[22] 殷飞,骆晓娟. 体育与健康[M]. 南京:南京大学出版社,2024.

[23] 罗燕. 高职体育与健康[M]. 北京:高等教育出版社,2024.

[24] 杨文轩,陈琦. 体育概论[M]. 3 版. 北京:高等教育出版社,2013.

[25] 毛振明. 体育与健康理论教程[M]. 北京:北京师范大学出版社,2019.

[26] 邓树勋,王健. 运动保健学[M]. 北京:高等教育出版社,2015.

[27] 王卫星. 体能训练理论与实践[M]. 北京:北京体育大学出版社,2015.

［28］李洁,陈佩杰.职业体能教程［M］.北京:高等教育出版社,2017.

［29］田麦久.体能训练［M］.北京:人民体育出版社,2020.

［30］孙民治.篮球运动教程［M］.北京:高等教育出版社,2017.

［31］王崇喜.足球运动教程［M］.北京:高等教育出版社,2018.

［32］黄汉升.排球运动教程［M］.北京:人民体育出版社,2019.

［33］苏丕仁.乒乓球运动教程［M］.北京:高等教育出版社,2020.

［34］温宇红.游泳运动教程［M］.北京:北京师范大学出版社,2019.

［35］周伟良.武术与民族传统体育概论［M］.北京:高等教育出版社,2020.

［36］吴汉荣.健康促进与教育:理论与实践［M］.北京:人民卫生出版社,2021.

［37］张瑞林.高校体育课程思政元素融入路径研究［M］.济南:山东人民出版社,2020.

［38］李明.体育课程思政理论与实践探索［M］.北京:北京师范大学出版社,2022.

［39］林桥兵,牛福安.运动项目文化:价值意蕴、发展困境与实践路径［J］.体育文化导刊,2024,(12):1-7+46.

［40］谭艳,蔡艺.中华优秀传统体育文化助推中国式现代化的内在逻辑及实践路径［J］.体育文化导刊,2024,(12):30-38.

［41］华宏县,卢文云.我国体医融合的实践样态、域外镜鉴与行动路径［J］.北京体育大学学报,2024,47(09):55-68.

［42］李大帅,周悦,岳新坡.体育与健康数字教材建设的价值诉求、逻辑理路与实践进路［J］.体育学刊,2024,31(06):87-94.

［43］薛昭铭,高升.核心素养导向下体育与健康课堂"教-学-评"一致性的内涵厘定、现实价值与实践理路［J］.沈阳体育学院学报,2024,43(06):44-51.

［44］朱秀清,岳敏.职业教育类型特征下的高职体育精品教材建设［J］.浙江体育科学,2021,43(03):63-66+89.

读者意见反馈

为收集对教材的意见建议，进一步完善教材编写并做好服务工作，读者可将对本教材的意见建议通过如下渠道反馈至我社。

咨询电话　400-810-0598

反馈邮箱　gjdzfwb@ pub.hep.cn

通信地址　北京市朝阳区惠新东街 4 号富盛大厦 1 座

　　　　　高等教育出版社总编辑办公室

邮政编码　100029